[美]
罗伯特·W. 帕尔马蒂尔(Robert W. Palmatier)
尤金·西瓦达斯（Eugene Sivadas）
路易斯·W. 斯特恩（Louis W. Stern）　著
安德尔·I. 埃尔–安萨里（Adel I. El–Ansary）

营销渠道战略

全渠道方法·第9版

张闯　张志坤　周晶　鄂嫚迪 译

Marketing Channel Strategy: An Omni-Channel Approach (Ninth Edition)

清华大学出版社
北京

北京市版权局著作权合同登记号图字：01-2022-0603

图书在版编目（CIP）数据

营销渠道战略：全渠道方法：第 9 版 /（美）罗伯特·W. 帕尔马蒂尔（Robert W.Palmatier）等著；张闯等译. -- 北京：清华大学出版社，2024.9
（新形态优秀教材译丛）
书名原文：Marketing Channel Strategy: An Omni-Channel Approach
ISBN 978-7-302-66061-3

Ⅰ．①营⋯　Ⅱ．①罗⋯　②张⋯　Ⅲ．①购销渠道－营销管理－教材　Ⅳ．①F713.1

中国国家版本馆 CIP 数据核字(2024)第 071740 号

责任编辑：朱晓瑞
封面设计：何凤霞
责任校对：宋玉莲
责任印制：刘　菲
出版发行：清华大学出版社
　　　　　网　　　址：https://www.tup.com.cn，https://www.wqxuetang.com
　　　　　地　　　址：北京清华大学学研大厦 A 座　　　邮　　编：100084
　　　　　社　总　机：010-83470000　　　　　　　　　邮　　购：010-62786544
　　　　　投稿与读者服务：010-62776969，c-service@tup.tsinghua.edu.cn
　　　　　质　量　反　馈：010-62772015，zhiliang@tup.tsinghua.edu.cn
　　　　　课　件　下　载：https://www.tup.com.cn，010-83470332
印　装　者：小森印刷霸州有限公司
经　　销：全国新华书店
开　　本：185mm×260mm　　印张：15.25　　插页：2　　字　　数：365 千字
版　　次：2024 年 9 月第 1 版　　　　　　　　　　印　　次：2024 年 9 月第 1 次印刷
定　　价：66.00 元

产品编号：095011-01

译者序

营销渠道战略：全渠道方法

Marketing Channel Strategy: An Omni-Channel Approach

营销渠道是企业营销组合中唯一涉及跨组织协调的要素，因而营销渠道管理也是企业营销管理实践中最具挑战性的领域之一。在过去十几年中，随着移动网络、人工智能、大数据、社交媒体等新技术和新商业形态的快速发展，不仅消费者的购买行为正在发生颠覆性的变化，营销渠道的形态也正在进行一场革命性的变革——从传统的线下渠道转向线上线下协同的多渠道系统，进而向全渠道系统转换。在这个快速转换的过程中，一方面，那些具有创新和颠覆精神的互联网企业凭借强大的资本实力和颠覆性的商业模式快速发展，对传统企业的渠道模式带来了巨大的冲击，另一方面，受到这种冲击的传统企业面临着闭店或渠道模式转型的"生死攸关"的挑战。无疑，这种冲击与转型压力使得企业的营销渠道管理面临着前所未有的新挑战。如何应对这种挑战？未来的渠道模式是一种什么样的形态？这是摆在所有企业面前的一道必答题。

那么学界可以给出这一问题的答案吗？回答或许是"不确定"。虽然营销渠道管理一直是营销学研究的核心领域之一，尤其是营销战略及 B2B 营销领域最为活跃的研究主题之一，但在面对新技术、新商业模式的冲击与渠道转型的挑战时，营销学界也同样面临着诸多困惑和压力。传统营销渠道研究的知识体系是以线下渠道系统，以及传统 B2B 关系为基础建立起来的，包括营销渠道结构理论和营销渠道行为与治理理论两大研究领域。其中，1990 年代以来兴起的渠道治理理论在某种程度上融合了渠道结构与渠道行为理论，但研究的焦点一直集中于传统 B2B 渠道中的渠道关系及其构成的网络。当企业的渠道管理实践正在经历冲击与重塑时，营销渠道研究也面临着研究领域理论饱和、研究方法转型与研究领域拓展的挑战。一方面，经过几十年的积累，传统的研究领域日益成熟饱和，能够引领整个领域发展的新理论范式尚未出现，学者们致力于在传统研究领域内通过改进研究设计和研究方法等方式来取得"边际性"理论贡献，使得研究领域内的空间被进一步压缩。另一方面，积极回应渠道转型新趋势、新动态的研究往往需要面对研究范式和研究方法转换的压力。要突破传统渠道研究的边界，将日益多样化的线上渠道纳入研究范畴，不仅在理论上要求进一步将渠道结构与渠道行为和治理研究相融合，还需要拓展进入诸如数字平台与双边市场、网络（数字）营销等新领域。与此同时，上述融合与拓展也需要渠道研究者逐渐放弃以问卷调查为主要数据收集方式的传统研究方法，转换到以海量二手数据分析与建模为主的研究方法。上述两个方面共同作用于营销渠道的学术研究，在某种程度上使得学界并未跟上渠道管理实践快速变革的步伐。

然而，针对渠道管理实践和学术研究的上述问题，本书基于最新的渠道管理实践和学术文献从全渠道视角给出了一个具有启发性的答案。本书是营销渠道管理领域的经典教材

《营销渠道管理》的全新第 9 版。此经典教材的第 1 版出版于 1977 年，两位创始作者是著名营销学者路易斯·W. 斯特恩（Louis W. Stern）和阿德尔·I. 艾尔-安萨里（Adel I. El-Ansary）。在此后出版的第 2—7 版中，另外两位著名营销学者安妮·T. 考夫兰（Anne T. Coughlan）和艾琳·安德森（Erin Anderson）曾加入到本书的作者团队中。这四位作者都是营销渠道研究领域的杰出学者，这使得本教材在过去 30 年中一直保持着持续的影响力。自第 8 版开始，营销战略领域的领军学者罗伯特·W. 帕尔马蒂尔（Robert W. Palmatier）作为主要作者加入，并开始致力于对这本经典教材的改版。本书第 8 版更名为《营销渠道战略》，以突出战略管理的导向，第 9 版则增加了副标题"全渠道方法"，突出了将全渠道战略作为引领全书内容的新视角。本书在以下三个方面对于企业面对渠道变革和学界面对营销渠道研究的挑战具有启发意义。

首先，本书从全渠道视角几乎完全重构了教材的结构，并增加了大量全渠道相关的新内容。基于全渠道生态系统的概念，本书在新增的第 1 章中提出了一个全渠道管理的框架，用以引领全书的结构；在新增的最后一章中，作者基于全渠道战略管理给出了一个理论框架，用以对全书内容进行总结。在首尾相应的两章之间，针对渠道基础理论、渠道关系中的渠道行为、主要渠道成员的结构与战略、国际渠道战略等章节，作者在每一章的最后都增加了一节内容，以全渠道的视角来对传统渠道管理领域的知识进行整合，并提出新的趋势和问题。此外，大量的全渠道管理的案例贯穿于各个章节中，为全渠道视角下的渠道管理理论提供了现实的注解。这种基于全渠道视角的重构，为全渠道时代的营销渠道管理提供了一个较为完整的框架体系，从而使这本经典的教材在最大程度上反映了渠道管理实践的新进展与发展趋势，当然也为渠道管理的学术研究提供了具有洞察力的方向。

其次，本书具有全球视野，并对新兴市场中的渠道问题给予了特别关注。在这个全球联通的时代，本书内容并没有完全拘泥于美国这一成熟市场，而是采用了非常宽泛的全球视野，力图通过案例、政府的相关法律法规和学术研究的成果来反映全球化时代全渠道管理所面临的机遇与挑战。书中各个章节给出的案例资料都特意注明了国家来源，从沃尔玛、星巴克等跨国公司在全球各地市场的全渠道战略，到中国的移动电子商务企业，再到印度、巴西、墨西哥及非洲市场的不同类型的渠道实践、向读者展示了全渠道时代全球市场的缩影。尤其值得关注的是，本书对新兴经济体国家，以及对低收入贫困群体的分销渠道给予了特殊的关注，其中很多观点和通过典型案例所展示的渠道管理实践颇具启发性。

最后，本书呈现了营销渠道领域最新的管理实践和学术研究成果，在渠道管理实践与学术研究之间建立了很好的联系。作为一本面向学生和职业经理人群体的教材，本书内容通俗易懂，通过大量的案例和补充资料，对理论知识进行了很好的诠释。与此同时，作为面向渠道管理研究者的学术著作，本书引用了大量学术研究成果，包括经典的和最新的研究成果，这些学术研究成果被融合到对渠道管理实践问题的探讨中，不仅为渠道研究者提供了较为翔实的文献线索，也为其将学术研究与渠道管理实践融合提供了具有启发性的洞见。从这个角度来看，本书内容适用于高年级本科生、研究生（包括 MBA 学生）和 EDP 学员使用，同时对渠道领域的研究者而言也是一部难得的学术作品。

自 2000 年读研究生以来，我一直将营销渠道管理作为近乎唯一的研究方向，并一直在这个领域从事学术研究与教学工作。当然，作为长期在这个领域从事教学和研究工作的学者，我也像本领域中的学术同仁们一样面临着这个领域转型的挑战与压力。在过去近 10 年中，我带着我的研究生团队进行了一些多样化的探索，但对于本领域未来的方向仍然存在诸多困惑。所以当我看到本书的时候，心中不免喜悦，由本领域世界领军学者领衔改版的经典教材在某种程度上代表了国际主流学界对营销渠道管理领域当前状况和未来方向的基本观点，这对于在本领域探索，以及即将要进入本领域的学生、学者和渠道管理者而言无疑都具有巨大的价值。这是我们致力于翻译本书的根本原因。

本书的翻译工作是由我和我的博士生团队一起完成的。具体的分工如下：第 1 章和第 11 章（张志坤）、第 2 章（鄂嫚迪）、第 3 章和第 4 章（周晶）、第 5 章（窦志慧）、第 6 章（刘孟潇和周佳慧）、第 7 章（杜楠和刘孟潇）、第 8 章（王玉婷和斯浩伦）、第 9 章（孙冬白）、第 10 章（郭乐），张志坤和我翻译了前言、致谢等内容，最后全书由我审校定稿。在书稿翻译过程中，张志坤、周晶和鄂嫚迪辅助我做了大量的工作。她们三位是我最早招收的博士研究生，都将营销渠道管理作为她们的核心研究方向。她们分别于 2021 年 6 月和 2022 年 5 月顺利答辩毕业，现在都已经在各自的教师岗位上开始独立的教学与科研工作。本书也是作为她们三位的"毕业项目"而列入计划的，希望这个项目能够对她们未来的科研和教学工作有所助益。

本书翻译和出版工作能够顺利进行，我们要向以下各位致以我们的谢意。首先，感谢清华大学出版社刘志彬分社长对这项工作的鼎力支持。在我向他推荐此书后，他非常高效率地协调出版社同仁完成了此书中文版权的引进工作，这也给我们的翻译工作带来了些许压力，让我们也尽力以最高的效率完成翻译工作。感谢本书的责任编辑朱晓瑞先生在我们翻译过程和译稿提交以后的高效率、高质量工作，这使得本书能以现在的面貌呈现在大家眼前。其次，我们要感谢第 5～7 版中文版的主译者——清华大学赵平教授带领的第 5 版翻译团队（廖建军和孙燕军）、复旦大学蒋青云教授带领的第 6 版和第 7 版翻译团队（分别是孙一民和鲁直，王严雯和顾浩东）。我们在翻译过程中大量地参考和借鉴了上述主译者的翻译工作，以确保一些关键概念和术语在中文语境中表述的准确性、一致性与统一性。最后，我们也对在翻译过程中给予我们各种帮助和支持的朋友们表示感谢。

本书也是我主持的国家社会科学基金重大项目："双循环"新格局下现代流通体系创新及高质量发展路径研究（21&ZD120）的阶段性成果之一，我们也希望本书的出版能够进一步推动中国营销学界关于营销渠道的教学和研究。当然，由于我们的能力与视野有限，书中的错误在所难免。我们恳请学界同仁能够不吝赐教，指出我们译稿中存在的错误，以便我们及时更正。

张 闯

2024 年 5 月于大连

作者序

营销渠道战略：全渠道方法

Marketing Channel Strategy: An Omni-Channel Approach

科技和数字化渠道的兴起改变了企业与顾客互动的方式。由于消费者现在拥有前所未有的信息和选择，企业接触和留住目标顾客变得更具挑战性。在此背景下，全渠道营销已经成为企业为顾客创造无缝、一体化体验的强大工具。

在这本书中，我们探讨了全渠道营销的原则和战略。第9版名称从《营销渠道战略》变化为《营销渠道战略：全渠道方法》，可见该版本主要目标在于为渠道管理人员和未来的渠道管理从业者创造一个完全重新定位的、全面的、以研究为基础的、可读性强的、以行动为导向的全渠道战略实施指南。该版本的结构安排致力于提供背景知识以及理解、设计和实施高绩效全渠道战略的具体步骤。

该版本的变化

为了更好地体现当今渠道战略对全渠道营销的重视，我们对上一版进行了全面修订。在这本书中，你会发现以下主要变化：

第1章介绍了一个新的全渠道战略框架，介绍了本书的主要结构，并提供了指导管理人员开发和实施全渠道战略的方法。在本章中，我们区分了全渠道和多渠道战略，概述了渠道成员的任务和功能，并简要介绍了营销渠道生态系统中涉及的各种参与者。本章还讨论了以全渠道战略进入市场以及推动全渠道发展的五大趋势等主题。为了帮助渠道管理者设计战略并对其进行长期管理，第1章阐述了一些全渠道的核心问题：

什么是全渠道战略？

是什么使全渠道变得如此重要？

全渠道战略与传统的多渠道战略有何不同？

全渠道战略和采用这种战略进入市场的主要趋势是什么？

本书的第一部分（第1—5章）侧重于渠道和全渠道基础的阐述。在第2章中，我们回顾了全渠道和渠道基础。我们讨论了营销渠道对上游和下游渠道成员的好处，营销渠道执行的关键功能，以及如何审计营销渠道，特别是全渠道。第2章取材于第8版第3—5章的一部分。第3章详细阐述了权力与依赖问题。第4章主要聚焦于渠道关系。第5章讨论渠道冲突（在前一版的第10—12章中讨论过）。这些章节基于全渠道的视角被大量重写，增加了更多当下的新案例。我们将对这些主题进行的讨论在本书中前移，因为我们相信，为了实施有效的渠道和全渠道战略，我们需要对渠道经理经常遇到的问题有更好的把握。

本书第二部分包括第6—9章，分别特别关注零售、批发、特许经营和国际渠道领域的渠道参与者。为了反映我们修订的全渠道视角，之前出现在电子商务章节中的讨论已经与零售（第 6 章）整合在一起。此外，我们在各个章节中整合了关于电子商务的大量讨论，以反映移动商务和其他新兴技术的作用。所有章节都对现实案例与零售、批发和特许经营的现代趋势的认识进行了更新，以及探讨了向全渠道的转变如何影响这些领域。新的第 9 章侧重于国际渠道，讲述了在海外分销产品的方式和方法，包括出口和出口管理公司以及大型贸易公司。我们还介绍了关于向金字塔底部人群营销的渠道，并提供了更多关于新兴市场渠道的见解。

第三部分是全渠道战略。在第 8 版中，终端用户分析出现在第 2 章，而在这一版中，我们将其转移到第 10 章，以便我们能够更好地整合全渠道视角。因此，修订后的内容概述了在全渠道情境中进行终端用户分析和细分的挑战。在第 11 章中，我们概述了全渠道战略以及建立这种战略的四大支柱。

本书特点

这本书的特色在于采用了来自世界各地各个行业和市场的案例。这些案例所呈现的想法和过程几乎可以推广到任何情境和渠道中。每章的补充资料部分用以突出关键的渠道问题和战略，并提供文中提出的理论、过程和想法的具体示例。

在本书的每一章中，我们都添加了几个来自世界各地的例子。我们还在每一章中提供了更丰富的补充资料，以使书中概述的概念栩栩如生。随着对可读性的关注的增加，我们认识到制定有效的渠道战略首先要求管理者对渠道基础有很好的理解，同时对全渠道营销中涉及的各种中介有更详细的了解。

本书每一章都是独立设计的。这些章节是模块化的，因此它们可以与其他材料相结合，并用于与渠道相关的各种课程（例如服务营销，营销策略，B2B 营销，互联网营销，零售，国际营销）。每章的内容都反映了不同学科（如市场营销、战略、经济学、社会学、政治学）的前沿学术研究和实践。

这本书的目标读者

《营销渠道策略：全渠道方法》是专为全球范围内的营销经理和未来从业者编写的。本书主要关注企业进入市场所使用的全渠道战略，即企业营销渠道中的一系列活动可以无缝地设计和管理，从而增强企业的可持续竞争优势和财务绩效，并提供统一的终端用户体验。更简单地说，各个企业和各个营销渠道相融合，将产品和服务从原产地带到消费地。通过全渠道营销，产品或服务的发起者获得市场和终端用户。因此，渠道结构和战略对任何企业的长期成功都至关重要。

总体而言，本书具有坚实的学术基础，探索重要的理论概念、模型和框架，并为解决实际问题提供理论指导。它还包含了广泛的主题，并分析了管理人员普遍面临的问题。本书的基础框架对于在未开发的市场中创建新的全渠道战略，以及批判性地分析和改进现有渠道战略都有所助益。本书相关内容的选择和解释足以指导企业制定成功的策略来解决这些问题。

罗伯特·W. 帕尔马蒂尔

2023 年 12 月

前　言

营销渠道战略：全渠道方法
Marketing Channel Strategy: An Omni-Channel Approach

第 9 版的主要目标可从标题的改变中反映出来，即从《营销渠道战略》变为《营销渠道战略：全渠道方法》。这本书已经进行了重新定位，致力于为从事营销管理实践的经理和学生提供全面的、以研究为基础的、可读的、以行动为导向的关于如何在营销管理实践中应用全渠道战略的指南。本书为理解、设计和实施高绩效的全渠道战略提供了背景知识和过程指导。

第 9 版作了许多重大的修订。第 1 章引入了一个新的全渠道战略框架，奠定了本书其余部分的结构，提供了一种指导管理者通过必要步骤设计和实施全渠道战略的方法。在本章中，我们区分了全渠道和多渠道战略，概述了渠道成员的任务和功能，并对营销渠道生态系统中所涉及的各种角色进行了简要介绍。本章还讨论了以全渠道战略进入市场以及推动全渠道发展的五大趋势。为了帮助渠道管理者设计战略并随时对它进行调整，第 1 章提出了一些全渠道相关的核心问题：

- 什么是全渠道战略？
- 是什么驱动了全渠道的发展？
- 全渠道战略与传统多渠道战略有何不同？
- 全渠道战略以及以全渠道战略进入市场的主要趋势是什么？

在本书的每个章节中，我们都以专栏框的方式添加了来自世界各地的案例。我们还在每一章中提供了较长的补充资料，以使书中概述的概念变得生动。随着对可读性的重新关注，我们意识到制定有效的渠道战略首先需要管理者对渠道基本原理有很好的理解，同时对全渠道营销中涉及的各种中间商有更详细的了解。

本书的第一部分（第 1—5 章）聚焦于渠道和全渠道基础。在第 1 章和第 2 章中，我们回顾了全渠道和渠道基础知识，讨论了营销渠道对上下游渠道成员的作用，营销渠道的主要功能，以及如何审计营销渠道，特别是全渠道。第 2 章借鉴了第 8 版第 3—5 章的内容。第 3 章详细论述了权力与依赖问题。第 4 章主要讨论渠道关系。第 5 章接着讨论渠道冲突（涵盖前一版第 10—12 章的内容）。我们从全渠道的视角重写了这些章节，补充了很多现实案例。在本书中，我们将对这些话题的讨论移到了前面，是因为我们相信要实施有效的渠道和全渠道战略，需要先了解渠道经理在管理实践中经常遇到的这些问题。

第二部分包括第 6—9 章，分别关注零售、批发、特许经营和国际渠道领域的渠道参与者。我们将之前版本中关于电子商务的一章与零售整合在一起（第 6 章），这反映了我们从全渠道视角进行修订的考虑。此外，我们将电子商务的大量讨论整合在各个章节中，以反映移动商务和其他新兴技术的作用。所有章节都更新了当下的案例，并体现出零售、批发和特许经营的现代趋势，以及转向全渠道战略正在如何影响着它们。新的第 9 章聚焦于国际渠道，描述了从出口和出口管理公司到大型贸易公司，在海外分销产品的各种方式和方法。我们还介绍了如何针对低收入群体进行营销，并提供了更多关于新兴市场中渠道的见解。

第三部分论述了全渠道战略。在第 8 版中，终端用户分析出现在第 2 章，而在这一版中，我们将其转移到第 10 章，以便更好地整合全渠道视角。因此，修订后的版本指出了在全渠道环境中终端用户分析和市场细分面临的挑战。在第 11 章中，我们概述了全渠道战略，以及构建全渠道战略的四大支柱。

一些关于渠道法规和渠道物流的章节在此修订版中被删除。

总的来说，本书是针对全球的营销渠道经理和相关专业学生设计的。我们的目标是帮助企业通过全渠道战略进入市场，通过一系列无缝的活动设计并管理营销渠道，增强企业的可持续竞争优势和财务绩效，并提供统一的终端用户体验。更简单地说，帮助企业把产品和服务从产地转移到消费地。通过全渠道，产品或服务可以进入市场并触达最终用户。因此，渠道结构和战略对于任何企业的长期成功都是至关重要的。

本书的特色在于囊括了来自世界各地不同行业和市场的案例。然而，本书中的思想和过程实际上适用于任何环境和渠道情况。每一章中的补充资料都强调了一些关键的渠道问题和战略，并提供了书中出现的理论、流程和思想的具体的例子。

本书每一章都是独立设计的，章节是模块化的，因此它们可以与其他材料结合，并在各种与渠道相关的课程中使用（如服务营销、营销战略、B2B 营销、互联网营销、零售和国际营销）。每一章的内容都反映了不同学科（如市场营销、战略、经济学、社会学、政治学）的前沿学术研究和实践。

目录

全渠道生态系统

学习目标

学习本章以后，你将能够：

定义市场进入战略；

认识营销渠道管理对企业成功的重要性；

定义全渠道战略；

阐明全渠道战略和多渠道战略的区别；

识别全渠道战略的驱动因素和发展趋势；

概述全营销渠道设计和实施框架的要素。

1.1 导　论

本书考察 B2B 市场和消费品市场中，产品和服务的有效渠道战略及渠道结构的设计、调整和维护。本书采取全渠道视角，在本章中，我们将对全渠道的概念进行界定和阐述，并对全渠道生态系统的驱动因素和塑造因素进行探讨。同时，本书也将对全渠道和多渠道进行对比分析，并提供使用有效的全渠道战略进入市场的案例。

全渠道方法扩展了传统营销战略，即侧重于四个营销组合要素：产品、价格、促销和渠道（或 4P 中的"地点"）。[1]营销者关注其产品和服务的开发、品牌、促销和价格，除此之外，能够在任何时间和地点提供给顾客所需要的产品和服务的能力，也是一个关键和不可缺少的营销功能，本书将对此进行重点关注。每个企业都必须做出一系列战略和战术决策，来决定如何分销其产品和服务，从而确保终端用户能够得到它们。这些综合性的从企业到终端用户间的联系，本质上就是企业将其产品和服务送到终端用户手中的途径。这些环节中的参与者由相互独立或相互依赖的组织构成，这些组织将产品或服务推向市场，使其可供使用或消费，从而形成一个完整的营销渠道或营销渠道系统。

制定市场进入战略——以有效的方式部署最优的渠道参与者组合，确保产品或服务可获得且易于购买——对企业而言不可或缺。相反，不适当的分销部署往往是企业失败的主要原因。[2]市场进入战略是一种能够以高效和高性价比的方式，向终端用户提供符合它们偏好的购买方式和方法的蓝图，它赋予了企业竞争优势。

在制定市场进入战略时，企业必须了解消费者或终端用户的购买偏好，包括终端用户在做出购买决定之前可能需要的信息和指导、寻求的服务和售后支持、他们的期望、支付额外费用的意愿、配送偏好、资金需求以及喜爱的下单模式。企业在设计其进入市场的方案时，还必须了解进入市场各种途径的相关成本和收益，并在消费者偏好、企业的市场覆盖率目标、企业为达到必要的市场覆盖率想要和能够进行的投资以及对其进行控制的意愿之间进行平衡。

因此，制定市场进入战略需要三个主要步骤。[3]第一，企业必须对行业渠道进行系统分析，以找到成功的关键因素。第二，渠道经理应在实践中确定可供改进的领域。第三，企业可以制定政策和程序来激励和改变渠道伙伴的行为，以鼓励它们有效地执行渠道任务。因为大多数分销系统依赖于独立的第三方，它们的利益可能与企业并不一致，因此，实施市场进入战略也需要管理与合作伙伴的关系，以促使合作伙伴按照企业的意愿行事。

企业在设计渠道系统时有很多选择，它们各自具有优势和劣势。以两家大型连锁餐厅——麦当劳和星巴克为例。特许经营是快餐业巨头麦当劳的首选市场途径，其 36 000 家门店中有 82%是特许经营。[4]但星巴克一直避免特许经营，至少在美国是这样。这是因为星巴克担心弱化品牌影响力和顾客的店内体验。[5]然而，星巴克也作出了一些让步，例如，它在机场和大学校园使用特许经营的方式来经营门店，并且在欧洲市场采用特许经营作为一种市场进入战略，因为欧洲市场高昂的租金使得企业自营并不可行。[6]

一些企业通过建立完全控制的内部分销系统来执行分销职能，但是这样的系统需要积累内部专业知识并进行大量投资来建立公司自己的分销渠道，因此这种选择不是在所有情况下都可行或可取。大多数产品和服务需要经过多种营销渠道才能到达终端用户。直销模式（在这种模式中，产品不经任何中间商直接从制造商转移到终端用户）是很少见的，这是因为资源可获得性、成本、市场覆盖范围、专业化需求和终端用户偏好之间往往存在冲突。中间商可以以更低的成本或更高的效率执行许多必要任务，特别是当它们拥有卓越的运营知识、更好的基础设施（例如仓储设施）、市场知识或与消费者的联系时。对于制造商来说，获取这些专业知识、资源与联系的成本和时间可能会很昂贵，因此，如许多公司将亚马逊或阿里巴巴作为关键的市场渠道那样，企业通常让大型零售渠道合作伙伴承担大部分渠道任务。

案例 1-1

亚马逊是世界上第 237 大公司。[7]在该公司约 1.2 亿的客户群中，有 6 300 万名是金牌（Prime）会员，它们交纳年费可以享受免费送货等优质服务。[8]亚马逊还向其商业客户提供亚马逊物流服务（FBA）[9]，允许它们将产品批量运送到亚马逊。收取一定费用后，它可以存储产品，在客户下单时完成订单，并提供客户支持服务。因此，企业只需要支付相对较少的费用，就可以共享亚马逊庞大的客户基础，并委托许多渠道功能给亚马逊。

1.2　什么是营销渠道

营销渠道也被称为4P框架中的"地点"、分销渠道、进入市场的路径和市场进入，或者简称为渠道。我们将营销渠道明确定义为一组相互依赖但在许多情况下独立的组织，这些组织参与了将产品或服务推向市场并使其可供使用或消费的过程。这些独特的组织有特定的优势和劣势，包括营销渠道各个系统：经销商、批发商、经纪人、特许经销商和零售商。有了这些不同的参与者的参与，营销渠道成了世界商业的一个重要部分。一个有效的营销渠道战略可以通过传递卓越的客户价值为企业带来竞争优势。

通过这些渠道完成的总销售额约占世界年度GDP（国内生产总值）的三分之一，因此了解和管理这些营销渠道对大多数企业来说都至关重要。[10]例如，原材料和零部件产品制造商通常依靠经销商和制造商代表向原始设备制造商（original equipment manufacturers，OEMs）销售产品，它们可以外包各种必要的功能，如销售、业务开发、培训（或信息）、物流、签约以及订单处理和融资。此外，这些中间商可以分担风险，并帮助管理客户关系。终端用户，也就是原始设备制造商，将零部件组装成成品和服务后卖给批发商和零售商，零售商最终将产品提供给消费者。图1-1概述了一些不同的渠道功能。营销渠道战略明确规定了渠道结构的设计和管理，以确保整个渠道系统高效运行。

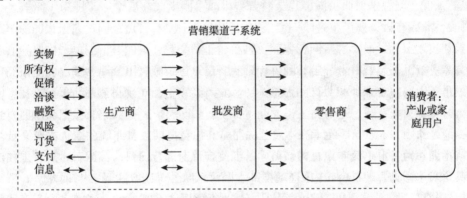

图 1-1　典型渠道系统

任何渠道系统的最终目标都是让用户能够根据它们的喜好轻松地购买产品和服务。否则，企业对买家的影响力和吸引力将受到限制，并对企业销售产生负面影响。例如，一部电影的成功很大程度上取决于放映它的银幕的数量，因此，有效地管理发行系统符合电影制片人的利益。不过，任何渠道系统必须是高效和经济的。

1.2.1　不断变化的营销渠道

科技的进步显著影响着渠道格局。随着实体店角色的变化，制造商和零售商面临新的难题。互联网和电子商务、智能手机和移动技术以及社交媒体都改变了消费者和终端用户的购买方式，对渠道格局产生了深远的影响。社交媒体和在线评论网站为品牌宣传提供了机会，但同时也承担了传统上由渠道合作伙伴提供的信息传递功能，使得它们对信息传播的控制更少。[11]梅西百货（Macy's）、杰西潘尼百货（J. C. Penney）和西尔斯百货（Sears）

等百货商店正在艰难地寻找自己的转型方向[12,13]，而像运动权威（Sports Authority）这样的专卖店已经关门大吉。[14]

渠道的变化给管理者们带来了挑战。原因在于，第一，建立或调整渠道系统涉及成本高昂、难以撤回的投资。这一工作如果能一次性完成是很有价值的，但一旦出错可能会使企业长期处于不利地位。第二，调整渠道会触犯既得利益方，使渠道冲突加剧。第三，管理者在制定最优渠道战略时面临着挑战，包括要决定在哪里投入大量资金以及如何调整不同渠道成员的角色和报酬。电子商务的最新发展，包括自动补货、虚拟现实（VR）和增强现实（AR）技术，以及更短的交付时间，将继续给营销人员带来挑战。

跨渠道整合则构成了另一个挑战。例如，移动设备的普及使得价格和产品比较更加容易，因此消费者不仅享有更高的价格透明度，也了解竞争品牌产品的特性。渠道之间的价格差异可能会加剧渠道冲突，但网店的运营成本要低得多，因为它们不需要在租金高的地区设立门店，也不需要成本昂贵的销售人员。因此，虽然 2015 年只有 8% 的消费者在网上购买食品杂货，但这一比例仅在一年后就翻了一番。[15]

此外，"展厅现象"（showrooming）也已成为一项艰巨的挑战。比如消费者在一家零售店接触、感受和试用产品，然后从另一家电子商务网站购买。"伪展厅现象"（pseudo show rooming）是使消费者在实体店体验商品，但在网上购买相关但不同的商品。[16]

案例 1-2

整个零售业都面临着门店大规模关闭的困扰。电子产品零售商百思买（Best Buy）正在采取措施应对挑战。目前，它面临着成为亚马逊等线上零售商的展厅的威胁。该企业应对战略的关键因素包括制定与网上卖家相当的价格，以尽量减少"展厅现象"带来的损失。此外，通过店中店的模式，它与三星（Samsung）等关键供应商合作，利用消费者对品牌的忠诚度或在购买前体验和试用商品的需求，鼓励消费者访问门店。例如，消费者可以在百思买商店试用戴森（Dyson）最新的产品，如吹风机和真空吸尘器。[17]此外，百思买在培训一支知识渊博、对客户热情的销售队伍方面投入了大量资金。为了建立全渠道体验，百思买允许消费者在多个平台上根据自己的喜好购买产品，无论是在实体店搜索和网上购买还是相反，抑或是其他渠道组合方式进行购买。[18]

1.2.2　营销渠道成员

简而言之，营销渠道主要包括三个关键成员：制造商、中间商（批发商、零售商和特殊中介）和最终用户（企业用户或消费者）。特定类型的渠道成员是否存在取决于其执行必要渠道功能时增加价值的能力。

补充资料 1-1

在许多情况下，一个渠道成员作为渠道领袖，热情投入对重点产品或服务的渠道工作，并在建立和维护渠道联系中扮演主要推动者的角色。渠道领袖往往是制造商，它通常设计整体的进入市场战略，特别是针对品牌产品。在接下来的部分中，我们在描述营销渠道战略时经常从制造商的角度出发。但我们必须指出，制造商并不是唯一可以充当渠道领袖的成员。

1）制造商：上游渠道成员

提及制造商，我们指的是产品或服务的生产者或创造者。在现代零售市场中，品牌的所有权可以属于制造商（如梅赛德斯—奔驰）或零售商（例如杰西潘尼的亚利桑那服装），零售商也可能拥有自己的品牌（如 Gap）。制造商可以自主设立品牌，也可以进行贴牌生产，这两大类有一些关键的区别。第一，设立自主品牌的制造商虽然需要中间商分销它们的产品，其品牌名字是可以为最终用户所知的。著名的例子包括可口可乐、百威啤酒（Anheuser-BuschInBev 旗下）、梅赛德斯—奔驰和索尼。第二，制造商贴牌生产时，不进行品牌投资，下游的买家(制造商或零售商)在产品上设置自己的品牌。例如，Multibar Foods 食品公司为食品市场生产自有标签产品（保健品、健康食品和零食），它的品牌客户包括 Dr. Atkins 营养食品厂和 Quaker Oats 公司。Multibar Foods 公司负责研发，因此它提供的专业知识对雇用它生产产品的品牌公司来说很有价值。[19]尽管冒着帮助未来竞争对手的风险，制造商有时还是会选择分配部分可用产能外包给贴牌生产商。在英国市场，在主要超市销售的商品中，贴牌生产产品占了一半以上。[20]

制造商也可以提供服务，如美国布洛克税务公司（H&R Block）提供的税务准备服务，或 State Farm 或好事达（Allstate）提供的保险单。这些品牌不销售实体产品，而是一系列服务，这些服务构成了它们的"生产"功能。反过来，营销渠道功能通常侧重于促销或风险导向的活动，例如当 H&R Block 代表其自身和其加盟商推广服务时，力求为客户找到法律允许下的最高退税额。保险公司同样不将实体产品作为重点业务，而专注于促销（代表市场上的独立代理人）和风险（风险管理是保险行业的核心）。因此，缺少实体产品并不意味着企业不需要渠道设计或管理。

正如这些例子所表明的，制造商并不总是渠道领袖。对于品牌和生产的产品，比如梅赛德斯–奔驰汽车，制造商确实是在扮演渠道领袖角色，它积极管理渠道的能力和愿望与它在其品牌资产上的投资密切相关。但至少从终端用户的角度来看，贴牌制造商生产的服装或保健品显然不是品牌的所有者，它们反而认为其他渠道成员（例如零售商）是品牌的所有者。

制造商管理生产的能力并不总是意味着它在管理其他营销渠道活动中表现出色。一个服装制造商并不一定是零售或物流专家。但有一些活动，几乎每个制造商都必须执行。实体产品制造商必须持有产品并保持它的所有权，直到产品离开它们的生产地点并被下一个渠道成员接管。制造商必须与买方进行谈判，以确定销售和推销其产品的条件。品牌商品的制造商也会积极参与其产品的推广。但由于渠道中的各种中间商仍然通过其卓越的功能来增加渠道价值，这些功能是制造商无法做到的，因此制造商愿意寻找它们进行合作，以增加其市场覆盖面和吸引力。

2）中间商：中层渠道成员

"中间商"一词包括除制造商或最终用户之外的任何渠道成员。我们将其区分为三种类型：批发商、零售商和专营店。

（1）批发商

批发商包括商业批发商（merchant wholesalers）或分销商（distributors）、制造商代表（manufacturers' representatives）、代理商（agents）和经纪人（brokers）等。批发商向其他渠道中间商（如零售商）或组织用户销售产品，但不向个人消费者终端用户销售。第 7 章将对批发进行深入的探讨。不过，简单地说，我们注意到，商业批发商拥有产品所有权并保有存货（通常来自多个制造商），促销产品，并安排客户的融资、订购和付款。它们以批发价买进产品，然后加价卖给下游客户，然后将差价（扣除它们承担的分销成本后）装入囊中。制造商代表、代理商和经纪人很少对它们所销售的产品拥有所有权或实际所有权（例如，房地产代理人不会购买它们挂牌出售的房屋），相反，它们参与促销和谈判，以销售它们所代表的制造商的产品，并为它们谈判贸易条件。一些中间商（如贸易公司、出口管理公司）专门从事国际销售，但不一定取得所有权。第 9 章将详细阐述这些中间商。

（2）零售中间商

零售商有很多种形式，如百货商店、大卖场、超级市场、专卖店、便利店、特许经营店、购物俱乐部、仓储俱乐部、直接零售商等。与纯粹的批发中间商不同，零售商直接向个人消费者终端用户销售产品。在历史上，它们的作用是聚集各种各样的产品以吸引消费者，但今天，它们的作用不仅如此。零售商可能会签订贴牌商品的合同，这样就能在供应链上游实现有效的垂直整合。零售商也可以卖给消费者以外的买家，例如 Office Depot 通过向企业而不是消费者销售产品赚取了可观的销售额（约占其总销售额的三分之一），尽管它的店面名义上是一家零售商。特别是，Office Depot 的商业解决方案团队通过各种途径，包括直销、宣传手册、目录、呼叫中心和互联网站点，在英国、荷兰、法国、爱尔兰、德国、意大利和比利时向企业销售服务。[21]本书第 6 章将对零售业进行深入的讨论。

（3）特殊中间商

特殊中间商进入渠道是为了执行特定的功能。通常情况下，它们不会过多地参与涉及产品出售的核心业务。这些中间商包括参与财务流的保险公司、金融公司和信用卡公司的参与渠道促销的广告代理商，参与物流的航运公司与物流公司，参与订购或支付流的信息技术公司，通过市场情报对所有渠道流进行支持的市场调研公司。

案例 1-3

成立于 2005 年的时光网（www.mtime.com）是中国版的 Fandango、烂番茄（Rotten Tomatoes）和 ImDb。据预测，按票房收入计算，中国将在不久的将来超过美国，成为世界上最大的电影市场。[22]时光网为中国消费者提供了从 1905 年开始的影评、电影评分和电影概要数据库。它还在网上销售电影票，并按细分市场向合作影院提供电影票销售的数据。时光网也报道名人新闻和电影首映式。时光网等门户网站是大多数中国消费者了解好莱坞和名人新闻的主要来源。2015 年，时光网与中国最大的院线连锁大连万达集团合作，在影院销售电影主题商品。时光网还授权孩之宝（Hasbro）和美泰（Mattel）的产品通过快闪店和自己的在线门户网站销售。由于这些渠道的不同的吸引力，时光网每月估计有 1.6 亿独立访客，并已被其昔日合作伙伴大连万达集团以 3.5 亿美元收购。[23]

3）终端用户：下游渠道成员

终端用户（企业或消费者）也是渠道成员，它们像其他渠道成员一样频繁地执行渠道功能。企业要为自己的经营活动储备原材料，因为它们购买的产品数量远远大于它们未来将使用的产品数量，所以它们要承担物流、所有权流和财务流。它们在使用原材料之前支付费用，从而向渠道注入现金。它们的工厂在储存原材料的同时，减少了对占用零售商仓库空间的需求，从而承担了部分物流功能。它们也承担所有权相关的所有成本，包括偷窃、损坏等。自然地，因为它们要承担更多的渠道功能和成本，这些企业希望大宗采购时卖方能降价。

4）渠道成员组合

不同的渠道参与者可以以不同的方式聚集在一起，从而形成一种有效的营销渠道战略。渠道成员的最佳构成和数量取决于最终用户和制造商的需求。此外，渠道领袖的身份可能因情况而异。本章末附录 1-1 概述了制造商、零售商、服务提供商和其他渠道结构的几种可能的渠道形式。

5）线上渠道

线上渠道（online channels）也称为电子商务（e-commerce）、电子零售（e-tailing）、在线零售（online retailing）和互联网渠道（Internet channels）等。线上渠道提供了一种直接零售的形式，消费者使用联网设备通过互联网订购产品或服务，卖方通过数字或实体方式将产品或服务送到指定地点。它们提供了一个全天候的购物环境和更广泛的可供购买的商品和服务，不受货架空间的限制。此外，它们为消费者提供了一种随时随地购物的方式，可以接触到世界各地的供应商。线上渠道的其他显著优势还包括易于搜索，提供来自制造商或零售商的详细产品信息，获得其他用户发布的在线评论，以及实用的产品和价格比较工具。因此，到 2016 年，网上销售占所有零售销售的 8.1%，这一数字预计将在未来几年以两位数的速度增长。[24] 2016 年，排名前 25 位的零售商的在线销售额总和为 1590 亿美元，值得注意的是，这 25 家公司中有 18 家是从传统的实体零售商（如沃尔玛）起家的。[25]

然而，线上渠道也有其局限性。终端用户不能触摸、感受或试用产品。因此，它们的退货率往往很高，而这些退货的成本必须由线上系统来消化。从终端用户的角度来看，等待实体产品交付需要一定时间是线上渠道的另一个缺点。在某种意义上，线上渠道在销售重量—价值比很低的商品时具有局限，让渠道成员运输混凝土或大米等价格低廉但却很重的产品甚至在经济的角度上是不可行的。

案例 1-4

Hollar 是一家线上一元店，它的创始人在 2015 年电子商务还没有真正渗透到零售领域时，就萌生了这个想法。达乐（Dollar General）和美元树（Dollar Tree）等现有零售公司的线上业务有限，而电子商务初创公司正把所有努力集中在更富裕的客户群体上。对于

Hollar 来说，80%的流量来自于消费者使用它们的移动设备以极低的价格寻找在药店常见的商品。[26]许多物品的价格是 1 美元，均价是 5 美元，任何东西的价格都不超过 10 美元。该公司自称拥有 200 多万活跃用户。[27]为了降低运输成本，它避免承运重物（平均每件货物重 5 磅），并且要求最低订货量为 10 美元——实际上平均订货量约为 30 美元。

1.3　从多渠道到全渠道

人们会随意地使用"多渠道""全渠道"和"跨渠道"等术语，它们几乎可以互换。[28]全渠道及其演变而来的一些渠道形式正变得越来越普遍。图 1-2 表示了近年来"全渠道"一词的搜索频率。

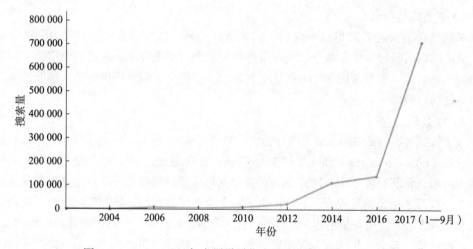

图 1-2　2004—2017 年全渠道零售在搜索引擎中的出现频率

这种增长是市场趋势的反映。线上销售的份额不断增长，促使大多数制造商在现有的渠道组合中增加了线上渠道。在某些行业（如旅游、图书），线上销售已经几乎取代了传统的中间商。然而，在其他行业（如食品零售业），线上销售的影响并没有那么明显。最初，线上销售的出现和增长促使实体零售商开始在营销渠道组合中增加多渠道战略。最近，一些纯线上零售商，包括亚马逊和帕克（Warby Parker），也开始在线下开实体店。这些选择并不局限于零售商，上游渠道成员也面临着是否增加线上渠道的抉择。

保险业就是一个典型的例子。大多数保险公司通过独立代理商销售产品，它们面临着一个具有挑战性的决定，即是否提供线上直销。这一线上渠道的压力主要来自竞争者——线上保险公司和直销保险公司正在蚕食它们的市场。传统保险公司从其他行业被互联网彻底颠覆的命运中吸取了宝贵的教训，它们意识到，消费者的购买方式偏好正在发生变化。然而，增加线上业务也带来了风险，即保险公司可能会疏远它们的主要渠道合作伙伴——保险代理商。在不同的行业中——保险和其他行业——许多公司试图在传统的实体渠道上增加线上或直接渠道，同时最小化渠道冲突。但在大多数情况下，跨渠道整合程度都较低。[29]

智能移动设备、社交网络和店内高科技的出现模糊了线上和实体渠道之间的界限，而这种模糊正是全渠道战略的精髓。消费者还在实体商店里的时候就可以用智能设备在线搜索信息，这就产生了"展厅现象"（消费者在实体商店试用、触摸产品，但在网上购买）和"反展厅现象"（webrooming）（消费者在网上搜索，但在实体商店购买）。实体店和线上渠道之间界限的缩小加速了从多渠道向全渠道的必要转变，因此，企业别无选择，只能找到方法跨渠道无缝地整合它们的业务。随着智能手机的日益普及、虚拟现实领域的投资不断增加以及零售技术的不断进步（这些技术能够帮助消费者虚拟体验产品，甚至远程触摸、看到或闻到产品），实体店和线上渠道之间的界限将继续模糊。

1.4 多渠道战略与全渠道战略的区别：驱动战略转换的趋势

多渠道环境在渠道之间设置了明确的界限，其目标是优化每个单独渠道的绩效并在它们之间进行协调。也就是说，多渠道战略从相对独立运作的多种渠道中获得好处。不同的渠道之间可能会存在一些协调和评估，但它们都是作为明显独立的实体自行运作的。跨渠道购物是指消费者能够在一次购物交易中，在线上、移动设备和实体店之间进行相互切换。但在许多组织中，线上和实体店可能由不同的部门管理，组织对这两部分的关注程度也不同。因此对消费者来说，购物体验并不是真正无缝的。即使面对根深蒂固的跨渠道整合实践，比如顾客可以线上购买并在店内提货，或者线上购买并接收快递，但随后在实体店内退货，渠道整合仍然是一个挑战，处于正在发展的过程中。

不同的是，全渠道系统和谐地整合了各种功能，允许顾客通过线上、移动、社交和线下实体渠道进行品牌搜索、购买、沟通、参与和消费。在一个全渠道的世界中，渠道的设计可以使顾客在购买交易过程中以他们选择的方式跨多个渠道，实现无缝衔接。[30]此外，另一个关键区别是，全渠道战略的核心在于"消费者参与"（consumer engagement）。企业明确地通过社交媒体、电子邮件、网络链接、移动平台、商店访问、促销活动等努力寻求顾客体验和参与。从这个意义上说，全渠道战略除了包括实体商品转移的渠道外，还包括各种沟通渠道。[31]在注意到这些差异的同时，我们接下来讨论推动多渠道、跨渠道和全渠道转变的几个趋势。

1.4.1 趋势一：渠道参与者在互联世界中运营

近 90% 的美国人上网，超过四分之三的人拥有智能手机，近四分之三的人可以在家里使用宽带服务，70% 的消费者使用社交媒体。[32]互联网的无处不在和普遍性极大地影响了人们的购物行为。根据谷歌《消费者晴雨表报告》（Consumer Barometer Report），52% 的美国消费者在购买家具之前在网上进行调查，在泰国，这一比例高达 78%。[33]这项调查进一步显示，在 20 个产品类别中，35% 的美国消费者在购买前通过智能手机寻求建议，36% 的人进行网上比价购物。高水平的互联意味着消费者可以根据自己当时的喜好自由地跨越不同的渠道购买产品。

1.4.2 趋势二：跨渠道购物

消费者可以在商店使用手机搜索和比较价格、品牌或产品，他们还可能在网上查看产品评论，并在社交媒体上向朋友寻求建议。[34]由此产生的"展厅现象"意味着许多消费者去实体店体验和试用产品，但选择在网上购买。然而，这样的行为可能会导致上游渠道成员之间的冲突，因为一个渠道成员付出了传递给消费者信息的成本，而另一个渠道成员却享受了售出产品的好处。因此，当一个渠道成员充当另一个渠道成员的展厅时，必须制定公平的补偿制度。也许最常见的跨渠道购物行为是"反展厅现象"，即消费者在线下购买之前先在网上研究产品。[35]帕克（Warly Parker）和 Bonobos 是开辟线上渠道的先驱，但现在也经营实体店铺。

1.4.3 趋势三：购物模式的改变

当前，实体店仍在继续发展，一些零售未来学家预测，随着手机购物功能的完善，实体店可能会变成简单的陈列室。[36]回想产品评论网站是如何改变基本定价规则的，就可以发现这一预测有一些合理的依据。在一个缺乏产品评价的世界里，消费者倾向于将价格作为一种消费时的参考标准，通常会购买中等价位的商品，而不是购买最贵或最便宜的商品。但如今，如果评价不错，消费者更愿意购买产品线中价格最低的产品。[37]社交媒体网站的激增也促使着口碑和评论的力量、覆盖面和频率都成倍增长。消费者不仅可以分享信息、提供建议，还可以从别人那里获取信息和建议，从而制定自己的购买决策，甚至还可以与品牌进行接触，成为品牌的倡导者。营销人员无法控制消费者说什么，但他们可以利用社交媒体的力量，与平台共同创造消费体验并与消费者互动。渠道经理在制定个性化沟通策略时应该注意隐私问题。真正的全渠道战略需要将传播渠道作为渠道系统的关键组成部分加以整合。

1.4.4 趋势四：向服务转变

服务的无形性给营销渠道带来了治理和管理方面的挑战。[38]在服务渠道中，重点不是取得所有权和库存，而是创造客户参与和客户价值。这为定制和价值共创提供了机会。正如我们注意到的，线上渠道彻底颠覆了旅游、金融等服务行业，导致许多中间商消失。将根深蒂固的中间商从营销渠道及其价值链中移除的能力就是去中介化。上游渠道成员往往倾向于控制客户体验，这可能促使它们寻求下游渠道成员的去中介化。特斯拉汽车的直销模式取缔了传统的经销商，因为该公司试图创造一种在产品之外提供给特定客户的独特体验。去中介化的做法导致游说组织和汽车协会进行了激烈的游说和法律行动[39]，这些汽车协会试图避免像旅行社等中介机构那样被剔除的命运。

互联网还催生了几家 C2C 服务企业，这些企业拥有创新性的渠道领袖。例如，爱彼迎（Airbnb）允许消费者将额外的房间或度假屋出租给其他选择入住这些房屋而不是传统酒店房间的消费者。美国酒店和住宿协会正在游说监管机构限制爱彼迎的运营，称其提供的服务实际上不像酒店服务那样受到监管。[40]

1.4.5 趋势五：有针对性的促销和客户洞察

电子邮件、线上优惠券、价格匹配和社交媒体广告是新大众传播推广渠道的工具，可以使用它们进行有针对性的促销。它们有效地利用客户关系营销和社会媒体的好处来促进全渠道战略。例如，沃尔格林（Walgreens）和 Foursquare 已经合作建立了一个基于地理位置的社交网站，一旦顾客进入沃尔格林商店，该网站就会向它们提供电子优惠券。Catalina Marketing 还利用实体店内的购买历史向消费者提供个性化的广告。这些技术创造了一个数据丰富的环境，第 10 章和第 11 章将对此进行阐述。[41]

但许多零售商还没有完全开发它们的网站或电子商店来使它们的产品在各种线上和移动平台上得到最佳展示。在某些情况下，它们的移动和线上渠道甚至存在直接的相互竞争。全渠道战略的要求恰恰相反，需要上下游渠道成员将它们的促销、定价和品牌定位跨渠道整合起来。例如，在它们的线上渠道中，零售商不受商店大小或货架空间的限制，因此它们可以提供更广泛的品种，并试图寻找更多的消费者。因此，沃尔玛可以在其线上和移动平台锁定高收入客户，通过销售高端品牌商品与好市多（Costco）和亚马逊竞争，同时对实体店购物者保持低价定位。这种跨渠道的终端用户细分具有挑战性，因为不同的终端用户寻求不同的服务组合，因此更喜欢不同的渠道安排。这涉及通过上游和下游渠道合作伙伴提供相同的服务，以及考虑服务这些细分客户所涉及的成本，从而制定一个公平、有吸引力、有效的定价策略。

1.5　营销渠道架构

生态系统（ecosystem）——"一个复杂的网络或相互关联的系统"[42]或"特定环境中所有存在者"[43]——是描述企业的市场战略和相关销售渠道的术语。它涉及一个无所不包、相互联系、复杂的网络。在多渠道的世界里，公司依靠多种渠道进入市场，但在全渠道的世界里，企业必须进一步发展一个全面的框架，以获取跨渠道的实物、信息、所有权、融资、促销和支持服务流动的系统性视野。全渠道视角需要"超越孤立的行为，通过设备和平台发挥价值，并提供更加精心筹划和互动的品牌体验"。[44]生态系统是由能力互补的各个部分聚集而形成的。

因此，全渠道生态系统整合了经常被单独分析的领域，即 B2B 和渠道中间商领域。想要分析、设计和开发最有效地进入市场的全渠道结构和战略，就需要对这两个领域有全面的了解。本书对它们进行了整合，但也在单独的章节中讨论了各自领域中独特的组成部分。

具体地说，本书在第 2～5 章中重点探讨了 B2B 领域，这些探讨建立在已经具备渠道基础构成部分的基础上，进而开发一个具有洞察性的全渠道战略。我们深入探讨了管理渠道功能的各个方面。在第 2 章中，我们讨论在全渠道中，渠道如何根据渠道及其参与者的功能和活动创造价值，并提供解决方案。我们进一步介绍了市场营销人员可以使用的识别现有渠道和最优渠道差距的渠道审计（channel audits）和工具，以及基于"制造或购买"（make-or-buy）决策的、用于揭示渠道功能是应该内部化还是应该外包的框架。本章包括三个关键问题：渠道宽度，渠道类型组合和全渠道分销战略的使用。总的来说，最终目标是通过渠道设计创造价值，确保渠道的上游和下游成员的需求清晰化，这样能够以最小的成本满足目标终端用户的需求。

第 3 章讨论的不是渠道，而是渠道权力（channel power）。渠道管理者需要了解每个渠道成员的权力和依赖的来源，以及渠道冲突的潜在可能性，然后才能制定建立和维护与渠道合作伙伴关系的计划。例如，考虑到渠道合作伙伴之间的相互依赖关系，它们可能并不总是有充分合作的动机。那么，渠道领袖怎样才能确保设计的渠道最优？一种方法是利用渠道权力。渠道成员的权力在于它们能够控制渠道合作伙伴的战略和战术，这可以使它们进一步满足其自身的目的。但是如果渠道成员使用渠道权力的目的是促使渠道合作伙伴来执行最优渠道设计指定给它们的职责内的工作，那么最终就会达到以更低的成本完成必要服务产出的目的。

在第 4 章中，本书将进一步探讨管理渠道关系的方法。渠道关系对于参与渠道关系生命周期的上游和下游渠道成员都很重要。本书探讨了渠道成员建立承诺和信任的途径，同时，本书也探讨了功能失调的关系（dysfunctional relationships），即缺乏信任和承诺（commitment）的关系是如何造成渠道损失的。最后，在第 5 章中，本书在多渠道和全渠道情境中讨论了渠道冲突的性质和类型，并识别了解决渠道冲突的策略。

在渠道中间商领域，本书根据最常见的渠道参与者、结构和策略，即零售（第 6 章）、批发（第 7 章）、特许经营（第 8 章）和国际渠道（第 9 章），确定形成全渠道系统的最佳途径。零售将渠道与终端用户连接起来，目前零售业态的多样性证明了不同细分市场的终端用户对服务产出有不同的偏好。本书还讨论了各种电子商务相关的议题，如数字化、展厅化、去中介化、虚拟现实和增强现实、社交商务和移动商务。从产品到服务的商业环境、电子商务的增长以及全球化的巨大变化，正在促使新的渠道系统出现，同时也对传统渠道造成冲击。例如，消费者倾向于线上购买书籍和音乐极大地改变了这些产品的渠道系统。批发是分销的"密室"，能有效地（即最小化成本）和高效地（即为终端用户提供空间便利和快速配送功能）运输和保管产品。特许经营是一种重要的销售手段，它允许小业主利用大型母公司（特许人）的知识、战略和战术指导来经营零售产品和服务网点。国际营销中的渠道有所不同，本书也解决了国际营销面临的一些挑战，特别是那些以生活在世界偏远地区的贫困消费者为消费对象的公司所面临的挑战。

在第 10 章和第 11 章中，本书将以上章节整合在一起，提出全渠道战略。在第 10 章，重点探讨最终用户。市场营销的一个基本原则是市场细分，要将市场分成彼此间相似和与其他群体存在明显不同的终端用户。对于渠道经理来说，根据终端用户期望从该营销渠道获得的服务来进行市场细分是很好的办法。营销渠道不仅仅是产品的渠道，它也是一种为通过它销售的产品和服务增加价值的手段。从这个意义上说，营销渠道代表了另一条"生产线"，它所生产的不是正在销售的产品（或服务），而是生产决定产品将如何销售的辅助服务。由渠道成员创建并由终端用户消费的增值服务和终端用户购买的产品共同代表了渠道的服务产出。服务产出包括但不限于产品分装、空间便利性、存储时间和送货时间、产品分类和多样性、客户服务和产品、市场、使用信息共享。

在第 11 章中，本书详细介绍了全渠道战略的四个支柱：利用客户知识、从技术中获益、管理渠道关系和评估渠道绩效。本书认为，要为目标终端用户市场设计最佳的渠道策略，设计者必须审视服务于这一细分市场的现有营销渠道。应根据九个关键渠道功能（图1-1）来评估每个潜在渠道的能力，以确定它在多大程度上能够满足该细分市场的服务产出需求。渠道功能属于所有为终端用户增加价值的渠道活动，这样渠道的功能就不仅仅体现在实现产品分销，还可以承担促销、谈判、融资、订购、支付等功能。

　　全渠道战略既适用于消费者市场，也适用于 B2B 市场。在图 1-3 的左边，我们展示了原材料或零部件的上游卖家。大多数制成品卖家并没有实现渠道的完全垂直整合，所以它们从上游供应商那里获取原材料和零部件。根据这些供应商的重要性程度或它们与制成品卖家的交易数量，它们会被划分归类为不同的层级。原材料和零部件的上游销售商也采用多种分销方式为制成品销售商服务。

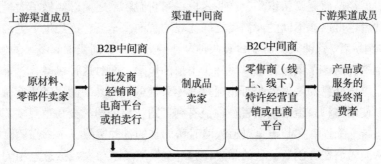

图 1-3　B2B 全渠道生态系统

　　顾客（制成品卖家）的规模及其购买偏好，卖家通过某种渠道进行互动的意愿以及能力决定了一个渠道是否合适。为了从大客户那里获得业务并管理与大客户的关系，供应商可能会建立一个内部的直销队伍，从中可以看出这些大客户订单的潜在规模，以及它们对产品库存或配送方式的需求。供应商也可以雇用制造商销售代表与潜在客户进行交易。一些卖家（尤其是新成立的公司）可能缺乏建立内部销售队伍所需的资源，此时采用已经与客户建立联系的代理商和经纪公司进行分销可能是一个很有吸引力的选择。这些代理商经常代理来自不同制造商的产品组合，这是许多客户喜欢的，因为客户不用局限于与不同供应商单独交易。在全球化市场中，许多国际公司将代理商和经纪公司作为进入新的海外市场的关键模式。

　　企业也可能通过批发商或经销商分销产品。Grainger 是一家领先的工业经销商，库存近 150 万件产品。许多制成品制造商从类似 Grainger 的、一站式购物的经销商那里采购产品。此外，Grainger 还帮助供应商和成品制造商提供一些供应链应具备的功能，如库存管理。在制药等其他行业，批发商扮演着更为关键的角色。Amerisource Bergen、Cardinal Health 和 McKesson 这些批发商估计占美国药品销售的 90%。[45]这些批发商通常为制造商提供库存服务，并能接触到广泛的零售网点（如传统药店、超市、邮购药店和医院）。在技术部门，提供增值服务的经销商也至关重要。这些经销商提供完整的解决方案，将来自各种供应商的组件、软件或硬件捆绑在一起，或向现有解决方案添加其他价值。如果最终用户需要单个供应商无法提供的完整解决方案，这些经销商就会因为客户更愿意通过它们购买而提供增值服务，从而成为关键的中间商。

　　一些企业采用 B2B 电子商务平台，由专有的电子数据交换（EDI）系统或亚马逊等企业提供的云计算服务支持进行商品销售。例如，在汽车行业，卖家可以通过共享的在线平台找到零部件供应商，并与之进行交易，其中一些平台甚至设有反向拍卖机制，如 Covisint 网。这些平台在允许企业找到符合一定标准的供应商的同时，也扩大了供应商的选择范围。但是，B2B 环境下的直销也会带来挑战，因为买家很容易转向这些平台寻找替代供应商，这可能会使销售人员花了数年时间培养的客户关系变得紧张。销售人员可能需要利用更多的沟通工具，包括社交媒体，以在 B2B 环境中通过不同沟通渠道传递一致的信息。因此，销售人员的功能也会随着不断变化的全渠道环境而变化。

然而，大多数全渠道研究倾向于关注 B2C 情境[46]，如图 1-3 的右侧所示。在营销实践中，这种情况也很常见。汽车制造商正在密切关注特斯拉的直销模式，看它是否有可能颠覆通过特许经销商销售的传统分销渠道。与此同时，经销商自己也越来越多地利用互联网来获取客户，但经销商需要认识到，这些客户在和它们联系之前已经做了大量的研究来了解市场。消费者也可以在不同的经销商之间比较购买同一车型，这产生了更多的品牌内竞争。对于这些消费者，营销人员需要找到一种合适的方式来协同线下和线上的购物体验[47]，但也要面临消费者从一个渠道转移到另一个渠道的风险。面对这种风险，一个关键问题是通过某种特定渠道交易的消费者是否比通过其他渠道进行交易的消费者更有价值。[48]大多数证据表明，使用多种渠道的消费者往往更有利可图，与公司的交易也更多。[49,50]

图 1-4 总结了管理者在制定全渠道战略时所面临的各种挑战。本书强调营销和传播渠道的整合，从而为消费者创造一致的品牌体验。全渠道战略与大数据息息相关并十分依赖于数据分析。此外，全渠道战略要求定价完全透明，强调跨渠道甚至是全球范围的一致定价。向全渠道环境的转变对某些行业的影响可能比其他行业更大。本章的最后，我们来看一个强调全渠道环境带来的机遇和前景的案例。

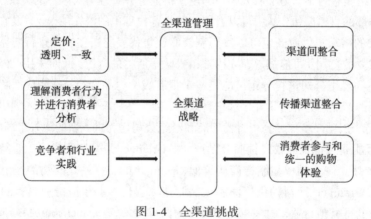

图 1-4 全渠道挑战

案例 1-5

你会在网上还没有看到实物的时候买二手车吗？购买二手车的过程困扰着许多消费者，在美国，"二手车销售人员"是一个广泛使用的贬义词，指不值得信任的人。但 Beepi 有着新颖的寄售模式：卖家将汽车委托给 Beepi，后者利用其在线门户网站为汽车寻找买家，并将汽车送到它们选择的地点。这辆汽车在待售期间仍由卖方保管。对于卖家来说，Beepi 承诺有机会获得更高的回报，同时也消除了在私人交易中与陌生人打交道的潜在风险和麻烦。对于买家来说，如果它们不喜欢这辆车，Beepi 保证全额退款，并要求它们在 7 天内对汽车进行全

补充资料 1-2

面检查，并发布几张汽车内部、外观和引擎的照片后退货。Beepi 的目标市场是寻找新款二手车的消费者，这些消费者可以全天候购物，无须与二手车经销商讨价还价。Beepi 还承诺，其直销模式将为消费者节省资金。然而，即使 Beepi 吸引了近 1.5 亿美元的投资，它也无法维持业务，并最终被出售了，现在在 Vroom 公司下运营。[51]

本章提要

营销渠道是一系列相互依赖的组织，它们是致力于实现产品或服务能够被使用或消费的过程。

企业进入市场战略的本质是，以符合终端用户偏好的购买方式和方法，高效的、具有成本效益的、并能够给企业带来竞争优势的方式向其提供产品。

营销渠道需要履行九种重要的功能：物流、所有权、促销、谈判、财务、风险、订单、支付和信息分享。

技术进步正在改变着渠道布局和终端用户的购买方式。

线上渠道的增长导致企业利用多渠道战略，在这种战略下，各个渠道之间通常作为独立实体在垂直渠道系统中运营，缺少最优整合，并进行着不充分的协调。它还导致了渠道的去中介化，将渠道中间商从渠道价值链中移除。此外，百货商店等一些成熟的零售业态也正在努力应对线上渠道的冲击，并适应消费者购买偏好的变化。

当今的趋势是正从多渠道转向全渠道战略，全渠道战略即企业寻求整合客户对品牌的了解、购买、沟通、参与和消费能力，使客户在线上、实体、移动、社交和沟通渠道上的体验衔接且优化。

渠道系统中的关键角色包括作为上游渠道成员的制造商、中间商（如批发商、零售商）以及作为下游渠道成员的终端用户。

全渠道和多渠道之间的关键区别在于渠道之间是无缝衔接还是相互独立，而且全渠道在本质上包含顾客参与。

推动向全渠道转换的趋势是，消费者生活在一个参与跨渠道购物的互联的世界。因此，购物模式已经改变，加之对服务的重视以及产生深刻消费者洞察和为终端用户创造定制的、有针对性的体验的能力，这必然带来向全渠道的转变。

渠道战略是在一个生态系统中运行的。

全渠道战略的关键是整合渠道和消费者之间的接触点，为终端用户创造透明、无缝、统一的品牌体验。

附录 1-1

注释

[1] Palmatier, Robert W. and Shrihari Sridhar (2017), Marketing Strategy: Based on First Principles and Data Analytics, London: Palgrave Macmillan.

[2] Karakiya, Fahri and Bulent Kobu (1994), "New product development process: An investigation of success and failure in high-technology and non-high-technology firms," Journal of Business Venturing, January, 49-66.

[3] Rangan, V. Kasturi (2006), Transforming Your Go-to-Market Strategy: The Three Disciplines of Channel Management, Boston, MA: Harvard Business School Press.

[4] Gruley, Bryan and Leslie Patton (2015), "The franchisees are not lovin' it," Bloomberg Business Week, September 21.

[5] Taylor, Kate (2016), "Why Starbucks doesn't franchise," Business Insider, September 28.

[6] Jargon, Julie (2013), "Starbucks tries franchising to perk up European business," Wall Street Journal, November 29.

[7] Gensler, Lauren (2016), "The world's largest retailers 2016: Wal-Mart dominates but Amazon is catching up," Forbes, May 27.

[8] Shi, Audrey (2016), "Amazon Prime members now outnumber non-Prime members," Fortune, July 11.

[9] https://services.amazon.com/fulfillment-by-amazon/benefits.html, date retrieved July 28, 2017.

[10] See "2011 Top 250 global retailers," Stores, January 2012, www.stores.org; www.naw.org, http://data.worldbank.org, and www.commerce.gov.

[11] Piotrowicz, Wojciech and Richard Cuthbertson (2014), "Introduction to the Special Issue: Information technology in retail: Toward omnichannel retailing," International Journal of Electronic Commerce, Summer, 18 (4), 5-15.

[12] Wahba, Phil (2016), "The man who's re- (re-re) inventing JC Penney," Fortune, March 1, 76-86.

[13] McGrath, Maggie (2017), "Retail-maggedon: Macy's ugly earnings drag down entire sector," Forbes, May 11.

[14] Brickley, Peg (2016), "Sports Authority accelerating store closings amid bankruptcy," Wall Street Journal, July 19.

[15] Maras, Elliot (2016), "Omni-channel puts food supply chains through the wringer," Food Logistics, September, 16-24.

[16] Gu, Zheyin (Jane) and Giri Kumar Tayi (2017), "Consumer pseudo-showrooming and omni-channel placement strategies," MIS Quarterly, 41 (2), 583-606.

[17] Johnston, Lisa (2017), "Best Buy adds Dyson In-store experiences," Twice, August 7, 21.

[18] Gabor, Deb (2017), "Retail is dead! Long live retail—at Best Buy, that is," Twice, August 7, 5.

[19] Fuhrman, Elizabeth (2003), "Multibar multi-tasking," Candy Industry, 168 (June), 28-32.

[20] Kumar, Nirmalya and Jan-Benedict E.M. Steenkamp (2007), Private Label Strategy: How to Meet the Store Brand Challenge, Boston, MA: Harvard School Publishing.

[21] See www.officedepot.com and the company's 2016 Annual Report.

[22] Ekstract, Steven (2016), "China's rising star," www.licensemag.com, June, 202.

[23] Brzeski, Patrick (2016), "Wanda's two steps forward and one (huge) step back," Hollywood Reporter, 24, 18.

[24] Braden, Dustin (2017), "E-tailing and the top 100," Journal of Commerce, May 29, 14-15.

[25] Zaczkiewicz, Arthur (2016), "Amazon, Wal-Mart lead top 25 e-commerce retail list," wwd.comi, March 7.

[26] Kokalitcheva, Kia (2016), "Hollar grabs $30 million to grow its 'online dollar store'," Fortune, November 18.

[27] Chernova, Yuliya (2017), "Taking the dollar store concept online," Wall Street Journal, June 14.

[28] Beck, Norbert and David Rygl (2015), "Categorization of multiple channel retailing in multi-, cross-, and omni-channel retailing for retailers and retailing," Journal of Retailing and Consumer Services, 27 (November), 170-178.

[29] Verhoef, Peter C., P.K. Kannan, and J. Jeffrey Inman (2015), "From multi-channel retailing to omnichannel retailing: Introduction to the Special Issue on multi-channel retailing," Journal of

Retailing, 91 (2), 174-181.

[30]　Piotrowicz and Cuthbertson (2014), op. cit.

[31]　Ailawadi, Kusum and Paul W. Ferris (2017), "Managing multi- and omni-channel distribution: Metrics and research directions," Journal of Retailing, 93 (1), 120-135.

[32]　Smith, Aaron (2017), "Record shares of Americans now own smartphone, have home broadband," www.pewresearch.org/fact-tank/2017/01/12/evolution-of-technology.

[33]　The Consumer Barometer Survey 2014/15, www.consumerbarometer.com/en/insights/?country Code=GL.

[34]　Van Bruggen, Gerrit H., Kersi Antia, Sandy Jap, Reinartz Werner, and Pallas Florian (2010), "Managing marketing channel multiplicity," Journal of Service Research, 13 (3), 331-340.

[35]　Flavian, Carlos, Raquel Gurrea, and Carlos Orus (2016), "Choice confidence in the webrooming purchase process: The impact of online positive reviews and the motivation to touch," Journal of Consumer Behavior, 15 (5), 459-476.

[36]　Mangtani, Nitin (2017), "Why Warby Parker is the poster child for the store of the future," Forbes, June.

[37]　Simonson, I. and E. Rosen (2014), "What marketers misunderstand about online reviews," Harvard Business Review, 92 (1/2), 23-25.

[38]　Watson, George F. IV, Stefan Worm, Robert W. Palmatier, and Shankar Ganesan (2015), "The evolution of marketing channels: Trends and research direction," Journal of Retailing, doi.org/ 10.1016/j. jretai.2015.04.002.

[39]　Irwin, John (2016), "North Carolina denies Tesla a dealership license," Automotive News, May 23.

[40]　Shen, Lucinda (2017), "The hotel industry is striking back against Airbnb," Fortune, April 17.

[41]　Brynjolfsson, Erik, Yu Jeffrey Hu, and Mohammad S. Rahman (2012), "Competing in the age of omnichannel retailing," Sloan Management Review, Summer.

[42]　www.en.oxforddictionaries.com/definition/ecosystem.

[43]　www.learnersdictionary.com/definition/ecosystem.

[44]　Egol, Matthew, Raju Sarma, and Naseem Sayani (2013), "Reimagining shopper marketing and building brands through omnichannel experiences," www.strategyand.pwc.com, 4.

[45]　Fein, Adam J. (2016), "Top pharmaceutical distributors," www.mdm.com/2016-top-pharmaceuticals-distributors, date retrieved August 23, 2017.

[46]　Cummins, Shannon, James Peltier, and Andrea Dixon (2016), "Omni-channel research framework in the context of personal selling and sales management: A review and research extensions," Journal of Research in Interactive Marketing, 10 (1), 2-16, https://doi.org/10.1108/JRIM-12-2015-0094.

[47]　Herhausen, Dennis, Jochen Binder, Marcus Schögel, and Andreas Herrmann (2015), "Integrating bricks with clicks: Retailer-level and channel-level outcomes of online-offline channel integration," Journal of Retailing, 91 (2), 309-325.

[48]　Kushwaha, Tarun and Venkatesh Shankar (2013), "Are multichannel customers really more valuable? The moderating role of product category characteristics," Journal of Marketing, 77(4), 67-85.

[49]　Venkatesan, R., V. Kumar, and Nalini Ravishanker (2007), "Multichannel shopping: Causes and consequences," Journal of Marketing, 71 (2), 114-132.

[50]　Mellis, Kristina, Katia Camp, Lamey Lien, and Els Breugelman (2016), "A bigger slice of the multichannel grocery pie: When does consumers' online channel use expand retailers' share of wallet?" Journal of Retailing, 92 (3), 268-286.

[51]　Lunden, Ingrid (2016), "Used-car marketplace Beepi shuts down outside of CA, merges with stealth fair.com," https://techcrunch.com/2016/12/07/used-car-marketplace-beepi-shuts-down-outside-ofca-merges-with-stealth-fair-com, date retrieved August 23, 2017.

第**2**章

渠 道 基 础

学习本章以后，你将能够：

明确以高成本和增值性渠道活动为特征的一般性渠道功能；

理解效率模板如何根据渠道和渠道成员对渠道功能绩效进行评估；

描述渠道功能分配在设计零基渠道（zero-based channel）中的作用；

运用公平原则，识别渠道功能绩效如何在渠道成员之间合理分配渠道利润；

在渠道审计过程中进行渠道功能分析；

能够在有限信息的情境中运用效率模板；

定义服务和成本差距，并描述这些差距的来源；

使用服务和成本差距分析模板进行差距分析；

理解在全渠道环境中进行渠道审计的挑战。

2.1 导 论

2.1.1 营销渠道战略的重要性

如第 1 章所述，大多数产品和服务在消费者购买之前都要经过多个营销渠道。因此，营销的核心任务是设计和管理渠道结构，以确保整个渠道系统的有效运作。在全渠道环境中，这个过程更加复杂，因为企业必须整合其业务，并在多个渠道中同步客户体验。渠道在制造商和终端用户之间提供了一个通道，终端用户很少会直接与制造商互动。因此，人们的渠道体验决定了他们对制造商品牌形象的看法和满意度。

通用汽车公司的土星（Saturn）品牌（现已停产）改变了客户的购车体验，造就了一个受到狂热追捧的品牌，激发了强大的顾客忠诚度。在土星汽车经销商处，销售人员赚取的是固定费用，而不是佣金，这意味着没有高压销售或讨价还价。他们会将每辆汽车加满了油交付给顾客，并拍下庆祝照片以记录顾客拥有新车的时刻。[1]这些特定的渠道元素有助于将公司提供的产品与竞争对手区别开来。这种区别是建立和保持竞争优势的基础，因此，即使身处竞争激烈的汽车市场，土星作为一个新的品牌也能将自己定位为一个"与众不同的汽车品牌"。简而言之，强大的渠道系统是一种竞争资产，不容易被其他公司复制，是可持续竞争优势的来源。

如果采取了一个低效的渠道战略，制造商的产品或服务会难以触及买方，对其吸引力也不足，买方就可能会选择其他的方式购买。在本章中，我们将深入研究渠道的基础，包括营销渠道中的功能和活动。基于此，我们首先解释营销渠道存在的原因，然后概述渠道审计如何创造更有效、更敏捷的渠道结构。

2.1.2　营销渠道为何存在？

我们在第 1 章中指出，渠道本质上是一组相互依赖的组织，在信任的基础上以团队模式运作。但制造商似乎可以直接将它们的产品和服务卖给所有终端用户，这样它们就可以在避免依赖各方的同时又保留对其分销过程的完全控制。那么，为什么还会存在营销渠道呢？答案在于平衡其直接与终端用户互动的好处和随之产生的增量成本（例如，在分销过程的早期分装产品，将许多小批量货物运送到很多不同的地方，而不是将大量货物运送到少数地方）。不过，这种平衡是不断变化的，所以一旦出现不平衡，营销渠道就必须不断改变和发展新的形式。为了设计出最佳的渠道结构和战略，理解渠道中间商为上游和下游渠道成员提供的利益是至关重要的，我们将其称为渠道提供的服务产出（service outputs）。

2.1.3　对下游渠道成员的利益

1）搜索便利化

存在中间商的营销渠道出现的部分原因在于它们有助于搜索。对终端用户和卖家来说搜索过程都具有不确定性。终端用户需要找到他们想要的产品或服务；卖方需要确切地知道如何触及它们的目标终端用户。如果没有中间商的存在，尚未建立品牌的卖方将无法进行大量销售。例如，当消费者能够通过信誉良好的零售商获得产品时，他们就会认为产品质量更高。[2]这种担保是必要的，因为终端用户很少有足够的信息用以判断是否该相信制造商对其产品性质和质量的描述。制造商也无法确定，通过促销活动它们是否能够接触到正确的终端用户。因此，零售商等中间商有助于渠道双方的搜索。

案例 2-1

蛛网设计（Cobweb Designs）是一家总部设在苏格兰的高质量刺绣设计公司，是与皇室、苏格兰国家信托、建筑师查尔斯·雷尼·马金托什（Charles Rennie Mackintosh）以及杰出的社会主义作家、设计师威廉·莫里斯（William Morris）有关的唯一刺绣设计服务授权方。蛛网设计的刺绣产品在其公司网站（www.cobweb-needlework.com）和苏格兰国家信托的所有零售点都有销售，但其所有者萨利·斯科特·艾顿（Sally Scott Aiton）也想进入拥有庞大而分散的潜在买家的美国市场。艾顿在主要的艺术博物馆和植物园的礼品店中寻找零售场所。在华盛顿特区的史密森尼学会（Smithsonian Institution）或芝加哥艺术学院（Art Institute of Chicago）等博物馆的礼品店中获得货架空间，可以显著扩大公司的销售范围，因为即使不经常去英国的美国消费者也可以发现该公司的设计（或了解它们）。这类零售商本身就提供了引人注目的品牌形象，从而促进了需求方的搜索过程：一个寻求博物馆展品刺绣产品的消费者知道，她可以在博物馆商店里找到它们及其他博物馆馆藏复制品。同样，从蛛网设计的角度来看，博物馆商店的形象与其套件的高品质一致，这样它们就有可能吸引那些代表了它们目标市场的参观者。这种对广泛买方的接触又推动了渠道中制造端的搜索。简而言之，中间商（博物馆零售商店）成了撮合买卖双方的"媒人"。

2）备货（sorting）

独立的中间商发挥了对商品进行分拣的重要功能，从而解决了制造商生产的商品和服务的分类与终端用户需求的分类之间的匹配问题。这种差异产生的原因是，制造商通常生产大量的、种类有限的商品，而消费者只需要数量有限的、种类繁多的商品。中间商可以将来自制造商的不同类别的产品进行分类，分解成相对同质的独立库存（例如，柑橘包装厂按大小和品级对橘子进行分类），或者进行商品集聚，将来自不同供应商的类似商品集聚起来，以提供更广泛和更同质的供应（例如，批发商为零售商集聚各种商品，而零售商为消费者集聚商品）。简而言之，中间商帮助终端用户获得对他们有吸引力的产品和渠道服务的独特组合。在这个意义上，中间商为终端用户创造了效用。特别是，它们提供了商品占有、地点和时间效用，以确保产品能够分门别类地在正确的时间和最有价值的地方提供给目标终端用户。

2.1.4 对上游渠道成员的利益

1）交易常规化

每笔购买交易都涉及订购、确定货物和服务的价值以及付款。买方和卖方必须就付款的金额、方式和时间达成一致。如果交易被常规化，这些分销成本就可以被最小化，否则，每笔交易都要进行讨价还价，效率就会随之降低。

常规化还促进了商品和服务的标准化，使商品和服务的性能特征可以很容易地比较和评估。这将鼓励制造商生产具有更大价值的产品。总之，常规化可以提高渠道活动的执行效率。持续补货计划（continuous replenishment programs，CRP）是有效渠道库存管理的一个重要因素。CRP 最初由宝洁公司在 1980 年创立，目的是将帮宝适尿布自动运送到零售商的仓库，而不需要零售经理下订单。1988 年沃尔玛采用了 CRP，使其自此进入零售业的历史。在 CRP 中，制造商和零售伙伴共享库存和备货信息，以确保零售货架上的产品不会出现库存不足或过剩。这些系统通常会增加发货频率，但减少每次发货的规模，在系统中产生较低的库存和较高的周转率，进而增加渠道利润。此外，CRP 系统降低了库存的留存成本，最大限度地减少了对采购订单的需求，可以在相关方之间建立更密切的关系，最终产生更高的渠道忠诚度。[3]然而，CRP 还需要渠道伙伴间有一种常规而牢固的关系。信任，或者说对渠道伙伴可靠性和诚实的信心，是实现渠道伙伴之间高度合作的必要条件，而这种合作对于长期管理 CRP 是必要的。[4]

2）减少交易次数

如果没有渠道中间商，每个生产者都将不得不与每个潜在的买家互动，以创造所有可能的市场交换。随着交换在社会中重要性的增加，维持所有互动的难度也在增加。考虑一个简单的例子：在一个只有 10 户人家相互交易的小村庄里，在每个生产点进行分散的交换需要 45 次交易（即[10×9]/2）。但如果该村增加了一个有一个中间商的中央市场，进行集中交换就只需要 20 次交易（10 + 10），这样就可以降低交换系统的复杂性，并促进交易。

这个例子中隐含的道理是，一个分散式交换系统比一个使用中间商的集中式网络效率要低。同样的道理也适用于从制造商到零售商的直接销售与通过批发商的销售。如图 2-1 所示，假设有 4 个制造商和 10 个分别从每个制造商那里购买商品的零售商，交易次数为 40 次。如果制造商通过一个批发商卖给这些零售商，必要交易次数将下降到 14 次。

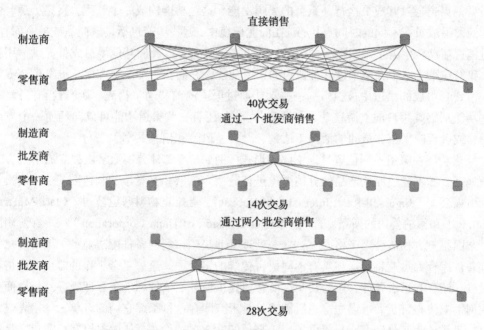

图 2-1　在没有中间商的情况下接触市场所需的交易成本

随着批发商的增多，必要交易次数反而增加了。例如，如果图 2-1 中的 4 个制造商使用 2 个而非 1 个批发商，交易次数将从 14 次增加到 28 次。如果有 4 个批发商，交易次数将增长到 56 次。因此，仅从市场上交易次数和成本的角度来看，中间商递增会导致回报递减。当然，在这个例子中，我们假设每个零售商会与制造商使用的每个批发商进行交易。但如果零售商偏好与某个批发商交易，制造商限制批发商数量的任何努力都会增加将零售商偏好的批发商排除在渠道之外的风险，这可能会使制造商无法进入该零售商所服务的市场。

在这个简单的例子中，我们还假定每次交易——制造商与批发商，批发商与零售商，制造商与零售商之间交易——的成本和效率是相等的。这样的假定在现实世界中显然是不成立的。在现实世界中，不同类型中间商的销售成本截然不同。并非所有中间商都同样地擅长或有动力销售某个制造商提供的产品，这必然会影响到选择使用哪个和多少个中间商。

因此，我们认为，明智地使用中间商可以减少覆盖市场所需的交易次数。这一原则影响着许多制造商，它们寻求进入新市场但又希望避免由自己雇用销售人员进行直接分销的高成本。减少供应商数量以使供应链合理化的趋势似乎也与减少分销渠道中的交易次数相一致。

综上，中间商必然会参与到营销渠道中，原因是它们既能增加价值，又能帮助降低成本。这些作用提出了另一个关键问题：渠道本身实际执行的是什么类型的工作？

2.2 营销渠道执行的关键功能

2.2.1 渠道功能

营销渠道通过其成员执行一系列的渠道功能，这些功能构成一个流程，贯穿渠道，由不同的渠道成员在不同的时间点执行。在商业环境中，这些功能包括运送商品或持有库存，通过销售活动产生需求，实际配送产品，从事售后服务，以及向其他渠道成员提供信用融资。我们在第 1 章中介绍了这九种普遍的渠道功能，它们在一个由生产商、批发商、零售商和消费者组成的渠道中被执行。一些功能通过渠道向前移动（物流、所有权和促销）；一些功能从终端用户向上游移动（订购和付款）；还有一些渠道功能可以向任何一个方向移动，或者反映渠道成员间的活动（谈判、融资、风险和信息共享）。

渠道功能在渠道不同位置呈现不同的形式。例如，零部件分销通常由独立的第三方分销商处理，而不通过原始产品的分销渠道进行分销。三家相互竞争的制造商——英格索兰国际山猫公司（Ingersoll-Rand International Bobcat）、克拉克物料搬运公司（Clark Material Handling）和德纳公司的斯派塞部门（Spicer Division of Dana Corporation）——都使用同一家德国第三方物流公司飞格（Feige）来处理其非美国市场的备件配送业务。飞格简化了管理备件库存并迅速将其运往具有不同语言传统的多个国家这一复杂工作的难度。飞格不仅接收、储存和运送备件，还为其制造商客户提供债务、信贷和现金管理服务。分销商可以在网上向飞格订货，可以先检查所需零件是否有库存，再跟踪它们的订单。飞格先进的信息技术系统为其分销商客户提供了令人瞩目的 95% 的库存率。从成本控制和需求满足的角度来看，客户对快速交付备件的持续需求使得使用这种中间商成为一种优越的策略。[5]在这种情况下，渠道设计者甚至可以设计两种物流活动（原始设备与备件），因为它们代表了在产品流向市场的过程中两种重要而独特的功能。

并非每个渠道成员都需要参与所有渠道功能。专业化是有效渠道的一个标志。例如，产品的实物可以从制造商到批发商到零售商，最后到最终用户，另一种渠道方案可能会取消批发商，而依靠制造商的销售代表，而这些销售代表并不拥有实际的产品或产品的所有权。在这种情况下，实际的物流功能仍然由制造商和零售商执行，而不是由其他中间商执行。一般来说，渠道功能只能由渠道成员承担，或增加价值或降低成本。然而，专业化也增加了渠道的相互依赖性，在渠道运作中产生了对渠道成员紧密合作和协调的需要。

此外，特定渠道功能的绩效与其他功能的绩效是相关联的。当渠道系统中的一个成员拥有或占用库存时，就会发生融资。也就是说，当批发商或零售商获得所有权并承担制造商部分产出的商品时，这个中间商就是在为制造商提供资金，因为账面成本的最大组成部分是被处于待用状态（即没有走向最终销售）的库存所占用的资本。其他账面成本包括报废、折旧、偷窃、破损、储存、保险和税收。如果中间商不需要投入资金用以支付占有库存的成本，它就可以转而投资于其他盈利机会。因此，资本成本等于占有库存的机会成本。

可见，在特定渠道所必须执行的一系列功能中，制造商必须承担其中的一些责任，而将其他的甚至是全部的功能转移给渠道中的各个中间商。因此，我们注意到关于渠道设计和管理的另一个重要事实：某个渠道成员可以从渠道中消失或被替代，但其所履行的功能却不能随之消除。当渠道成员离开渠道时，它们承担的功能会向前或向后转移，由其他渠道成员来承担。因此，只有当一个渠道成员所执行的功能可以由其他渠道成员更有效或更低成本地完成时，该渠道成员才应被淘汰。淘汰一个渠道成员所带来的成本节约并不是因为其利润率被渠道的其他成员分享，而是因为其执行的功能可以由其他渠道成员更有效地完成。

最后，我们想强调一个贯穿渠道所有增值活动的重要渠道功能：信息共享。制造商与它们的批发商、独立销售代表和零售商分享产品和销售信息，这有助于它们更好地发挥促销功能。消费者提供有关他们偏好的信息，从而提高渠道提供有价值服务的整体能力。有效地生产和管理这些信息对实现卓越的分销渠道至关重要。

为了给目标终端用户市场设计一个最佳的渠道策略，设计者需要对服务于这一细分市场的现有营销渠道进行审计，以评估每个潜在渠道方案的能力，这涉及九个关键功能以及每个设计方案能够满足该细分市场服务产出需求的程度。渠道功能不仅是在渠道中处理或移动产品，还涉及所有为终端用户增加价值的渠道活动，包括促销、谈判、融资、订购、付款等。在考虑这些功能的同时，渠道结构的决策也必须努力减少渠道功能运行的成本。每个渠道成员都要执行一组渠道功能，理想的情况是，渠道功能的分配能使它们以最小的总成本获得最可靠的渠道绩效。这项任务并不简单，它涉及在渠道中不同成员间进行比较。

2.2.2 设计渠道结构和战略

除了要弥合所有服务或成本上的差距，渠道经理还需要通过分析确定渠道密集的程度、渠道类型/特征的组合和双重分销渠道的使用。通过确定市场中不同细分市场对服务产出的需求，渠道设计者可以找到一个最佳的渠道结构来有效地满足这些需求。

对于每个细分市场，企业必须确定分销渠道的宽度，或为争取顾客而相互竞争的渠道合作伙伴的数量。对于一个特定的市场区域，一个渠道可能包括大量零售商（密集分销），只有几个零售商（选择性分销），或者只有一个零售商（独家分销）。决定选择哪种方案取决于渠道效率和执行因素。更密集的分销使产品更容易被所有的目标终端用户获得，但它也可能在竞相销售该产品的零售商之间造成冲突。

试想，一个渠道经理试图在零售商销售一系列高档手表。哪种类型的渠道伙伴是最佳的？是高档商店，还是本地家族珠宝商？这种选择对渠道效率和品牌形象都有影响。如果公司还想在国外市场分销其产品，就需要选择一个能在海外销售的分销商，以利用其在目标市场与当地渠道伙伴间的良好关系。因此，这一选择将极大地影响企业能够成功地进入国外市场的可能性。最后，对渠道类型的决策涉及渠道结构的多个层级。例如，一个民族特色食品制造商想要销售其产品，可以通过城市中的小型独立零售商、大型连锁的折扣式仓储店或各种线上分销店。在渠道的上游，决策涉及是否使用独立分销商、销售代理公司（称为"代理"或"代理公司"）、货运公司、金融服务公司、出口管理公司，或任何其他可能被纳入渠道设计的独立分销渠道成员。

渠道决策关于"生产或购买"的分析——垂直整合还是外包——代表了另一个关键的战略选择，因为一个公司决定拥有其部分还是全部营销渠道，对其分销和生产的能力有着持久的影响。制造商与其营销渠道紧密相关，因为这些渠道会影响最终用户，并决定了他们对其形象的看法。制造商也从这些渠道中获得一些市场和竞争的情报：制造商对市场的了解（或能够了解到的）很大程度上取决于它如何进入市场。在下游渠道成员中，向后整合的决定会使它们与其他供应商发生冲突并消耗资源，这可能会使它们无法向客户提供无偏见的建议。然而对许多企业来说，向价值链上游的移动似乎是难以抗拒的（既然下游渠道成员更了解需求，为什么要让制造商拿走所有的利润？）

这种选择的可能结果使我们需要充分理解最佳的渠道结构和触及每个目标群体的战略。只要目前市场上不存在该细分市场的其他渠道，这种洞察力就赋予渠道管理者建立最佳渠道设计的自由。不过，如果已经有了一个已经存在的渠道，渠道经理则需要进行差距分析，以确定最佳渠道和当前实际渠道之间的差异。例如，服务产出可能供应不足或过剩。供应不足通常显而易见，目标群体对他们得到的服务水平表示不满。但在供应过剩的情况下，问题就更加微妙了，因为目标用户不仅得到了他们想要的所有服务，还有一些额外服务。然而，由于这种服务的供应成本很高，因而过度供应可能会导致产品或服务价格高于目标用户最终愿意支付的价格。

2.3 营销渠道审计

如上一节所述，设计一个最佳的渠道结构和战略需要进行各种分析。市场营销的一个基本原则是，卖方必须设法识别并满足市场上终端用户的需求。对于营销渠道战略来说，这一原则意味着营销人员应能识别消费者的购买喜好以及他们想要的服务类型，使基于此的营销渠道系统能够提供他们所需要的服务产出。因此，在确定了目标用户群体之后，审计现有营销渠道就成了关键环节。这种审计评估了每个可用的渠道成员有效提供服务产出的能力（分装、快速交付、空间便利、分类、多样性、信息共享）。这种评估必须包括每个渠道成员提供服务产出的水平和成本，原因是终端用户对渠道提供的整体效用（即在给定价格下的利益）很敏感。制造商、批发商和零售商都参与营销渠道以创造目标用户所需要的服务产出。就像生产厂的机器生产有形产品一样，营销渠道的成员也在从事生产活动，即使它们生产的是无形产品。在这个意义上，生产力源于终端用户置于渠道生产服务产出的价值之上，而渠道功能就是生产终端用户所要求的服务产出的活动。

审计现有渠道系统中的每个渠道成员执行哪些渠道功能，由谁、在什么水平上、以什么成本执行，有以下几个重要的益处：

（1）详细了解每个渠道成员的能力，使其能诊断并弥补定价和向目标群体提供服务产出等方面的不足。

（2）审计能识别服务产出与目标终端用户群体期望之间的差距，而服务提供者可以通过增加必要的新渠道或者调整现有渠道来弥补这些不足。

（3）了解哪些渠道成员承担了哪些渠道功能，以及执行这些渠道功能的成本，有助于公平地分配渠道利润。而渠道成员也可以更好地保持公平和合作的意识，避免渠道冲突。

因此，本节讨论的重点是识别和描述渠道功能，概述管理者如何审计渠道系统，以识别零基渠道、服务差距和过高的成本。

特定的渠道成员可以专门执行一个或多个渠道功能，而并不参与其他功能的活动。这可能会让其有动机将另一个成员从渠道中移除（即改变渠道结构）。但是，由该渠道成员执行的特定功能不能简单地被消除。在一个成员离开渠道后，其承担的功能必须转移到其他渠道成员身上，以保持服务产出的供应。除非该成员执行的功能也在渠道其他地方被执行，那么其对服务产出的贡献就是多余的。例如，当受雇的销售人员与独立批发商的销售代表拜访同一个顾客时，就浪费了他们的精力和资源。因此，渠道最好只使用其中一类销售人员，而不是两类都使用。

每个渠道功能都有助于生产有价值的服务产出，同时也产生成本。表 2-1 以 CDW 为例，列举了一些渠道活动，它们与各个渠道功能相关并产生渠道成本。

表 2-1　CDW 参与的各种渠道功能

渠道功能	CDW 在功能方面的投资
物流	400 000 平方英尺的仓库； 99%的订单当天发货； 对于政府买家，CDW 建立了一个"资产标签"系统，让买家跟踪哪些产品被运往何处；产品被扫描到买家和 CDW 的数据库中，以方便以后跟踪产品（如服务电话）； 从制造商那里获得大量的产品，每天从不同的供应商那里收到大约 8 辆拖车的产品，都是散装的，几乎没有附加服务
促销	为每一个客户（甚至是小的、新的客户）配备一名销售人员，这样终端用户就可以始终与其讨论技术需求、系统配置、售后服务等问题； 销售人员要经过 6.5 周的基本培训、6 个月的在职辅导，以及持续一年的每月培训课程； 新员工被分配到小企业客户，以获得更多的机会来完成销售； 销售人员与客户联系时并不是通过当面销售（太昂贵）而是通过电话或电子邮件； 销售人员任期比其竞争对手更长
谈判	CDW-G 启动了一个小企业联盟，以帮助小企业更有效地参与联邦 IT 合同的竞争。它给小企业伙伴提供价格更低的电脑以及业务线索、访问 CDW 的求助台和产品工具。它还负责运输和结算，减少小企业伙伴在渠道功能上的负担。作为回报，CDW 获得了它无法得到的合同
融资	只需 32 天就能收回应收账款，每月周转两次存货；而且没有债务
风险	我们是许多小公司的首席技术官； CDW 被授权为思科系统的首席合作伙伴，为商业客户提供服务
信息共享	收集关于哪些制造商的计算机能够最好地解决特定客户需求的相关信息； 保存每个客户的产品保修信息，以方便服务

物流是指与商品储存相关的渠道活动，包括渠道成员之间的运输。物流成本是经营仓库的成本以及将产品从一个地方运输到另一个地方的成本。以商用个人电脑采购为例，CDW 的中间商角色造成了巨大的物流成本和必要的投资，包括维护 40 万平方英尺的仓库，该仓库存放着从制造商那里采购的大量产品。就某一项服务而言，如在线账单支付，物流成本似乎应该较低，然而事实是它们仍要向托管数据的渠道成员付费（即拥有、操作和维护计算机硬件和软件系统，以便随时访问系统中的财务数据的成本）。这种渠道功能乍看

似乎微不足道，但在服务市场中，它既昂贵又对渠道成功至关重要。

物流的成本不同于所有权成本。当一个渠道成员获得商品的所有权时，它要承担库存成本，它的资本与产品捆绑在一起（其机会成本等于该资本的次优使用价值）。在很多分销系统中，例如商用个人电脑的销售，现实商品和所有权通过渠道一起转移，但是这种搭配既不必要也不普遍，正如以下三个例子所示。第一，寄售（consignment selling）是指零售商实际持有产品（如画廊中的画作），但制造商（如画家）保留其所有权。制造商只有将其出售给终端用户时才会放弃所有权。第二，当制造商或零售商保留所有权并与第三方逆向物流公司签订合同来处理逆向物流功能时，所有权与商品实体是分离的。物流公司只是按照服务费或从退回商品的最终转售收入中按百分比分成来获取酬劳。第三，在前文提及的在线账单支付中，数据托管公司从未实际拥有那些数据。

尽管存在这些例子，我们也承认在许多渠道系统中，商品实体和所有权是一起转移的。它们的综合成本被称为存货持有成本。存货是指商品或用于制造商品的部件的库存，它们的存在有以下几个原因。

- 需求激增，超过了生产能力。为了顺利生产，工厂要预测这种激增并根据预测进行生产，进而产生存货。需求的激增可能是自然的（如夏天的冰激凌），也可能是由于营销人员的行为，如短期促销造成的。供应链管理学科发源于杂货行业的主要原因就是零售商囤积商品以利用制造商的促销活动，但随后不得不处理高存货带来的成本，包括过期的成本。

- 规模经济存在于生产和运输中。在这种情况下，存货的产生是因为企业批量处理订单以进行长期的生产或者囤积商品以保证集装箱、卡车、船舶或飞机满载。

- 运输需要时间，特别是在生产地与消费地之间距离较远时。因此，下游渠道成员会保有存货（管道库存），以满足他们的需求，直到货品到达并可以开箱。

- 供给和需求是不确定的。买方永远无法完全确定需要多久才能得到补给（交货期），有时甚至无法确定它们是否能够得到存货。因此，它们将保险库存（即超出订单周期内所需的最佳估计量的多余存货）作为对冲不确定性的手段。这种不确定性通常是因它们不知道要售卖什么而导致的（需求不确定性）。

一个渠道成员应该保有多少存货是一个难以回答的问题。运筹学传统中很多模型都试图回答这个问题，这些模型之间的差异主要在于使用了不同的假设使存货问题在数学上易于处理。经济订购量（the economic order quantity，EOQ）模型是最古老和著名的运筹学模型。[6]

在营销渠道中，促销功能有多种形式：雇员或外部销售人员（例如，经纪人和共同的注册投资顾问）的个人销售、媒体广告、销售推广（贸易或零售）、宣传和其他公关系活动。促销活动旨在提高所售产品的知名度，引导潜在买家了解产品的特性和好处，并说服潜在买家购买。第三方逆向物流公司帮助制造商实现这一促销目标，它们对退回的产品进行翻新，并通过新的渠道（如易贝）进行销售。如此一来，它针对新的买家群体，将翻新的产品与通过标准渠道销售的新产品区别开来。促销活动也可能是为了提高品牌资产，以增加未来的销售。当然，任何渠道成员都可以参与促销，不仅限于零售商和制造商。即使作为批发商，CDW 也维持着一支昂贵的销售队伍，这最终有助于降低计算机设备制造商的促销总成本。

如果销售条款或某些关系的持续性是有待商榷的，那么渠道中就会存在谈判功能。谈判的成本主要根据谈判者进行谈判所需的时间以及必要的法律顾问费用来计算。在一个由小企业组成的服务于政府市场的联盟中，CDW 利用多个成员的能力来增强渠道对买方的联合谈判能力，其谈判能力使 CDW 以低价获得产品，因此小企业在获得政府合同方面获得了谈判优势。

融资成本是在渠道不同层次进行销售所固有的。企业间典型的融资条款是要求在 30 天内付款，并可能为提前付款提供折扣。例如，在 10 天内付款可获得 2%的折扣，销售条款将被表述为 "2-10 net30"。无论具体情况如何，付款条款确定了卖方在产品交付后一段时间内（这里是 30 天）愿意为买方购买负担经费的意愿。在这种情况下，卖方接受了放弃收入的财务成本，因为它本来可以通过将这笔钱用于其他的投资活动来获得收入。融资成本也可能由制造商或中间商承担，甚至由外部专业公司承担，如银行或信用卡公司。作为一个批发商，CDW 从计算机制造商那里购买产品，并为这些存货承担费用，直到顾客购买并付款。根据其强大的库存周转率和应收账款显示的最短天数，CDW 的融资功能特别高效。高效融资的另一端是退货率较高却无法实现良好管理的制造商。即使是一个普通的企业，在将其退货产品重新投入市场之前，也要承担 30～70 天的资金成本。

风险的来源有很多。例如，批发商与终端用户之间的长期合同会规定价格保证，锁定批发商的销售价格。如果在合同有效期内，该产品的市场价格上涨，而批发商又必须按照事先确定的较低价格进行销售，就会存在收入损失。西南航空公司（Southwest Airlines）多年来通过锁定一个特定的价格成功地降低了燃料费，并利用节省下来的费用维持其作为低成本航空公司的地位。[7]价格保证也可以提供给持有存货的中间商，以防止产品的市场价格在存货出售前下跌。这种做法将风险从中间商转移到了制造商身上。其他与风险有关的成本包括担保、保险和售后服务活动，这些活动会减轻对不可预见的未来可能发生状况（例如，零件故障、事故）的担忧。制造商或批发商通常承担着这些风险成本，除非在某些情况下，一个特定的渠道中间商明确地充当了风险管理者。一位 CDW 的经理说过："我们是许多小公司的首席技术官"，他认为 CDW 在计算机产品和系统方面有更多的专业知识。这种专业知识为小型企业客户降低了风险，因为它们可以依靠 CDW 而不是凭借自身有限的知识去确定最好的系统。

订购和支付是指在实际购买和支付产品过程中产生的成本。时至今日，有些创新可能看起来朴实无华，但却从根本上改变了这些功能的效果。自动补货（automatic replenishment）不仅降低了订购成本，还提高了现货率。

最后，信息共享会以常规的或专门的方式在各个渠道成员之间进行。零售商通过电子数据交换与制造商分享有关销售趋势和模式的信息。如果使用得当，这些信息可以降低许多其他渠道功能的成本。例如，随着销售预测的改进，渠道可以持有较少的存货，从而降低物流成本。这种信息是至关重要的，物流经理们将信息分享功能视为一种"存货信息化"的能力。

相关成本也要求避免不必要或者过度地执行某些渠道功能。了解目标用户所需的服务产出、服务水平和成本，有助于渠道管理者设计渠道系统，以最低的成本向目标细分市场提供它们所需的特定服务输出水平。

补充资料 2-1

2.4 使用效率模板审计渠道

为了审计渠道成员提供每项渠道功能和增加价值的能力和成本，我们可以使用一个效率模板（efficiency template），它描述了（1）每个渠道成员为执行营销功能所做的工作类型和数量，（2）每个渠道功能对提供终端用户服务产出的重要性，以及（3）每个渠道成员应获得的渠道总利润份额。表 2-2 展示了一个空白的效率模板：每一行表示渠道的功能，然后列被分为两组，一组表示该功能的重要性权重（importance weights），而另一组则表示渠道成员在每个功能的绩效上所占的比例（proportional performance of each function）。

表 2-2 效 率 模 板

	功能的重要性权重			渠道成员功能绩效的比例				共计
	费用*	效益潜力（高、中、低）	最终权重*	1	2	3	4（终端用户）	
物流**								100
所有权								100
促销								100
谈判								100
融资								100
风险								100
订购								100
付款方式								100
信息共享								100
共计	100	—	100	—	—	—	—	
标准利润份额***	—	—	N/A					100

注：*每一列的条目加总为 100。

**各行的条目（渠道成员 1 到 4 的功能绩效比例之和）对每个渠道成员加总为 100。

***渠道成员的标准利润份额为：（最终权重，物流）×（渠道成员物流的功能绩效比例）+ … +（最终权重，信息共享）×（渠道成员信息共享的功能绩效比例）。各行的条目（渠道成员 1~4 的标准利润份额之和）加总为 100。

我们先考虑与渠道功能重要性权重相关的三列。它们既要考虑执行该功能的成本，又要考虑因渠道中相同表现而带来的增加值。在"成本"一栏中的条目应该是百分比，所有功能的总和为 100%。如果推广成本占所有渠道功能成本的 23%，分析人员就在相关单元格中输入"23"，然后确定其他功能如何占到剩余 77% 的成本。为了得到可量化的成本权重，作业成本法（activity-based costing，ABC）的会计方法可以衡量每个组织的绩效成本。[8]但就我们的目的而言，衡量绩效成本的任务要更复杂，因为我们需要对所有渠道成员开展的所有活动的成本进行良好的量化衡量。例如，即使我们知道了总成本，我们仍然需要了解：在这些总渠道成本中，促销活动所占的比例是多少？

即使没有可量化的成本度量，分析人员也可以使用定性的技术来估计成本权重。通过德尔菲（Delphi）法的研究技术，渠道中的专业经理们可以自行对成本权重做出最佳估计。[9]这项工作可以得到一组总和为 100 的权重，用来衡量每个功能与渠道总成本的比例。

但是成本并不是衡量功能重要性的全部。每个功能的执行也创造了价值，而确定有多少价值是一个更直观的过程，将功能的执行与为目标终端用户创造所需的服务产出联系起来。有了这些信息，我们可以调整"成本"权重，以得出渠道中每个功能最终的重要性权重。这个调整过程是判断性的，但通常会增加在渠道中产生"高"附加值的功能的权重，而减少分配给"低"附加值功能的价值。同样地，在这种情况下，最终权重的总和也必须是 100，所以如果一些功能的权重增加，其他功能的权重就必须减少。德尔菲法可以补充这种方法，帮助渠道成员得出最终的权重，用以代表执行渠道功能所承担的成本和创造的价值。

为了完成表 2-2 中效率模板中的其他列，渠道分析人员必须在所有渠道成员之间分配每个功能的总成本。同样，分析人员输入的数字相加为 100，代表一个特定渠道成员承担功能的成本占总成本的比例。因此，如果一个渠道由一个制造商、一个批发商、一个零售商和一个终端用户组成，物流的成本就会分散到这 4 个渠道成员中——尽管不是所有渠道成员都承担所有的成本。例如，一个制造商可能使用独立的销售代表销售其产品。这些销售代表不持有产品的存货，也不拥有产品的所有权。他们只从事促销活动，有时还负责接收订单。因此，他们在物流的那一行中成本比例条目将是 0。

值得注意的是，终端用户也是渠道成员之一。当终端用户购买了比他们短期内真正的需求量更多的产品时（例如，在大卖场购买大包装纸巾而不购买散装纸巾），他们就正在执行一些物流功能，因为他们必须自己持有未使用产品。因此，这个终端用户也承担了持有库存的成本，这就意味着他在渠道中分担了所有权成本。那些在购买时支付了全部费用的终端用户，也承担了融资成本。因此，终端用户参与渠道功能的各种方式为他们带来了成本，对于任何渠道成员而言，这些成本都是需要被衡量的。尤其是当渠道成员将一部分终端用户和另一部分终端用户进行比较时，这种衡量所得出的信息特别有用，因为它揭示了一个基本的问题，即为什么为某些终端用户服务的成本要比其他用户更高？答案通常是，因为他们自身执行了成本较低的渠道功能，而将这种成本转嫁给了其他渠道成员。

在为每项功能分配了权重，并为所有渠道成员执行每项功能分配了成本比例后，渠道分析人员就可以为每个渠道成员计算一个加权平均数，揭示它在渠道中承担的成本和创造的价值。这个加权平均数是针对每个功能的（权重×成本比例），然后对所有功能进行加总。

这些百分比具有特殊的意义，特别是当所有产品都能按清单价格销售以获得渠道总利润时。渠道总利润等于总收入（假设所有产品都以其清单价格出售），减去所有的渠道运营成本。这些百分比不仅衡量了价值创造的比例，也表明了每个渠道成员应获得的标准利润份额。当然，渠道成员承担较大比例的低价值功能时可能并不像其执行较小比例的高价值功能那样创造价值。因此，成为"忙碌"的渠道成员并不总是意味着较高的价值创造。在下一小节讨论公平原则时，我们将再次探讨这一概念。

同时，当终端用户产生渠道利润时，意味着什么呢？如果终端用户购买了大量的产品，并计划在购买后使用，他们会提前付款，并愿意存储产品供以后使用。如同其他渠道成员一样，这些有价值的渠道功能对客户来说是有成本的，所以他们对渠道功能的执行值得得到一些奖励。一般来说，终端用户执行有价值的渠道功能得到的回报是较低的价格。

除了仔细地确定哪些渠道参与者应包括在效率模板中，渠道分析人员还应为每个产品分销渠道设计一个单独的效率模板。这种单独设计是非常必要的，因为销售产品给零售买家（如零售商）的渠道成员，在直销渠道中是不承担任何渠道功能成本的，但在零售渠道中却承担了大量的成本。

最后，分析人员可能缺乏关于每个渠道成员承担成本的完整财务数据。如果我们不知道每个渠道成员承担某个功能的成本是多少，就无法进行精确的评级，那么是否需要舍弃效率模板呢？当然不会，只要有一些排名数据可以用来校准执行每个功能的相对强度即可。即使是粗略的排名，也能对每个渠道成员所创造的相对价值提供一个合理的估计。像任何系统一样，近似值越粗略，得出的估计值就越粗糙，然而比起忽略每个渠道成员的相对价值，这些近似值仍然具有参考性。

总而言之，效率模板是一个有用的工具，它可以记录每个渠道成员（包括终端用户）所承担的成本和为渠道增加的价值。在其众多用途中，效率模板可以揭示渠道成员如何分摊特定功能的成本，表明每个渠道成员对渠道的整体价值创造有多大贡献，并展示每个功能对整个渠道绩效的重要程度。它也可以成为一个强有力的解释工具，为当前的渠道绩效或现有运营渠道的变化提供依据。在全渠道设计中，对于通过多个渠道销售的产品，可以运用效率模板进行比较，找出不同渠道运行成本的差异，这将有助于在不影响预期服务产出的前提下降低成本。

2.4.1　评价渠道：公平原则

根据渠道运行的效率模板计算出的标准利润份额，揭示了每个渠道成员通过其努力而产生的利润占渠道总利润的比例。根据我们对公平原则的定义，这个标准份额应该与每个渠道成员在渠道总利润中的实际份额有关。我们认为，公平原则是：一个成员在渠道系统中的报酬水平应该反映其在营销功能中的参与程度以及这种参与所创造的价值。也就是说，报酬应该反映每个渠道成员的标准利润份额。

公平原则进一步指出，应该根据每个渠道成员创造的价值来奖励他们。这不仅是公平和公正的，也为渠道成员继续创造价值提供了强有力的激励。因此，无论客户想如何购买，CDW 对线上的购买和销售人员处理的购买实行相同的现金奖励，这保持了员工努力建立客户账户的动力。但是，如果试图剥夺任何渠道成员的努力和创造价值的回报，就可能会导致日后的绩效不佳，严重的渠道冲突甚至可能导致渠道的解体。

为了遵守公平原则，渠道成员必须确定它们产生的实际成本，并对渠道中的价值创造做出可接受的估计。否则，它们很可能会对每个成员实际增加的价值产生分歧，这将是没有赢家的争论，因为它体现的是渠道成员对自身贡献的个体感知，而非事实。如果评价价值创造的渠道成员同时也是执行该项渠道功能的成员，渠道就无法有效地加强这个渠道成员的高价值活动，负责奖励渠道活动的成员必须认识到这一点。虽然收集完成效率分析所需的信息需要花费大量的精力，但是其回报是值得的。

然而，在许多情况下，实际的利润份额并不符合效率模板所建议的标准份额。解决这一问题需要进一步分析渠道状况和外部竞争环境。在某些竞争情况下，尽管渠道成员为提高渠道绩效做出了巨大努力，但是，如果存在竞争对手使其中某个成员看起来很容易被替代，那么该成员获得的实际利润会比效率模板建议的要少一些。试想一下，比如说，沃尔玛的一个商品供应商。当沃尔玛宣布其供应商必须采用 RFID（射频识别）技术时，该供应商将面临新的巨大成本：购买制造和插入标签的设备，购买标签，培训员工处理、粘贴和编程标签的内容。此外，RFID 技术所承诺的成本节约必须由供应商和沃尔玛（以及客户）共享。因此，供应商可能会认为它在实施这项技术的过程中承担了超过其"公平份额"的成本，这明显违反了公平原则。然而不幸的是，对该供应商而言，它几乎没有追索权：如果它拒绝承担 RFID 标签的成本，沃尔玛可以放弃它作为供应商，选取另一个既提供商品又提供 RFID 功能的供应商，从而轻而易举地取代它。当市场力量和竞争压力导致偏离了公平原则时，渠道奖励制度不一定会被改变。

不过，从长远来看，沃尔玛对公平原则做出一些让步也未尝不可。渠道伙伴如果不能得到与其贡献相称的回报，就无法长期地保持积极性。它们可能会开始寻找退出渠道的方法，至少它们肯定会努力讨价还价，以争取有利的改变。如果一个公司对待其渠道伙伴的态度不好，其声誉会很差，这将损害其在未来管理渠道的长期能力。最后，违反公平原则是导致渠道冲突的主要原因，而渠道冲突本身的管理成本就很高。

因此，精明的渠道管理者会谨慎地权衡长期关系风险和获得更多渠道利润份额的即时收益。我们再次重申：如果竞争条件赋予一个渠道成员对另一个渠道成员的影响力，那么基于利润的奖励应该大致按照每个渠道成员提供的绩效水平进行分配。通过使用效率模板对现有渠道进行审计，渠道管理者可以掌握建议的相对利润份额，然后他们可以将这些份额与每个渠道成员享有的实际利润份额进行比较，并应用公平原则来确定差异。通过了解这些差异是否反映了市场力量或竞争压力的结果，管理者还可以决定是否，以及如何通过渠道战略来解决这些问题。如果一个产品还没有营销渠道，例如，当制造商试图在一个新的市场或国家销售其产品时，它需要创建一个新的渠道。下一小节描述了如何利用零基渠道的概念来评估和设计新的营销渠道。

2.4.2　评价渠道：零基渠道的概念

从零开始建立一个零基渠道，渠道管理者需要认识到为了在市场上提供适当的服务产出所需要执行的渠道功能水平。正如前文所述，零基渠道可能根本不存在。那么，设计者如何才能构建一个全新的、理想的渠道系统呢？请思考以下问题：

- 在不损害客户或渠道满意度的情况下，可以取缔哪些价值较低或无价值的功能（如过多的销售电话）？
- 是否存在任何多余的活动？可以取缔哪些活动以降低整个系统的成本？
- 是否有办法消除、重新定义或合并某些任务，以尽量减少销售步骤或缩短销售周期？
- 是否能将某些活动自动化，以降低将产品推向市场所需的单位成本，即使这将会增加固定成本？
- 是否有机会调整信息系统，以减少调查、订单输入、报价生成或类似活动的成本？
- 对于新的渠道设计，规划者还会面临着建立零基渠道的管理或环境障碍。如果有一个渠道已经存在，它就可能不是一个零基渠道。

理解渠道功能的概念对渠道管理者设计和维护有效益、高效率渠道的能力都是至关重要的。渠道功能对终端用户而言，既昂贵又有价值。如果管理者能够识别并理解其目标市场，他们就可以使用完善的渠道功能分析来评估各种渠道活动的成本效益，这些活动旨在提供终端用户所需的服务产出。

2.5　利用差距分析进行渠道审计

通过将目标终端用户所需的服务产出与现有渠道所提供的产品（服务和价格）相匹配，管理者可以较好地了解现行渠道结构与满足目标群体需求的理想渠道结构之间的差距。通过识别和弥补这些差距，管理者可以建立一个以最低成本满足服务产出需求的渠道——也就是说，可以设计一个零基渠道。

2.5.1　渠道差距的来源

渠道设计中的差距可能是因为管理层没有仔细考虑目标终端用户对服务产出的要求，也可能是因为没有考虑管理渠道的运行成本。解决办法很简单：在设计渠道时既要注意服务差距，也要注意成本差距。

但现实往往更复杂。即使是最用心的渠道经理所设计的渠道结构，也会受到各种约束而产生局限性。也就是说，渠道经理试图为公司产品设计一个零基渠道时，其行动可能会受到某些限制，阻碍其建立最佳的渠道结构。因此，在诊断差距的类型之前，探讨产生差距的制约或限制因素将有所帮助。我们主要讨论两个方面：环境约束和管理约束。

第一，渠道所处市场的特征会阻碍零基渠道的有效建立。[10]这种环境约束造成了渠道差距。环境约束的两个关键例子是当地法律规定以及实体和零售基础设施的完善程度。首先，市场中的法律环境决定了公司可选择的渠道伙伴，也就是说，法律是否简单地阻止公司进入市场。回忆CDW的案例，作为一家计算机批发商，其对政府市场的介入受限于政府的既定目标，即政府把大约20%的业务交由中小型企业。因此，CDW建立了一个小型和少数商业伙伴计划，与那些规模符合政府偏好的公司展开合作。这一计划使CDW形成了特殊的渠道结构，这就是法律约束造成的结果。

第二，实体和基础设施环境可能会妨碍某类渠道结构的建立。[11]线上账单支付系统要求系统能够在渠道的不同层面上进行通信，并在一段时间内持续地对信息进行管理。不仅付款人必须以电子方式支付其账单，而且还必须以电子方式呈现在一个共同的数据库系统中。对于许多账单支付者（消费者和企业）来说，电子账单支付的真正价值在于它提供了将支付与支付者自身信息数据库（如后台活动、家庭预算）相结合的能力。不过，在整合各种电子数据源方面的限制制约了电子支付在市场上的推广。同样地，对于想要更有效地管理其退货的公司，可能无法发展自身的相关能力，也无法找到一个合适的中介机构来处理其特殊的需求。例如，在图书零售行业，处理退货是仓储中成本最高的环节之一。而在该行业中，零售商可以向出版商免费退货，这是一个长期遗留下来的根深蒂固的习惯，这种强有力的环境制约了那些试图改变这一体系的公司。

因此，环境约束发生在与渠道直接相关公司的边界之外，阻碍了渠道成员建立零基渠道，使渠道成员不能提供适当的服务产出水平，或是给渠道成员强加了极高的成本。相较而言，虽然管理约束也制约着渠道设计，但这种约束源于渠道结构本身，或源于特定渠道成员的导向或文化。

也就是说，管理约束是指对分销结构的约束，这种约束来自于一个公司——通常是生产产品的公司——所施加的规则。有时是控制客户的需要，或者仅仅是渠道成员之间缺乏信任，这些都会阻碍管理者的渠道设计。

管理约束也可能反映了管理者对投资或经营活动的合理水平缺乏了解。一家以线上销售为主的电脑公司，发现其退货率非常高。为了尽量减少退货，该公司制定了一项新的政策：只有在产品损坏的情况下，才会对退回产品进行退款。其逻辑是，如果消费者收到的产品是完好无损的，就应该将其保留，但如果送至买方手中的产品无法使用，则应该被回收，并进行全额退款或更换。实行这一政策后，退货率并没有下降，但该公司注意到了一个关键的变化——现在所有退回的产品都是坏的了。该公司制定一项政策，不知不觉间造成了管理上的约束，还导致了比原来更糟糕的结果。幸运的是，管理层很快就意识到了这个问题，并改变了做法。这个例子表明，有些管理约束是不应该被实施的。

这种不当的退货成本管理，可能并不是出于某种想要引起更高成本的不良企图，而是因为根本不了解这些成本是什么以及哪些资源可以控制它们。这是管理约束（"我们看不到管理退货和逆向物流的价值"）和环境约束（"即使我们意识到退货成本是值得关注的，但我们不知道解决方案"）的聚合。渠道管理者的目标应该是认识到所有自我施加的管理约束，并尽可能地解决它们。

无论渠道差距是由于管理约束、环境约束，还是对渠道福利的忽视，它们都会通过服务或成本差距对零基渠道的任何一方产生深远影响。接下来我们将讨论这个概念和相关分类。

2.5.2　服务差距

我们先考虑单一的服务产出。如果供给的服务量小于需求的服务量（简言之，SS < SD），或者如果提供的服务量大于需求的服务量（SS > SD），就存在服务差距。第一种情况是没有足够的服务产出满足目标市场需求（SS < SD）。例如，顾客会认为标准音乐零售商很少对专辑进行批量拆分（提供单曲格式），提供曲目的类型和种类也有所不足，但这些差距使得提供相关服务的线上音乐零售获得了成功。在这种情况下，实体音乐零售商所提供的服务低于许多顾客所要求的水平。

相比之下，服务差距可能反映了低价格导致的低服务产出。在一元店，所有东西都以低价出售，但种类较少，服务较差。在这种情况下，尽管价格很低，终端用户可能还是无法感受到足够的价值（即对所付价格的效用）。如果没有足够的价值，他们就不会购买该产品和连带的服务。因此，当服务水平太低，即使将价格控制在较低水平，也不能为终端用户产生足够的价值时，就会出现服务差距。

另一种情况是过高水平的服务产出（SS > SD）。我们再次使用音乐零售店的例子。对于一个目标群体（例如，精通互联网的年轻流行音乐买家），标准音乐零售商提供的客户服务实在过高了。他们更喜欢自己动手下载，而不是听从那些可能不太了解情况的销售人员的建议（因为关于"热门"音乐的相关信息往往更容易从互联网上获得和更新，而不是在商店中）。大多数购物者对过于热情的店员再熟悉不过了：起初，这种服务似乎很受欢迎，但最终它会分散消费者的注意力并令人讨厌。这些对服务产出的过度投资会降低而不是提高终端用户的满意度,而且提供这些服务会导致成本增加——商店遭受着双重"惩罚"。

企业不仅要担心自己的服务产出,也要担心其他企业的服务产出。当一个企业提供更好的服务时,其销售的商品可以收取更高的价格;当另一个企业提供糟糕的服务时,它的价格往往更低。一些精明的消费者可能会利用一家企业提供的免费服务（如店内演示、试驾）,然后在另一家不提供这些服务但销售成本较低的企业购买所需产品。有趣的是,在某些情况下,这种"搭便车"行为实际上可以减少渠道成员之间直接价格竞争的强度。[12]

当然,上述两种差距都是错误的。提供过高或过低的服务产出水平同样糟糕。一方面,相对于所创造的价值而言,渠道成本（和价格）上升得过快;另一方面,渠道没有为愿意支付溢价的目标市场提供充足的服务产出,双方都失去了盈利机会。

服务差距可能在多种服务产出中存在。也就是说,一种服务产出的水平可能太低,而另一种服务产出的水平却太高,在传统音像零售店的例子中即存在这种状况（从批量拆分和类型/种类而言 SS < SD, 但从客户服务层面而言, SS > SD 的。渠道经理可能会认为这样的组合是平衡的,一种服务产出的过量应该能够补偿另一种服务产出的不足。然而,服务产出很少能相互替代,所以没有一种过剩的服务产出能真正补偿另一种不足的服务产出。小型社区杂货店提供了极高的空间便利性,但它们提供的商品种类和价格都难以与大型超市相媲美。在美国许多城市和郊区,这种小型社区杂货店的减少表明了消费者并不愿意用较少的产品种类来换取极致的空间便利。

除了找到服务产出的正确组合,渠道管理者还必须进行服务差距的检查,对服务产出和细分市场进行逐个检查。音乐零售店的例子表明,一些服务产出（如单曲形式、种类和风格）是供应不足的,而另一些服务产出（如客户服务）则是供应过度的。但对某个特定目标群体（如年轻的数字原生代）而言的服务差距可能对另一类目标群体（如他们的祖父母、黑胶唱片爱好者）来说是恰到好处的。因此,零售音乐店可能不会消失,相反,它们可能会找到一小部分终端用户,持续而精准地关注他们的需求并为他们提供良好的服务。

因此,市场细分可以帮助渠道企业明确哪些潜在客户群体存在哪些服务差距,而不是让企业对渠道战略进行全面改变。明确服务产出能够吸引哪个细分市场,对试图缩小服务差距的企业而言是非常有用的。

2.5.3 成本差距

当执行渠道全部功能的总成本过高时,就会出现成本差距,这通常是因为一个或多个相关渠道功能的执行成本过高（从物流到信息共享）。在服务产出水平不变的情况下,如果存在一种成本较低的方式来执行相关的渠道功能,就会存在成本差距。但是,讨论执行渠道功能的最低成本是没有意义的,只要有需求的产品被生产出来,就没有绝对的低成本。

CDW 公司培训销售人员和管理销售人员流动的成本,有效地说明了执行促销职能的成本差距。该公司安排所有新招聘的销售人员接受非常严格的培训,确保他们能够提供出色的客户教育和服务——这些服务产出是中小型企业客户最为看重的。但是,提供这种高水平服务产出的成本到底有多高？此外，CWD 公司每年销售人员流动率是 25%，这意味着四分之一的新聘（并经过昂贵培训的）销售人员离开了公司。CWD 公司在这些离职人员身上投入的培训费用被浪费了，更糟糕的是，它还可能为竞争对手提供了训练有素的销售人员（如果该竞争对手"挖墙脚"，或者寻找和雇用已在其他地方受过培训的员工，这种情况就出现了）。如果 CWD 公司能在展开昂贵的培训工作之前，识别出哪些销售人员最有可能离开，就能在不影响其服务产出的情况下，减少这些促销（销售培训）成本。

下面考虑电子账单提交和支付（electronic bill presentment and payment，EBPP）服务，在这项新技术出现的前后都产生了成本差距。EBPP 技术在美国普及之前，关键渠道功能的成本，包括促销、谈判、风险、订购和支付，都比支付账单所需的成本高。如果系统采用 EBPP 技术，无疑会大大降低账单从提交到支付再到核对的渠道成本。然而，这项新技术的引入却造成了新的成本差距，原因是账单支付者（也是渠道成员）认为新的账单支付过程存在更大的风险。渠道功能成本从一些渠道成员转移到其他成员，意味着支付账单的终端用户必须同意承担该项成本（即风险），否则新技术就无法顺利推广。然而，支付账单的终端用户通常不会因采用该技术所花费的时间、精力或风险而获得任何补偿，也就是说，成本转移与支付转移并不一致。

上述例子说明了一个普遍的规则：如果要转移渠道功能（即使是感知上的），除非承接该功能的渠道成员同意执行，否则就会出现成本差距。如果渠道成员没有因此得到补偿，同意并成功实施功能转移的机会就会降低。不过，随着时间推移，如果新技术更有效或成为广泛接受的标准，那么用户和渠道成员即使没有得到补偿，也往往会采用这些新技术。例如，航空公司自助登机服务已被广泛接受，但杂货店的自助结账服务的使用（虽然越来越受欢迎）仍然是有限的。

定义成本差距的标准是共同执行所有功能的总成本高于必要的成本。因此，即使某项功能的执行成本特别高，只要它能使所有功能共同执行的总成本最小化，就可能不存在成本差距。[13]例如，一家电线电缆分销商在美国和国际范围内进行扩张，收购了许多其他独立批发商，最终建立了一个全球仓库网络。该公司储存和销售的是专业产品，需求量很小，但必须备有全系列的产品线（因为终端用户需要广泛的产品种类）。但在全球每个仓库储存这些特殊物品的成本很高，因此批发商选择只在一两个仓库中储存这些产品，这样可以最大限度地降低库存成本。然而，有时离仓库很远的终端用户会急需一种专业产品。为了满足这种服务产出的需求，批发商会提供空运服务，将所需产品送到终端用户手中，产生了看似低效的高运输成本。然而，这种高额的运输成本仍然低于为了一个罕见的订单而在所有仓库中储存专业产品的成本。因此，由于执行所有渠道功能的总成本是最小的，所以该案例中并未产生真正的成本差距。

在这个例子中，用高额运输成本换取更低库存成本是具有经济意义的。此外，这两项成本由同一个渠道成员承担，即分销商本身。当不同的渠道成员执行这两种功能时，渠道功能和成本的优化分配会更加困难。假设分销商将承担库存成本，但另一个中间商（如经纪人）负责承担产品送到终端用户的运输成本。在这种情况下，如果没有渠道成员之间密切的协调和合作，分销商可能会从较低的仓储成本中受益，而经纪人必须承担较高的运输成本。尽管整个渠道可能会因此受益，但这种最佳解决方案在实践中不太可能出现，除非分销商和经纪人作出了明确安排，公平地承担总成本并分享总收益。

总之，只要共同执行渠道功能是低效的（高成本的），就会出现成本差距。有时，一个或多个功能看似低效，但这只是因为渠道成员有意用一个功能的低效换取另一个功能的高效，从而降低整体成本。但在通常情况下，高成本是成本差距的一个强烈信号。此外，即使终端用户并未察觉任何问题，渠道执行方面也可能存在成本差距。也就是说，终端用户可能对服务水平和购买的产品感到满意，认为产品加服务产出的价格也是合理的。在这种情况下，至少一些渠道成员有可能没有得到足够的利润用以补偿它们所执行的功能。因为成本差距使渠道成员的成本高于必要的水平，所以某些渠道成员必然需要承担这些成本，要么是终端用户支付了更高的价格，要么是上游渠道成员减少了利润。一个真正的零基渠道需要以最低总成本提供合适的服务产出水平。

2.5.4 整合渠道差距

表 2-3 展示了服务和成本差距分类的六种可能的情况，其中只有一种是零差距的情况。如表 2-3 所示，确定差距的来源至关重要。如果差距仅来自成本方面，企业就不能通过减少或增加服务产出降低成本。或者，如果某种特定服务产出过高引起的服务差距和低效执行渠道功能引起的成本差距同时存在，降低服务产出水平而不提高效率，就无法完全缩小差距。而当服务差距是由于服务产出不足以及高水平成本差距导致时，企业就有可能通过削减服务供应以降低渠道成本。但这将导致双重灾难，即服务水平大受影响，执行功能的效率也没有提升。可见，如果没有正确地识别差距来源，企业寻求的解决方案无异于抱薪救火。

表 2-3　差 距 类 型

成本/服务水平	服务差距（SD > SS）	无服务差距（SD = SS）	服务差距（SS > SD）
无成本差距 （有效成本）	价格/价值主张适合于要求不高的细分市场	零差距	价格/价值主张适合于要求更高的细分市场
成本差距 （无效地提供服务）	服务水平太低而成本太高	服务水平适宜但成本过高	服务水平和成本都很高

为了将表 2-3 应用于公司的渠道差距分析，渠道经理必须明确市场上每个重要的服务产出会出现的服务差距。基于此，管理者可以在单个框架中识别每个服务产出供应水平的高低。由于表 2-3 是针对特定目标细分市场的，因此需要对每个细分市场单独分析。对一个细分市场而言的服务差距可能并不构成另一个细分市场的差距（或者差距可能有所不同）。

成本和服务差距的组合也可能来自成本决策和服务产出之间的联系，例如延迟（postponement）和预测（speculation）原则。[14]延迟是指企业和终端用户都希望尽可能地推迟成本的产生。对于制造企业来说，延迟意味着收到订单后再开始生产。因此，延迟可以将制造商的产品销售风险和相对昂贵的库存成本降至最低。但设想，如果终端用户需要快速交付，但也想尽可能延迟并在最后一刻购买，此时遵循延迟原则的制造商就无法满足这种终端用户的服务产出需求，在避免成本差距的同时反而造成了服务差距。

当终端用户对快速交货有很高的需求时，渠道的成功必须减少对延迟交货的依赖，而倾向更准确的预测。预测是指按照预期订单生产商品，而不是简单地响应订单。实现预测行为总成本最低的渠道通常依赖于渠道中间商，它们专门为制造商持有成品库存（如零售商为消费者持有成品），以便销售给终端用户。虽然预测存在风险，并产生库存成本，但制造商以大批量生产的方式实现了规模经济（与延迟生产不同）。但是，随着快速交货需求的增加，导致基于预测系统供应产品的总价格上升，最终总渠道成本必然上升。

当代的音乐零售业正面临着预测和延迟之间的权衡。此前，唱片的预测性销售需要企业提前预测哪些唱片可能会畅销，以在唱片店储备适当数量的产品。如今，越来越多的终端用户参与了延迟销售，因为当他们决定购买时会通过在线上下载他们想听的那个音乐曲目。延迟和预测之间的紧张关系在图书销售中也很明显：许多图书出版商推崇预测，例如向零售书店提供多种潜在畅销书，而电子书渠道则以延迟为主，终端用户可以按需从互联网上下载书籍进行电子阅读。图书出版商选择预测，因为它们相信消费者仍然喜欢纸质书，如果书店不能立即提供他们想要的书，他们是不愿意等待的。也就是说，出版商认为，尽管延迟可能会最大限度地降低渠道成本（如物流、所有权、融资），但企业会在交付服务产出方面受到影响，从而无法实现整体盈利。

2.5.5　评估渠道：差距分析模板

本章介绍了渠道差距、服务差距和成本差距的来源，以及为什么必须同时考虑这些差距。基于此，我们提出了表 2-4 所示的服务差距分析模板（service gap analysis template），旨在根据目标终端用户群体明确识别服务差距。表 2-5 是成本差距分析模板（cost gap analysis template），在此模板提供的信息基础上，识别成本差距、引起差距的约束因素以及消除差距的潜在行动，并预测这些潜在行动是否可能造成其他意想不到的差距。

表 2-4　服务差距分析模板：以 CDW 为例

细分市场名称/描述	比较需求的服务（SD：L/M/H）与 CDW 提供的服务（SS）						细分市场的主要渠道
	批量拆分	空间便利	交付/等待时间	品类	客户服务	信息共享	
1. 小企业买方	H (SS = SD)	原始设备：M (SS=SD) 售后服务：H (SS=SD)	原始设备：M (SS >SD) 售后服务：H (SS = SD)	M (SS > SD)	H (SS = SD)	H（售前和售后）(SS=SD)	类似 CDW 的增值经销商或零售商
2. 大企业买方	L (SS > SD)	原始设备：H (SS=SD) 售后服务：L (SS>SD)	原始设备：M (SS>SD) 售后服务：L (SS = SD)	M/H (SS = SD)	M (SS > SD)	L (SS > SD)	直接通过制造商或大型经销商如 CDW
3. 政府/教育机构	L (SS > SD)	原始设备：H (SS=SD) 售后服务：H (SS=SD)	原始设备：M (SS>SD) 售后服务：M (SS > SD)	M/H (SS = SD)	H (SS = SD)	H（售前和售后）(SS=SD)	直接通过制造商或间接经销商；约 20%来自小企业

表 2-5　成本差距分析模板：以 CDW 为例（与服务差距分析模板结合使用，表 2-4）

渠道（针对那些细分市场）	渠道成员及其执行的职能	环境的（E）/管理的（M）约束	成本差距（影响哪些功能）	缩小差距的计划技术	行动是否造成其他差距？
1. CDW 直接面向买方（小企业买方）	制造商、CDW、小企业买方	（M）没有为公司进行员工留职时间筛选	促销（销售人员的培训/流动）	更好地筛选新员工	否，从 CDW 购买可缩小顾客的风险差距
2. CDW 直接面向买方（大企业买方、政府）	制造商、CDW、CDW-G、大企业或政府买方	（E）政府要求20%的采购来自小型供应商（M）没有为公司进行员工留职时间筛选	促销（销售人员的培训/流动）；谈判（政府20%的配额无法更改）	更好地筛选新员工；依托联盟渠道结构	否
3. CDW + 增值转销商（value-added resellers，VAR）的小型企业联盟（政府）	制造商、CDW-G、小型 VAR、联盟伙伴、政府买家	（E）政府要求20%的采购来自小型供应商（M）VAR 规模较小（M）没有为公司进行员工留职时间筛选	促销（销售人员的培训/流动）；谈判（未与 CDW 结盟的小型 VAR 会有较小的差距）	更好地筛选新员工；通过与小型 VAR 联盟改善谈判情况	否

　　表 2-4 和 2-5 也提供了采用差距分析模板对 CDW 情况进行分析的示例。服务产出需求在三个关键领域存在显著差异：小型企业、大型企业和政府买家。空间便利性与交付/等待时间的需求需要按照原始设备或售后服务分别进行分析。小型企业买家需要更高水平的售后服务，但对购买原始设备的服务需求较少（因为它们没有内部服务能力），而大型企业买家（有内部服务）的情况则是刚好相反。

　　通过改变渠道策略和结构以缩小服务和成本差距后，渠道结构可能会接近于零基渠道设计，但不是真正的零基渠道。也就是说，一些环境或管理方面的限制可能仍然存在，持续制约着最终的渠道解决方案。差距分析过程并不存在确切的结论。环境约束会随着时间的推移而改变，终端用户对服务产出的需求以及可用的分销技术也会发生变化。这种变化趋势为渠道策略创新创造了无穷的机会，为市场上每个目标细分市场追求零基础渠道提供了可变的目标。

2.5.6　自营或外包的渠道分析

　　设计渠道战略的基本问题：企业是否应该通过执行上游（如制造）和下游（如分销）的功能进行垂直整合？是否应该由一个组织来执行所有渠道功能（即制造商、代理商、经销商、零售商全部集于一身）？外包应该适用于分销（从上游往下看）或生产（从下游往上看），或两者兼而有之，以便分离制造商和下游渠道成员的身份。

　　垂直整合有两个方向。制造商可以从生产环节开始向前整合，整合分销功能（如销售、履行订单、提供信贷），其员工从事下游工作。垂直整合的另一个方向是批发商或零售商可能生产自有品牌的产品，从而实现向后整合。无论制造商是向前整合，还是下游渠道成员向后整合，其结果都是一个组织在垂直整合的渠道中完成所有工作。

垂直整合决策不一定是针对全部渠道功能整体的，相反，应该根据渠道功能而做出具体的决策。如果渠道成员拥有足够的权力和投资，它们可以决定垂直整合渠道功能的某些子集，以便展示自营和外包在一个渠道结构中的最佳组合。但是，管理者需要一个结构化的方法来分析这些问题，构建一个连贯而全面的理由，并达成令人信服的决策（逐一分析每个功能是应自营还是外包）。自营或外包分析提供了这样一种结构化的方法。基本情况下，制造商很少垂直整合下游功能，因为这通常是效率低下的。但是，如果制造商有足够的资源，并且能通过整合逐步提升其投资回报，那么制造商应该承担渠道中更多的功能。同样，虽然下游渠道成员通常会受到向后整合的影响，是如果它们有资源并能提高长期投资回报时，它们就应该这样做。

2.6　审计全渠道

在全渠道设计中，许多渠道为顾客提供了众多的互动接口，因此顾客体验可能会因与不同下游渠道成员（如零售商）互动而不同。多渠道也造成了碎片化和成为孤岛的危险，这可能会产生破碎、混乱和令人沮丧的体验。[16]相反，有效的全渠道战略可以为消费者提供一以贯之的连续的、无缝的、统一的体验。[17]审计人员可以通过全渠道审计检查并确保所有渠道无缝运行，为客户提供连贯体验。虽然公司可能拥有线上或线下的不同渠道，但消费者通常认为是与单一渠道打交道，进而公司需要在跨渠道转移时保持顾客体验一致。全渠道经理如何确保顾客体验是无缝的呢？关键因素是实现线上或线下渠道[17]以及不同购买阶段的整合。

案例 2-2

作为娱乐业巨头和顾客体验的先驱，迪士尼为顾客提供了无缝的全渠道体验[19]。迪士尼设计了一个用户友好的网站，其功能在移动平台上也能良好运行，它鼓励顾客在游览公园时使用移动设备以最大限度地提升服务体验。例如，通过"我的迪士尼"应用程序，顾客可以购买快速通行证（fast passes）或者获取餐厅和乘坐游乐设施等候时间的实时信息。GPS 功能为顾客提供了各种游乐设施的预计距离。[19]通过连接魔术手环（Magic Bands）可以点餐并预约与迪士尼人物合影。顾客的手机也能作为迪士尼度假酒店的房门钥匙。鉴于乐园中的成功实践，迪士尼正在将全渠道体验扩展到其零售店，通过将其引以为傲的故事体验与技术相结合，在商店里直播著名的迪士尼巡游，并培训商店员工与顾客进行类似于乐园工作人员的互动，将迪士尼体验带入生活。[20]

图 2-2 概述了审计全渠道所涉及的步骤。我们从分销深度和分销广度的概念开始阐述。[21]

分销广度（distribution breadth）是指品牌覆盖率，即在网上或商店中找到该品牌的难易程度。为了实现分销广度，制造商需要在多个场所提供其品牌，包括那些最知名的地方。分销深度（distribution depth）则是指在特定渠道或卖场中找到品牌的难易程度。在实体店

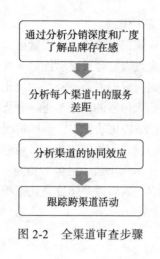

图 2-2 全渠道审查步骤

中，分销深度涉及品牌在主要货架上的位置，以及相对于其竞争者陈列位置的突出性。在线上渠道中，则与品牌在搜索结果页面上的位置有关。[22]例如，零售店的"店中店"使品牌非常显眼，类似优质的货架空间，使该品牌比竞争对手得到更好的展示。

表 2-6 概述了评估分销广度和深度的各种指标。广度指标主要指在各种商店的购物数量、重要性和便利性。深度指标侧重制造商品牌在各种渠道的突出程度和与竞争者的关系，以及从各种渠道获得有助于终端用户轻松购买产品的支持程度。因此，全渠道审计的第一步是全面了解品牌在市场上的存在感。

表 2-6 衡量全渠道分销广度和深度的指标

广度指标	品牌可用的线下和线上门店的数量
	品牌可供购买的门店的百分比
	品牌出现在最大、最知名的门店
	品牌有应用程序及其下载数量
	线上搜索品牌的容易程度
深度指标	品牌保持"店中店"的门店数量
	与总品牌数量相比，每个门店的平均品牌数量
	相对于竞争者的货架空间份额
	品牌在零售商搜索结果页中的位置
	可选择在线购买并在店内取货
	商店提供销售支持

基于对品牌在各种渠道中存在度的全面了解，下一步就是利用前文所述的过程分析每个渠道的服务和成本差距。这样的分析可以揭示全渠道生态系统中每个渠道的表现，及其在满足服务终端用户需求方面的作用。在很多全渠道情境中始终存在的一个神话，即网上购物者的服务成本最低，但现实是最有利可图的顾客通常都会光顾多个渠道。而且不同细分市场的顾客行为差异很大。根据英国的一项关于服装购物的研究，只有 7%的消费者同时在线上和线下购买服装，而大多数（四分之三）仅在线下购买，只有 19%在线上购买。[23]老年消费者中，线上购物的发生率要低得多，而且线上购买者比线下购买者更重视不同的因素。许多零售商已经有效地跨渠道同步了产品种类，但同步交付服务是一个更大的挑战。[24]特别是当我们注意到线上购物者倾向于优先考虑网站的易用性、送货方式和速度，而线下购物者则强调价格、员工知识和存货供应。这种区别显然会造成成本和服务差距，让全渠道公司思考它们是否应该更多关注老年的线下购物者，还是将更多资源投入到更小、更年轻、增长更快的线上购物者群体中。此外，如果明确旨在为线下顾客提供高水平服务，是否也需要在网站上提供高水平服务（如聊天功能）？

这些问题的最终答案是"视情况而定"。全渠道设计需要以每位顾客期望的方式为其提供服务，而不是将资源浪费在价值较低的方面。[25]公司向不着急的顾客承诺当天送达是毫无意义的。它还需要重新平衡渠道功能以确保高效运作。例如，现有配送中心很少具备向个人客户发货的能力。随着制造商越来越多地承担零售功能（如制造商网站上的订购和运输功能）和零售商越来越多地参与自有品牌，渠道冲突的可能性在全渠道情境中被提高了。

渠道协同效应也许可以成为解决这种冲突的一种方案，这需要评估每个合作伙伴的跨渠道协同能力。[26]然而，遗憾的是，鲜有全渠道系统建立了跨渠道的供应链协同。[27]渠道合作伙伴通常不会鼓励光顾门店的顾客在线上订购缺货的商品，并提供免费送货服务，也不能跨渠道无缝接受产品优惠券。[28]有一个值得关注的例外，沃尔玛的扫码即走应用程序允许消费者在店内扫描商品并付款。当他们离开商店时，客户服务人员会核实付款情况。[29]

全渠道审计也可能跟踪跨渠道活动。消费者拥有去线下商店购物的动机，比如亲手检查产品，避免运输费用，或立即获得商品。因此，真正的全渠道设置应当接受并鼓励消费者在零售商网站上搜索产品并在线下商店购买。这样做意味需要确保线下有产品库存，而不是仅在线上提供某些商品。随着实体商店数字化转型，它们还需与线上渠道小心地整合[30]，如此便可使在线下商店内购物的消费者也能在线上获得详细的产品信息。

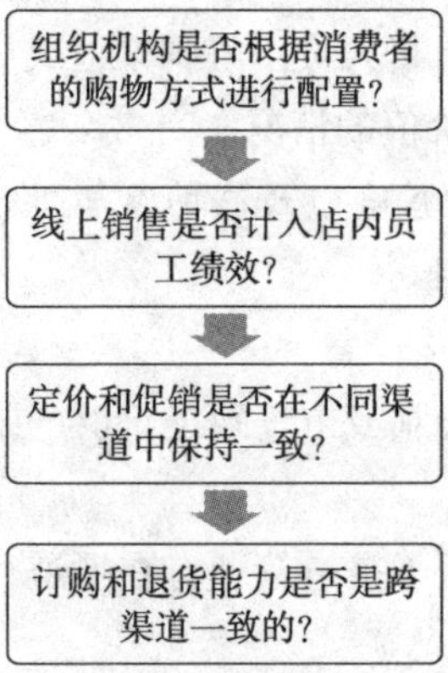

在图 2-3 中，我们提供了一份清单，以确保全渠道无缝运营并跟踪跨渠道协同效应。理想情况下，公司根据顾客实际购物方式运营，而不是基于传统方法。定价、促销、订购和退货应跨渠道协同。因此，我们以瑞典零售商 H&M 的例子来结束本章，因为该公司在跨渠道购物的某些方面表现良好，但存在其他表现不佳之处，限制了顾客真正的全渠道体验。

图 2-3　跟踪跨渠道能力

本章提要

上游和下游的因素都会影响渠道发展，因此渠道需要随时调整。上游因素包括交易常规化和减少交易次数、下游因素包括搜寻便利化和备货。

营销功能是由营销渠道的成员执行的工作要素。共有九个渠道功能：物流、所有权、促销、谈判、融资、风险、订购、付款和信息共享。

渠道成员可能在渠道中被取缔，但该成员所执行的功能不会随之消失。在取缔渠道成员之前，渠道管理者应该考虑代替该成员执行渠道功能的成本。

营销渠道的主要成员是制造商、中间商（批发、零售和专业化中间商）和终端用户（商业客户或消费者）。

渠道设计和实施的分析框架对于创建有效力（即满足需求）和高效率（即成本效益）的市场路线至关重要，在这种情况下，成员会愿意继续履行其渠道功能。

正如制造工厂生产实物产品，营销渠道成员也从事生产活动，我们将这种生产活动称为它们执行的渠道功能。

渠道功能绩效有助于改善服务产出，促进渠道设计或再设计，有助于确定渠道成员的回报，并缓解渠道冲突。

每个渠道功能不仅有助于产生有价值的服务产出，还与成本紧密相连。

将渠道管理成本降到最低意味着避免执行任何不必要的具有较高要求的功能，为了以合适的（不过低也不过高）水平实现目标终端用户最看重的服务产出，了解目标终端用户需要哪些服务产出是问题的关键。

效率模板描述了三方面内容：①每个渠道成员为履行营销功能所做的工作类型和数量；②每个渠道功能对提服务产出的重要性；③每个渠道成员应该获得的渠道总利润的份额。

应该为每个分销产品的渠道创建一个单独的效率模板，最好是为通过每个渠道购买的每个细分购买市场创建单独的效率模板。

零基渠道设计能满足目标细分市场对服务产出的需求，以最低成本执行必要渠道功能。

将零基效率分析与渠道效率分析进行比较，可以让渠道分析人员了解到渠道成员可能很忙（高渠道功能成本）但却没有为渠道整体运营增加相应价值的情况。

公平原则要求渠道系统中的报酬应反映参与营销功能的程度以及这种参与所创造的价值。也就是说，报酬应该反映每个渠道成员标准的利润份额。

渠道差距产生的原因是渠道管理者无法优化渠道结构。

- 环境的渠道约束是指渠道外部施加的限制，如法律限制或市场缺乏足够的基础设施能力，无法支持最佳渠道结构。

- 管理的渠道约束是指渠道内部施加的限制，通常是由于渠道管理者在渠道行动的全部应用或在高于渠道现状的优化方面缺乏了解。

- 渠道结构可以根据这些约束进行优化，但这种解决方案的效率并不高，也无法很好地满足最终目标用户的服务产出需求。

服务差距产生的原因是提供给部分特定最终目标客户的特殊服务产出太低，需求的水平超过了供给的服务产出水平（SD > SS），或提供给特定最终目标客户的特殊服务产出太高，供给的水平超过了需求的服务产出水平（SD < SS）。

- 当 SD < SS 时，渠道运营效率低下，由于消费者对服务评价很低，而不愿意为渠道所提供的高水平服务付费。

- 一般来说，如果竞争者提供的服务产出并不比本渠道更好，那么服务差距就会一直存在。然而，持续存在的服务差距为渠道提供了一个理想的机会，即通过投资与提高服务产出水平来建立整体市场需求和抢占市场份额。

当一个或多个渠道功能以高成本执行时，就会出现成本差距。在不影响服务产出的情况下，可能存在一种更先进的技术来降低执行该功能的成本。

差距分析模板为渠道管理任务中面临的服务和成本差距提供了分析的工具。

全渠道需要全面的审计，以确定系统中各种渠道是否无缝衔接，以及每个渠道的激励措施是否与整个系统的激励措施相一致。

注释

[1] Hughes, Charles and William Jeanes (2008), Branding Iron: Branding Lessons from the Meltdown of the US Auto Industry, Marshalltown, IA: Racom Communications.

[2] Purohit, Devavrat and Joydeep Srivastava (2001), "Effect of manufacturer reputation, retailer reputation, product warranty on consumer judgments of product quality," Journal of Consumer Psychology, 10 (3), 123-134.

[3] Partida, Becky (2014), "Continuous replenishment can boost logistics efficiency," Supply Chain Management Review, May/June, 70-72.

[4] Fang, Eric, Robert W. Palmatier, Lisa Scheer, and Ning Li (2008), "Trust at different organizational levels," Journal of Marketing, 72 (March), 80-98.

[5] See "Outsourcing: A global success story," Logistics Management, 42 (2, February 2003), 60-63.

[6] For a discussion of these models, see Chopra, Sunil (2012), Supply Chain Management, 5th ed., Englewood Cliffs, NJ: Prentice Hall.

[7] Woodyard, Chris (2016), "Airlines' fuel prices bets not always paying off," USA Today, January 25, www. usatoday.com/story/money/cars/2016/01/25/airlines-fuel-price-bets-not-always-paying-off/79288102, date retrieved September 10, 2018.

[8] 在本文中，我们没有对作业成本法进行深入讨论。有兴趣的读者可以参考以下文献: Horngren, Charles T. (2011), Cost Accounting, 14th ed., Englewood Cliffs, NJ: Prentice Hall; Cooper, Robin and Robert S. Kaplan (1991), "Profit priorities from activity-based accounting," Harvard Business Review, 69 (3, May-June), 130-135.

[9] 可参见 Forsyth, Donelson R. (1983), An Introduction to Group Dynamics, Monterey, CA: Brooks/Cole. 兰德公司（The RAND Corporation）在 20 世纪 50 年代开发了德尔菲技术，用来预测如果苏联发动攻击，将攻击美国哪里。最初是把美国将军和克里姆林宫专家聚在一起讨论这个问题，但进展甚微。因此，兰德公司开发了德尔菲技术，以达成有序的共识。

[10] 参见，Achrol, Ravi S., Torger Reve, and Louis W. Stern (1983), "The environment of mar- keting channel dyads: A framework for comparative analysis," Journal of Marketing, 47 (Fall), 55-67; Achrol, Ravi S. and Louis W. Stern (1988), "Environmental determinants of decision-making uncer- tainty in marketing channels," Journal of Marketing Research, 25 (February), 36-50; Etgar, Michael (1977), "Channel environment and channel leadership," Journal of Marketing Research, 15 (February), 69-76; Dwyer, F. Robert and Sejo Oh (1987), "Output sector munificence effects on the internal politi- cal economy of marketing channels," Journal of Marketing Research, 24 (November), 347-358; Dwyer, F. Robert and M. Ann Welsh (1985), "Environmental relationships of the internal political economy of marketing channels," Journal of Marketing Research, 22 (November), 397-414.

[11] Achrol and Stern(1988)，同上，提到了技术的现状和预测，终端用户的地理分布，以及市场的动荡和多样性程度，都是可以抑制最佳渠道设计的因素。这些都是基础设施方面的例子。Achrol 和 Stern 还考虑了一系列竞争因素，如行业集中度和竞争者的行为，这些因素构成了企业在寻求管理其渠道结构时所面临的基础设施的不同层面。

[12] Shin, Jiwoong (2007), "How does free riding on customer service affect competition?" *Marketing Science*, 26 (July-August), 488-503.

[13] Louis P. Bucklin calls this phenomenon "functional substitutability." See Bucklin, Louis P. (1966), *A Theory of Distribution Channel Structure*, Berkeley, CA: University of California, IBER Special Publications.

[14] Bucklin, Louis P. (1967), "Postponement, speculation and the structure of distribution channels," in Bruce E. Mallen (ed.), *The Marketing Channel: A Conceptual Viewpoint*, New York: John Wiley & Sons, Inc., pp. 67-74.

[15] Saghiri, Soroosh, Paul Wilding, Carlos Mena, and Michael Bourlakis (2017), "Towards a three-dimensional framework for omni-channel," *Journal of Business Research*, 77, 53-67.

[16] Verhoef, Peter C., P.K. Kannan, and Jeffrey Inman (2015), "From multi-channel retailing to omni-channel retailing: Introduction to the Special Issue on multi-channel retailing," *Journal of Retailing*, 91 (2), 174-181.

[17] Herhausen, Dennis, Jochen Binder, Marcus Schoegel, and Andreas Hermann (2015), "Integrating bricks with clicks: Retailer-level and channel-level outcomes of online-offline channel integration," *Journal of Retailing*, 91 (2), 309-325.

[18] Agius, Aaron (2018), "Seven outstanding examples of omni-channel experience," https://blog.hubspot.com/customer-success/omni-channel-experience, date retrieved March 9, 2018.

[19] Larsen, Gil (2017), "What Disney and IBM can teach omnichannel marketers," *Chief Marketer*, www. chiefmarketer.com/what-disney-ibm-can-teach-omnichannel-marketers, date retrieved March 9, 2018.

[20] Wilson, Marrianne (2017), "Disney testing new store design as part of omnichannel update," *Chain Store Age*, September 26, www.chainstoreage.com/article/disney-testing-new-store-design-part-omnichannel-update, date retrieved March 9, 2018.

[21] Farris, Paul W., James Olver, and Cornelius DeKluyver (1989), "The relationship between distribution and market share," *Marketing Science*, 8 (2), 107-128.

[22] Ailawadi, Kusum L. and Paul W. Farris (2017), "Managing multi- and omni-channel distribution: Metrics and research directions," *Journal of Retailing*, 93 (1), 120-135.

[23] Berg, Achim, Leonie Brantberg, Louise Herring, and Patrik Silen (2015), "Mind the gap: What really matters for apparel retailers in omnichannel," *McKinsey & Company*, www.mckinsey.com/~/media/mckinsey/dotcom/client_service/retail/pdfs/mind%20the%20gap%20what%20really%20matters%20for%20apparel%20retailers%20in%20omnichannel_final.ashx, date retrieved March 11, 2018.

[24] Davey, Neil (2016), "Omnichannel: Are companies closing the gap on customer expectations?" *MYCustomer*, July 7, www.mycustomer.com/service/channels/omnichannel-are-companies-closing-the-gap-on-customer-expectations, date retrieved March 10, 2018.

[25] Kumar, Raj, Tim Lange, and Patrik Silen (2017), "Building omnichannel excellence" (April), www.mckinsey.com/industries/consumer-packaged-goods/our-insights/building-omnichannel-excellence, date retrieved March 11, 2018.

[26] Okamura, Jim (2006), "Gaps across the channel," *Multichannel Merchant* (May), 68-70.

[27] Bhatnagar, Amit and Siddhartha S. Syam (2014), "Allocating a hybrid retailer's assortment across retail stores: Bricks and mortar vs. online," *Journal of Business Research*, 67 (6), 1293-1302.

[28] Hamory, Mark, Scott Rankin, Colleen Drummond, and Duncan Avis (2016), "Customers don't have time for half-baked omnichannel," *kpmg.com*, https://advisory.kpmg.us/content/dam/advisory/en/pdfs/customers-dont-have-time-for-half-baked-omnichannel.pdf, date retrieved March 11, 2018.

[29] BI Intelligence (2017), www.businessinsider.com/walmart-refocuses-on-omnichannel-2017-2, date retrieved March 12, 2018.

[30] Kumar, Raj and Michael Hu (2015), "Is your supply chain ready for the omni-channel revolution?" *Supply Chain Management Review* (September/October), 76-78.

渠 道 权 力

3.1　导论：营销渠道的本质

渠道管理是一项基础性和实质性的任务，需要努力推动并激励一系列既独立但又相互依赖的组织去实现共同的利益。在一个有效的渠道关系中，两个或多个组织必须以追求共同利益的方式去运作。在全渠道环境下，由于涉及更多不同的且经常存在利益冲突的参与者、活动和渠道，渠道管理将变得更加困难。在图 3-1 中，我们概述了三种管理渠道的方法，本章涵盖了其中一种，即运用权力进行管理的方法，另外两种方法——建立关系和冲突管理，将是后续章节的重点。

图 3-1　营销渠道管理的三种方法

　　事实上，营销渠道的每一个环节都涉及对权力的考量。这是因为营销渠道本身就是一个由相互依赖却同时拥有相互竞争目标的参与者构成的系统，如果没有某种力量的驱使，它们可能永远无法达成一致。为了突出权力在渠道管理中的重要性和作用，我们首先要假定营销渠道成员必须共同努力来服务终端用户。但这种相互依赖并不意味着对一个人有益的事情是对所有人都有好处的。每个渠道成员都追求自己的利益，最大化渠道系统的利益并不等同于最大化每个成员的利益。在其他条件相同的情况下，渠道系统中成员的获利情况取决于其减少成本（或将成本推给别人）并同时获得收入（可能通过拿走别人的收入）的程度。一方的成本可能会给另一方带来不成比例的收益。

　　例如，想象一个制造商为了从其独家分销的零售商处获得更多的收入而设定一个较高的批发价格。而零售商为了保持其利润率，就会设定更高的零售价格（独家经营权使它能够强制采用这个价格）。这样的结果无法达成渠道总利益最大化，因为消费者需求变得更低。这个问题被称为双重边际化（double marginalization），因为低效率是由渠道中的两个而不是一个边际利润所造成的。如果制造商被垂直向前整合（或零售商被垂直向后整合），整合后形成单个组织将会生成一个损益表，那么这个组织会制定一个更低的零售价格，遵循一个使整体利润率更低但销量更高的战略。[1]这会使渠道（利润更高）和终端客户（价格更低）都受益。但由于零售商与制造商拥有不同的损益表，这就会导致零售价格偏高，单位销售额偏低。一个例外是，苹果公司在最初选择 iPhone 的独家渠道伙伴时能够利用自己的权力，从而确保其可以在销售中获取更多的收入分成。[2]

　　通常情况下存在一种更好的渠道运营方式可以增加渠道系统整体的利益。但渠道中的组织可能不愿意采用这种方法，因为对系统最好的方式不一定是对每个成员也是最好的。如果不向它们施加压力，大多数渠道成员是不会去合作追求系统目标的。

　　权力（power）提供了一种使一个参与者可以说服另一个参与者去改变行动的方法。这种改变可以是为了系统的利益，也可以是为了某个单一的成员的利益。

3.2　权　　力

　　权力是一个渠道成员（A）的能力，这种能力可以使另一个渠道成员（B）去做它本来不会去做的事情。简单地说，权力就是潜在的影响力。

案例 3-1

　　中国互联网企业腾讯成立于 1998 年。它的微信应用程序拥有近 10 亿用户，近 1/3 的用户每天花在应用上的时间超过 4 个小时。[3]此外，其微信支付应用程序被近 6 亿用户使用，这是一个重要因素，因为中国一半以上的互联网商务是通过手机进行的。[4]中国消费者使用腾讯的产品来发送信息、聊天、购物、社交、玩游戏、点餐或叫出租车。由于其庞大的用户基础和在中国市场上的支配地位，腾讯相对于其合作伙伴以及其他想要进入其庞大用户产品组合的企业拥有实质性的市场权力。这种权力来源于合作伙伴的担心，即如果它们不按照腾讯的要求去做，腾讯可能会与它们的竞争对手合作，甚至直接投资。中国政府也开始警惕腾讯强大的市场权力，有报道称政府提出了入股腾讯的要求。[5]

3.2.1　权力作为工具

权力是一个充满负面含义的词，通常意味着虐待、压迫或剥削。准确地讲，权力可以造成巨大的损害。尤其是在渠道中，权力可以被用来迫使另一个渠道成员去提供一些价值，却不给予它与付出相一致的补偿。在一个关系中，占据权力优势地位的一方可以攫取不同比例的利益。[6]当权力以这种方式被使用时，就会受到（也应当受到）谴责。

但这种批判的观点是片面的。因为权力代表影响的潜力，如果可以以一种明智的方式去使用它，驱动形成一个更高效、运作更协调的渠道，是可以实现巨大收益的。例如，惠普曾经是在工厂生产出完整的打印机，然后将它们投入渠道，期望终端用户购买它们。但由于不同的顾客需要不同类型的打印机，原本的渠道政策经常会导致生产出大量不适应顾客需要的产品。为应对这个问题，惠普率先采取了一项以低价格实现大规模定制生产的战略。惠普打印机设计的特征是它的模块是标准化且相互独立的，可以很容易组合和组装出核心产品的不同形式。因此渠道伙伴可以储存这些通用模块，然后根据顾客的不同需求进行组装。

惠普凭借它在打印机渠道中强大的权力，将一部分工厂的制造和组装任务推向了渠道。这一举动引发了冲突，但也降低了整个渠道的库存，减少了缺货的困扰，形成了一个理想的（通常不太可能的）组合。终端用户可以享受到价格更低、选择更多的好处，其他下游渠道成员可以体会到顾客满意度更高、库存成本更低的好处。惠普扩大打印机市场的同时，也在更大的市场中占据了更大的份额。然而，为了维护自己公平竞争的声誉，惠普并没有试图去夺取下游渠道成员在渠道新创造利润中的份额。

惠普可以在不使用权力或没有向不情愿的渠道成员施压的情况下取得这样双赢的结果，也是个诱人的选择。如果惠普与分销商们建立了战略联盟，为什么还要对它们使用权力而不是直接合作呢？如果意识到模块化的方法是可行的，理论上渠道会承担工厂的一些功能，因为其他渠道成员是会自愿采用这一方法的。但这种确定性只有在事后才能一目了然。大规模定制是通过延后组装步骤实现的，这在当时是一个激进的想法。即使在今天，大规模定制也没有被广泛使用。接受这个想法需要信任，如果没有信任，就需要惠普去应用权力。

3.2.2　渠道权力的五个来源

我们如何评估一个组织改变另一个组织行为的能力呢？实际上是有很多方法的，争论的焦点在于哪种方法是最准确的。[7]其中一种将权力指标化的方法叫作弗伦奇和瑞文法（French and Raven approach）。这种方法来源于心理学，但已被证明在营销渠道中是十分有效的。[8]它认为衡量权力的最好方法是从五个来源计算权力的来源：奖赏、强制、专长、合法性和参照。每一种来源都是可以观测到的，所以即使权力是不可观测的，它也是可以通过评估各个权力来源而被估计出来的。

只有具有能够吸引终端用户的价值的生产者才能积累和使用权力。如果生产者缺乏这一基本元素，渠道中的任何权力都无法补偿。具体而言，生产者必须提供[9]：

- 一种在质量上可以满足大部分终端用户需求的产品或服务。
- 终端用户会考虑支付的价格。
- 足够使其他渠道人员可以以终端用户愿意支付的价格销售的交易价格并赚取到可接受的最低财务收益。
- 拥有可接受的最低水平的生产者声誉。
- 交付可靠性，使生产者可以执行它与渠道成员或它们的顾客协商好的延期发货。

这五个要求是最基本的。没有它们，不管上游成员如何施加权力，下游的渠道成员都无法创造需求，也没有理由费心去尝试这样做。图3-2给出了五种权力来源的概览图。

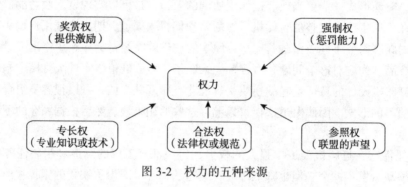

图 3-2　权力的五种来源

1）奖赏权

奖赏（reward）是指渠道成员同意改变其行为时作为回报而被给予的好处。在分销渠道中，好处主要强调的是财务回报。财务回报不一定是即时性的，也不一定是精确可估的，但对最终回报，即使是对间接的回报的期望渗透在渠道谈判的各个环节。奖赏权是基于行动者B的一种信念，即行动者A有能力给予它一些有价值的东西。奖赏权的有效应用取决于A对那些B看重并相信只要符合A的要求即可得到的那些资源的占有程度。但只具有给予奖赏的能力是不充分的，B也必须意识到A是愿意给予奖励的。因此，B必须确信A所期望的行为真的会创造利益，并且B会在所获利润中得到一份公平的份额。

许多渠道措施可以用来创造奖赏。例如，提高分销商的能力使其能够增加利润。卓越的物流配送也可以间接提高对下游渠道成员的奖励，因为它们与生产者的互动可以更加有效和有利可图，从而增加它们难以被模仿的优势。[10]不仅生产者可以通过提供奖赏获得改变下游成员行为的能力，下游渠道成员也可以通过更有效地创建生产者提供的产品或服务的市场来奖赏生产者。

2）强制权

强制权来源于B对于如果它没有顺应A的影响意图将受到A的惩罚的期望。在美国，大型连锁超市在同意储备新产品前，会从品牌制造商那里收取大量的进场津贴（进场费）。不管这种做法背后的经济原理如何[11]，经验证据表明这些费用是确实存在的，因为零售商有能力阻止那些拒绝支付进场费的制造商进入市场。[12]还有一些其他强制权的例子，比如利润削减、撤回先前给予的奖励（例如区域独家分销权）或延迟出货。

从这个意义上说，强制（coercion）等同于是胁迫另一个组织的潜力，无论是含蓄的还是明确的胁迫。沃尔玛通过取消供应商资格的威胁迫使其大多数供应商采用昂贵的电子数据交换系统，并同意执行批量拆分以支持它的各个门店。袜子制造商可能会被要求在一个托盘上混合不同种类的袜子以满足特定沃尔玛门店的要求，而不是运输完整的托盘。然后将重新组合托盘的成本推给沃尔玛。这种转变并非微不足道，在托盘上混合袜子的过程中，每双袜子需要花费制造商 15 美分，而每双卖给沃尔玛的价格是 2 美元。[13]

尽管有些人可能认为强制权代表了奖赏权的另一面，但很多渠道成员不这么认为。其认为消极制裁（negative sanctions）并不是不奖励，而是对自己和业务的攻击。从这个意义上说，强制就是侵犯，会激发自我防卫的反应。如果渠道成员感知到低回报，其可能会以冷漠或退出做出反应，但当它们察觉到一种病态的强迫时就会考虑进行反击。这种防御反应意味着随着时间的推移，强制权的作用会不如那些产生更多积极效应的其他权力来源。[14]因此，强制应该是最后考虑使用的策略，因为它很可能引发报复。

我们虽然提出这样的建议，但强制权一直被使用着，而且使用者通常会对渠道伙伴的反应强度感到惊讶，尤其是当反应延迟，使得目标能够集结力量并发起反击时更是如此。像萨克斯第五大道（Sakes Fifth Avenue）和布鲁明戴尔（Bloomingale）这样的百货连锁店，会将开设工厂直销店视为制造商为强迫它们加强合作付出的努力。但它们通常不会去合作，相反，为了报复，它们短期内可以取消订单，长期内可以开设自己的工厂直销店，并在这些直营店中以低于供应商的价格销售产品。[15]其他形式的报复可能没有那么戏剧化，甚至可能不了了之。但通常情况下，当渠道成员察觉到强制权的使用时会降低对强制权使用者的商业价值的评估。[16]

短期内，强制权使用者和渠道成员间的关系会受到三种类型的伤害。第一，渠道成员对其获得的经济回报会更加不满意（这一反应往往部分是主观感知的，部分是现实发生的）。第二，渠道成员对非经济方面也更加不满意，因为一个强制性的伙伴看起来不是那么充满关心的、尊重他人的、愿意交换想法的、令人满足的、令人满意的、或容易相处的。第三，渠道成员会认为渠道关系充满了冲突。

但又怎样呢？一个强大的行动者似乎并不太在乎受到强制的渠道成员。但是短期内，受到影响的渠道成员会减少合作；在中期，它们会表现出更少的信任；长期来看，它们会减少对渠道关系的投入。[17]强大的渠道成员通过强制得到的东西，可能会在未来失去，疏远其他渠道成员总是会带来机会成本的。强制会侵蚀渠道关系，即使侵蚀的过程很缓慢以至于影响者并没有意识到它失去了什么。

然而，有时候强制带来的好处，可能是值得为其付出代价的。在这里，我们回到沃尔玛的例子。沃尔玛要求它的供应商采用 EDI 来自动化它们的采购过程。EDI 降低成本的巨大潜能已经驱使许多企业主动采用它，但这些好处只有在事后才会变清晰。因此，早期采用 EDI 的企业大约有一半实际上是被供应链的其他成员强迫去购买相关的工具的——在很多情况下是沃尔玛通过威胁它们停止订购而强迫这些企业在最后期限前采用 EDI。[18]但当大家意识到 EDI 可以使整个渠道获益时，被胁迫的企业会愿意原谅它们的伙伴。从这场特殊的危机中幸存下来，甚至可以加强它们的渠道关系。但如果被强制的渠道成员没有获利，或没有感知到获利，则渠道关系就可能会被严重损害甚至不可挽回。[19]

3）专长权

专长（expert）或专业权是基于渠道成员认为影响者拥有对其有用且自身不具备的专业知识或技能的感知。当然，这种专长权是渠道功能的劳动分工、专业化及相对优势的核心。

案例 3-2

穷人经常为同样的东西支付比富人更多的钱，因为贫穷社区的分销服务水平普遍较低。[20]维克托·冈萨雷斯（Victor Gonzalez）决心要为这个问题做点什么。[21]冈萨雷斯的实验室生产了仿制的、更便宜的品牌药品的合法复制品。尽管销售仿制药没有法律障碍，但药房选择只储存能给它们带来更多利润的那些昂贵的、有专利的外国药品。于是冈萨雷斯创立了 Farmacias Similares，一家销售仿制药品的连锁药店（主要销售专利已经过期的老药品）。这家连锁店非常成功，开了 2000 家门店，大部分都开设在冈萨雷斯创立并通过一家非营利组织承保的诊所旁边。这些诊所每月处理 80 万人次的门诊，费用远低于私人诊所。为它们工作的独立医生可以自由开他们认为合适的处方，门诊费也很低。实际上，冈萨雷斯已经创建了一个可替代的医疗系统。Farmacias Similares 推动了仿制药的繁荣，提高了它们的知名度，为市场带入新的供应商。冈萨雷斯的仿制药实验室现在只提供连锁店的五分之一药品库存，其余部分均由当地企业生产。然而，由于对墨西哥药品市场和法规的深刻了解，连锁店保留了专长权。该企业也是公认的发现需求缺口并说服实验室去生产供应品的专家。

虽然建立专长权需要大量的时间和努力，但这种权力可以在瞬间消散甚至消失。[22]专家意见一旦给出，接受者就获得了无须进一步的帮助就可以操作的能力，所以关系中原有的专家权力就会立即消失。如果一家企业希望长久地保留其专长权，其有三种选择。

- 第一，它可以少量地提供专业知识，始终保留足够的重要数据以确保其他渠道成员对它的持续依赖。这意味着故意不让其他渠道成员了解渠道性能方面的一些关键信息。这样的策略可能适得其反，因为如果想要渠道整体获得成功，所有渠道成员都需要发挥它们的能力。

- 第二，企业可以不断投入学习，以确保它始终有新的、重要的信息可以提供给渠道合作伙伴。学习的重点可能是市场趋势、威胁和机会等其他渠道成员难以发现的信息。因此，这一选项的成本是巨大的，但在实现渠道目标方面的好处也是巨大的。

- 第三，它可以只传递定制化的信息，并鼓励渠道伙伴投入专门服务于当前交易的，即不能轻易被用于其他产品或服务上的专业知识技能。如此，专业知识的定制化及获取这些专业知识所涉及的成本，就阻碍了伙伴退出渠道。

一些作者将专长权的来源细分为专业知识和信息。前者指提供良好的判断（预测和分析）。后者涉及数据信息的提供（例如，一个竞争对手刚刚降价的消息）。[23]信息并不等同于专业知识。例如，超市基于它们的付款扫描仪接收大量的消费者购买数据，为了将这些信息转化为洞察力，它们将每个产品类别的数据发送给特定的供应商（"品类龙头"），这些供应商利用自己对该类产品的了解从数百万笔交易中识别出购买模式。超市相对于供应商拥有信息权力，供应商再将这些信息转化为它们对超市的专长权。这个过程非常重要，双方都将它视为一项建立战略联盟的投资。

即使是对一个掌握许多专长权的组织来说，使用专长权也并不像听起来那么容易。第一，使用专长权的渠道成员必须是被信任的，否则专家建议看起来会像是一种操控。第二，专家通常被赋予很高的地位，这使他们很难被认同，进而可能会阻碍必要的信任的建立。第三，有主见和企业家精神的商人不喜欢被告知要做什么事情。他们相信自己是专家（而且他们通常是对的）。如果一个影响者要应用专长权，渠道成员必须愿意接受这个专家的信息和判断。如果其之间存在良好的合作关系，渠道成员相信影响者的基本能力和可信度，则更容易接受。[24]或者当渠道成员需要（也就是依赖）影响者时，它们也是更愿意接受的其专长权。

4）合法权

"合法"（legitimate）是指根据规范或既定的标准，被认为是正确的和恰当的。因此，合法权源于渠道成员意识到它在某种程度上有义务遵从影响者的要求，因为按照规范或既定的标准，这样的遵从似乎是正确和适当的。也就是说，如果渠道成员感到有责任和义务去执行影响者的要求，那么影响者就拥有了合法权。这种责任感主要有两个来源：法律（合法的合法权）和规范或价值观（传统的合法权）。

合法的合法权是由政府授予的，源自国家的合同法和商法。例如，专利和商标法给产品所有者一定的监督产品分销的自由和正当理由。商法允许企业签订一些协议，如特许经营权和其他契约，这些协议赋予它们要求对方做一些在常规渠道安排中没有被要求的行为的合法权。

案例 3-3

在一份特许经营协议中，温德姆全球企业授权普尼瓦拉（Pooniwala）经营旅行者（Travelodge），速 8（Super 8）和假日（Days Inn）品牌旗下的汽车旅馆。但是温德姆全球企业（Wyndham Worldwide Corporation）称该加盟者所经营的汽车旅馆未能通过质量保证系列测试，于是决定终止协议。[25]普尼瓦拉质疑质量保证测试程序，并声称温德姆撤销协议实际上是对另一起针对合同的诉讼的报复。其断言温德姆给员工发放了不正当的奖励，鼓励他们为获得额外奖励而去签约新的特许经营者，甚至使用现有的房产。联邦法院承认终止特许经营协议会对普尼瓦拉造成损害，但同时协议继续存在也可能会对温德姆品牌造成损害。最终，考虑到温德姆提供的关于普尼瓦拉违反质量保证规定的详细文件，法院站在了温德姆一方。[26]

即使渠道成员制定完整而全面的合同是较为普遍的，一份考虑周全的合同也无法包含所有渠道成员可能需要的所有权力，尤其是在特许经营结构中。特许方与受许方签订合同，要求受许方维护设备的外观，遵守特许方设定的标准和程序，支付广告费或特许权使用费，

并从经批准的来源采购。但受许方经常违反这些条款，认为特许方会容忍它们违反合同的行为。而特许方往往就表现出这样的宽容，因为执行合同是昂贵的，而且还可能引起反作用。即使拥有惩罚违反者的合法权，特许方也会通过成本收益分析判断惩罚违反合同的行为是否值得。结果通常是不值得的。[27]

当然，合法权存在于组织之间的交易中，只是这样的合法权并不源于等级结构的权威。相反，它来自规范、价值观和信念。一家企业可能因为某个渠道成员过去的成功或卓越的管理能力而认为这个渠道成员应该被给予一定程度的尊重。渠道中最大的企业也可能会被其他渠道成员认定为领导者（渠道领袖）。在这些情况下，这些企业就享有合法权。

在渠道中，行为规范，或对"正常"行为的期望，被用于定义渠道成员的角色并有效地赋予某些渠道成员合法权。例如，信息技术行业的分销商遵循的规范与其他行业是不同的。它们更有可能响应供应商的要求，包括提供客户名单及说明发货情况。规范不仅存在于行业内，也存在于某些渠道中，一些渠道成功建立了诸如以下规范的预期：[28]

- 团结性。双方都希望对方关注关系整体，而不是根据每一笔交易来考虑问题。
- 角色完整性。双方都希望对方执行更多的任务，不仅涉及单个交易，还有大量与交易无关的事务。
- 相互性。双方都希望对方能以一种确保双方均得到足够回报的方式去分配共有回报。

这些规范一旦建立，就会赋予一方渠道成员相对另一方的合法权，原因是它可以以规范为理由要求对方遵照自己的要求。

5）参照权

当 B 将 A 作为参照标准，公开寻求与 A 保持一致时，参照权（referent power）就出现了。在渠道中，组织可能是为了获取声望而公开寻求与另一个组织保持一致。下游渠道成员通过销售高端品牌的产品来提高自身形象；上游渠道成员也可以"借用"有声望的下游企业的名声。[29]

参照权的存在是毋庸置疑的。这可以体现在当批发商或零售商以销售某些品牌（如哈雷戴维森摩托车、Ralph Lauren 服装、英特尔半导体）为荣时，或者制造商为自己的品牌能被某些分销商（如美国的 Neiman Marcus，日本的 Mitsukoshi，在组织间领域以出色的服务而闻名的、可以为产品增值的零售商）销售而引以为豪时。参照权指的是赋予声望的能力，为了创建和保留参照权，制造商可以将分销范围限定至特定销售点，下游组织可以将代理范围限定至特定品牌。

一家拥有专有技术的企业最开始可能以专利保护的形式具有合法权，然后以此为基础扩大其参照权，如补充资料 3-1 中 Gore-Tex® 的案例。

补充资料 3-1

3.3　依赖作为权力的镜像

考虑到权力的诸多要素，我们真正需要的是一种实用具体的观察和衡量影响力的方法。根据社会学理论，这其实是很简单的：B 对 A 的依赖程度越高，A 对 B 的权力就越大。[30]当 B 依赖于 A 时，它更有可能按 A 的意愿改变行为。因此，B 的依赖性使得 A 拥有更大的影响力。

3.3.1　定义依赖

当满足以下两个条件时，B 更依赖于 A：

（1）B 从 A 处获得更大的效用（价值，利益和满意）。

（2）对于 B 而言，该效用的可替代来源非常少。

依赖（D）等于效用（U）乘以替代稀缺性（S）（数学公式为 $D = U \cdot S$）。如果 A 提供的东西对 B 没有价值（$U = 0$），那么是否存在替代来源就无关紧要了，即 B 对 A 的依赖性很低。如果 A 提供了巨大的价值，但 B 可以很容易地找到其他来源提供同等的价值（$S = 0$），那么 A 是否能提供利益也就无关紧要了，即 B 的依赖性依然较低。同样，我们可以用数学去说明，低效用（U）或低替代稀缺性（S）相当于乘以 0，所以乘积（D）为 0。

把一个行动者的权力看作另一个行动者对它的依赖是有用的，因为这种方法将分析重点放在稀缺性上，或者说 B 换掉 A 的可能性有多大。这一点很容易被忽视。渠道成员经常认为自己很强大，因为它们向对方提供了价值，但如果它们很容易被取代，对方就不需要它们了，这会降低它们的权力。

案例 3-4

CNH 集团是一家建筑和农业设备制造商，拥有两个知名品牌，凯斯（Case）和纽荷兰（New Holland）。虽然它生产的产品质量很高，且在营销和设计中也投放了大量资源，但是其销售额却下降了 30%。集团很快就意识到，它忽视了与其 1200 家分销商的关系。而它的很多竞争对手，例如久保田（Kubota），都会向这些分销商献殷勤。作为对这些献殷勤的竞争对手的回馈，这些分销商们就将 CNH 品牌产品移到了展厅的后面。为解决这个问题，CHN 开始通过向分销商们提供独一无二的好处使自己变得更加难以取代。这个好处是 CNH 为其分销商们实施成熟的市场调研，详细说明这些分销商该如何与竞争对手在市场上进行比较，以及如何击败竞争对手。这种对专长权的投入有助于将 CNH 重塑为一个更热情、更有帮助、更不可替代的商业伙伴。[30]

3.3.2　依赖的测量

1）效用和稀缺性

评估另一个渠道成员对特定渠道成员的依赖程度的一个更合理的方法是分别评估有用性和稀缺性两个要素，然后再结合起来。评估效用前，我们先假定你代表特定行动者，同时你需要加总你们企业能提供的所有好处。要做到这一点，你必须知道你的渠道合作伙伴的目标，以及你的产品如何帮助它实现这些目标。你可以通过列出你的五种权力基础，或粗略估计一下你能为你的合作伙伴直接或间接创造的利润来估计你的效用。无论选择哪种方式评估自己的价值，你必须记住要关注那些对合作伙伴来说重要的东西（如销量）。

评估替代的稀缺性或者你可以被替换的程度需要考虑另外两个因素。第一，谁是你的

（潜在）竞争对手？也就是说，哪些能够与你提供相同或等价的产品（或可能进入市场）的其他组织？当没有其他选择时，替代稀缺性就非常高，那么你的伙伴对你的依赖也就很高。第二，如果存在替代选择（即替代稀缺性较低时），你需要确定渠道成员将你替换为竞争对手的容易程度。如果很容易替换，那么你的伙伴就不太依赖你，你基本上就没有权力。如果将你替换掉是不切实际的或成本非常高的，那么你在市场上就享有较高的稀缺价值（即使原则上替代选择是存在的）。

现在结合你所估计的渠道伙伴替换掉你的困难程度来看你所能提供的好处。这一综合性分析可以解释你的渠道成员对你的依赖程度，也就是你的权力水平。如果你意识到你的产品虽然很有价值，但却是可替代的时，请不要太沮丧，这是很普遍且令人深思的现象，通常能提供准确的信息。

假设一个特种钢制造商 P 向 X 和 Y 分销商供应产品。对于 X 和 Y 而言，制造商 P 的品牌吸引终端用户也有助于它们的销售人员销售产品组合里的其他产品。因此，P 的直接和间接效用都是巨大的。但同时有三家竞争对手也提供相同的产品，所以 P 看起来很容易被替代。分销商 Y 是一家知名的大企业，哪家制造商能提供最划算的交易，它就与哪家制造商合作，从而可以在市场上的四家制造商间随意转换。因此，P 在与 Y 的合作关系中的权力很小。相反，X 是一家仍然努力在市场上站稳脚跟的小分销商。由于不满意 X 的销售业绩，市场上其他三家制造商家拒绝以跟 P 一样友好的条件去供应 X。因为 X 没有对 P 的替代选择（它无法接受其他制造商所要求的条件），因此 X 更依赖于 P，P 在这个合作关系中拥有更大的权力。

如果制造商 P 可以引导两家分销商投入难以转移用于其他制造商的资产，例如采用 P 的专用订购软件、接受针对 P 产品独特特征的培训、参与联合广告活动或者与 P 企业的员工建立密切关系，P 就可以提升它相对于分销商们的权力。任何在特定供应商上投入了时间和精力的分销商都不太愿意牺牲掉资产去更换这些供应商。高转换成本使 P 成为事实上的垄断者，即使面对明显的竞争，分销商的依赖也使制造商 P 拥有了权力。

其他估算依赖的方法试图用一个更加粗略的代理指标代替全面而详细的（也可以说是缓慢而昂贵的）对有用性和稀缺性的评估。每个代理指标都有缺点，但这些方法会更容易实现，而且通常能够提供一个合理的近似值。

2）销售额或利润的百分比

一个快速的方法是估计在合作伙伴获得的销售额或利润中特定渠道成员所贡献的百分比。这个比例越高，合作伙伴的依赖就越高，特定成员就越有权力。也就是说，一个重要的（强大的）渠道成员能提供更高的收益，换掉它可能会使合作伙伴失去这些利益，这意味着更高的转换成本。如果这些收益占据合作伙伴销售额或利润的很大一部分，那么转换成本可能会非常高。这个论点很有价值，但销售额或利润百分比法只代表一种近似值，它不能囊括所有利益，也不能直接评估稀缺性。因此，在某些情况下，这种方法的效果很差。例如，特许经营商的销售额和利润的 100% 都来自授予特许商，但它们的依赖性或多或少是有差异的。[32]

3）角色绩效

依赖的近似值可以来自于对焦点行动者相对其竞争对手能更好履行渠道任务的程度

的评价。优势越大意味着角色绩效（role performance）越高，即使大家提供的产品相近，也很少有替代选择能提供类似水平的角色绩效。[33]这种直接的方法更接近于评估稀缺性，但它不能解决角色的重要性。也就是说，你可能比竞争对手表现得更好，但你的合作伙伴只有当从这个特定角色绩效中获得效用时才会依赖于你。此外，如果你的伙伴愿意接受角色绩效上的不足，那么它很可能可以获得一些重要的替代选择。

在一些情况下，角色绩效并不能很好地代表依赖。例如，许多新兴经济体的特点是卖方市场，表现为需求远远超过供应，进入壁垒限制供应，而且还有很多候补分销商。在这些领域中，每个渠道成员都依赖于每个供应商，不管供应商的角色绩效如何。[34]然而在许多其他情况下，角色绩效仍然是依赖的一个合理的衡量指标。即使是对有形商品而言，卓越的服务也赋予了它独特性（稀缺性）。在这种情况下，非常出色的角色绩效将创造依赖（和权力），因为卓越总是稀缺而珍贵的。

3.3.3　权力平衡：净依赖视角

依赖并不是单向的。依赖性评估必须同时考虑渠道成员双方的视角。如同 X 依赖 P 提供的效用，P 也需要 X 提供其他类别的效用。它们是相互依赖的，这会削弱 P 向 X 施压从而改变其行为的能力。高度彼此依赖，或相互依赖，意味着高相互权力。较高的相互权力也给予了渠道成员们更大的获得更高价值的能力。[35]每一方都具有对对方的影响力，从而可以推动它们之间的协调与合作。[36]

以啤酒酿造商为例。在美国，米勒相对轻松地占领了这个庞大的市场，因为全国遍布着 470 家批发商，尽管它们中的大多数也销售竞争品牌。米勒和它的批发商双方都需要对方（高效用），双方都拥有替代选择（低稀缺性）。东非酿酒有限公司（East African Breweries Ltd., EABL）也占领了肯尼亚这个大市场，但进入肯尼亚市场相对困难，因为这个地区只有 30 家批发商。尽管面临这样的挑战，EABL 还是达到了 98%的市场覆盖率，甚至包括农村地区，这使得它能够将米勒赶出肯尼亚。这一关键就是高度的相互依赖性：EABL 拥有一些总公司客户，并授予其独家区域分销权，它的批发商只销售啤酒，且通常只销售 EABL 品牌。因此，如果任意一方选择停止独家或考虑其他替代选择的话，双方从渠道中所获取的巨大的利益和效用都将面临风险。

高度平衡的相互依赖可以抑制渠道双方对彼此的利用，因为每一方都拥有可用于自我保护的抗衡力量。在这样的关系中没有任一方是相对弱势的，每一方都可以强迫对方分享利益，从而促进公平和团结的规范。这种程度的依赖对称性通过提高双方在互动过程中适应对方的意愿来促进双边功能的发挥。[37]

当然，对称性的相互依赖也可能意味着较低的相互依赖性，例如任何一方都不太需要另一方。这种低—低组合在营销渠道中非常常见，是许多渠道管理建议提出的基础条件。当每一方对另一方都可有可无时，渠道通常趋向于按照经典的经济学预测那样运行。[38]

最后，在评估低效性权力时，作为计算净依赖的一部分，决策者可能要考虑关系水平并计算与另一个渠道成员的净依赖程度。但在某些情况下，单个渠道成员（上游或下游）可以通过联盟从根本上迅速地改变依赖结构。因为渠道一方突然间要面对一个联盟阵营，这通常可以同时提高另一方的利益和不可替代性。

3.3.4　不平衡依赖

一个渠道成员可能突然转变为比另一方更加依赖对方。权力的平衡有利于依赖较少的成员，依赖性越高的成员就越容易受到剥削[39]，这就经常会产生一些问题。即使更强大的（依赖性更低的）一方没有试图索取好处，依赖性较高那一方也会在经济和非经济两方面都遭受损失。[40]也就是说，实力较弱的成员可能仅仅因为实力较强的成员的绩效缩水而遭受损失。此外，面对剥削，较弱的（更依赖的）一方会感知到自己的脆弱性并怀疑较强的一方会恶意行事。因此，比起相互依赖的关系，不对称的关系往往充满冲突，缺少信任和承诺。[41]那么渠道成员该怎么办呢？

1）平衡依赖的策略

弱势一方有三种可用的减少依赖性的策略，即如果 B 依赖 A 的程度高于 A 依赖 B 的程度，那么 B 可以：

（1）发展 A 的替代选择对象。

（2）通过组织联盟应对 A。

（3）退出当前关系，不再向 A 争取其所提供的好处。

在渠道中，第一种策略是最常见的。随着渠道成员依赖性的提高，对剥削的恐惧驱动它们发展抗衡力量。例如，一些销售代理（如制造商销售代理）为关键委托人量身定制业务，给它们带来了潜在的依赖不平衡的危险。这些销售代理们会不遗余力地培养与终端用户的关系，以建立顾客对代理机构的忠诚度。拥有了这样的权力关系，必要时销售代理就可以引导顾客购买另一家品牌的产品。由于销售代理可以把终端用户带到其他地方，它获得了能与委托人抗衡的力量。这些销售代理通常会比那些忽视了依赖不平衡危险的销售代理们获得更高的利润。[42]

如果有必要的话，这种策略还包括加入一个新供应商的潜在能力。许多渠道成员故意保持多样化的伙伴组合，以便于当组合中任意组织利用不平衡权力时它能够立即做出反应。例如，为符合行业规范，美国汽车经销商曾一度只能代表一个品牌的汽车，这使得它们高度依赖制造商。20 世纪 70 年代初的石油危机促使经销商们将更多节油汽车引入它们的产品组合，而这些汽车通常是由其他品牌生产的，这就是广泛多元化的一小步。如今有许多汽车经销商依靠多个经销地点，每一个地点选择代表一个不同的品牌，甚至在同一个地点销售多个品牌。这样多元化的投资组合减少了经销商对单一制造商的依赖并使其能够抵抗汽车制造商所尝试施加的任何压力。

第二种策略是组织一个联盟，即纳入第三方的策略。这一策略有以下几种方法。在欧洲，一种常用的方法是起草合同，要求对任何争议都进行强制性仲裁。仲裁员通常是私营实体，也可以是政府机构。其他联盟形式也包括渠道成员联合起来组成的行业协会。美国汽车经销商们也经常使用这一策略。通过组织和游说州立法机构，经销商们推动许多州通过了"经销商法庭日"（Dealers' Day in Court）的立法，限制了汽车制造商通过诉讼或惩罚来强迫或压迫它们的能力。例如，当通用汽车在选定市场上进行垂直向前整合时，一群有组织的经销商联合起来，要求它改变策略，导致后来其首席执行官提道："我明白了很多，让关键委托人恼火并不是成功之道。"[43]

第三种策略是退出业务，从而退出当前关系。[44]退出业务并将资源转移到其他地方（如抛售一家汽车经销商）可能看起来不可思议，但它也是摆脱依赖的决定性方法。在零售渠道中，像沃尔玛一样有实力的零售商利用其强大的权力要求依赖其的制造商降低价格。即使这些制造商可能更愿意利用沃尔玛密集的分销体系进行销售，但它们具有另一种选择，即通过向弱势零售商收取更高的价格并通过广告和促销等手段将它们更多的销售重点转移至这些高利润的渠道中来[45]。

也许这些减少依赖的策略都不具备吸引力。在这种情况下，为了解决依赖不平衡，实力较弱的成员可能会通过提供更高的效用，使自己更加不可替代，从而增加另一方对自己的依赖。最好的方法通常是提高它的服务水平。例如，如果较弱的一方开始提供更快的交付服务，它的合作伙伴可能会发现它所提供的服务几乎是不可抗拒的。一家保证准时交货的制造商消除了零售商缺货的威胁，这会使零售商更多地依赖其产品。当然，这样的策略也暗示着制造商正在向它与零售商的关系中投入大量的资源，因此这个策略是可能有风险的。但最终，这一策略可以确保它们之间更高的相互依赖水平。

2）容忍不平衡依赖的策略

弱势方最常见的反应策略是不进行反应。也就是说，更依赖的一方常常只是接受现状，并努力做到最好。它甚至可能刻意将其大部分努力或销售奉献给对方，希望自己可以变得对对方更加重要，使较强大的一方更重视它的贡献，同时避免利用它的脆弱性。较弱的成员还可以依赖共同决策的内部规范，信任对方会考虑自己的利益。企业愿意以这种方式使自己变得易受伤害。服装供应商们经常投资于单一强大的零售商，并打消零售商会滥用其地位的顾虑，因为它们认为自己是一个重要的供应商或具有悠久的共同决策的传统。[46]

但尤其是在全球整合的市场和行业中[47]，我们需要提出疑问：实力更强的一方总是剥削性的吗？实力较弱的一方总是遭殃的吗？应该要避免不平衡的关系吗？

一些不平衡的依赖关系实际上运行得很好。例如当买方是百货商店时，它们要为每个部门挑选商品，如果它们依赖制造商去供应那些有吸引力的大品牌商品，它们更愿意给予供应商更大的权力，此时供应商可能并不依赖这些店作为主要的分销点。尽管存在这种不平衡，百货商店通常还是会从与这种优势供应商的关系中获益，特别是在市场环境保持稳定和可预测的情况下。也就是说，如果占主导地位的供应商的产品具有可预测的市场需求，百货商店则将降价的需要降到最低。此外，在这种情况下，供应商通常也不会利用百货商店在依赖方面的脆弱性。

然而在不可预测的情况下，供应商的主导地位可能就会成为一个负担。因为当市场需求波动时，百货商店无法强迫占主导地位的供应商变得更灵活，比如让供应商收回更多未售出的商品。因此在市场环境高度不确定的情况下，高水平的相互依赖是更合适的，能够确保供应商和买方都有动机去寻找解决复杂的库存问题的通解。而低相互依赖则是另一个选择，因为在那种情况下，买方可以选择更换供应商。

简而言之，在稳定环境下，当依赖性较弱的一方自愿避免滥用它的权力时，不平衡的依赖不一定是有害的。如果较强的一方小心公平地对待较弱的一方，渠道就可以有效地运行。[48]公平地对待弱势方也提高了关系质量，从而增强了渠道的功能。最后，因为每个渠道成员的声誉都非常重要，不公平对待弱势方会造成声誉风险，这可能会使一个强大的、剥削性的行动者在未来更难吸引、留住或激励其他渠道伙伴。

总的来说，我们建议同时考察依赖和相互依赖以了解更全面的信息。它们不是一枚硬币的两面，依赖促进关系质量和合作，而相互依赖通过增加双方的风险促进专用性资产投入和绩效的提高。[49]双方甚至可以选择进入剥削性和胁迫性的不平衡关系——只要它们能从这些互动中得到"可接受"的好处。[50]

3.4　基于权力的影响策略

在图 3-3 中，我们概括了六种基于权力的影响策略。

将潜在的影响转化为使另一方真实改变行为的要求需要进行沟通，沟通的性质影响了渠道关系。[51]大多数渠道沟通或影响策略都可以分为六类：

- 承诺（promise）。如果你按照我们的要求做，我们会奖励你。
- 威胁（threat）。如果你不按照我们的要求做，我们会惩罚你。
- 合法性（legalistic）。你应当按照我们的要求做，原因是你已经同意这么做了（无论是通过合同还是通过对我们如何合作的非正式规范）。
- 请求（request）。请按照我们的要求去做。
- 信息交换（information exchange）。先不谈我们具体的要求，让我们先来就如何能让你获益最多的经营方式进行一般性的讨论。这种不直接的策略试图以一种对我们有利的方式去改变你对什么是有效方式的看法。我们希望这种巧妙的说服方式能促使你得出关于你应该做什么的结论，而这些结论也与我们所希望你去做的相一致。
- 建议（recommendation）。与信息交换相似，我们讨论盈利的方法，但我们会直接提供给你结论，即如果你按照我们的要求去做会更加获利。这种更直接的策略容易引起怀疑和反驳。

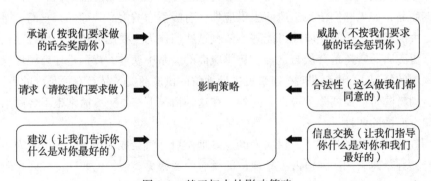

图 3-3　基于权力的影响策略

那些没有在建立权力基础中投入的渠道成员可能会发现它们对渠道伙伴施加影响的尝试失败了。我们再次提醒，权力以及权力基础是特定于每一对关系的：相比于一个国际连锁超市，雀巢在与一个小零售商的关系中会拥有更多的奖赏权（因此也可以更有效地使用承诺策略）。

一般情况下，渠道边界人员最终会在他们发展的每一个渠道关系中使用全部六种策略。但每一个关系都会表现出各自特殊的风格，从而反映出哪些策略是最常用的。最常用的主导风格或影响策略决定了企业能够将其权力转化为改变其渠道伙伴行为的程度。然而有证据表明，两种最温和的策略——建议和请求，是最常用的方法（而最严厉的策略——威胁和合法性，被使用得最少）。[52]

大部分可获得的来自西方文化的系统性证据表明，使用更多含蓄的影响策略可以提升人际关系质量，而直接的影响策略则会招致怨恨。非西方文化对强制性策略更加宽容，除特许经营结构以外，在与上游渠道成员的交易中强制性策略更容易被接受。[53]

3.5　全渠道和权力

多渠道一直都存在，只是在某一段时间内，企业倾向于选择一个单一主要的渠道并将其他渠道作为次要的、补充的或掩人耳目的渠道，以避免渠道冲突或避免顾客产生困惑。例如，供应商可能会悄悄地开设自己的销售和分销机构，直接但并不引发强烈冲突地与它们的渠道用户去竞争终端用户（双重分销）。但现如今，使用多重渠道已经是一种可见的规范而不是一种隐藏的例外情况了。[54]激烈的竞争促使许多供应商改变和扩大了渠道，混乱的市场使得仅通过一种渠道类型很难有效地为顾客服务。此外，尽管渠道曾经一度需要保持简单以便于管理，但技术的进步使管理更复杂的渠道结构变得可行。

而且，供应商和顾客们都喜欢多渠道。对于供应商而言，多渠道增加了市场渗透率，可以让供应商更好地了解多个市场，同时也提高了潜在竞争对手的进入壁垒。由于各种渠道相互竞争，供应商可以从这种"健康的"竞争中获得好处。对顾客来说，多渠道增加了他们找到一个满足其服务需求的渠道的机会。多种渠道类型也使顾客在以更低的价格寻求更多服务时可以在渠道之间进行对比。因此，多渠道甚至可以创造市场：供应商和顾客可以更容易地找到彼此，并通过使用最合适的渠道类型来满足其需求。[55]在一个全渠道的世界，制造商和零售商的权力因此得到扩散。

制造商通常直接向消费者销售它们的产品，在线下和线上都已经成为零售商的直接竞争对手。[56]与此同时，零售商也越来越扩大自有品牌产品的供应。正如这些发展所展示的，权力的应用不是一个静止的现象。权力结构随着时间而改变，各方必须适应变化的形势。[57]曾几何时，制造商主宰一切。但随着大型商店的出现，零售商控制了重要的货架空间，权力转移到了零售商身上。随着多渠道零售的出现，权力平衡可能会再次动摇，因为制造商获得了接触消费者的新途径和新选择，零售商面临着空前激烈的竞争。

然而，这些趋势并不意味着零售市场的集中度已经完全消失。两大零售商伍尔沃斯（Woolworth）和科尔斯（Coles）成为澳大利亚 80%的食品杂货供应商的主要客户，但这些巨头的权力因产品种类不同而存在差异。[58]它们对于强势品牌制造商（如好奇纸尿裤）不具有太多权力。然而在其他品类上，它们的自有品牌实际上正在摧毁制造商品牌。所以全渠道购物对权力动态的影响很大程度上取决于特定行业的特征。在全渠道情境下，如果非对称性依赖关系中的小型供应商可以向消费者提供能够随时随地以任何方式去购物的价值，那么它们就可以使用专长权去影响大型合作伙伴。

本章提要

管理渠道关系的三种方式是促进承诺、应用权力和利用或从功能冲突中学习。

渠道权力是改变另一个组织行为的能力。它是一种工具，没有好坏之分。

权力渗透在营销渠道的各个方面。渠道成员的相互依赖使权力成为其渠道功能的关键特征。

渠道成员必须随着时间的推移不断设法掌握权力，然后准确地评估它们的权力并明智地使用它，不论是为了实现自己的主动权还是保护自己不受他人的影响。

A 的权力等于 B 对它的依赖。在以下几种情况下，B 的依赖性会提高：

- B 从与 A 的交易中获得极大的效用。
- B 无法轻易从 A 的竞争者中获得相同的效用，因为只有少数的竞争者，或 B 面临很高的转换成本。

权力来自五种来源：

- 奖赏。
- 强制。
- 专长。
- 合法性。
- 参照。

权力是一种双边关系，专属于特定时间内的某个特定的渠道关系。任何对权力的评估都必须考虑另一方的抵消性权力。权力最好的测量指标是双方的净依赖。

相互依赖的关系通常会带来独特的附加价值，因为每一方都有足够的影响力来确保双方实现共赢。

不平衡的依赖是非常普遍的。在这些关系中：

- 强势一方会剥削或忽视弱势一方。
- 弱势一方可以采取对策进行反抗，包括多元化、形成联盟，或退出交易。
- 渠道成功需要强势一方展示出克制、平等地运营，并体现出公平。

将权力这种潜在的能力转化为影响力需要沟通（影响策略）。最常见（有效）的方法是：

- 做出承诺。
- 发起请求。
- 交换信息。
- 提出建议。

注释

[1]   Jeuland, Abel P. and Steven M. Shugan (1983), "Managing channel profits," Marketing Science, 2

(3), 239-272.

[2] Gangshu, Yue Dai, and Sean Zhou (2012), "Exclusive channels and revenue sharing in a complementary goods market," Marketing Science, 31 (January-February), 172-187.

[3] Stone, Brad and Lulu Yulin Chen (2017), "Tencent dominates in China: Next challenge is rest of the world," Bloomberg Business Week, June 28, www.bloomberg.com/news/features/2017-06-28/tencent-rules-china-the-problem-is-the-rest-of-the-world.

[4] Xiao, Evan (2017), "How WeChat became Alipay's largest rival," April 20, www.techinasia.com/wechat-pay-vs-alipay.

[5] Yuan, Li (2017), "Beijing pushes for a direct hand in China's big tech firms," The Wall Street Journal, October 11.

[6] Rehme, Jakob, Daniel Nordigarden, Daniel Ellstrom, and Daniel Chicksand (2016), "Power in distribution channels: Supplier assortment strategy for balancing power," Industrial Marketing Management, 54, 176-187.

[7] Brown, James R., Jean L. Johnson, and Harold F. Koenig (1995), "Measuring the sources of marketing channel power: A comparison of alternative approaches," International Journal of Research in Marketing, 12 (2), 333-354.

[8] French, John R., Jr. and Bertram Raven (1959), "The bases of social power," in Dorwin Cartwright(ed.), Studies in Social Power, Ann Arbor, MI: University of Michigan, pp. 150-167.

[9] Narus, James A. and James C. Anderson (1988), "Strengthen distributor performance through channel positioning," Sloan Management Review, 29 (4), 31-40.

[10] Mentzer, John T., Daniel J. Flint, and G. Tomas M. Hult (2001), "Logistics service quality as a segment-customized process," Journal of Marketing, 65 (4), 82-104.

[11] Chu, Wujin (1992), "Demand signalling and screening in channels of distribution," Marketing Science, 11 (3), 327-347; Bloom, Paul N., Gregory T. Gundlach, and Joseph P. Cannon (2000), "Slotting allowances and fees: School of thought and the views of practicing managers," Journal of Marketing, 64 (2), 92-108.

[12] Rao, Akshay R. and Humaira Mahi (2003), "The price of launching a new product: Empirical evidence on factors affecting the relative magnitude of slotting allowances," Marketing Science, 22 (2), 246-268.

[13] Zimmerman, Ann (2003), "To sell goods to Wal-Mart, get on the net," The Wall Street Journal (November 21), 1-2.

[14] Gaski, John F. and John R. Nevin (1985), "The differential effects of exercised and unexercised power sources in a marketing channel," Journal of Marketing Research, 22 (May), 130-142.

[15] Munson, Charles L., Meir J. Rosenblatt, and Zehava Rosenblatt (1999), "The use and abuse of power in supply chains," Business Horizons, 30 (January-February), 55-65. This article gives many examples of channel power in operation.

[16] Geyskens, Inge, Jan-Benedict E.M. Steenkamp, and Nirmalya Kumar (1999), "A meta-analysis of satisfaction in marketing channel relationships," Journal of Marketing Research, 36 (May), 223-238.

[17] Geyskens, Inge, Jan-Benedict E.M. Steenkamp, and Nirmalya Kumar (1998), "Generalizations about trust in marketing channel relationships using meta-analysis," International Journal of Research in Marketing, 15 (1), 223-248.

[18] Munson, Rosenblatt, and Rosenblatt (1999), op. cit.

[19] Hart, Paul and Carol Saunders (1997), "Power and trust: Critical factors in the adoption and use of electronic data interchange," Organization Science, 8 (January-February), 23-42.

[20] Agnihotri, Aripita (2013), "Doing good and doing business at the bottom of the pyramid," Business

Horizons, 56 (5), 591-599.

[21]　Luhnow, David (2005), "In Mexico, maker of generics adds spice to drug business," The Wall Street Journal (February 22), A1, A6.

[22]　Rosencher, Anne (2004), "Le Client Mystère, Ou l'Art d'Espionner Ses Point de Vente," Capital (November), 124-126.

[23]　Raven, Bertram H. and Arie W. Kruglanski (1970), "Conflict and power," in P. Swingle (ed.), The Structure of Conflict, New York: Academic Press, pp. 69-99.

[24]　Anderson, Erin and Barton Weitz (1989), "Determinants of continuity in conventional channel dyads," Marketing Science, 8 (Fall), 310-323.

[25]　See https://law.justia.com/cases/federal/district-courts/minnesota/mndce/0:2014cv00778/137395/36.

[26]　See http://franbuslaw.com/blog/?p=713.

[27]　Antia, Kersi D. and Gary L. Frazier (2001), "The severity of contract enforcement in interfirm channel relationships," Journal of Marketing, 65 (4), 67-81.

[28]　Heide, Jan B. and George John (1992), "Do norms matter in marketing relationships?" Journal of Marketing, 56 (April), 32-44.

[29]　Chu, Wujin and Woosik Chu (1994), "Signaling quality by selling through a reputable retailer: An example of renting the reputation of another agent," Marketing Science, 13 (Spring), 177-189.

[30]　Emerson, Richard M. (1962), "Power–dependence relations," American Sociological Review, 27 (February), 31-41.

[31]　Donath, Bob (2002), "Value studies reveal insufficient attention to dealers plenty costly," Marketing News (October 28), 8-9.

[32]　Kale, Sudhir H. (1986), "Dealer perceptions of manufacturer power and influence strategies in a developing country," Journal of Marketing Research, 23 (November), 387-393.

[33]　Frazier, Gary L. (1983), "On the measurement of interfirm power in channels of distribution," Journal of Marketing Research, 20 (May), 158-166.

[34]　Frazier, Gary L., James D. Gill, and Sudhir H. Kale (1989), "Dealer dependence levels and reciprocal actions in a channel of distribution in a developing country," Journal of Marketing, 53 (January), 50-69.

[35]　Lusch, Robert F. and James R. Brown (1996), "Interdependency, contracting, and relational behavior in marketing channels," Journal of Marketing, 60 (October), 19-38.

[36]　Hallén, Lars, Jan Johanson, and Nazeem Seyed-Mohamed (1991), "Interfirm adaptation in business relationships," Journal of Marketing, 55 (April), 29-37.

[37]　Heide, Jan B. (1994), "Interorganizational governance in marketing channels," Journal of Marketing, 58 (January), 71-85.

[38]　Palmatier, Robert W., Rajiv P. Dant, and Dhruv Grewal (2007), "A comparative longitudinal analysis of theoretical perspectives of interorganizational relationship performance," Journal of Marketing, 71 (October), 172-194.

[39]　Provan, Keith G. and Steven J. Skinner (1989), "Interorganizational dependence and control as predictors of opportunism in dealer–supplier relations," Academy of Management Journal, 32 (March), 202-212.

[40]　Ross, William T., Erin Anderson, and Barton Weitz (1997), "Performance in principal–agent dyads: The causes and consequences of perceived asymmetry of commitment to the relationship," Management Science, 43 (May), 680-704.

[41]　Kumar, Nirmalya, Lisa K. Scheer, and Jan-Benedict E.M. Steenkamp (1994), "The effects of perceived interdependence on dealer attitudes," Journal of Marketing Research, 32 (August), 348-356.

[42] Heide, Jan B. and George John (1988), "The role of dependence balancing in safeguarding transaction specific assets in conventional channels," Journal of Marketing, 52 (January), 20-35.

[43] Taylor, Alex (2002), "Finally GM is looking good," Fortune (April 1), 42-46.

[44] Yang, Donghoon, Eugene Sivadas, Bohyeon Kang, and Sejo Oh (2012), "Dissolution intention in channel relationships: An examination of contributing factors," Industrial Marketing Management, 41 (7), 1106-1113.

[45] Geylani, Tansev, Anthony J. Dukes, and Kannan Srinivasan (2007), "Strategic manufacturer response to a dominant retailer," Marketing Science, 26 (March-April), 164-178.

[46] Subramani, Mani R. and N. Venkatraman (2003), "Safeguarding investments in asymmetric interorganizational relationships: Theory and evidence," Academy of Management Journal, 46 (1), 46-62.

[47] An excellent discussion of this trend and its implications appears in Fein, Adam J. and Sandy D. Jap (1999), "Manage consolidation in the distribution channel," Sloan Management Review, 41 (Fall), 61-72.

[48] Kumar, Nirmalya, Lisa K. Scheer, and Jan-Benedict E.M. Steenkamp (1995), "The effects of supplier fairness on vulnerable resellers," Journal of Marketing Research, 32 (February), 54-65.

[49] Scheer, Lisa K., C. Fred Miao, and Robert W. Palmatier (2015), "Dependence and interdependence in marketing relationships: Meta-analytic insights," Journal of the Academy of Marketing Science, 43, 649-712.

[50] Cowan, Kirsten, Audhesh Paswan, and Eric Van Steenburg (2015), "When inter-firm relationship benefits mitigate power asymmetry," Industrial Marketing Management, 48, 140-148.

[51] This discussion is based on Frazier, Gary L. and John O. Summers (1986), "Perceptions of interfirm power and its use within a franchise channel of distribution," Journal of Marketing Research, 23 (May), 169-176.

[52] Frazier, Gary L. and John O. Summers (1984), "Interfirm influence strategies and their application within distribution channels," Journal of Marketing, 48 (Summer), 43-55.

[53] Johnston, Wesley James, Angelina Nhat Hanh Le, and Julian Ming-Sung Cheng (2017), "A meta analytic review of influence strategies in marketing channel relationships," Journal of the Academy of Marketing Science, DOI 10.1007/s11747-017-0564-3.

[54] Frazier, Gary L. and Tasadduq A. Shervani (1992), "Multiple channels of distribution and their impact on retailing," in Robert A. Peterson (ed.), The Future of U.S. Retailing: An Agenda for the 21st Century, Westport, CT: Quorum Books.

[55] Cespedes, Frank V. and Raymond Corey (1990), "Managing multiple channels," Business Horizons, 10 (1), 67-77; Moriarty, Rowland T. and Ursula Moran (1990), "Managing hybrid marketing systems," Harvard Business Review (November-December), 146-150.

[56] Karray, Salma and Simone Pierre Sigue (2018), "Offline retailers expanding online to compete with manufacturers: strategies and channel power," Industrial Marketing Management, https://doi.org/ 10.1016/j.indmarman.2018.01.004.

[57] Low, Wen-Shinn and Han-Tzong Lee (2016), "The exercise and acceptance of power in an industrial channel dyad," Journal of Business-to-Business Marketing, 23, 135-151.

[58] Sutton-Brady, Catherine, Patty Kamvounias, and Tom Taylor (2015), "A model of supplier–retailer power asymmetry in the Australian retail industry," Industrial Marketing Management, 51, 122-130.

第4章

渠道关系

4.1 导　　论

4.1.1　为什么关系在营销渠道中很重要

　　渠道关系有许多标签，包括伙伴关系、关系治理、混合治理、准垂直整合和战略联盟。渠道管理的目的就是激励相互依存又相互独立的企业追求共同利益的最大化。如第3章所述，在一个有效的渠道关系中，两个或更多相互依赖的组织需要以追求共同利益的方式合作。在全渠道环境中，渠道管理变得更有挑战性。在这样的环境下，企业必须处理和协调它们的渠道活动以及不同渠道之间的利益冲突。

　　牢固的渠道关系的标志是成员们为了实现关系目标而做出的真诚的承诺和参与互让互动的意愿。当一个组织希望这种关系无限期地持续下去时，承诺就出现了。然而，承诺本身无法确保一段有效的渠道关系。组织也必须具有为了维持和发展关系而自我牺牲的意愿。牺牲的形式有很多，可以是放弃短期利益，或不追求其他机会，而宁愿将组织资源投入到当前关系中。一般来说，承诺的一方很难去维持和推进这种关系。正如西尔斯的例子所示，即使是在长期的关系中，承诺也不是理所当然的。

案例 4-1

西尔斯（美国）[1]

西尔斯成立于 1893 年，是一家主要面向美国农村地区的邮购公司，为消费者提供以前只有城市居民才能买到的产品。后来，为了扩大影响力，西尔斯开始在城市和小城镇经营大型百货商店。作为多渠道零售的先驱，西尔斯是最早发展线上业务的实体公司之一。在亚马逊出现之前，它就已经几乎拥有了亚马逊的产品广度，销售的产品从保险产品（它拥有全美保险，All-state insurance）延伸到电器和服装。但近年来，该公司处境艰难，自2010 年初以来亏损了 100 多亿美元。随着公司决定拆分其部分部门并关闭美国各地的门店，它的销售额从 2011 年的 415.7 亿美元大幅下降到 221.4 亿美元。西尔斯还背负着长期债务。这些因素破坏了它与供应商们的关系，即使是那些与它拥有长期合作关系的供应商。例如，西尔斯在 20 世纪 20 年代拯救了惠而浦，2002 年它拥有惠而浦 20% 的收入。但由于惠而浦公司担心西尔斯的财务状况，为了降低风险，它以更高的价格交付更少的产品，并采取更严格的支付条款，如今西尔斯对惠而浦收入的占比已经下降到只有 3%。保险公司和银行也同样因为对西尔斯支付能力的担忧而担心对它的担保。[2]因此，LG 要求在向西尔斯供货前要提前支付现金，美国消费者供应商联合会（United National Consumer Suppliers）允许西尔斯在一个月内付款，但是这比它给西尔斯竞争对手提供的两个月宽限期要短得多。[3]

第 3 章中，我们展示了管理渠道的一种方法——权力的应用。本章的目标是强调一种替代方法，即利用关系工具来管理渠道关系的重要性。本章从一些基本问题开始：建立渠道关系的关键动机是什么？以及为什么它们在营销渠道中如此重要？

4.1.2　上游渠道成员建立稳固渠道关系的动机

为什么一个上游渠道成员（如制造商），要与下游渠道成员（如批发商）建立承诺关系？渠道关系开始于当制造商认识到它有可能从下游渠道成员能够提供的许多优势中获取利益。其中，制造商最重视的是能够以更低的成本（包括较低的管理费用）实现更高市场覆盖的能力。

令人惊讶的是，制造商们往往没有意识到其他渠道成员提供给它们的价值，或高估了自身可以高效率、高效力地替代另一方执行关键渠道功能的能力。对于一些制造商而言，它们的"'内部技术'文化阻止了它们在各个方面对中介组织的理解、尊重和信任"。[4]例如，它们的内部销售部门可能将独立的渠道成员视为竞争对手，或者公司只雇用从未在渠道内工作过的员工，并且通常不信任合作伙伴，认为"它们会把事情搞砸，并且……会很昂贵"。[5]相反，一个以渠道为中心的供应商会理解和尊重每个独立的渠道成员如何进行经营，并将其转化为有意义的服务输出，最终产生有效的结果。

补充资料 4-1

　　一旦重视起下游组织，制造商就会寻求关系来激励渠道成员在当前市场、新市场或新产品中更好地代理它们的产品。尤其是当组织必须承担起新产品或在新市场中执行渠道功能的重大风险时，建立承诺是一种有效、持久的激励下游渠道成员的方式。

　　制造商也可能寻求一种关系，使分销商更紧密地协调配合其营销努力，这将使其能够更好地接触终端用户。制造商可能尤其想寻求在信息交换方面的更好合作。制造商希望通过它们与下游渠道的关系来获得有关市场信息，而下游渠道成员则有充分的动机去隐瞒这些信息。分销商隐瞒市场信息可能是为了防止制造商在谈判中使用这些信息来对付它们，也可能有更简单的理由：向制造商分享信息是需要时间的，而这些时间可以有其他更有成效的用途。下游渠道成员就像是制造商和最终买家之间的一堵墙，挡住了制造商的视线，降低了其对终端用户的了解。制造商希望能够通过获得分销商的承诺，窥视墙外，即增加信息共享。大多数美国大型食品零售商每周，甚至每天都与供应商分享销售数据。[6]如果供应商更依赖于分销商，或当双方向当前合作中投入了大量的专用资产时，分销商往往更愿意与供应商分享战略信息。[7]

　　与下游渠道成员建立关系的另一个新兴的动机是源于批发行业不断增长的合并浪潮。这些合并和收购发生在许多行业里，使得批发行业发生着转变，从许多小型参与者（分裂）转变成少数大型参与者（合并）。制造商们建立关系是因为它们看到潜在的伙伴正逐渐减少。它们担心会失去分销渠道，不仅是因为剩下的参与者不多了，也是因为剩余的参与者都是强大的组织，它们或多或少都在与特定制造商的关系中享有特权。一个牢固的渠道关系有助于重新平衡权力结构，同时又确保持续的市场准入。[8]

　　从长远来看，制造商寻求建立针对未来竞争对手的进入壁垒，其中最好的障碍之一是良好的分销网络。与降价或产品特性不同，渠道是很难复制的。一个忠诚的渠道合作伙伴可能会拒绝代理或积极推广一个新进入的品牌，正如广受赞誉的宝洁和沃尔玛之间的渠道关系。[9]这两个曾经的对手利用它们巨大的权力影响着市场。尤其是宝洁，它的品牌吸引力和销售上百种快消品的市场专业知识占据着支配地位，被称为"自我膨胀的恃强凌弱者"。[10]而沃尔玛作为一家大型零售商，利用其规模和实力要求供应商按照它的规定进行交易，包括无中间商介入的直接供货、超低价格、额外服务、优惠信贷条款、电子数据交换和无线电频率识别（RFID）技术的投资使用等。

　　使用本章所提到的策略，这些上游和下游巨头也建立了强大的渠道关系。最值得注意的是，它们都为彼此进行了量身定制的投资。对宝洁来说，回报是多方面的：它通过卫星接收来自沃尔玛自己的门店（而不是整个零售店网络）的连续的数据，这些数据包含销售、库存，以及宝洁卖出的每个品牌的每个库存单位（stock-keeping unit，SKU）的价格。根据这些数据，宝洁可以安排重新订购和运输，通常可以直接到门店（这种做法称为供应商管理库存）。这一循环是通过电子发票和电子资金转账来实现的。有了这个无纸化系统，宝洁就可以根据需求生产，削减库存，还能减少缺货。这样，整体物流成本就有所下降。此外，宝洁与沃尔玛有大量业务往来，因此它通过对沃尔玛的投资和对沃尔玛需求的了解还可以免受竞争压力。最后，宝洁从其合作伙伴那里收集的门店数据也可以成为很好的市场信息来源。

　　然而近年来，它们的伙伴关系遇到了一些困难，这表明即使是再牢固的关系也需要不断维护。近期的数据表明尽管宝洁仍然通过沃尔玛积累了近 100 亿美元的销售额，但由于两家公司的目标市场——中等收入消费者市场出现了预算紧张的现象，这导致两家公司的销售均开始放缓。[11]在它们各自尝试去解决这些挑战的过程中，都采取了一些威胁到对方的举措。例如沃尔玛，面对来自亚马逊和像奥乐齐（Aldi）这样的折扣店的激烈竞争，它要求宝洁削减其产品的成本，并引入了宝洁产品替代品的品牌。与此同时，宝洁公司也决定通过奥乐齐销售它的香水。

4.1.3　下游渠道成员建立稳固渠道关系的动机

　　下游渠道成员建立稳固关系的动机主要是基于想要拥有一个理想产品的可靠且稳定的供应。合并也是下游渠道成员的一个动机：随着并购使众多行业的市场份额集中在少数制造商中，下游渠道成员只能对这几家制造商做出承诺以维持产品的供应。渠道成员也会为了确保自己营销努力的成功而去建立关系。下游渠道成员通过与供应商协调其营销活动，可以寻求更好的合作，尽管合作本身并不是其目的。其目的是通过协调合作使各个渠道成员都能够更好地服务顾客，并转化为更高的销量和利润率。

　　渠道成员可以利用它们强大的渠道关系进一步削减成本。例如，通过协调物流，渠道成员可以增加存货周转率，保持较低的库存水平，减少过期库存的冲减。库存成本削减，同时面临的缺货情况更少，这是渠道成员们最期望看到的结果了。

　　下游渠道成员，如批发商，与供应商建立牢固关系的动机也包括为了使自己有别于其他批发商。批发商们通过将自己定位为制造商首选的理想品牌或精选的存货伙伴，来将自己的分类和相关服务差异化。通过这种差异化，下游渠道成员也阻止了新的竞争者进入它们的市场。

　　批发商通常基于提供增值的服务，如预防性维护或故障检修、应用协助、现场培训、工程设计、随时随地的技术服务、特殊包装和处理，或加急和免费的电话协助等策略建立差异化。采用这种策略的批发商更有可能与它们的供应商建立紧密的合作关系，这有助于它们在激烈的竞争中脱颖而出，同时也能帮助制造商为其产品打开市场[12]。

　　再回到宝洁和沃尔玛之间关系的例子。下游零售商获得了什么利益呢？它的库存水平更低，同时没有缺货的风险，连锁店可以为顾客提供更低的价格和更多的知名品牌。沃尔玛也不再负责管理库存（这只有在渠道运行良好的情况下才有好处，在本例中就是如此）。它们之间的无纸化交易系统使沃尔玛享受到了备用金的好处，因为零售商在顾客支付商品款项之前不必向其供应商付款。这样的渠道系统很难建立和复制，但却在饱和的零售领域给沃尔玛带来了强大的竞争优势。

　　因此，上游与下游渠道成员建立稳固关系的动机比预想的要更加相似。表 4-1 总结了上述内容，并注意了到双方利益的相似之处。如表表 4-1 所示，上游与下游渠道成员寻求建立渠道关系的根本原因是相同的：为了获取能持久带来利润的竞争优势。双方都寻求改善渠道内部的协作，从而更好地服务顾客，减少其会计成本和机会成本。它们也都想要建立难以复制的稳定的渠道关系，这也可以阻止新企业进入它们各自的市场。

表 4-1　创建和维护紧密渠道关系的动机

战略联盟的动机	上游渠道成员	下游渠道成员
根本动机	激励下游渠道成员在以下情况更好地代理自己的产品： • 在当前市场上 • 对于当前的产品 • 在新市场中 • 对于新产品	控制成本的同时避免断货的情况： • 降低所有流通成本，例如更低的库存成本
形成顾客偏好	更紧密地与下游渠道成员协调营销活动： • 更接近顾客和潜在顾客 • 加强对市场的理解	更紧密地与上游渠道成员协调营销活动： • 更好地服务顾客 • 将潜在顾客转化为现实顾客 • 净效应：更高的销售额和利润
保留对渠道成员的选择权和灵活性	在零售业广泛合并的情况下保障市场进入： • 保留进入市场的路径 • 重新平衡制造商与留存渠道的权力关系	在制造业广泛合并的情况下确保理想产品的稳定供应： • 在当前市场上 • 对于当前的产品 • 打开新市场 • 对于新产品
战略先机	为其他品牌的进入建立壁垒： • 诱导渠道拒绝其进入 • 诱导渠道为新进入者提供更低水平的支持	使自己与其他下游渠道成员差异化： • 供应商更优选的分销点 • 增值服务，难以复制，对顾客而言更有价值
最高目标	寻求能持续带来收益的竞争优势： • 降低会计成本和机会成本	寻求能持续带来收益的竞争优势： • 降低会计成本和机会成本

4.2　建立渠道承诺

4.2.1　对连续性期望的需求

想要在渠道关系中建立承诺，渠道成员就必须先培养合作伙伴将会在未来很长一段时间内一直与自己合作的期望。任何组织在能够开始合作并共同构建未来之前，对连续性的期望都是至关重要的。[13]然而大家都知道这种连续性并不会一直存在，只要它们的表现没能让对方满意就会被替换掉。

在一些对终止合同的法律障碍较低的环境中（比如美国），即使渠道成员的表现非常好，它们也很担心自己会被替换。例如，委托人经常通过代理商或经销商来代理次级产品或进入它们认为不太重要的市场。如果下游渠道成员取得了很大的成功，从逻辑上而言它就应该担心制造商抢走它的生意或者要重新谈判合同条款，从而夺走预期之外的利益。[14]

那么是什么激发了渠道成员对商业合作关系将持续下去的信心呢？[15]在下列要素存在的情况下，连续性期望会增加：

• 信任。
• 双边沟通。
• 公平交易的声誉。

- 长期稳定的关系。
- 平衡的权力关系。
- 共同的利益。

具体来说，当下游渠道成员希望为某个委托人代理业务时，它们大概是信任该制造商（正如我们在后面要讨论的那样）且与制造商间存在双边沟通的，例如积极的意见交换。信任和沟通相互强化：越多的信任会导致越多的沟通，越多的沟通越会带来更多的信任，如此循环。因此，频繁的、坦诚的、详细的相互交流是健康的渠道伙伴关系的必要条件。[16]不过也有不少潜在的渠道伙伴认为它们应该比实际上拥有更高水平的交流和信任。

当制造商享有公平对待其他渠道成员的声誉或当下游渠道成员已经与其制造商合作过一段时间时，这些下游渠道成员也会期待连续性。但长期的、看似稳定的渠道关系也可能会存在隐患。具体而言，在较长的渠道关系中，伙伴间的沟通往往非常少。这就像一对沉默地坐在餐桌前的老夫妻，双方可能认为彼此非常了解，交流也十分流畅。但这种长期的渠道关系实际上往往并没有看起来那么牢固，因为双方都认为很了解对方，所以觉得不必做更多沟通。而最终沟通的缺失会损害其在长期稳定的关系中建立起来的信任。

在一个权力平衡的关系中，连续性期望会更高。不平衡的权力会导致弱势一方因害怕被利用而采取防御措施。了解到这一点，实力更强的一方就会认为弱势方会退出当前业务而降低连续性期望。因此，在权力不平衡的关系中，即使一方占据优势地位，它也对关系的连续性没那么有信心。但正如我们前面所指出的，即使关系具有连续性，平衡的权力也并不能确保关系的牢固性。

最后，双方的共同利益也起到了作用：双方从关系中得到的好处越多，它们就越希望关系继续下去。至少有一方会因没有奋力保护合作关系而承担巨大损失。理想情况下，双方都能获得收益（例如双方都从合作中获得大量利润），那么它们想要避免合作关系变得不稳定。

渠道合作伙伴对当前合作关系保持可持续的信心是建立起承诺的最基础条件。如果要建立真正的、强大的、以关系为基础的伙伴关系，下一步就要求双方相信自己的伙伴也会对自己做出承诺。表 4-2 展示了一段承诺关系的必要条件。

表 4-2　营销渠道中承诺的表现

关系中被承诺的一方（制造商，分销商或其他渠道成员）将此结构安排视为一个长期关系。这种态度体现在承诺方在诸如以下关于渠道合作伙伴的一些声明中	
我们期望能与它们有长期的生意往来	我们愿意培养这个关系
当其他人批评它们时，我们会维护它们	它们犯错时我们会很耐心，即使有些错误使我们陷入了麻烦
我们花了很多时间去跟它们的员工解决问题和误会	我们愿意对它们进行长期投资，等它们以后进行回报
我们对它们很忠诚	如果有另一家组织提供给我们更好的交易条件，我们也不会放弃这个组织，我们会犹豫是否要和那个新组织建立合作关系
很明显，这些声明都不是双方的常规操作。承诺不仅仅是一种持续的真诚的关系，它需要对未来的信心，以及愿意以牺牲其他机会为代价，在合作伙伴身上投资以维持和发展业务关系的意愿	

1）对回报的需要：相互承诺

出于对延续性的某种期望，一个牢固的关系需要双方的共同承诺。[18]不对称的承诺很少见。关系中的每个成员都会计算自己的得失。除非它相信自己的伙伴也会对自己做出承诺并已经准备好承担自己的义务，否则渠道成员为什么要承担它所承诺的义务？如果渠道成员对另一个组织的承诺产生怀疑，它可能会为了保护自己的形象而宣称自己是伙伴，但实际上它们并不相信承诺，也不会实践承诺。

在这种情况下可能产生欺骗，例如一方试图说服其渠道伙伴以使其相信承诺是真实的，即使事实并不是这样。然而大多数证据表明，这种策略很少奏效。上游和下游渠道成员通常都很了解对方的真实承诺水平。而且它们会根据自己对对方承诺的（合理准确的）看法，谨慎地、动态地调整自己的态度。这些准确的评估是可能的，因为组织与个人不同，它们不是好演员。即使每一个边界人员和每次接触都被指示要装样子，对方最终也能看穿它。这反过来也是一样的：真正发起承诺的公司可能很少会对外宣称自己的承诺，以试图掩盖它们的依赖性或脆弱性。但这种策略也会失败，合伙人很少会被误导太久。

2）建立承诺的策略

设想你是一家分销商的负责人，与一家供应商合作。你根据供应商过去的行为来衡量它对你的承诺，重点关注两个关键问题：①你与该供应商过去是否有争执、冲突？②你预计该供应商会采取什么行动，将它自己与你的业务连接起来？

这些预期的行动有两种形式：选择性投资（selectivity investment）和专用性投资（idiosyncratic investment）。

第一，供应商较高程度的选择性为你提供了某种保护，使你免受可能销售相同品牌的竞争对手的伤害。由于供应商在覆盖你的市场时具有如此高的选择性，你很可能会相信该供应商是真正致力于与你建立业务伙伴关系的。在极端情况下，如果你获得了地区独家经营权，你会认为供应商是做出高度承诺的。相反，如果你的市场上几乎所有其他竞争者也销售这个品牌，你就会认为你的供应商没有做出什么承诺。

如果你的供应商实行直销，并保持维护自己的客户，为其部分客户提供服务，与你直接竞争，那么这个问题就变得有些复杂了。你很可能容忍一些直销，因为你知道有些客户只与供应商直接交易。在这种情况下，供应商的直销并没有夺走你的任何业务。对于有大量需求的特定客户，它甚至可以让你免除一些你不想履行的渠道职责。关键的一点是你认为制造商在公平地处理其直销业务，而不是贪婪地窃取你本来可以赢得的业务。

第二，供应商可能会寻求建立专门用于与你的合作关系的资产，这些资产不能在与其他分销商的关系中重新使用。这些特殊的投资是为与你的关系而定制的，如果供应商要取代你，它将损失（或至少较大程度上损失）这项投资。供应商为了重新获得这项投资和与你的关系所创造的价值，它将对你的竞争者进行新的投资。一些值得注意的、难以重新使用的投资包括：

- 服务单一分销商的供应商人员和相应设施。
- 供应商对你的了解，比如你的方法、你的员工及你的优势和劣势。
- 兼容的报告系统，适合于你的系统特性（尤其是你的系统是专有的）。
- 用于建立你的业务及其自身业务在客户心目中可识别的投资。
- 在能够有助于你的业务的培训项目或其他资源方面的投资。
- 与你相近但远离你的竞争者的地理位置。

这些资产在部署的难易程度上各不相同，但所有这些资产的转移成本都很高。分销商它的转换意味着员工必然受到干扰。供应商针对你的专用的员工会被重新分配，即使他们有其他工作，它们与你的关系也变得毫无价值了。如果仍然需要的话，设施也可以被重新改造，但需要额外的努力。供应商对你的了解一定会被丢弃。供应商可以为你的继任者提供培训项目，但这样做并不能收回培训费用和已经在你身上投入的努力。供应商也可以从一个遥远的位置为你的竞争对手提供服务，但这将产生额外的成本。对供应商来说最糟糕的是，它将被迫向客户解释为什么渠道下游成员发生了变化。

这种特殊的投资被称为可信的承诺（credible commitment）、誓言（pledges）或关系专用资产投入。当制造商在你身上投资时，你对它们做出承诺的信心应该会大增，因为它们正在为退出与你的关系设置障碍。

现在从关系的另一边来看：你是供应商，需要衡量分销商对你们之间关系的承诺程度。相反，你相信在你的产品类别中给予你一定程度的品牌选择性的分销商做出的承诺。极端情况下，分销商会给你品类专营权（即在你的产品品类下，该分销商只销售你的产品），那么你会被它的这一明显的承诺所鼓舞。当分销商在你身上投入专用资产时，你就会相信分销商的承诺，比如：

- 针对你的产品线提供特有的人员和设备。
- 对服务你的产品线人员的升级与培训。
- 寻求了解你并与你公司人员建立联系。
- 培训消费者使用你的产品。
- 在消费者心中建立起它与你的品牌的联盟印象。
- 投资一个与你的报告系统相兼容的系统（尤其是你的报告系统是专用的）。

在靠近你且远离你的竞争者的地点设立它的设施。

随着这些承诺信号的出现，供应商与分销商，上游与下游，从他们的合作伙伴那里寻找类似的回应。一个做出专用投资的、提供更多选择权、没有发生冲突的伙伴是一个可以做出承诺的同伴，这可能会让你相信你们关系的未来前景，也会使你做出承诺。

4.2.2 下游渠道成员如何承诺

承诺的展现会激发更多的承诺。但还有其他方法可以鼓励下游渠道成员向供应商承诺。从根本上而言，如果分销商相信成本收益是合理的，那么它就会建立与供应商的关系。因此，它期望得到的结果是它无法通过一个较传统的、承诺较少的关系得到的。

为了实现这些结果，分销商将一些资源分配给供应商，包括专门的人员、联合营销等。这些投资代表了分销商想要做大蛋糕的努力，即想为整个营销渠道创造卓越的绩效。[18]如果这些投资得到很好的应用，或供应商选择与分销商合作，或分销商获得公平的份额，分销商就会有动力在未来进行更多的投资。随着时间的推移，分销商所积累的投资成了它们进一步做出承诺的动机。分销商会努力保持与供应商的关系以保护其累积的投资。

此外，双向沟通可以增强承诺，包括信息的自由交换（特别是机密信息），密切参与供应商的营销努力，让供应商看到自己的弱点和优势以及向供应商提供建议。当然，如果供应商表示不愿意，分销商是无法采取这些行动的，双向沟通是一条双行道。

4.2.3　上游渠道成员如何承诺

那么供应商可以采取哪些行动来向下游渠道成员做出承诺呢？在投入资产之前，许多供应商严格查验了下游渠道成员能力和动机。[19]一旦确定了可合作的分销商，它们就可以进行专用资产投入来促进渠道绩效、比如培训，将自己的品牌形象与分销商的形象融合等。这样的投资既做大了蛋糕，也加强了关系。

双向沟通同样发挥了重要作用[20]，因为它使制造商能够越过屏障了解到分销商所服务的市场。这种信息透明对分销商来说有些危险，因为供应商可以利用这些信息剥削下游渠道成员或与下游渠道成员竞争。

最后，值得强调的是，企业建立一个亲密的、承诺的渠道关系并不等同于建立一个成功的渠道。两家公司以密切协调的方式合作并不能确保它们渠道的成功。一些亲密无间的、忠诚的企业只会加强彼此对糟糕战略的执着。

4.3　建立渠道信任

另一个对稳固的关系至关重要的因素是信任。在某种程度上，信任可以通过进行专用资产投资和沟通来建立。但是信任也要复杂得多。它是日常互动的结果，其中许多互动是高层管理者无法控制的。因此，我们接下来要讨论的问题是，如何利用信任来建立更强大的渠道关系。

对渠道成员的信任虽然很容易识别，但很难定义。[21]对渠道成员的信任，在概念上可以理解为对对方诚实（信守承诺、履行义务、真诚）的信心，这一信心加上对对方是善意的（benevolent）的评估，意味着信任对方真正关心自己的福利和利益，寻求共同利益，而不是把所有利益占为己有。大量实证证据表明，在渠道关系中，诚实和善意是相辅相成的，如果一者缺失，另一者也很难建立。信任一个渠道成员就是相信它的诚信和对共同利益的关注，不信任就是害怕被欺骗和剥削。

强有力的关系需要相互承诺，而没有信任就不可能发生承诺，这种行为是理性的。显然，投入资源，牺牲机会，与一个一心想要利用和欺骗别人的成员共同建设未来，将是一个错误。对于任何渠道关系的运作以及商业关系的维护和管理来说，合理水平的信任都是必要的。[22]在法律体系薄弱或不发达的环境中，信任在建立和维持渠道关系中的作用更大。[23]不信任的渠道关系不会长久，要么关系破裂，要么整条渠道都会消失。但彼此承诺的渠道关系会表现出比一般情况下更高的信任水平。

4.3.1　对经济满意的需求

渠道成员对财务回报有一个合理的预期。它们不会在没有经济回报的情况下做出承诺，也不会无限期地等待实现回报。经济满意度在建立并维持信任中起着至关重要的作用，它是建立承诺关系所必需的。[24]

经济满意度（economic satisfaction）是一种对渠道关系产生的经济回报的积极的、情感的（情绪的）反应。经济回报归根结底是财务方面的。那么，为什么要把它们描述成一种情感状态，而不是一种效用呢？为什么不从金钱的角度来谈，而要从影响的角度来谈呢？

　　这么描述的原因是渠道成员不会直接比较金钱。许多结果（例如更高的市场份额、更大的门店流量）是很难赋予一个精确的财务估值的。即使有这么一个估值，也不可能进行直接的跨组织比较：10 万欧元的经济回报可能让某个渠道成员开心，却会让同一渠道的另一个成员失望。

　　此外，渠道成员不会对直接的结果产生反应。它们的反应是基于它们对结果与它们认为重要的几条基准线进行的比较，比如它们所期望的、它们认为可能的、它们认为公平的，或者它们期望从次佳替代性资源使用方案中获得的回报。回报越是超过渠道成员的"参考值"，其可能的满意程度就越高。一旦出现超额收益，渠道成员就有充分的理由相信渠道可以继续产生类似的高回报。[25]因此，经济上的满意度，而不是经济结果，会增加信任。

补充资料 4-2

　　经济满意度是如此重要，以至于许多企业都愿意对渠道成员进行有风险的一般性投资。这些投资导致了企业的脆弱性，因为它们使资产接收者能将资产用于为竞争对手服务。然而，承担这种风险的企业往往会得到更高的回报，特别是当它们是行业领导者，并可以将一般性与专用性资产结合起来考虑。[26]

　　我们在这里建立了一个循环逻辑。组织建立强有力的渠道关系以提高业绩并提高经济满意度。经济上的满意增加了信任，从而建立了关系。那么，经济业绩是承诺关系的原因还是结果？

　　事实上，两者兼而有之。渠道合作关系在财务上表现得越好，双方就越满意（至少是大体满意），就越信任这种关系。这种信任促进了承诺，有助于双方扩大它们的共同绩效，进而增加了满意度（除非行业平均水平高于它们的绩效结果），从而增强了信任，如此往复。

　　这种描述展现了一种良性循环。但这种情况也可能是困难的，因为我们需要好的结果来建立关系，我们也需要关系来产生好的结果。这个过程必须从某个地方开始。问题是从哪里开始。如果没有经济业绩来建立信任，我们如何建立关系？

4.3.2　建立渠道伙伴信任的策略

　　大量证据显示，信任与其他一些特征相关，其中许多特征涉及非经济满意的心理学概念。由于渠道成员对关系的社会心理方面的积极的、情感的（即情绪的）反应[27]，满意的渠道成员认为与它们的渠道伙伴的互动是充实的、令人满意的和轻松的。它们喜欢和渠道伙伴接触并一起工作，因为这些伙伴看起来对它们很关心、很尊重它们，并且愿意交换意见（双向沟通的基础）。

　　1）非经济因素的作用

　　许多信任的非经济性驱动因素似乎是纯粹的人际关系，但它们也适用于组织间层面，即它们通过渠道组织工作人员之间的日常互动，被不断复制。在一些短期导向的渠道中，这些积极的情绪被认为是"很好但不是必要的"，或者甚至可能是不相关的或不够商业化的。然而，一项又一项的研究表明，非经济性的满意与信任紧密相连，而信任对于建立经济上理想的关系至关重要。

　　哪些因素会产生非经济性的满意呢？避免在渠道关系中出现的两个因素非常重要，分别是不存在功能失调的冲突或在重大问题上无法解决、尚未解决的激烈的争端，以及没有受到对方的胁迫。一方如果从对方那里感到压力、惩罚、威胁和报复，即使关系朝着渠道成员喜欢的方向发展，积极情绪也会迅速下降。与此相反，非强制性影响策略的自由使用，如交换信息、提供帮助和提出要求，可以有效地增加非经济满意度。这些方法有助于解决冲突，且不会对渠道伙伴造成直接干扰。通过尝试以非强制性的方式影响合作伙伴，组织会给人一种包容、反应迅速的问题解决者的印象。

　　非经济满意度也与公平感有关，具体表现在两个方面。[28]分配公平（distributive fairness），即从关系中获得公平的回报，而不考虑日常的互动模式；程序公平（procedural fairness），或者说是在日常工作中被公平对待的感觉，而不考虑从关系中获得的回报。分配公平和程序公平加强了非经济的满意度。

　　许多组织因此寻求在已有的关系基础上继续拓展关系。如果各方之前有社会和经济联系，它们就拥有了社会资本（social capital）这一宝贵财产，它们试图通过进一步发展关系来利用这一资产。例如，在国外市场，已经与分销商建立合作关系的企业可能直接在渠道中增加新产品，即使该渠道在其他方面表现并不理想。老话说得好，熟悉滋生信任。对于大多数企业而言，与它们熟悉的公司做生意是最安全的，如果需要扩展网络，它们会与渠道伙伴所了解（即推荐）的企业建立业务关系。[29]渠道组织中的个人关系和声誉也有助于加强现有的关系，增加已经嵌入其中的社会资本。[30]

　　当然，企业不能总是与它们已经认识的伙伴合作。社会资本与企业规模或盈利能力没有必然联系。有时，最好的合作伙伴是一个对企业的未来至关重要的小客户（比如一个会影响其他企业的创新者）。因此，企业经常采取精心设计的资格审查策略，以便在与潜在的合作伙伴开展业务之前了解它们。例如，为了建立信任，识别和选择具有相似目标的新伙伴可能是很有用的。目标一致性能有效抑制冲突，使它们快速建立关系。

　　除了目标一致之外，零售商寻找服装制造商的资格审查过程可能还包括评估它们产品的实际质量、生产能力、价格竞争力、一般商业理念、在其他服装公司和零售商中的声誉，以及在服装质量和准时交货方面的声誉。要进行这样的调查，零售商需要批发商的配合，这并不容易实现。不过，作为一个信号，在资格审查阶段配合的批发商可能已经倾向与潜在的供应商合作了。因此，资格认证策略可以筛选出哪些渠道成员最愿意并能够以值得信赖的方式合作，使关系能保持异常灵活，特别是在面对不确定性时。[31]

　　然而，仍然有一些公司几乎没有进行筛选，只相信直觉印象或保证。例如，一家摩托车制造商的渠道经理对自己的判断充满信心，因为他在挑选好的分销商方面有着出色的纪录。他利用自己的直觉，将哥斯达黎加（Costa Rica）的独家经销权授予了一家看起来令人印象深刻的公司，该公司承诺将提供大量的初始订单。但该合作伙伴从未交付承诺的订单。几个月后，制造商进行了调查，才了解到它的独家分销商的老板有一个兄弟也是分销商，而这家分销商代理着与本公司直接竞争的摩托车产品。[34]

　　有些人就是容易信任他，这是他们性格的一部分（而有些人则容易愤世嫉俗，在任何情况下都不可能信任）。这种人格特质也出现在企业中，是企业文化的一部分。这些公司积极寻求建立一个值得信赖的声誉（而其他公司则寻求掩饰其剥削和不诚实的文化）。那么，在某种程度上，一个组织的可信度就是其文化的一部分。[35]

最后，有些环境是有利于建立信任的。信任一般容易在提供资源、成长和充足机会的环境中建立。这些环境提供了各种让大家一起工作的激励，使每个人都得到奖赏。相反，在动荡、复杂、不可预测的环境中，信任会下降。这些有风险、险恶和困难的环境需要持续的监控和快速的适应，这样的条件使任何关系都变得紧张，并为误解和争端创造了机会。

2）决策制定过程

在营销渠道中发生的决策是高度结构化的。也许这种结构中最重要的因素是有多少决策被集中在某一个组织的高层，无论是上游还是下游。无论其来源如何，决策集中化都会有损信任。[34]将决策权集中在某一个组织的上层（而不是将决策权与其他渠道成员共享）会破坏参与、合作和促进信任的日常互动。然而集中化也为企业提供了一种机制，使其能够调动自己的资源来完成任务。也就是说，我们不能盲目地谴责集中化的决策，但我们也要认识到在建立信任方面有必然的代价。

渠道决策结构还包括正规化，或决策对规则和明确程序的依赖程度。正规化往往会阻碍信任，因为机械的互动方式剥夺了参与者的自主权。正规化也可能标志着一方对另一方的不信任，从而导致相互不信任。然而一些证据表明，真正重要的是正规化决策问题的性质。也就是说，如果正规化有助于澄清如何执行任务以及谁来负责这些任务，那么正规化是可以促进积极的态度和信任的。[35]明确角色的正规化是有益的，而不是有害的。例如，当越多的渠道成员就谁负责什么工作达成一致意见时（即达成工作领域分工的共识），它们之间的信任程度就会提高。

在这种情况下，我们还注意到，渠道成员之间的沟通越多，它们的日常合作就越多。它们的合作越多，就越能相互信任。在共同关心的问题上合作，如市场决策和规划，是建立信任的基础。但在这里，我们再次呈现了一个循环逻辑：一起工作既是信任的原因（当下），也是信任的结果（未来）。这种循环性，即加强信任和承诺的行动会产生进一步的信任和承诺，有助于解释为什么强大的渠道伙伴关系需要时间去建立，特别是当渠道关系以不信任为开始时尤为如此。

3）克服渠道不信任

想象一下，你管理着一个下游的渠道成员，并希望与你的一个供应商建立强大的关系，但此时渠道中的整体信任度很低，你应该先做什么？增加沟通？寻求更多的合作？减少冲突？让冲突更具有功能性？调整组织目标？减少通过强制影响对方的努力，而以合理的争论和更大的包容去代替？更加注意公平问题？

对的，是要这样做的。但这里有一个悖论：即使你，即企业最高管理者，致力于建立信任，你的员工和你的合作伙伴的员工却可能都没有执行你的计划。为什么？因为他们彼此不信任。即使你能促使自己的员工做出努力，你的渠道伙伴也可能会阻碍实施或忽视你的努力。

高层管理者所能做的就是努力创建一个有利于建立信任的组织间关系结构，并希望员工能够相应地调整他们的日常行为。例如，企业可以通过给予分销或品牌组合的选择性和进行专用资产投入来平衡彼此的依赖性。此外，它们还可以避免集中决策，利用对自己员工的影响来获得所需的行为，以此得到互惠的结果。

不过最终，为促进信任而建立的结构和政策只能为信任奠定基础。在这个基础上，人们之间的日常互动和积累的经验可以将结构上的机会转化为操作上的现实。坏消息是，这是一个缓慢、昂贵、不确定的过程。好消息是，信任会促进加强信任的行为。如果你能做到这些，一个具有高度信任的营销渠道几乎是不可能被模仿的。

4）防止不公平感

关系很容易被不公平感所破坏。[38]不公平不仅直接破坏了渠道伙伴的信任和承诺，还加剧了未解决的冲突或感知的投机行为的负面影响。合同并不能解决这个问题，它会增加不公平对合作行为和绩效的负面影响。相反，渠道成员需要认识到是什么导致它们的合作伙伴认为受到了不公平的待遇。例如，许多汽车经销商依赖具有强大品牌的制造商，并在这些品牌上投入大量资金。这些投资将很难挽回或重新分配，所以经销商的转换成本很高。相反，制造商有多个经销商合作者时，对任何一个经销商的依赖性都比较低。因此，汽车行业有很多经销商指责其制造商剥削的例子。

为了避免这种指责和随之而来的关系恶化，制造商需要确保分配公平。例如，在与经销商分享利润时不只考虑绝对回报。双方都需要把它们从关系中获得的利益与四个基准线进行比较：

- 它们自己的投入，或它们对关系的投入。
- 可比经销商获得的利益。
- 从次佳备选方案中可以获得的利益（例如，对于经销商来说，出售另一种品牌的汽车或在其他地方投资可能获得的收益）。
- 另一方的投入，或它在关系中的投入。

在以下情况下，与经销商分享的低绝对回报可能看起来很公平：

- 经销商投入的资产很少。
- 其他经销商的收益很少。
- 经销商的资源没有更好的用途。
- 制造商在关系中投入了大量资金。

反之，如果出现以下情况，即使是非常高的绝对回报，对经销商来说也可能是不公平或不公正的：

- 经销商投入了大量资金。
- 其他经销商的收益很高。
- 其他机会很有吸引力。
- 制造商的投资很少。

正如我们注意到的，公平中的程序公平取决于强势一方在日常工作中如何对待弱势一方（即常规运行程序）。程序公平与经济回报的公平性是不同的。比如制造商进行双向沟通（倾听和建议），看起来不偏不倚，并对争论和辩论保持开放，分销商就会认为它们更公平。在这种情况下，制造商的人员是至关重要的，因为程序公平的感知来自于它们与分销商的互动方式，比如它们是否清楚地解释了自己的意图，表现得有礼貌，并表现出对渠道伙伴情况的了解。

一些证据表明，程序公平实际上比分配公平更能影响到弱势一方对关系是否公平的感知，不管这种关系是否实现了客观公平。一个关键的原因是，分配公平并不容易被观察到（谁真正知道影响它的所有因素？），而程序公平则是很容易被观察到的。

4.4 渠道关系生命周期

4.4.1 渠道关系的五个发展阶段

密切的渠道关系像生物体一样经历生命周期的各个发展阶段。让我们假设一个供应商欧米茄公司（Omega Industries）和一个分销商安纳西有限公司（Annecy Ltd.）。这两个公司通过一系列正在进行的交易形成了一个营销渠道，每一方都根据其自己的标准对渠道进行评估，这样每一方都随时准备终止或减少与对方的商业交易。由这一系列离散的交易构成的是一个营销渠道，但它不是一种密切的渠道关系。要发展成一段持续的、有承诺的关系，渠道需要经过五个发展阶段[37]，如表 4-3 所示。

表 4-3　营销渠道关系的发展阶段

关系阶段 1：认知	<ul><li>一个组织将另一组织视为可能的交换伙伴</li><li>较少互动</li><li>网络中的相互推荐至关重要</li><li>地理位置接近有助于双方对彼此的了解</li><li>在其他领域（其他产品、市场或功能）交易的经验可以用来识别潜在的伙伴</li></ul>
关系阶段 2：探索	<ul><li>双方进行测试和试探</li><li>探查对方的本质和动机</li><li>相互依赖增强</li><li>频繁议价</li><li>开始选择性披露信息且要求回报</li><li>对权力和公平问题比较敏感</li><li>开始形成规范</li><li>角色定义更加精确</li><li>关键特征是双方均会对对方的行为进行推断和检验</li><li>这一阶段很容易被任一方终止</li></ul>
关系阶段 3：扩展	<ul><li>双方获得的收益都进一步扩大</li><li>相互依赖继续增强</li><li>风险提升</li><li>对结果的满意导致更高的动机和更深的承诺</li><li>目标一致性提高</li><li>合作水平提升</li><li>交流密切</li><li>备选伙伴看起来吸引力减弱</li><li>关键特征是发展态势需要保持住。想要进入下一阶段，双方都要寻找新的活动领域，保持一致的努力以创造共同的回报</li></ul>
关系阶段 4：承诺	<ul><li>双方投入资本用于建立和维护当前关系</li><li>长期导向</li><li>双方都不会轻易与替代合作伙伴建立联系</li><li>对彼此的期望很高</li><li>高水平相互依赖</li><li>高水平相互信任</li><li>伙伴会解决冲突，适应彼此和变化的环境</li><li>共享价值观和/或契约机制（例如共担风险）</li><li>加强相互依赖</li><li>关键特征是忠诚、适应性、延续性、高水平相互依赖</li></ul>

续表

关系阶段 5：衰退和结束	• 被对方激怒的可能 • 不断上升的不满意导致其中一方撤回投资 • 一方减少投入促使另一方也撤回投入 • 结束看起来是突然的，但都是逐渐累积促成的 • 关键特征是关系的建立需要双方的努力，而任意一方都可以结束关系。关系开始衰退时，双方通常都还没意识到

阶段 1：认知。 欧米茄意识到安纳西是一个可能的潜在交换伙伴，但双方没有进行过任何业务开展方面的探讨或升级渠道关系的接触（我们从另一个角度看，这个角度中安纳西作为焦点企业，它认识到欧米茄是一个可以升级为首选伙伴的供应商）。这一阶段的时间可能很长，但没有真正的进展，而且如果任何一家公司出于某种原因认为对方不是一个好的合作伙伴，这段关系可能就会结束。否则，这种结构安排可能会取得进展。

阶段 2：探索。 欧米茄和安纳西开始寻求建立一个稳定的关系。它们可能会在试验和评估期间相互测试（这一阶段可能很漫长，特别是对于重要的、有风险的、复杂的渠道功能而言）。双方预测并权衡建立一个紧密的营销渠道关系的成本和收益。双方的经理描述这个阶段时，他们可能会说："你不能一开始就建立一个全面的关系。它必须是渐进的。随着双方一小步一小步地迈进，你们的关系才能逐渐紧密起来。

即使这个关系会是持久的，这不会在一夜之间发生。"[38]

但如果参与者都实现了期望的结果，双方就会进行沟通和谈判。规范（即预期的行为模式）如同相互信任和满意一样，逐渐开始形成。在这个微妙的阶段，真正的关系开始发展。双方在这个早期阶段所采取的行为对关系的未来发展有重大影响，尤其是每一方都会在没有太多事先的了解的情况下对另一方的行为进行推断。通过早期的互动和结果，双方的感知（如目标一致性）发挥着重要作用。如果双方均投入大量专用资产，那么这个关系就可以快速发展。[29]此外，每个伙伴对其权力的使用决定了双方是否愿意继续发展，在这个探索阶段形成的期望也决定了伙伴关系最终是否能够实现。

阶段 3：扩展。 在早期阶段，关系发展迅速。双方都获得了更大的利益，具有更强的动机发展更亲密的关系。如果关系的管理使得每一方都能感受到利益被公平地分配，那么信任就会螺旋式上升，相互依赖水平也会增加。在这个激动人心的阶段，双方都士气高涨，这使安纳西和欧米茄相互合作，它们在为共同的目标而努力。双方的互动甚至超出了商业交易必要的范围，部分原因是每一方的人员都喜欢这种交流，他们可能会认为："随着时间的推移，你累积了很多关于不同情况、妥协和解决方案的经验。你学会了一些不成文的规则，了解了它们会如何影响双方的交易，这使得做生意越来越容易。"[40]

双方的经理应该利用这一时机去加深双方的彼此依赖，为稳定的承诺奠定基础。

阶段 4：承诺。 这一阶段的关系很容易识别，也很稳定——从某种意义上说，关系进入了成熟阶段。双方的关系已经经历了很长时间，较多的投资、相互依赖和强有力的行为规范成为关系成熟的标志。此时，无形因素（如感知目标的一致性）就不那么重要了，因为伙伴关系可以依靠其丰富的基础设施。因此，安纳西和欧米茄都依赖这种关系，投入大量资金维持他们已经取得的强大伙伴关系。双方都不愿意转换合作伙伴，而更愿意与对方做生意。他们会说："我们不断地改变，努力改善我们一起做生意的方式。我们将尝试新想法，测试新流程，尝试不同的东西。双方都会产生成本，但我们愿意为此付出代价。我们从合作伙伴身上学到了很多。它们使我们成为一个更好的企业……因为他们要求高，有创新精神，而且愿意尝试。"[41]

然而管理层也必须要注意维持好这种关系，以免出现引发关系衰退和结束的情况。即使在最牢固的关系中，也会产生紧张的状态。

阶段 5：衰退到结束。当关系开始破裂时，欧米茄和安纳西停止了密切的合作。尽管它们更有可能完全停止合作业务，但它们仍可能会恢复原来的交易关系。关系通常都是在一方对合作越来越不满意并发起尖刻批评后开始破裂的。不满意的一方开始撤出，行为举止与承诺不一致。这些行为会激怒另一方，并以忽视、损害或破坏性的行为进行反击。这种情况下，关系会迅速衰退。

当一方把当前的关系当作是想当然的，而不去维护它，也会发生衰退和结束。或者一方可能会破坏合作关系，以便腾出时间去寻找其他机会。但衰退会像癌症一样，是一个迟迟未见的过程，直到进展到无法治愈时才显现出来。

4.4.2　管理关系阶段

这五个发展阶段模型的一个含义是关系很难快速地被建立和从头开始。关系发展需要时间，特别是企业当前还尚未与目标合作伙伴开展业务时。在这方面，每一个现有的渠道成员都是潜在的资产，因为现存的商业联系，即使是次要的联系，也有助于认知和探索阶段进展得更快，可以更迅速和肯定地升级关系。

但其中也有陷阱。尽管"阶段式发展"理念很有吸引力，这是一种建立关系并保持下去的方式，但关系发展很少像这五个阶段所暗示的那样是线性的、有序的和连续的。[42]在日常经营中，关系构成了一系列的活动或关键事件，这有助于渠道成员定义它们的共同目标，为它们的关系设定界线，创造价值（并要求各自的份额），并评估它们的回报。通过反复互动，企业间可能会充分发展关键事件，将它们的关系从一系列的松散交易转换成真正的合伙关系。尽管回想起来，经理们甚至可能会记得与各个阶段相对应的他们的经历，但他们只有在关系已经发展相当成熟的时候才会认识到这些阶段。

然而在发展过程中，关系往往并没有以有序的方式进展。因此，很难准确地判断一个关系是处于哪个阶段。好消息是，如果关系看起来是退化的（例如从扩展阶段回到探索阶段），也不用担忧。退化可能只是一个短暂的现象，它并不意味着关系注定会继续恶化。[43]

因此可以考虑另一种将关系划分阶段的方式，通过捕捉关系的变化，或承诺变化的速度和方向，来描述关系在特定时间节点的状态。相比于关系水平，关系速度提供了一个对绩效的更强的预测，因为人们倾向于使用趋势推测法作为一种决策启发方式。[44]例如，如图 4-1 所示，一个关系可能在生命周期（虚线）的两个点上表现出相同水平的承诺，承诺的速度相同，但方向相反。如果只考虑它们的水平，渠道成员可能会预测它的顾客会在这两点做出相似的选择。相反，更准确地说，通过考虑关系发展速度，它可以包括额外与行为相关的信息。它的顾客可能会根据其感知到关系变化的方向和速度作出决定。了解关系发展速度或趋势的管理者可以更好地预测渠道成员的决定。

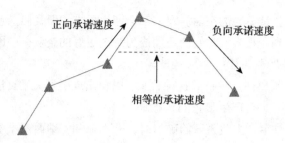

注：承诺均值反映了 433 个被检测的渠道关系中前六年中每一年的承诺水平

资料来源：Palmatier, Robert W., Rajiv P. Dant, Dhruv Grewal, and Mark B. Houston (2013), "Relationship velocity: Toward a theory of relationship dynamics," Journal of Marketing, 77 (January), 136–153.

图 4-1 关系速度与承诺水平的作用

4.4.3 管理出现问题的关系

关系需要维护，尽管即使得到维护它也可能会出问题。常见的情景是，一方开始怀疑伙伴利用它们之间的友好互信，但没有履行实际的或潜在的承诺。这种怀疑可能破坏正常的关系，创造一个本身会成为事实的预言——多疑的一方愤怒地撤回投入，促使被怀疑的一方做出相同的回应。这个关系就会随着绩效的降低而螺旋式地下降。

然而，有些关系能更好地承受怀疑的压力。研究表明，由双方相互投入的专用资产联结起来的关系在怀疑增加时仍能继续保持良好状态。[45]以一致性目标为基础的关系也会承受怀疑的压力而继续发挥作用。在这种情况下，双方将它们一致的目标视为理所当然的关系要素，当一切都进展顺利时甚至会忘记这些一致性的目标，但当关系面临越来越多的怀疑压力时，关系双方则可以利用这个共同目标来重新发现关系的属性和价值，并增强双方合作的结果。相反，依赖于双方关键人物之间人际信任维系的关系在面临比较大的怀疑压力时可能会遭受绩效损失，因为这两个"管理人"会受到审查。渠道关系的其他参与者（会计、销售经理、财务经理）会质疑他们之间的关系，并进行干预，抵消了他们之间信任的有益影响。

在这种情况下，一些最好的、最值得信任的关系自身就是关系衰退的种子。[46]信任诱发了隐性成本，因为在高水平信任下，人们可能不会提出足够深入或困难的问题。如果关系缺乏足够的建设性冲突，太容易达成协议，或变得太同质，就抑制了创造力。最糟糕的是，受信任的一方可能会利用自己的合作伙伴，用自己积累的信任使施信者永远看不到真正发生了什么。[47]

4.4.4 关系组合

因此，即使是信任的关系也可能失败，基于信任的伙伴关系可能不会让它们的会计成本和机会成本物有所值。面对紧密关系的正面与负面评价，大部分企业保持一个常见的渠道合作伙伴组合就不足为奇了，这种组合代表了不同的关系强度水平。最终，制造商需要一个下游关系组合来覆盖市场，以满足多种服务产出需求。下游渠道成员需要一个供应商和品牌组合以满足顾客和潜在顾客的各种需求。所有企业都需要一些与渠道合作伙伴的强关系以收集信息，调整战略和战术，它们在更加传统的商业互动中也能更有效地发挥作用。[48]企业甚至可能从弱关系中获得一些独特的好处。例如，当购买复杂的、信息密集的、高风险的产品（如 IT 系统）时，顾客可能更倾向于选择与 IT 制造商拥有强关系的分销商。然而，它们也会喜欢与许多 IT 制造商拥有弱关系的分销商，因为它们可以浏览不同的供应来源，从而获得创新的想法并创造新的可能性，而不需要对任何一家供应商做出承诺。[49]

4.4.5　关系质量

研究者发现，引用关系质量的概念去反映关系整体状态的变量是很有用的。在大多数情况下，关系质量包含承诺、信任和满意度，这三个变量的水平越高，渠道关系质量就越好。[50]有一种观点认为关系质量也可以包含更广泛的变量，如沟通或合作的程度，从而提供对整体关系质量的更清晰的认识。[51]一些变量，例如承诺、满意和信任的存在和水平的提升，表明关系的基础很牢固。相反，其他一些因素则在结构上束缚了关系[52]，如依赖、关系终止成本和专用关系资产投入。最后，还有一些因素会破坏关系，甚至可能导致它们的结束，如不公平、冲突和目标不一致。[53]

4.5　多渠道与全渠道关系

正如我们在第 1 章中所概述的，全渠道方法需要多个渠道的深度和无缝整合。在多渠道结构中，渠道通常由独立的实体运行，每个实体都寻求最大化自己的利益，对其他成员漠不关心。无缝整合要求各方在更深层次上做出承诺，这可能包括关系专用投资。因此，在全渠道的背景下，相互依赖水平往往更高，因为全渠道需要更高水平的协调，以实现真正的协同体验和跨渠道的业务。因此，在全渠道环境下，相互依赖和承诺水平比在多渠道环境下更高。在表 4-4 中，我们比较了这两种背景下的关系特征。

表 4-4　全渠道与多渠道关系

关系特征	全渠道	多渠道
整合	无缝	筒仓式的（Siloed）
承诺	深度	流于表面
关系专用资产投入	较高	多变的
相互依赖	最大化	多变的

企业可以通过多种方式设计多渠道。例如，它们可能通过不同的渠道为不同的客户群体服务，或者它们可以通过多个渠道服务于所有的客户群体，但将每个渠道执行的功能区分开来。这些设计因素反过来决定了每个渠道中形成的渠道关系。细分市场差异化会减少渠道内的横向冲突，但也会减少各方的合作；差异化分配渠道任务会减少纵向冲突，促进合作。[54]细分市场差异化具有抵消效应，减少横向冲突的积极影响会被一些特定的阻碍因素所抵消，而渠道任务差异化一般会促进销售。全渠道结构要求采用无缝的方法，不恰当的设计不仅可能导致消费者体验较差，也会加剧渠道合作伙伴之间的冲突。因此，各方的运营必须保持同步，从而提供无缝的全渠道体验，渠道各方参与者对渠道如何运营的了解和彼此的信任与承诺就非常重要。渠道成员还需要感知到结构设计对各方都是透明和公平的。下面的案例展示了从多渠道到全渠道转换的挑战。

案例 4-2

外卖超人（Delivery Hero）是一家总部位于德国的公司，自称是全球领先的在线订餐和外卖公司。它在 40 多个国家开展业务，全球拥有 150 000 家餐厅。[55]顾客点餐的主要方式是直接打电话。一些较小的餐厅必须接受个人订餐，处理付款，同时维持一支高效率的送餐队伍，来为个体家庭送小份餐。因此，它们只能接受有限的送餐区域，因为给住在几英里外的人送一份小订单，然后开车回来是低效的。作为有吸引力的备选方案，顾客可以通过外卖超人在线门户网站订购，该网站包含丰富的信息，如餐厅评价和特色餐厅（如素食餐厅、民族餐厅）独特供应的详细信息。与外卖超人合作的餐厅因此提高了运营效率，以及更广泛的客户群，这通常会提高它们的盈利能力。在这些合作关系中，外卖超人承诺与伙伴共享详细数据，餐厅合作伙伴可以利用这些数据，根据哪些产品在哪些地方卖得好，确定顾客不满意的原因或哪些促销手段最有效，进而开发新的菜单。[56]这家公司的成功引起了竞争者的关注，亚马逊和优步（Uber）正寻求进入这个利润丰厚的市场。

让我们从餐厅的视角讨论这个案例。为了与外卖超人合作，餐厅需要相信外卖超人的人员会准时到达取餐，并准确地送到顾客手中。外卖超人通过自己的门户网站收取顾客的付款，所以餐厅也需要信任服务供应商将及时、准确地付款。但是这项服务是代表了一种短期的多渠道试验，还是合作伙伴期望通过长期的合作关系来为客户提供无缝的服务体验呢？如果它们形成伙伴关系，该伙伴关系代表多渠道还是全渠道运营？为了回答这些问题，餐厅必须考虑各种因素。例如，它可以保留自己的外卖服务或将所有外卖服务外包给外卖超人（即决定自营或外包）。在成本方面，它需要将必须支付给外卖超人的服务费用添加到向顾客收取的价格中。如果它追求经典的多渠道设计，餐厅可能会对堂食、从餐厅直接订餐或通过外卖超人订餐的顾客收取不同的价格。如果担心自己无法提供与外卖超人所提供的相同体验，它可以在各个渠道上实施不同的交付策略。如果它决定增加更多的渠道，这家餐厅还可能会与亚马逊或优步合作，为顾客提供额外的外卖服务。

所有这些决定都必须基于餐厅以往通过类似的合作已经取得成功的经验。它还要考虑外卖超人的声誉和餐厅希望对渠道合作伙伴做出的承诺水平。这些因素反过来建立了餐厅对系统的信任[57]，从而促进渠道关系的建立和发展。

如果餐厅想要追求无缝的全渠道运营，那么本例中一些"筒仓"（例如，餐厅中的不同产品、外卖和外部配送渠道）就需要被消除。但这在实践中如何去做呢？为了说明这个问题，我们切换到另一个案例，该案例概述了零售商 Van Heusen 如何利用数字技术为顾客提供无缝的消费体验和如何采用数字化工具来提高店内运营水平。

案例 4-3

在印度的 Van Heusen 商店里，"世界上最畅销的衬衫品牌[58]"正在向顾客展示大量数字化的关于新时尚趋势和新到货的信息。[59]一个被称为款式专家的测量扫描仪帮助顾客精确测量他们的尺寸，确保各种服装能够合身。[60]此外，它的款式柜台帮助消费者具体化地表达自己的款式偏好，这可以使店内人员为他们提供创新性的造型。购物者甚至可以使用虚拟试衣镜来预览不同的服装穿在身上的效果，而不用去亲自试穿。

本章提要

渠道伙伴关系指两个或多个组织有持久的、实质性的关系，从而使它们能够按照它们感知到的共同的利益来合作。承诺方：

- 希望这种关系能无限期地继续下去。
- 愿意为维持和发展关系做出牺牲。

同时服务上下游的关系需要创造持久竞争优势并带来利润。

关系需要具有可持续性的期望，这种期望随着以下要素而发展：

- 相互沟通。
- 平衡的权力。
- 双方高水平的共同利益。

牢固关系的基础是信任，它指一方对另一方的诚实和对自身利益真正关心的信心。

信任的提升源于对非经济结果的满意，包括关系中不存在强制和功能失调性冲突（功能性冲突和信任很容易共存）。

程序公平和分配公平的感知可以直接或通过提高非经济满意来增强信任。

经济满意是保持关系的驱动因素和结果。当一方从关系中获得的经济收益越多，它的信任水平就会越高，从而增强它们的关系，使双方合作更高效，产生更多回报，使承诺呈螺旋式上升。

向全渠道转换需要与各方建立更深的关系，即更强的信任与承诺。

注释

[1] Kapner, Suzanne (2017), "To the worsening troubles at Sears, add skittish suppliers," The Wall Street Journal, October 31, A1, A8.

[2] DiNapoli, Jessica and Richa Naidu (2017), "Without insurance, some vendors balking at stocking Sears' shelf," Reuters, August 24, www.reuters.com/article/us-sears-vendors-insight/without-insurance some-vendors-balk-at-stocking-sears-shelves-idUSKCN1B50E9, date retrieved November 3, 2017.

[3] Unglesbee, Ben, "Sears reportedly losing suppliers as vendor insurance rises," Retail Dive, www.retail dive.com/news/sears-reportedly-losing-suppliers-as-vendor-insurance-rises/503770, date retrieved November 3, 2017.

[4] Frazier, Gary L. (1999), "Organizing and managing channels of distribution," Journal of the Academy of Marketing Science, 2 (2) (Spring), 226-240.

[5] Hotopf, Max (2004), "The beefs of channel managers," Routes to Market (Spring), 3-4.

[6] Mittendorf, Brian, Jiwong Shin, and Dae-Hee Yoon (2013), "Manufacturing marketing initiatives

and retailer information sharing," Quantitative Marketing & Economics, 11, 263-287.

[7]   Frazier, Gary L., Elliot Maltz, Kersi Antia, and Aric Rindfleisch (2009), "Distributor sharing of strategic information with their suppliers," Journal of Marketing, 73 (July), 31-43.

[8]   Fein, Adam J. and Sandy D. Jap (1999), "Manage consolidation in the distribution channel," Sloan Management Review, 41 (Fall), 61-72.

[9]   Kumar, Nirmalya (1996), "The power of trust in manufacturer–retailer relationships," Harvard Business Review, 60 (November-December), 92-106.

[10]   Kumar, Nirmalya (2000), "The power of trust in manufacturer–retailer relationships," in Harvard Business Review on Managing the Value Chain, Boston, MA: Harvard Business School Press, 91-126.

[11]   Nassaeur, Sarah and Sharon Terlep (2016), "The $10 billion tug-of-war between Wal-Mart and P&G," The Wall Street Journal, June 15, A1.

[12]   Kim, Keysuk (1999), "On determinants of joint action in industrial distributor–supplier relationships: Beyond economic efficiency," International Journal of Research in Marketing, 16 (September), 217-236.

[13]   Heide, Jan B. and Anne S. Miner (1992), "The shadow of the future: Effects of anticipated interaction and frequency of contact on buyer–seller cooperation," Academy of Management Journal, 35 (June), 265-291.

[14]   Weiss, Allen M., Erin Anderson, and Deborah J. MacInnis (1999), "Reputation management as a motive for sales structure decisions," Journal of Marketing, 63 (October), 74-89.

[15]   Anderson, Erin and Barton Weitz (1989), "Determinants of continuity in conventional channel dyads," Marketing Science, 8 (Fall), 310-323.

[16]   Mohr, Jakki and John R. Nevin (1990), "Communication strategies in marketing channels: A theoretical perspective," Journal of Marketing, 54 (October), 36-51.

[17]   Much of this section draws on Anderson, Erin and Barton Weitz (1992), "The use of pledges to build and sustain commitment in distribution channels," Journal of Marketing Research, 24 (February), 18-34.

[18]   Jap, Sandy D. (1999), "'Pie-expansion' efforts: Collaboration processes in buyer–supplier relationships," Journal of Marketing Research, 36 (November), 461-475.

[19]   Stump, Rodney L. and Jan B. Heide (1996), "Controlling supplier opportunism in industrial relations," Journal of Marketing Research, 33 (November), 431-441.

[20]   Palmatier, Robert W., Rajiv P. Dant, Dhruv Grewal, and Kenneth R. Evans (2006), "Factors influencing the effectiveness of relationship marketing: A meta-analysis," Journal of Marketing, 70 (October), 136-153.

[21]   Geyskens, Inge, Jan-Benedict E.M. Steenkamp, and Nirmalya Kumar (1998), "Generalizations about trust in marketing channel relationships using meta analysis," International Journal of Research in Marketing, 15 (1), 223-248.

[22]   Shahzad, Khuram, Tahir Ali, Josu Takala, Petri Helo, and Ghasem Zaefarian (2017), "The varying roles of governance mechanisms on ex-post transaction costs and relationship commitment in buyer–supplier relationships," Industrial Marketing Management, https://doi.org/10/1016/j.indmarman.2017.12.012.

[23]   Wang, Cheng Lu, Yizheng Shi, and Bradley R. Barnes (2015), "The role of satisfaction, trust and contractual obligation on long-term orientation," Journal of Business Research, 68, 473-479.

[24]   Ganesan, Shankar (1994), "Determinants of long-term orientation in buyer–seller relationships," Journal of Marketing, 58 (April), 1-19.

[25]   The concept of a "reference value" for a monetary cost or profit also appears in pricing literature, where a consumer's reference price is the price she or he expects to pay for an item; a price lower

than that value has a positive impact on purchase intentions. See Kalyanaram, G. and Russell S. Winer (1995), "Empirical generalizations from reference price research," Management Science, 14 (3), G161-169; Winer, Russell S. (1986), "A reference price model of brand choice for frequently purchased products," Journal of Consumer Research, 13 (September), 250-256.

[26] Galunic, Charles D. and Erin Anderson (2000), "From security to mobility: An examination of employee commitment and an emerging psychological contract," Organization Science, 11 (January-February), 1-20.

[27] Geyskens, Inge, Jan-Benedict E.M. Steenkamp, and Nirmalya Kumar (1999), "A meta-analysis of satisfaction in marketing channel relationships," Journal of Marketing Research, 36 (May), 223-238.

[28] Kumar, Nirmalya, Lisa K. Scheer, and Jan-Benedict E.M. Steenkamp (1995), "The effects of supplier fairness on vulnerable resellers," Journal of Marketing Research, 32 (February), 54-65.

[29] Gulati, Ranjay (1998), "Alliances and networks," Strategic Management Journal, 19 (1), 293-317.

[30] Weitz, Barton A. and Sandy D. Jap (1995), "Relationship marketing and distribution channels," Journal of the Academy of Marketing Science, 23 (4), 305-320.

[31] Wathne, Kenneth H. and Jan B. Heide (2004), "Relationship governance in a supply chain network," Journal of Marketing, 68 (1), 73-89.

[32] Thomas, Andrew R. and Timothy J. Wilkonson (2005), "It's the distribution, stupid!" Business Horizons, 48 (1), 125-134.

[33] Dyer, Jeffery H. and Harbir Singh (1998), "The relational view: Cooperative strategy and sources of interorganizational competitive advantage," Academy of Management Review, 23 (4), 660-679.

[34] Frazier (1999), op. cit.

[35] Dahlstrom, Robert and Arne Nygaard (1999), "An empirical investigation of ex post transaction costs in franchised distribution channels," Journal of Marketing Research, 36 (May), 160-170.

[36] Samaha, Stephen A., Robert W. Palmatier, and Rajiv P. Dant (2011), "Poisoning relationships: Perceived unfairness in channels of distribution," Journal of Marketing, 75 (3), 99-117.

[37] Dwyer, F. Robert, Paul H. Schurr, and Sejo Oh (1987), "Developing buyer–seller relationships," Journal of Marketing, 51 (April), 11-27.

[38] Larson, Andrea (1992), "Network dyads in entrepreneurial settings: A study of the governance of exchange relationships," Administrative Science Quarterly, 37 (1) (March), 76-104.

[39] Jap, Sandy and Shankar Ganesan (2000), "Control mechanisms and the relationship lifecycle: Implications for safeguarding specific investments and developing commitment," Journal of Marketing Research, 37 (May), 227-245.

[40] Larson (1992), op. cit.

[41] Anderson, James C. (1995), "Relationships in business markets: Exchange episodes, value creation, and their empirical assessment," Journal of the Academy of Marketing Science, 23 (4), 346-350.

[42] Narayandas, Das and V. Kasturi Rangan (2004), "Building and sustaining buyer–seller relationships in mature industrial markets," Journal of Marketing, 68 (July), 63-77.

[43] Palmatier, Robert W., Rajiv P. Dant, Dhruv Grewal, and Mark B. Houston (2013), "Relationship velocity: Toward a theory of relationship dynamics," Journal of Marketing, 77 (January), 13-30.

[44] Jap, Sandy and Erin Anderson (2004), "Safeguarding interorganizational performance and continuity under ex post opportunism," Management Science, 49 (12), 1684-1701.

[45] Anderson, Erin and Sandy D. Jap (2005), "The dark side of close relationships," Sloan Management Review, 46 (3), 75-82.

[46] Selnes, Fred and James Sallis (2003), "Promoting relationship learning," Journal of Marketing, 67(July), 80.

[47] Cannon, Joseph P. and William D. Perreault (1999), "Buyer–seller relationships in business

markets," Journal of Marketing Research, 36 (November), 439-460.

[48] Wuyts, Stefan, Stefan Stremersch, Christophe Van Den Bulte, and Philip Hans Franses (2004), "Vertical marketing systems for complex products: A triadic perspective," Journal of Marketing Research, 41 (4), 479-487.

[49] Athanasopoulou, Penelope (2009), "Relationship quality: A critical literature review and research agenda," European Journal of Marketing, 43 (5-6), 583-610.

[50] Woo, Ka-Shing and Christine T. Ennew (2004), "Business-to-business relationship quality: An IMP interaction-based conceptualization and measurement," European Journal of Marketing, 38 (9-10), 1252-1271.

[51] Kang, Bohyeon, Sejo Oh, and Eugene Sivadas (2013), "Beyond relationship quality: Examining relationship management effectiveness," Journal of Marketing Theory & Practice, 21 (3), 273-287.

[52] Samaha, Palmatier, and Dant (2011), op. cit.

[53] Furst, Andreas, Martin Leimbach, and Jana-Kristin Prigge (2017), "Organizational multichannel differentiation: An analysis of its impact on channel relationships and company sales success," Journal of Marketing, 81 (1), 59-82.

[54] Delivery Hero, www.deliveryhero.com, date retrieved March 13, 2018.

[55] Schumacher, Thomas and Dennis Swinford (2016), "How a tech unicorn creates value," McKinsey Quarterly (June), www.mckinsey.com/business-functions/strategy-and-corporate-finance/ourinsights/ how-a-tech-unicorn-creates-value, date retrieved March 13, 2018.

[56] Thomasson, Emma and Nadine Schimroszik (2018), "Delivery Hero sees Amazon, Uber squeezing online food market," Reuters, February 14, www.reuters.com/article/us-delivery-hero-ceo/delivery-hero-sees-amazon-uber-squeezing-online-food-market-idUSKCN1FY204, date retrieved March 13, 2018.

[57] Del Campo, J.D.S., I.P. Garcia Pardo, and F. Hernandez Perlines (2014), "Influence factors of trust building in cooperation agreements," Journal of Business Research, 67 (5), 710-714.

[58] Van Heusen, https://vanheusen.com, date retrieved March 13, 2018.

[59] Girish, Devika（2016），"Omnichannel retail in India: 5 brands that are doing it right," Beaconstac, March 22, https://blog.beaconstac.com/2016/03/omnichannel-retail-in-india-5-brands-that-are-doing-it-right, date retrieved March 13, 2018.

[60] Srivastava, Aditi (2015), "Van Heusen: Transforming Indian apparel retailing," Afaqs!, December 25, www.afaqs.com/news/story/46692_van-Heusen-Transforming-Indian-Apparel-retailing, date retrieved March 13, 2018.

第**5**章

渠 道 冲 突

学习本章以后，你将能够：

概述渠道关系中冲突的内在来源以及定义渠道冲突的三个原因：目标不一致、现实感知差异和决策领域分歧；

认识冲突的不同类型；

理解冲突的不同测量方式；

理解渠道伙伴之间解决冲突的不同方式；

描述高水平冲突对渠道绩效的负面影响，以及理解渠道冲突在一定情况下会对绩效不产生影响，甚至积极的影响；

理解多渠道成为常态的原因，以及描述多渠道间冲突的解决方式；

解释供应商偏好灰色市场的原因（尽管它们会公开表示抗议）。

5.1 导　　论

在前两章，我们概述了管理渠道的两种方式，即使用权力和关系机制。然而，考虑到渠道中广泛存在的相互依赖，渠道关系中的冲突是不可避免的。当一方渠道成员的行为与渠道伙伴的行为或期望相对立时，渠道冲突就产生了。渠道参与者目标的实现通常会受到渠道伙伴的影响。相应地，渠道冲突就意味着渠道成员会将其上游或下游伙伴视为竞争对手或对立者。这些处在同一渠道不同层次（上游或下游）上的相互依赖的成员就会相互争夺控制权。制造商可能会决定从某些零售商那里撤回其产品，零售商也可以选择在其店铺中将某些制造商的产品下架。但是，这些应对冲突的方式却会对渠道伙伴双方都造成伤害。[1]

在全渠道情境中，如果企业区别对待不同渠道而不是发挥其协同作用，那么就会加剧冲突。争夺控制权、下架产品等行为甚至会在渠道间激发新的冲突形式[2]，比如线上渠道会蚕食传统线下店铺渠道的销售份额。

5.2 渠道冲突的本质

在营销渠道中冲突本身不是问题。当渠道管理者能够以有效或适当的方式加以管理时，只要不引发分裂或者引起渠道成员的对抗，以某种形态出现的冲突反而会拓宽和改善渠道。

5.2.1 冲突的类型

冲突在某种程度上意味着不兼容。受到渠道环境的影响，渠道成员有时候并不能完全感知到冲突，因为冲突出现时水平通常很低。潜在冲突（latent conflict）在众多营销渠道中是一种常态，当渠道各主体追求各自的目标、竭力维护自主权，并竞争有限的资源时，各渠道成员的利益就不可避免地产生了冲突。如果每个成员都能忽略其他成员，潜在冲突将会消失。但是渠道中相互连接的企业根本上是相互依赖的[3]，每个渠道成员都需要其他成员来高效地满足终端用户的服务产出需求。

这种根本性的相互依赖在营销渠道中被视为理所当然。因为渠道中的组织会面临大量冲突，这导致它们没有足够的精力和能力来明确处理所有的冲突。因此，通过战略性地忽略其他冲突，可以使它们在任何时候都仅集中关注少数的潜在冲突。[4]尽管这种战略选择使企业能够更有效地应对日常运营，然而如果企业在提出新的渠道计划时未能考虑潜在冲突，就会促使潜在冲突发生转换，引发渠道伙伴的强烈反对。

相较于潜在冲突，一旦渠道成员在观点、感知、情感、利益或意图等方面觉察到任何形式的反对，感知冲突（perceived conflict）就会出现。感知冲突来自于对争议状况的识别，它是认知性的、不涉及情感和心理的感知。因此，即使渠道关系双方感知到了彼此的分歧，它们很可能感受不到强烈的情绪或沮丧感。它们认为自己是"公事公办"或"专业的"，并且认为企业间的分歧在日常事务中是稀松平常的。这个场景也刻画了营销渠道中存在的一种常态（通常是更可取的），并且没有必要对此提出特别警醒。尽管在重要事务上它们会存在分歧，但渠道成员并不会将它们的合作看作是充满冲突的。

然而，当情绪被卷入时，渠道成员就会经历感觉冲突（felt conflict），或情感冲突（affective conflict）。这种冲突产生的原因可能有很多，但结果却是相似的：个体成员开始在渠道中感受到冲突，因为它们体验到了紧张、焦虑、愤怒、沮丧以及敌对等负面情绪。渠道成员会将它们的分歧进行人格化处理，以至于它们对商业交往的描述听起来就像私人间冲突。（"那家公司太粗鲁！它们甚至不考虑我的感受。"）当敌对双方开始将冲突"拟人化"，并夹杂着个人情感去指责渠道伙伴时，经济上的考虑已被置于次要地位。如果愤怒和不公平的感觉达到了一个临界点，边界人员和他们的管理者就可能在经济上采取不明智的选择，以损害企业自身的利益为代价，来惩罚它们的渠道伙伴。[5]

因此，如果置之不理，感觉冲突就会快速升级为显性冲突（manifest conflict）。此时，对立就会通过行为清晰地呈现出来，比如相互阻碍彼此计划或目标的实现，以及撤回支持等。在最糟糕的情况下，一方成员会试图对另一方进行蓄意破坏或打击报复。

5.2.2 冲突的衡量

在图 5-1 中我们为衡量渠道冲突提供了一个四步法方案，并将在下文中加以详细解释。

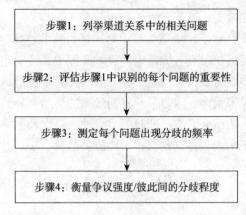

图 5-1　衡量冲突

渠道关系中冲突的真实水平取决于四个要素。在这里，我们假定通过评估汽车经销商在与制造商关系中所经历的冲突大小来说明这些要素。[6]

步骤 1：列举问题。渠道关系中，哪些问题与双方都相关？汽车经销商与制造商的关系中存在很多可能出现问题的事项，例如库存（车辆和零部件）、车辆的分配与交付、经销商员工规模、广告、津贴、车辆保修赔付等。

步骤 2：评估重要性。对于每个问题，需要使用一些工具加以衡量以确认其对于经销商的重要性。例如，基于 0～10 级量表（从非常不重要到非常重要），经销商应该明确它们罗列的每个问题对于企业盈利来说究竟有多重要。

步骤 3：测定分歧出现的频率。双方在每个问题上多久产生一次分歧？经销商可能会被要求去回想在过去一年中，就每个问题与制造商进行的讨论，并且基于 0～10 级量表（从不讨论到总是讨论），经销商要明确在它们的讨论中分歧出现得有多频繁。

步骤 4：衡量争议强度。对于每个问题，双方之间的分歧有多大？使用另一个 0～10 级量表（很不强烈到非常强烈），经销商可以就每个问题明确它们在和供应商的讨论中出现的分歧有多强烈。

通过这四个步骤，企业可以形成显性冲突的指数：

$$冲突 = \sum_{i=1}^{N} 重要性_i \times 频率_i \times 强度_i$$

也就是说，对于每个问题 i，我们都需要将其重要性、频率和强度相乘，然后加总 N 个问题的值（对于汽车经销商来说，或许 $N=15$）来构成冲突指数。然后制造商可以通过在众多经销商中比较这些指数来确定最严重冲突出现的渠道关系。这个简单的公式也为渠道管理提供了值得参考的洞见：如果问题是小的（不重要），很少引发意见分歧（低频率），或者并不会在双方之间造成实质性的矛盾（低强度），那么针对这些问题，冲突其实并不存在。

如果这些要素中有一个很低，那么这个问题就不是冲突的真正来源（比如 0 乘以任何数都只能获得 0）。处于冲突中的组织通常容易情绪化，这会导致它们忘记这个简单的规则。如果补贴只是一个小问题，且经销商和制造商关于汽车备件补贴的立场相差不远，或者补贴很少成为讨论的主题，那么就没有必要担心冲突的出现——即使在关于补贴讨论的高峰时期，也只是看起来存在冲突，而不是真正存在。

这个冲突公式可以有效地反映渠道关系中对于挫折感的整体感知。因此，可以使用此公式进行关系诊断以查明组织遭到各方反对的领域和原因，特别是当冲突双方无法识别它们感知的冲突来源时。特别需要注意的是，在充满冲突的渠道中，卷入的双方总是会感觉到彼此的分歧比实际情况多很多，因为带着特别激动的情绪会导致它们过于强调问题，而忽略原本就存在的共识，从而夸大彼此分歧的重要性、强度和频率。但第三方的介入可以帮助它们定位分歧的真正来源，而这是获得解决方案的第一步。

5.3　渠道冲突的后果

5.3.1　功能性冲突：促进渠道绩效

尽管人们普遍（有时准确）将冲突看作是功能失调的，会损害渠道关系的协调和表现。但在一些情况下，冲突事实上会让关系变得更好。功能性冲突（functional conflict）意味着渠道成员能认识到彼此的贡献，并理解自身的成功依赖于对方，因此它们可以在不损害各自安排的情况下提出反对意见。由于对方的反对，它们可以：

- 更加流畅和有效地进行交流；
- 建立表达不满的渠道；
- 批判性地回顾过去的行动；
- 设计和执行更公平的资源分配方案；
- 在渠道关系中建立更平衡的权力分配机制；
- 制定标准化的路径来处理未来的冲突，并将其保持在合理的范围内。[7]

补充资料 5-1

总之，当冲突可以促进渠道成员提升绩效时，它就是功能性的。比如，功能性冲突可能会提升渠道成员间的激励和知识共享。[8]通过提出和克服分歧，帮助打破旧有的习惯和假定，渠道成员会促进合作伙伴表现得更好。

理论上，所有的渠道冲突都应该是功能性的，但事实上并非如此。因而我们必须追问：是什么因素促使冲突具备了功能性？[9]从下游渠道成员的视角看，功能性冲突的产生是和供应商紧密合作的自然结果。合作性关系是充满争议的，因为为了促进彼此的协调，争论便不可避免地会发生。但是只要渠道成员做出了承诺，冲突就应当被容忍，甚至作为合作的常态一样被接受，因为它可以在短期内提升绩效，并且即使下游渠道成员会给供应商施加大量的影响时也不会在长期关系中损害信任。有影响力的渠道成员是喜欢争论的——愿意付出但也愿意推动渠道绩效提升。

相比之下，供应商如果与可掌控的弱势成员合作，它们可能会建立貌似和谐的渠道关系，但却无法真正实现自身潜能。当渠道成员反对意见较少时，和谐平静的渠道便会出现，但这很大程度上是因为它们普遍对渠道事务漠不关心——双方成员仅仅是嫌麻烦而不愿提出任何反对意见。对它们来说，真正重要的是没有什么问题需要激烈争论，或者它们更在乎的是不想为了争辩而耗费太多精力。这时双方成员并没有达成一致，只是单纯的没有反对——因为它们毫不在意。例如，一个拥有很多委托人的下游渠道成员，根本注意不到所有上游供应商。在这个案例中，一个和谐的渠道意味着忽视，并且这样的忽视通常是相互的。这类关系通常存在于纸面上（或许也开展一些往来业务），无论是通过冲突还是合作，它们从未真正参与其中。无论是基于何种原因，这类和谐的渠道都需要增加它们的活动和交流水平以提升绩效，进而增加温和的争议。

换句话说，渠道绩效取决于渠道成员间的交流和合作，这意味着它们不可避免地会发表反对意见，并觉察到冲突存在。通过有效管理，这些不同意见可以被转化为建设性冲突。即使感知冲突演变为感觉冲突（如情绪被唤醒），渠道成员也可以通过功能性冲突激励其伙伴获得更好的结果。只有当冲突不断恶化为激烈的显性冲突时，它才会造成紧张和沮丧感，在这样的情境下，管理者必须介入以防止其损坏或最终毁掉渠道。

5.3.2　显性冲突：降低渠道绩效

如果一些渠道摩擦经常出现，以至于当它们再度出现时，我们仍将其看作很正常的情况。这真的合理吗？不一定。严重的渠道摩擦会产生成本。大量的实证研究在发达国家，特别是西方经济体中数以千计的渠道关系中证实了这一结果。[10]对这项研究的细致审视发现持续高水平的显性冲突会降低组织满意、损坏渠道伙伴构建长期亲密关系的能力。这项发现意味着渠道伙伴不能只关注它们在总体收益中能够分享到的收益份额，它们也需要加强合作，同时努力减少合作可能引发的冲突，以增加所有成员可以共享的总收益规模。[11]

以渠道中的一个企业为例。当它在渠道关系中遭遇了高水平的紧张、沮丧和分歧时，它所面对的可觉察冲突、感觉（情感）冲突和显性冲突（阻碍行为）都会增加。由于这些冲突的增加，企业在渠道中获取的收益会减少，进而会对从关系中获得的商业回报（财务的和战略的）表示不满。满意度会直观地降低——当冲突增加时，利润指标就会降低。企业也可以对从资源的替代性使用中所能获得的期望回报进行满意度的评估。通过夸大企业有更好的替代性方案，冲突也会导致比预期更高的失望水平。包括财务收益在内，企业在心理和社会方面也会对渠道关系失望。

人们很容易忽视这些"更模糊"的冲突结果，因为它们不容易被转换为利润指标。但对企业而言，人际关系问题带来的损失却很大。冲突的这些结果让每天身处其中的员工缺少愉悦感，并会破坏关系团结。

令人不满的社会关系也会减少人们对渠道伙伴的信任。信任是持久、运转良好的渠道关系的坚实基础。相信合作伙伴会以公平、诚实和关注共同利益为行事原则是建立承诺关系所必需的基础，在承诺关系中渠道成员会做出牺牲以建立和维持渠道关系。冲突通过损坏企业对伙伴的信任侵蚀了渠道承诺。因为冲突不仅直接动摇了企业对合作伙伴善意和真诚的信念，也削弱了人际满意，这会给信任造成再次打击。

最后，冲突是有成本的，有些成本需要很长时间才能完全显现。因此，渠道管理者需要认真考虑，以确定冲突造成的成本是否能够被其可能带来的收益所弥补。例如，试图改变渠道运作的方式将会引发冲突和成本。但是这一改变举措的收益可能会超出冲突的成本。冲突并不总是需要被最小化，相反，它需要在企业内部被加以管理。通过管理，每位渠道成员在选择挑起冲突时都会更理性和现实，而不是在发现它们计划获得的回报无法补偿它们反对所产生的成本时显得不知所措。

5.4　渠道冲突的主要来源

大多数冲突源于以下分歧：①渠道成员目标；②对现实的理解；③决策领域，或者渠道成员应当行使自主权的领域。④是最复杂的冲突来源，因为决策领域冲突有许多次级问题。例如，在产品市场中，我们发现制造商如今会通过多种途径进入市场，它们的渠道伙伴注定要为一些同样的业务展开竞争。如果渠道变得冗余，对客户的竞争会迅速演变为与供应商之间的冲突。领域冲突的次级问题还包括各成员角色的冲突、影响范围的冲突。对上述问题的讨论虽然复杂，但我们先从最棘手的问题开始：目标冲突。

补充资料 5-2

补充材料 5-2 描述了当太阳镜制造商欧克利（Oakley）的最大的零售商通过后向一体化整合生产职能导致利益冲突时，它如何有效地使用强制手段进行反击的。

5.4.1　竞争性目标

每个渠道成员都有一系列不同于其他渠道成员的目标。这种内在分歧在所有商业交易中都存在，而不仅存在于渠道中。比如，著名的代理理论强调了委托人（发起工作）和代理人（委托人给其分配工作）目标之间的冲突。它们想要实现的目标以及它们追求价值的固有分歧促使委托人采取措施来监督和激励代理人。代理理论强调了竞争性目标如何在委托—代理关系中制造冲突，不管参与主体的个性特征或双方关系的历史如何。因此，那些将冲突个人化并相信更换合作伙伴将会解决它们的问题的渠道成员可能会更加失望，因为它们的根本目标冲突仍然会存在。[12]

运动服装制造商耐克（Nike）和零售商 Foot Locker 之间的关系为一般而长期存在的目标冲突提供了很好的说明，在此案例中，它们分别是供应商和分销商。Foot Locker 经营耐克产品，无论是通过增加单位产品销量、获取较高的单位毛利润（比如减少向耐克的费用支付，同时增加顾客的支付费用）、降低库存、减少花费，还是通过向耐克收取较高的津贴，都是因为它要实现利益最大化。同样，耐克也想要实现利益最大化，但其偏好与零售商几乎正好相反：它想要 Foot Locker 增加单位销量、接受较低毛利润（比如向耐克支付更多，但向顾客收取较少费用）、保持更多库存（以避免库存不足和最大化产品选择）、增加费用支出来为产品线提供支持、不向耐克收取津贴。组织双方整体的利润目标导致它们的交易在几乎任何时刻、任何目标上（除了增加单位销量）都会发生冲突。

然而，令人惊讶的是，渠道中大多数的紧张、焦虑和沮丧都不是来源于真实的目标冲突，而是来源于渠道成员对目标分歧的感知。它们对目标不一致的感知比真实不一致水平更高时，冲突就会持续加剧，导致渠道伙伴异常行为的发生：即销售人员和销售管理者会更愿意欺骗经销商，而不是误导顾客或他们自己的雇主。[13]

5.4.2　现实感知差异

对现实感知的不同会诱发冲突，因为这种不同隐含了对相同情况产生不同反应的可能性。一般来说，渠道成员相信它们知道事情会怎样发展，但是当它们与他人就此感知进行比较时，就会发现彼此的感知是如此不同，以至于很难相信它们是相同渠道中的成员。甚至在看似基本的问题上，感知差异也会非常显著[14]，例如：

- 产品或服务的属性是什么？
- 产品或服务支持的应用场景是什么？针对哪一个细分市场？
- 谁是竞争者？

由于这些基本观点的分歧，渠道成员对于更依赖主观判断的问题会表示不同意见也就不足为奇了，比如产品或服务销售的便捷程度、每个渠道成员提供的附加价值，或者双方的行为表现如何等问题。由于对其他渠道成员可能会做什么存在期望偏差，企业也可能选择进一步加剧冲突的次优战略。当其他成员未能做出预期反应时，期望偏差便会引发诧异和反对。[15]

为什么这些知觉错误如此普遍且严重？一个主要的原因是各方关注的焦点不同。供应商关注其产品和流程。相反，下游渠道成员关注其功能和顾客。这些分歧促使渠道成员会接触非常不同的信息和影响，以至于它们在渠道的整体图景中只能构建起与个体认知直接相关的碎片。

渠道成员很少能够通力合作将它们各自认知的碎片进行组装以复原完整的渠道图景。但是缺乏沟通却会加剧源于现实感知差异的冲突。在冲突之中，通过经常、及时的沟通，即使不能完全匹配，至少也可以使感知和期望变得一致。[16]例如，当丰田汽车的高管花费时间和精力周期性地拜访其在美国的经销商团队，并且就还未解决的问题与地区主管交换意见时，他们发现"在每个经销商的十次抱怨中，有五六个可以直接归因于理解偏差，另外两三个可以在现场解决，只有一两个需要进一步讨论"。[17]

在国内市场，渠道成员基于自身的立场会出现分歧，而在国际市场上，由于文化差异，这个问题会被进一步放大。在文化冲突中，对渠道环境的感知和差异性的解释是非常突出和频繁的。[18]不管被销售的产品或服务如何，渠道成员总会体验到大量的摩擦，而这些摩擦就是由渠道成员对于在不同文化背景中何种行为最为恰当的理解差异造成的。一个解决办法是对渠道伙伴所处的商业文化保持更高的敏感性。强烈的文化敏感性需要以尊重和理解其他文化的语言、习俗、价值观、态度和信仰为基础。相反，轻视别国文化或者不愿沟通的渠道成员会付出高昂的代价：导致过多冲突，从而对渠道绩效造成负面影响。

5.4.3　渠道内竞争

从上游的观点来看，如果下游的渠道伙伴同时也代表其竞争对手，供应商便会察觉到冲突。当然，下游伙伴通常是这样做的——它们提供多种产品类别，且通过以某类产品满足特定群体需求来获取规模经济。即使代理商和经销商通过上述举措可以提供高市场覆盖范围并降低价格，但这类渠道内竞争仍然会引发争议，特别是当下游代理商不足以履行其对供应商的职责时。

如果上游成员认为它与渠道伙伴对于限制竞争已经建立起共识，而下游成员仍然违背时，更加剧烈的冲突就会产生。例如，一家加利福尼亚药品供应商就曾从一个分销商那里赢得近 500 万美元的损害赔偿，因为仲裁小组发现其下游成员违背合同规定为其竞争者的产品促销。[19]然而，更常见的情况涉及一种"不言而喻的共识"，尽管无法被证明，但仍可能引发冲突。从下游的视角来看，渠道内竞争意味着供应商依赖多个相互竞争的分销商来销售产品。

案例 5-1

　　大约 85%的互联网流量都来自思科（Cisco）的系统。[20]思科公司建立了一套复杂的分销系统：在直销模式之外，它还依靠提供附加价值的经销商和第三方分销商。需要特别指出的是，思科的直销模式主要服务其最大的 30 个企业客户，然后它和大约 60000 个经销商合作面向小型客户销售，这约占其收益的 85%。[21]通过其精密的合作伙伴分层计划，思科为其合作伙伴提供了延伸的培训和资格认证服务，而这些伙伴反过来也投入了大量的资源来熟悉跨领域的思科产品，包括安全系统、数据中心和企业网络等。然而，应当注意到思科在大量收购网络产品。例如，它收购了 Broadsoft 通信软件公司以在语音市场中站稳脚跟。然而，一些合作伙伴表达了对思科可能开始与其众多的合作伙伴直接竞争的担忧，因为它们已经在自己的语音产品上投入了大量资源。[22]

5.5　全　渠　道

　　正如第 1 章所述，全渠道战略可能是滋生冲突的温床。多渠道一直以来都很常见，但在以前，企业倾向于使用单一主要渠道进入市场，而把其他渠道视作次级的、不重要的，甚至是伪装的方式，以回避渠道冲突，避免使客户混淆。例如，供应商可能悄悄地建立自己的销售和分销组织，但不会莽撞地与自己的渠道客户直接竞争终端用户（双重分销）。然而在今天，多渠道的爆炸式增长已经促使其本身成为常态，而不是例外。[23]为什么会这样？日益激烈的竞争已经促使许多供应商改变和扩展了它们的渠道，仅通过单一渠道在零散的市场中很难有效地服务客户。此外，虽然渠道在过去必须保持简单以便于管理，但是技术的进步已使管理更复杂的渠道结构变得可行。

　　而且，供应商和客户也都喜欢多渠道。对于供应商而言，多渠道会提高市场渗透率，使供应商能够更好地了解多元市场，同时也能为潜在竞争对手建立起进入壁垒。随着多种渠道之间的相互竞争，供应商也会收获这种良性竞争的好处。对于客户而言，多渠道为它们增加了满足其服务需求的机会。当它们以更低价格寻求更多服务时，多渠道类型也促使客户在不同渠道间比较变得更容易。因此，多渠道甚至会创造市场：供应商和客户可以更容易地发现彼此，并通过最适合的渠道类型来满足自身需要。[24]

　　然而，多渠道的危害往往类似于密集分销：下游渠道成员可能失去激励、减少支持（消极反应）、报复或退出供应商的渠道结构（积极反应）。当客户可以"搭便车"时——通过一种渠道获得服务，但却在另一种渠道实施购买行为，这种危害会更加严重。具有讽刺意味的是，通过增加渠道类型，供应商可能会降低而不是提高其经销商市场的密度和活力。

　　供应商未能预料到上述结果，是因为它们将市场看作是相互独立且运行良好的细分市场。在各个细分市场中，它们认为某类客户只会以一种方式购买（比如不需要多少服务的便利和廉价方式），而另一类客户总是偏好另一种购买方式（比如提供全方位服务、乐意花时间进行讨价还价并支付高价）。每一个细分市场都要求不同的服务产出，因此需要不同类型的渠道（比如上述两种购买方式分别对应着产品折扣目录和提供附加价值的经销商）。由于没有多种渠道之间的正面竞争，供应商似乎可以更好地服务于多个细分市场。

通过单一类型渠道将购买者恰当分类并对其进行服务的图景仅存在于书面计划中，当脱离计划时，这个战略常常就会崩溃，因为客户可以在渠道间移动而不会一直坚守为它们指定的渠道类别。客户喜欢搭便车（比如从提供附加价值的经销商处获得咨询建议，却通过折扣目录下单），特别是 B2B 客户，它们会雇用采购代理商去发现以最低交付价格可以获取的最大价值。而且，根据它们购买同一物品的场合不同，同样的客户往往也会表现出不同的行为。

尽管如此，仍然有四类市场环境适合企业经营多渠道而不会导致冲突不断升级[25]：

- 成长型市场，能够为不同渠道提供市场机会；
- 客户能够感知产品类别具有差异化的市场（这样渠道成员可以区分其产品）；
- 购买者具有固定的购买习惯且只在某一类型渠道购买的市场（这样客户很少可能去竞争性渠道购买）；
- 不受买方主导的市场。

但要注意，界定清楚市场环境对于清晰展示多渠道冲突仍然是不够的。这些问题还需要被进一步深入分析。

5.5.1　识别多渠道冲突

多渠道并不会自发地相互竞争。企业可以通过某种方式设计渠道，让每个渠道服务于不同的客户细分市场，以便不同的渠道执行不同的任务。[26]但渠道成员可能认为它们服务于相同的客户，即便实际并非如此。当可口可乐公司开始在日本安装自动售货机时，它就面临着零售商的强烈反对。但是通过市场调查，它们最终发现消费者是在完全不同的场景中使用自动售货机，且从自动售货机那里获得的价值与从零售商那里购买时获得的完全不同。[27]

多渠道甚至可以通过建立对产品类别的主要需求来实现互帮互助。一个经典的例子是店铺和直接营销计划（比如产品目录、网页）的相互联合。潜在的客户可以通过两种渠道接触企业品牌，并在想要时就能实现购买。一些零售店利用这种协同来开拓市场：当目录销售在一个地区达到某种水平时，它们将在该地区开设新店。当然对这类联合的会计核算只能是近似的，因为供应商无法确切得知有多少顾客是在店里试穿衣服，回到家后认真考虑，最后通过网页或目录下单。作为回应，很多联合经销商经营着相同的供应商品牌，比如维多利亚的秘密牌女性内衣、Land's End 服装，它们雇用企业会计来分配成本收益、雇用人力资源经理来管理补偿，目的是减少渠道冲突。但当渠道相互独立时，处置争议并不会如此容易，供应商对过量渠道冲突引起的受害者补偿机制也不会太过重视。

公平地看，线上和线下店铺对消费者来说可以相互替代，也可以相互补充。如果零售商具有强大的本地吸引力，线下店铺便可能削减线上店铺的销售额；但如果该零售商的本地吸引力有限，它们就可以帮助促进线上销售。[28]

识别多渠道冲突还需要清楚认识到多渠道为供应商带来的各种收益。对于供应商来说，更高的市场覆盖面是明显的好处，而其他一些动机也是不言而喻的，比如供应商可以使用一条渠道帮助管理另一条渠道。例如，很多供应商通过派遣制造商代表来为企业客户提供服务，在相同的市场上，它们也会通过本企业雇员来为一些企业保留客户（内部客户）提供服务。这类双重分销（垂直一体化和外包）实践非常普遍，它很少引发较大的冲突来破坏渠道关系。特别是当销售目标模糊时，对于供应商来说，很难决定外部销售代表的真实表现有多好（绩效模糊问题）；而当销售目标复杂时，处于特定位置的销售人员会因对特定销售目标过于熟悉而变得太有价值，导致出现难以被替代的问题（锁定问题）。这样的环境增加了供应商对销售人员的依赖，却导致很难鉴定绩效表现欠佳的销售人员。因此，一体化渠道部分地解决了这个问题：通过保留一支小的内部销售队伍，包括建立适当的绩效评价基准、为销售代表终止关系建立可信的威胁、将销售人员内部化等方式，供应商可以更多地了解销售任务。总之，建立第二条渠道对于了解市场、保证选择权很有价值。[29]

案例 5-2

在印度，大多数消费电子产品通过实体零售店铺经销，它们占到零售销售规模的 80%。很多大型电子产品制造商都建立了自己的零售店铺。但是印度的电子商务巨头正在挑战这个占据主导地位的渠道模式，因为线下店铺在价格方面无法与 Flipkart（其中最大的股东是沃尔玛[30]）、Snapdeal（其最大投资者是易贝和阿里巴巴集团）以及亚马逊等电子零售商相竞争。在制造商追求销售增长时，许多小型零售商也在转向由亚马逊和 Flipkart 支持的市场来销售电子产品，但其定价远远低于它们在自己的线下店铺收取的价格。[31]作为回应，一些制造商如佳能和联想通过为在传统授权的渠道购买的消费者提供更长的保修条款来试图削弱电子零售商的地位。然而，消费者却会一直被提供低价和有效顾客服务的电商渠道所吸引。制造商毫无选择，只能承认这些线上竞争者的市场势力。最终，由于意识到在中国国内市场线下销售的增长放缓，联想集团决定建设电商渠道，而不会面临像之前在印度这样大的国家快速建立线下渠道时的艰巨挑战。[32]

5.5.2　管理多渠道

当意识到冲突的存在并确定其是否具有威胁时，供应商就必须为了确保多渠道之间能够互不侵害而考虑承担的责任。一些供应商不承担这些责任，因此不采取任何行动；而其他供应商则并不知道应该采取什么行动，即使它们很想保护自己的渠道。积极地阻止一条渠道与另一条渠道的竞争（比如终止折扣店）可能会引发法律诉讼，反而徒劳无功。通过为不同的渠道设计不同的价格条款来试图管理冲突的供应商也会进入法律上模棱两可的领域，并创造套利的机会（正如我们将在后面有关灰色市场的章节中所展示的那样）。

更主动的选项包括提供更多支持、服务和产品，甚至针对不同的渠道类型提供不同的产品以帮助渠道本身相互区分。一般而言，如果它们能提供差异化产品线（从终端用户的视角）给不同的零售商群体的话，供应商可以通过多渠道在定价、库存和展示方面获取更多合作。[33]为了此目的，它们可能需要保留一条渠道来经营高端产品，使用另外的渠道来经营其他产品。

上述策略的一种变换的形式是通过不同的渠道以不同的品牌销售同一类产品——这是在汽车和电器市场常用的战略。[34]尽管分销商知道，并总愿意将此信息分享给不知实情的顾客，但当购买者不清楚不同品牌下的产品实际上完全相同时，这一策略便会有效。第三方购买指南同样会指出 Y 品牌的 X 型号与 B 品牌的 A 型号实际上没有差别。因此，除非两个品牌都拥有相当可观的品牌价值，否则该策略就可能是徒劳的。

在极端情况下，供应商通过在不同渠道销售不同的品牌或产品实现差异化，就不再需要实施多渠道策略：供应商会通过一条渠道销售其产品线的旗舰产品，但却通过另一条不相关的渠道提供次级或边缘产品。例如，在高科技市场中，一些企业通过分销商销售其主要的 IT 产品，其他产品则通过互联网销售。顾客因此可以获得供应商生产的任何产品，但大部分业务都是由独立分销商经营的。供应商会自行销售部分不受渠道欢迎的产品。

最后，一些渠道需要被积极干预。例如，耐用品的销售是不同的，因为它们可以被租用或销售，然后再被渠道的不同成员进行转售。在 20 世纪 90 年代，美国汽车制造商为了维持工厂持续运营，以近乎荒唐的低价将大量的汽车销售给租赁公司——其中很多公司是由汽车制造商部分所有。一旦买到了这些车，租赁公司就会开始销售这些车，几乎是以二手车市场从未出现的、非常有吸引力的价格将这些车填满了停车场。当然，这些新引入的渠道会损害汽车经销商，导致更加严重和更加频繁的冲突，以至于最终将问题摆上了法庭。为了减少冲突，一些汽车生产商会进行干预：它们会从租赁公司那里购回还很新的二手车，再重新转卖给经销商。在短期内，这种干预使汽车制造商既维持了产量，又避免了两个重要渠道之间的战争，但最终却破坏了渠道，也损害了自身利益。[35]

5.6　多余的渠道：灰色市场

对于渠道管理者来说，尤其是在全球市场中，它们面临的最紧迫的问题之一便是灰色市场的持续存在。[36]灰色营销（gray marketing）是指获得授权的品牌产品通过未经授权的分销渠道——通常指在那些不能像授权渠道那样为消费者提供多样服务的特价商店或折扣商店里进行销售。大量产品包括豪华手表和名牌服装，会通过灰色市场进行销售。但灰色营销与黑色营销（black marketing）或造假（counterfeiting）不同：造假是指销售假货或假冒产品，并且试图"以假乱真"把它们当作真品进行销售。造假在几乎整个世界市场范围内皆属非法行为。但与造假不同，灰色营销在很多情景下完全合法。[37]谁在向这些未经授权的门店供货呢？这些供应商通常包括：①来自其他市场中的授权分销商；②专业投机套利企业，包括进出口公司；③活跃在市场边界附近的专业贸易商，它们在一个市场上以低价购买大量货物，然后将它们运送到另一个市场上通过高价进行售卖。[38]这种灰色营销的最终来源和受害者都是供应商本身，无论是其总部还是国外分部。

好市多为消费者提供了一个购买名牌衣服和手表的极好场所。但它总是通过灰色市场来获取这些商品，这促使一些制造商通过发起诉讼来对其进行抵制。比如好市多与欧米茄腕表开展的一场著名的、持续时间很长的法律诉讼。[39]好市多从欧洲的欧米茄授权分销商处获取欧米茄海马系列（Seamaster）腕表，然后以比美国授权的欧米茄零售商低很多的价格在美国市场销售。在下级法院经历了一些挫折后，基于一家企业可以销售任何合法获得的商品的原则，好市多最终在这场官司中占据了上风。类似地，因为好市多在其店里销售通过灰色市场获取的 Yakima 商品，Yakima 也表达了不满[40]，但是好市多仍然以同样的理由进行辩解。

下面这些因素为灰色市场培育了成熟的环境。一是针对不同渠道成员的差别定价。一条渠道通常超量订购以获得折扣，然后将过量的商品以非折扣的价格在未授权的渠道销售，在不同的区域市场收取不同的价格，无论是因为税收或汇率差异，还是因为不同区域价格敏感性不同，都助长了灰色市场的发展。电子烟制造商 Juul 不会通过自有网站向 21 岁以下的青少年销售电子烟设备，但是这些青少年却经常通过易贝等未经授权的灰色市场渠道购买电子烟产品。[41]

二是当国内产品通过提供高档服务并以高价格渠道销售时，就会促使折扣零售商将产品引入到灰色市场中进行销售。例如，灰色市场营销人员会定期在欧洲的路易威登和香奈儿门店购买时尚产品，合法地将它们带回日本并摆在货架上，然后以远低于该品牌在日本授权门店中被普遍接受的零售价格进行销售。不知情的购买者在看见巴黎路易威登旗舰店专用的防伪标签和限量版标志时通常会感到非常惊讶，因为这些符号就是为了防止灰色市场营销的。

三是新兴市场和世界范围内贸易自由化的发展也有助于灰色市场的发展。经济条件的改善为企业通过向不同国家销售同类产品以从品牌资产和潜在销量中获利提供了激励。然而，汇率、购买力和供应方因素（如分销、服务和税收）的差异造成各国之间的最优价格非常不同。当然，只有即时价格差异在不同地区出现，通过套利获取大量收益才成为可能。但是，灰色市场并不一定需要跨越国界。它们在国内市场中也很普遍，比如供应商总是尽力避免它们的产品出现在某些灰色渠道中（如折扣连锁店）。

尽管购买者常常从广泛存在的灰色商品中获益（由于其更低的价格），但其他渠道成员却深受其害。制造商抱怨灰色商品的存在会损害它在不同市场的差异化定价能力。如果灰色市场零售商提供的服务水平远低于那些获得授权的分销商的水平，制造商的品牌资产也会受到损害，这也是它们面临的一个重要忧虑。但对灰色营销的不断升级，最强烈的抱怨或许来自于获得授权的分销商。灰色市场明确地侵蚀了授权分销商的潜在销量，对它们提供的售后服务造成了严重压力。总之，干涉和监控灰色商品是可以做到的，这样做对制造商来说有好处。

然而灰色市场依旧存在，甚至在很多地区还在扩大。灰色市场似乎在美国、加拿大和欧盟等发达经济体中特别活跃，其实这些地区的制造商既有手段，也可以根据法律框架来遏制灰色市场。也就是说，尽管制造商可以运用法律资源来限制灰色商品的扩散，但它们却很少这样做[42]，尤其是考虑到下述原因：

- 当侵权很难被检测或记录时（如在偏远的市场中，消费者在地理上很分散）；
- 当某一渠道被另一渠道"搭便车"的可能性很低时（如分销商提供很少服务或为提供的服务单独收费时）；
- 当产品更成熟时；
- 当供应灰色市场的分销商没有经营制造商核心产品目录中的竞争品牌时。

最后一个因素或许是最令人惊讶的，因为这些灰色分销商在面对供应商施加的压力时看起来会更加脆弱。但是供应商似乎会纵容这些分销商，因为它们表现出色，并且比正式合作的分销商表现出更强的忠诚度。通过给灰色市场分销商提供一些市场保护，供应商可以获得分销商在其产品类别中的独家代理承诺。在这个相互依赖的关系中，供应商会很不情愿疏远这样一个重要的分销商，即便是灰色市场中的分销商。

因此，这意味着制造商会权衡实施治理行动的成本（通常很高）和收益（有时很低），并且转而寻求其他成本更低的处理方式。制造商会谅解那些已经做出强有力承诺（独家代理制造商品牌）的渠道成员，因为成熟产品在市场中的价格竞争更为激烈，所以它们对灰色市场的存在表现得很沉着冷静。

一些迹象甚至表明一些制造商可能会对灰色市场有比较积极的倾向，但这显然需要其他激励要素才能发挥作用。或许这些灰色市场能够帮助制造商提高市场覆盖率。对于成熟产品的供应商，灰色市场给被授权的渠道施加了隐形压力，使其更努力地竞争，同时也使产品可以广泛地提供给对价格敏感的细分市场。只要被授权的渠道不削减采购量或不参与抗议活动，这些供应商就可以通过私下容忍灰色市场进行获利——尽管它们会对灰色市场公开表示反对。

在这个意义上，灰色市场可能会允许供应商服务于两个细分市场，即使它们宣称只服务于其中一个。在一个传统的细分市场中，分销商更在乎购买体验（如商品陈列、氛围、销售帮助、销售员声誉），却更少关心价格。相反，在灰色市场中，只要价格足够低，消费者就会在任何地方、向任何人购买商品。前者是价格不敏感的细分市场，这是供应商正式的目标市场；而后者，作为价格敏感型的细分市场，是供应商通过灰色市场进行服务的秘密目标市场，即使它仍旧维持着高雅的形象来持续吸引其正式的目标市场群体。

总之，灰色市场是渠道冲突的一个重要来源，因为上游供应商和下游渠道成员都对它持有两种不同的看法。供应商会公开对灰色市场加以抱怨，但却在私下里鼓励它们。下游渠道成员在抗议它们引起的不公平竞争时，却也会向这些市场供应商品。即使所有的渠道成员都同意它们真的很想禁止灰色营销，但执行并不容易，因为通过未经授权的门店进行销售可以获取的可观收益，会促使广受欢迎的产品不可避免地流入灰色市场，所以灰色市场变得如此普遍，并造成如此多渠道冲突就不足为奇了。

发达经济体中的工业营销渠道通常都是维持权力平衡的极好例证。[43]渠道每一方成员都是差异化的，并且都拥有很多现有渠道伙伴的可替代方案。因此，上游和下游渠道成员都很有权力，所以它们往往不会容忍对方强制性策略的实施。

5.7　减轻平衡关系中冲突的影响

分销商运营着数量有限的产品线，这些产品由数量有限的供应商提供。分销商通常销售需要高质量售后服务支持的昂贵商品，比如汽车、园艺设备或轮胎。由于依赖着狭窄范围的产品和供应商，分销商很容易受到制造商的胁迫或威胁。制造商这种破坏关系的行为可能包括：增加大型零售商、在现有市场领域增加新的分销商、撤销产品线销售权、强制分销商使用外部代理商帮助新客户申请信用贷款等。在一项关于分销商如何应对此类破坏性行为的研究中[44]，研究者提出了五种反应策略：

- 消极接受，即很少抱怨或很少行动；
- 宣泄，即严厉地向供应商进行抱怨，但不采取行动；
- 忽视，即不再优先销售该供应商的产品，且不再投入销售资源；
- 威胁退出，即威胁供应商不再销售其产品（即使这意味着退出所有合作业务）；
- 建设性讨论，即与供应商进行建设性商谈以使问题得到解决，并且改善现状。

此外，一个越来越受欢迎的解决方案是建立分销商委员会。这些精心挑选的分销商群体可以与供应商一起合作以减少它们行动的破坏性影响，并促进分销商和供应商之间的交流。

5.8　感知不公平：加重冲突的影响

对渠道冲突、投机行为和不公平负面影响的研究表明感知不公平对渠道成员合作和灵活性产生了巨大的负面影响。[45]同时它也放大了冲突和投机行为对渠道绩效的负面影响。这个"关系毒药"不仅直接危害渠道关系，还会在一些情景下放大冲突的负面影响。

当渠道成员感到不公平时，它们通常会将问题的原因归因于卖方。渠道成员不仅没有因为自己没有怀疑的依据而姑且相信渠道伙伴，反而假定是卖方有意利用这种情境来获取不公平的收益份额。这些渠道成员对冲突的反应非常激烈，通常伴随着愤怒等强烈的消极情绪。这些情绪反过来又会促使它们进一步增加反应的剧烈程度。最后，它们当然会寻求报复，所以冲突的螺旋循环便就此开始。

5.9　冲突解决战略

渠道成员应当如何处理冲突？有两种方法可以选择：第一，及时控制冲突，避免其恶化到不可挽回的地步。这可以通过建立制度化的机制来实现，比如在冲突转化为敌对态度之前，通过仲裁委员会或相应的行为规范来化解争端。第二，在冲突显性化后可以采取相应的措施来解决冲突。

5.9.1　通过制度化机制设计预先阻止冲突

在冲突的早期阶段，或者在其还未出现之前，渠道成员可以建立渠道政策来处理冲突。这些政策会以贸易协会中的联合会员制、分销商委员会和人员交换计划等形式被加以制度化，即确保它们成为渠道环境中不容置疑和理所应当的一部分。而其他一些渠道，从一开始便会借助第三方机制来解决冲突，比如提交给仲裁或调解委员会等（这种机制在欧洲很受欢迎）。这些政策具有微妙的冲突管理功能。在图5-2中，我们展示了四种解决渠道冲突的方法，将在下文加以讨论。

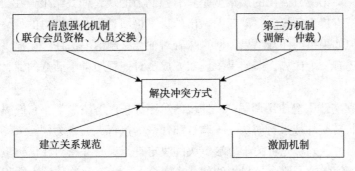

图 5-2　解决冲突的四种方式

1）信息强化机制

信息强化机制通过创造更好的信息共享途径来化解冲突。但是信息强化机制也是有风险和成本的，因为各方都承担着泄露敏感信息的风险，而且必须投入资源以促进沟通。之所以信任和合作会很有帮助，是因为它们使冲突更易于控制。

当渠道伙伴同意在贸易协会中建立联合会员制时，例如由美国食品杂货制造商（the Grocery Manufacturers of America，GMA）和开发通用产品代码的食品营销研究所（the Food Marketing Institute，FMI）共同建立的委员会，这便是它们通过制度化方法设计新机制来处理冲突的体现。人员交换作为一种制度工具，其目的在于将渠道成员的注意力转移到设计解决方案上，而不是卷入到冲突中去。这种交换既可以是单向的，也可以是双向的，通常发生在一个特定的较短时期内。例如，通过人员交换，沃尔玛和宝洁公司之间的密切关系被极大地加强。虽然专有信息泄露的可能性使得这样的交换需要清晰的指导，但是参与者在回到公司时，会带着一种崭新的跨组织的视角来看待工作，会带着更强的个人和职业代入感参与到渠道工作中，也获得了额外的培训。这项机制的参与者还有机会结识在任务职责、专业和兴趣等方面具有相似背景的渠道同行。

2）第三方机制

作为被广泛采用的第三方机制，调解和仲裁需要将渠道之外的第三方主体引入渠道关系之中。调解是通过第三方主体解决争端的过程，在调解中第三方通过劝说双方继续谈判或者劝说它们考虑接受由调解人提出的程序性或实质性建议。调解人通常会对当前形势提出新颖的看法，这可能促使双方认识到作为"局中人"所忽略的机会。调解人也可以帮助争议双方发现潜在的共识点，提出共赢的解决方案。因为解决方案已经被调解人所表明，所以方案会很容易被双方接受。尽管双方没有义务必须接受建议，但商业情境中的争端通常都会通过调解进行解决，比例达到60%~80%。能够调解成功，可能就在于调解人可以保全双方颜面，促使双方在不想示弱的情况下做出让步，并且双方都认为调解过程是公正的。

调解的一个可替代机制是仲裁（arbitration），在仲裁中，第三方主体真正做决定，并且双方都要提前声明它们将会遵守仲裁人做出的任何决策。仲裁者通常在开始时会召开正式的听证会，流程与司法程序相似，包括陈述、证词、相互询问等程序以了解实际情况。仲裁可以是强制的，也可以是自愿的。在强制性仲裁中，根据法律要求，双方必须向第三方提交争议案，而第三方做出的决策就是具有强制力的最终仲裁结果。在自愿性仲裁中，双方自愿向第三方提交争议案，第三方做出的决策仍旧是具有约束力的最终结果。双方可以自愿接受，但如果拒绝仲裁结果，便意味着对仲裁机制的不信任。在提供调解的所有优势之外，仲裁还有一个优势，即如果争议双方成员对处置结果不满意的话，他们可以怪罪到仲裁者身上。

一些企业在实践中也使用调解——仲裁的顺序性程序解决争端：它们提前约定如果调解无效，争议将转交仲裁进行解决——调解和仲裁的执行人通常为同一人。但在调解——仲裁的程序里，仲裁人事先将关于争端解决的决定进行保密并密封在信封里，然后开始调解程序。如果调解无效，那么信封中的仲裁决定会自动生效。这种顺序性程序的优势在于可以减少各方的决策控制权，由此可以降低各方期望——使得它们行事更加理性，同时也可以激励各方采用合作性谈判解决争端。如果以上程序均告失败，那么这个执行过程最终也会比仅使用仲裁机制更加公正，因此相比于仅使用调解机制，争端各方在此过程中也更可能遵守仲裁规则。

对将争端提交给第三方主体进行解决的方式加以制度化的确可以预防冲突。由于它们知道外部干预的态度，争端各方会希望在内部处理分歧。如果内部无法解决，当冲突水平变得很高时，第三方主体便会为处理冲突提供一种安全网。第三方主体介入正在发生的冲突也有利于渠道关系的维持，因为第三方干预会促使渠道成员对它们从关系中获得的经济回报更加满意。[46]

3）建立关系规范

先前提到的机制是一种预防冲突或在冲突发生时加以处理的政策，这些机制可以被主动设计、有意识运用，以及通过管理持续保持。但是，还有另一类重要因素可以预防和直接处理冲突，即使管理者无法直接创造或控制它们，那就是根据关系的运作，引导渠道成员随着时间推移来管理其关系的规范。以合同为例，适度详尽的合同可以减少破坏性冲突，为双方有来有往的谈判提供足够空间，并且仍然保留着监管行为的框架。然而，过度详尽的合同反而会导致行为僵化，在关系中造成潜在问题。[47]在渠道中，规范规定行为期望，被所有渠道成员共享（至少部分共享）。在渠道联盟中，通常包括以下几种规范：

- 灵活性。渠道成员期望彼此以最小的阻碍和最少的谈判快速地适应变化的环境；
- 信息交换。渠道成员期望彼此自由、频繁、快速和完全地共享所有相关信息——不论信息多么敏感；
- 团结性。渠道成员期望每一方都可以为了共同利益，而不是某一方私利而工作。

这些关系规范具有整体效应：如果关系中任何一种规范达到较高水平，那么所有的规范都会维持在较高水平。[48]具有高水平关系规范的渠道对于预防冲突特别有效，因为它可以防止渠道成员以渠道利益为代价来追求企业私利的行为。这些规范还鼓励渠道成员避免使用强制手段，并且尽最大努力来解决分歧，由此可以将冲突限制在功能性范围内。[49]

不幸的是，管理者并不能决定何时建立关系规范，以及建立之后能否立即运用它们。

规范存在于营销渠道管理人员之间的日常互动之中，既可能是积极的，也可能是消极的。比如，渠道中可能存在一种残酷竞争的或完全追求企业私利的破坏性规范。另外，规范与政策不同，它不容易被企业所观察、宣布、公开或控制。

4）使用激励解决冲突

根据谈判者选择的冲突解决风格，劝说对手的最佳理由也会不同。然而，经济激励总会奏效，无论是什么人，什么角色，或有过什么样的关系。正如奖赏权是影响渠道成员非常有效的方式一样，激励对手在经济方面满足其利益也是非常有效的处置争端的方式。因此，优秀的谈判者在处理争端时，总会运用巧妙的方式将其论点建立在经济的基础上，然后将其在良好的人际关系中与强有力的沟通方案结合起来。

下面以制造商赞助的、面向零售商的促销计划为例进行说明。在快速消费品行业中，供应商会斥巨资来做销售现场广告，以及进行店内展示。这些计划往往是争论的主要来源。制造商指责零售商收取促销费用后，却没有实施已经承诺过的促销活动。零售商则抱怨制造商从未支付对等的促销津贴，因为它们实际收到的款项远不足以落实先前承诺的活动内容。由此产生的冲突言论已经占据了食品杂货行业出版物的大量版面。

但制造商如果将经济激励诉求（零售商）和参加按绩效付酬的薪酬计划相匹配，再由一个与零售商建立良好工作关系的销售人员就此计划进行沟通，那么大多数冲突就可以得到解决。经济激励显然很有吸引力，而该销售人员的良好关系则有助于其将零售商的注意力引导到激励上来。特别是绩效付酬系统（比如根据促销活动中实际销售的商品数量，而不是整体订购量向零售商付酬）会帮助剔除掉那些根本没有兴趣与该供应商合作的零售商。[50]

然而，为了有效地发挥作用，经济激励不能只提供更高的价格或更高的津贴，因为这些方式是可见的且容易被竞争者模仿的。相反，有吸引力的经济激励方案以一系列组合要素为特征，这些要素共同为渠道伙伴创造积极的财务收益。[51]例如，独立的销售代理商擅长通过下述方式使产品盈利：

- 通过高佣金率来补偿低销售量，反之亦可；
- 通过易于销售来补偿低佣金率，这样的方式只需要很少的销售时间（如削减成本）；
- 为成长型产品建立销售代理商团队，为未来的收益做贡献；
- 增进整体销售协同性，刺激代理商产品组合中其他产品的销售。

此外，独立代理商会对间接的、风险导向的需求做出回应。因此，供应商应当努力说服代理商在销售它们的产品时做到精准预测，从而降低不确定性。供应商在渠道内通过建立有力的双向沟通计划可以非常有效地将这些需求传达给代理商。[52]然而，不幸的是，经济激励可能会迅速叠加，并变得难以管理。渠道网络通常拥有很多顾客接触点，包括很多组织，以至于跟踪渠道及其激励措施的工作难度会更令人生畏。

因为全渠道情境中的不同实体都试图协调自身的活动来为终端用户提供极佳体验，所以冲突是不可避免的。但是其中的大多数冲突都可能是功能性的，可能会激励渠道成员共同努力以处理各种问题和争论。然而，在多渠道情境中的冲突却更可能是功能失调的，因为这些渠道成员担心市场被蚕食，害怕直面沮丧的终端客户，为多渠道中的不同产品的供应所困扰（如这一渠道中的促销活动在另一渠道中却不被认可）。在图 5-3 中，我们比较了全渠道和多渠道情境中的关系影响结果。全渠道中的组织为了提供极佳体验必须不断提高协作和团队合作水平。在这个意义上，全渠道中的相互依赖水平和承诺水平都应当很高。相反，在多渠道情境中，因为渠道组织缺少激励来协调其产品供应，所以相互依赖和承诺水平变低。相应地，由于全渠道成员会团结合作共同为客户设计极佳体验，全渠道中存在更多的功能性和建设性冲突。然而多渠道的功能性冲突和知识共享水平会更低，反而可能存在更多的破坏性冲突。

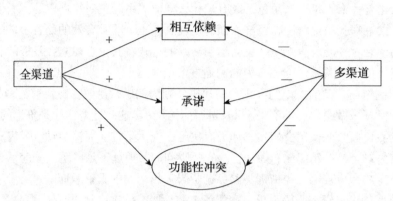

图 5-3　全渠道和多渠道的关系结果

本章提要

评估冲突真实水平的一个好办法是为每个渠道相关的问题设计指标，比如分歧频率、分歧强度、问题重要性等，如果其中某一项指标不高，那么这个问题便不是冲突的真正来源。

在营销渠道中冲突是不可避免的，有三点原因：①渠道成员在内在观念和目标上存在分歧；②现实感知差异，这是因为渠道成员只看到渠道环境的不同方面；③在决策领域上存在冲突（角色、责任和市场区域）。

决策领域冲突在多渠道情景中特别突出，它需要创造性的解决方案，比如沟通、让步、补偿、双赢方式、产品差异化、完全接受等。

灰色市场正快速发展，因为渠道上游和下游成员都会无视对方的不满，基于自身的理由允许灰色产品进入市场。

控制早期冲突的制度化机制包括信息强化策略和使用第三方机制。

渠道冲突也可以通过经济激励加以解决，当结合良好的沟通，并鼓励渠道成员进行一定投资时，解决效果更好。

在全渠道情景中，冲突更富有建设性。

注释

[1]　Der Maelen, Sara Van, Els Breugelmans, and Kathleen Cleeren (2017), "The clash of the titans: On

retailer and manufacturer vulnerability in conflict delistings," Journal of Marketing, 81(1), 118-135.

[2] Bianchi, Raffaella, Michal Cermak, and Ondrej Dusek (2016), "More than digital plus traditional: A truly omnichannel customer experience," McKinsey Quarterly (July).

[3] Stern, Louis W. and James L. Heskett (1969), "Conflict management in interorganizational relations: A conceptual framework," in Louis W. Stern (ed.), Distribution Channels: Behavioral Dimensions, Boston, MA: Houghton-Mifflin, pp. 156-175.

[4] Pondy, Louis R. (1967), "Organizational conflict: Concepts and models," Administrative Science Quarterly, 14 (1), 296-320.

[5] Zwick, Rami and Xiao-Ping Chen (1999), "What price fairness? A bargaining study," Management Science, 45 (June), 804-823.

[6] Brown, James R. and Ralph L. Day (1981), "Measures of manifest conflict in distribution channels," Journal of Marketing Research, 18 (August), 263-274. This article is the basis for the following discussion and examples of measuring channel conflict.

[7] Dwyer, F. Robert, Paul H. Schurr, and Sejo Oh (1987), "Developing buyer–seller relationships," Journal of Marketing, 51 (April), 11-27.

[8] Tang, Thuong Pat, Xiaorong Fu, and Qinhong Xe (2017), "Influence of functional conflicts on marketing capability in channel relationships," Journal of Business Research, 78, 252-260.

[9] Anderson, James C. and James A. Narus (1984), "A model of the distributor's perspective of distributor– manufacturer working relationships," Journal of Marketing, 48 (Fall), 62-74.

[10] Geyskens, Inge, Jan-Benedict E.M. Steenkamp, and Nirmalya Kumar (1999), "A meta-analysis of satisfaction in marketing channel relationships," Journal of Marketing Research, 36 (May), 223-238.

[11] Draganska, Michaela, Daniel Klapper, and Sofia B. Villas-Boas (2010), "A larger slice or a larger pie? An empirical investigation of bargaining power in the distribution channel," Marketing Science, 29(January-February), 57-74.

[12] Bergen, Mark, Shantanu Dutta, and Orville C. Walker Jr. (1992), "Agency relationships in marketing: A review of the implications and applications of agency and related theories," Journal of Marketing, 56(3), 1-24.

[13] Ross, William T. and Diana C. Robertson (2000), "Lying: The impact of decision context," Business Ethics Quarterly, 10(2), 409-440.

[14] John, George and Torger Reve (1982), "The reliability and validity of key informant data from dyadic relationships in marketing channels," Journal of Marketing Research, 19 (November), 517-524.

[15] Brown, James R., Robert F. Lusch, and Laurie P. Smith (1991), "Conflict and satisfaction in an industrial channel of distribution," International Journal of Physical Distribution & Logistics Management, 21(6), 15-26.

[16] Palmatier, Robert W., Rajiv P. Dant, and Dhruv Grewal (2007), "A comparative longitudinal analysis of theoretical perspectives of interorganizational relationship performance," Journal of Marketing, 71(October), 172-194.

[17] Johansson, Johnny K. and Ikujiro Nonaka (1987), "Market research the Japanese way," Harvard Business Review, 65(3), 1-5.

[18] LaBahn, Douglas W. and Katrin R. Harich (1997), "Sensitivity to national business culture: Effects on U.S.-Mexican channel relationship performance," Journal of International Marketing, 5 (December), 29-51.

[19] "Newsmakers: Acacia Inc.," Sales and Marketing Management, 148 (April), 20.

[20] "Who is Cisco," www.cisco.com/c/en_au/about/who-is-head.html, date retrieved March 14, 2018.

[21] Haranas, Mark (2016), "5 surprising statistics about Cisco's channel strategy," www.crn.com/slide-shows/networking/300081194/5-surprising-statistics-about-ciscos-channel-strategy.htm/pgno/0/5, date retrieved March 14, 2018.

[22] Haranas, Mark (2017), "Unified communications blockbuster: Cisco to acquire Broadsoft for $1.9B, partners fear channel conflict," www.crn.com/news/networking/300094321/unified communications-blockbuster-cisco-to-acquire-broadsoft-for-1-9b-partners-fear-channel-conflict.htm, date retrieved March 14, 2018.

[23] Frazier, Gary L. and Tasadduq A. Shervani (1992), "Multiple channels of distribution and their impact on retailing," in Robert A. Peterson (ed.), The Future of U.S. Retailing: An Agenda for the 21st Century, Westport, CT: Quorum Books.

[24] Cespedes, Frank V. and Raymond Corey (1990), "Managing multiple channels," Business Horizons, 10 (1), 67-77; Moriarty, Rowland T. and Ursula Moran (1990), "Managing hybrid marketing systems," Harvard Business Review (November-December), 146-150.

[25] Sa Vinhas, Alberto and Erin Anderson (2005), "How potential conflict drives channel structure: Concurrent (direct and indirect) channels," Journal of Marketing Research, 42 (November).

[26] Furst, Andreas, Martin Leimbach, and Jana-Kristin Prigge (2017), "Organizational multichannel differentiation: An analysis of its impact on channel relationships and company sales success," Journal of Marketing, 81 (January), 59-82.

[27] Bucklin, Christine B., Pamela A. Thomas-Graham, and Elizabeth A. Webster (1997), "Channel conflict: When is it dangerous?" McKinsey Quarterly, 7 (3), 36-43.

[28] Wang, Kitty and Avi Goldfarb (2017), "Can offline stores drive online sales?" Journal of Marketing Research, 54 (October), 706-719.

[29] Dutta, Shantanu, Mark Bergen, Jan B. Heide, et al. (1995), "Understanding dual distribution: The case of reps and house accounts," Journal of Law, Economics, and Organization, 11 (1), 189-204.

[30] Chanchani, Madhav and Chaitali Chakravarty (2018), "Walmart set to be largest shareholder in Flipkart," Economic Times, March 14, https://economictimes.indiatimes.com/small-biz/startups/newsbuzz/walmart-set-to-be-largest-shareholder-in-flipkart/articleshow/63292655.cms, date retrieved March 14, 2018.

[31] Mehta, Jaideep (2014), "Retail boom: Why traditional and online retailers need to solve their disputes on pricing," Economic Times, May 4, https://economictimes.indiatimes.com/industry/services/retail/retail-boom-why-traditional-online-retailers-need-to-solve-their-disputes-on-pricing/articleshow/34601080.cms, date retrieved March 14, 2018.

[32] Datta, Aveek (2016), "Enter the dragon: Lenovo counts on India to offset troubles at home," Forbes India, November 7, www.forbesindia.com/article/boardroom/enter-the-dragon-lenovo-counts-on-india-to-offset-troubles-at-home/44695/1, date retrieved March 14, 2018.

[33] Villas-Boas, Miguel (1997), "Product line design for a distribution channel," Marketing Science, 17 (2), 156-169.

[34] Sullivan, Mary W. (1998), "How brand names affect the demand for twin automobiles," Journal of Marketing Research, 35 (May), 154-165.

[35] Purohit, Devarat (1997), "Dual distribution channels: The competition between rental agencies and dealers," Marketing Science, 16 (3), 228-245; Purohit, Devarat and Richard Staelin (1994), "Rentals, sales, and buybacks: Managing secondary distribution channels," Journal of Marketing Research, 31(August), 325-338.

[36] This section is adapted from Coughlan, Anne T. and David A. Soberman (2005), "Strategic segmentation using outlet malls," International Journal of Research in Marketing, 22 (March),

61-86; Soberman, David A. and Anne T. Coughlan (1998), "When is the best ship a leaky one? Segmentation, competition, and gray markets," INSEAD working paper 98/60/MKT; Champion, David (1998), "Marketing: The bright side of gray markets," Harvard Business Review, 76 (September/October), 19-22.

[37]   Weigand, Robert E. (1991), "Parallel import channels: Options for preserving territorial integrity," Columbia Journal of World Business, 26 (Spring), 53-60; Assmus, Gert and Carsten Wiese (1995), "How to address the gray market threat using price coordination," Sloan Management Review, 36(Spring), 31-41.

[38]   Henricks, Mark (1997), "Harmful diversions," Apparel Industry Magazine, 58 (September), 72-78.

[39]   Post, David (2015), "Costco can keep selling gray market Omega watches at a discount without copyright liability," Washington Post, January 21.

[40]   Brain Staff (2014), "Yakima says Costco bought its product on gray market," Bicycle Retailer, March 20.

[41]   Tolentino, Jia (2018), "The promise of vaping and the rise of Juul," The New Yorker, May 14, www. newyorker.com/magazine/2018/05/14/the-promise-of-vaping-and-the-rise-of-juul, date retrieved September 26, 2018.

[42]   Cespedes, Frank V., E. Raymond Corey, and V. Kasturi Rangan (1988), "Gray markets: Causes and cures," Harvard Business Review, 88 (July-August), 75-82; Myers, Matthew B. and David A. Griffith (1999), "Strategies for combating gray market activity," Business Horizons, 42 (November-December), 2-8; Bergen, Mark, Jan B. Heide, and Shantanu Dutta (1998), "Managing gray markets through tolerance of violations: A transaction cost perspective," Managerial and Decision Economics, 19 (1), 157-165.

[43]   This discussion is based on Frazier, Gary L. and Raymond C. Rody (1991), "The use of influence strategies in interfirm relationships in industrial product channels," Journal of Marketing, 55 (January), 52-69.

[44]   Hibbard, Jonathan D., Nirmalya Kumar, and Louis W. Stern (2001), "Examining the impact of destructive acts in marketing channel relationships," Journal of Marketing Research, 38 (1), 45-61.

[45]   Samaha, Stephen, Robert W. Palmatier, and Rajiv P. Dant (2011), "Poisoning relationships: Perceived unfairness in channels of distribution," Journal of Marketing, 75 (May), 99-117.

[46]   Mohr, Jakki and Robert Spekman (1994), "Characteristics of partnership success: Partnership attributes, communication behavior, and conflict resolution techniques," Strategic Management Journal, 15 (1), 135-152;Mohr, Jakki, and Robert Spekman (1996), "Perfecting partnerships," Marketing Management, 4 (Winter/Spring), 34-43.

[47]   Yang, Wei, Yu Gao, Yao Li, Hao Shen, and Songyue Zheng (2017), "Different roles of control mechanisms in buyer-supplier conflict: An empirical study from China," Industrial Marketing Management, 65, 144-156.

[48]   Heide, Jan B. and George John (1992), "Do norms matter in marketing relationships?" Journal of Marketing, 56 (April), 32-44.

[49]   Heide, Jan B. (1994), "Interorganizational governance in marketing channels," Journal of Marketing, 58 (April), 71-85.

[50]   Murray, John P., Jr. and Jan B. Heide (1998), "Managing promotion program participation within manufacturer– retailer relationships," Journal of Marketing, 62 (January), 58-68.

[51]   Anderson, Erin, Leonard M. Lodish, and Barton Weitz (1987), "Resource allocation behavior in conventional channels," Journal of Marketing Research, 24 (February), 85-97.

[52]   Mohr, Jakki and John R. Nevin (1990), "Communication strategies in marketing channels: A theoretical perspective," Journal of Marketing, 54 (October), 36-51.

第**6**章

零售结构与战略

学习目标

学习本章以后，你将能够：

描述全球范围内存在的零售结构类型；

解释如何从成本和需求两方面制定零售定位战略；

零售商定位战略旨在通过向市场输出一系列的服务来帮助零售商在销售相同产品的竞争对手中脱颖而出；

识别消费者和渠道方面的重要趋势和进展对零售管理产生的影响；

理解零售战略利润模型；

概述零售商及其供应商在权力和协调方面所面临的问题，以及供应商应对零售商利用权力来影响渠道行为的做法。

6.1　零售的本质

《韦氏词典》将零售定义为"将商品销售给最终消费者，以供个人或家庭消费的活动"[1]。因此，在零售活动中，购买者是与企业或机构购买者相对的最终消费者，其购买动机是通过购买物品来满足终端用户的个人或家庭的消费需要。因此，在零售活动中，买方是最终的消费者，而不是企业或机构购买者。零售活动的动机是通过购买物品来满足终端用户的个人或家庭消费需要。我们对《韦氏词典》中零售的定义进行了扩展，认为零售不只涉及产品的销售，也包括服务的销售。例如，儿童日托中心、汽车租赁公司、餐馆、银行、美发沙龙等从事的都是服务零售。

零售业在美国乃至世界经济中占有相当大的比重。美国是世界上最大的零售市场，2016 年全球零售额超过 20 万亿美元，仅美国的零售额就接近 5 万亿美元。[2]正如我们在第 1 章中简要讨论的，在全渠道时代，零售正经历着重大变革。因此，我们首先概述各种零售业态，然后重点介绍零售的各种发展趋势，尤其是在现代全渠道环境下形成的趋势。

6.2 零售商的分类

零售商有多种类型和形式，有关零售商的分类方法有很多。零售机构在规模、所有权安排、提供商品种类的广度和深度以及服务水平方面都有一定的差别。许多零售机构包含多渠道的交付模式，并努力整合全渠道体验，以符合不断变化的消费者购买趋势和期望。接下来，我们简要介绍一下主要的零售业态。

6.2.1 超级市场

超级市场（supermarkets）是传统上专门从事食品零售的自助商店。然而，多年来，美国的超级市场已经在非食品零售领域取得了重大进展，并在其支撑下提供了许多其他服务，如花店和药品服务。超级市场行业的利润率很低，但其已向具有更高利润率的领域大举进军，例如药品服务。熟食品是许多美国超级市场销售的另一个引人注目的产品，这在一定程度上表明它们真正的竞争对手是快餐店。还有一些超级市场提供自有品牌或商店品牌的商品。

与最早起源于欧洲的零售实践相一致，一些超级市场已经开展或面临着与大卖场（hypermarket）或超级购物中心（supercenter）业态的竞争，这些大型超市或超级购物中心往往将食品、服饰、家居用品、珠宝等一系列商品进行组合。一些最新的统计数据表明，大型超市之间激烈竞争。例如，2017 年，沃尔玛占美国零售市场份额的 25%，而美国最大的杂货零售商克罗格（Kroger）仅占 10%。[3]因此，超级市场正在努力增加专有商品，例如具有民族特色的、有机的或自有品牌的商品，以吸引购物者，并更有效地与大卖场、仓储式会员店和有限品类超市竞争。

传统超级市场也发现自己在与奥乐齐、Save-A-Lot 等有限品类超市竞争。超级市场通常拥有约 50000 个库存单位，而有限品类超市的库存单位则要少得多（通常为 2000~5000个），并且几乎完全以商店品牌为特色，因此，它们提供可供消费者选择的商品品类比传统超级市场少得多。[4]

案例 6-1

奥乐齐于 1914 年在德国成立，在全球拥有 10000 多家门店。其典型的门店大约有 2000个库存单位，主要是自有品牌产品，这些产品需要通过随机测试以证明与全国品牌一样具有竞争力。[5]有限的选择使奥乐齐能够保持较低的运营成本，并将节省下来的成本传递给消费者，因此，奥乐齐的商品价格比沃尔玛低 17%。[6]高效率和低成本的运营与奥乐齐巨大的成交量、较小的店铺、取消装饰和其他便利设施的店铺设计、自有品牌商品的生产密切相关。

6.2.2 仓储式会员店

山姆会员店和好市多等仓储式会员店最初将小型企业作为主要目标市场。它们以零售的模式和折扣的"批发价"大批量销售产品。仓储式会员店通常会收取会员费，这是它们一个重要的收入来源。它们只向会员提供产品。这些会员必须进行批量购买，因此，它们实际上是从上游渠道成员那里接管了部分仓储功能。无论何时，典型的仓储式会员店都倾向于在每个产品品类中拥有相对较少的品类选择，但是其定价很低，并且除了商店的自有品牌外，还向购物者提供高端品牌商品。

6.2.3　百货商店

从百货商店的名称可以看出，它被划分成很多部门，以提供各种各样的产品和服务。百货商店最早出现于 19 世纪，在商店内提供服装、鞋子、电子产品、珠宝、家具和家居装饰用品等。长期以来，喜爱一站式购物的顾客一直将百货商店作为购物的最终目的地，因此，百货商店一般开在购物中心，并使购物中心内的其他专卖店也从中受益。然而，百货商店这种业态似乎正在进入衰退阶段，许多位于购物中心的零售商如杰西潘尼、梅西百货和西尔斯百货，都在关闭它们的门店。这个趋势的连锁效应对美国零售业产生了强烈的影响，也导致了全国各地封闭式购物中心的改造与关闭。当主力门店关闭时，规模更小的专卖店也紧接着离开购物中心，因为如果没有主力商店吸引顾客，顾客一般也不会再光顾购物中心了。[7]

尽管如此，许多百货商店仍然在运营，因此，考虑它们的独特之处是有启发意义的。传统的百货商店没有使用集中的结账系统，购物者可以在结账后继续到另一个区域购物。百货商店所提供的服务水平各不相同：像尼曼这样的"一级"百货商店提供的服务比梅西这样的"二级"商店更具个性化。像杰西潘尼和西尔斯这样的"三级"百货商店提供的服务更少，它们往往还面临着塔吉特等折扣店的激烈竞争。由于提供这些服务涉及一定的成本，因此，更好的服务往往意味着更高的价格。从这个意义上说，百货商店不可避免地受到目标消费者支付意愿的影响，因此必须决定是否选择提供某些服务。最后，许多百货商店都有独家商品来吸引购物者。一些零售商正在尝试店中店（store-within-a-store）模式，例如，百货商店在其商场内为知名品牌设立一个迷你专卖店空间。

6.2.4　专卖店

专卖店提供的产品分类要少得多，相当于百货商店的一个单独部分。但在这分类中，它们提供了更深的产品组合（例如，更多的尺寸、颜色和设计）。它们也提供了具有专业知识的销售人员。直到最近，这些专卖店通常都位于由百货商店主导的购物中心，其价格水平与百货商店相似，但提供更高水平的服务。盖璞（Gap）和维多利亚的秘密就是很好的例子，苹果和歌帝梵（Godiva）等制造商也有自己的专卖店。

6.2.5　折扣店

沃尔玛和塔吉特等折扣店主要采用自助服务的方式，并依靠更低的价格吸引购物者。与百货商店相似，折扣店也有很多的产品品类，在玩具、小家电和包装商品等许多领域，折扣店都主导着市场。相对于百货商店或杂货店，折扣店的利润往往较低，因而它们定位于低收入的目标人群。它们也需要很高的营业额和成交量以弥补微薄的利润。因此，对于某些产品线，例如服装，折扣店就不太可能出现很多知名或昂贵的品牌。此外，许多折扣店也提供一些杂货，因为它们认识到消费者经常购买杂货。当折扣店增加了杂货区时，消费者就更有可能或更频繁地光顾，并且一旦进入折扣店，就会购买更多种类的产品。

专业折扣店类似于折扣店，但其提供更少的产品品类。一些专业折扣店，由于其规模和市场主导地位，被称为品类杀手，如家得宝和百思买。

6.2.6　便利店和药店

便利店（convenience stores）大多位于居民区或加油站。尽管它们通常收取额外的便利费用，但其产品组合的深度与广度使其成为迷你杂货店。顾客光顾 7–11 等便利店主要有四个原因：①他们经常去杂货店补充日常用品；②购买香烟和报纸；③快速购买零食和饮料；④寻找快捷、经济的用餐方案，许多便利店的很大一部分收入来自于销售熟食品。[8]

药店（drugstores）的功能类似于药房，但通过管理式医疗和邮购药品建立的新医疗市场的出现和扩张，为此类零售商创造了一个新的、具有挑战性的商业环境。作为回应，许多药店开始经营免预约医疗诊所，并提供更多分类的化妆品、食品和便利品。

表 6-1 对零售商的类型进行了概述，并根据其定位战略对不同种类的零售商进行了分类。不同类型的零售商之间虽然存在一定的差异，但其销售的都是相同的商品，甚至都在相同的地理位置。对表 6-1 中各行之间的比较进一步表明，即使竞争者提供相似的产品，或追求相同的目标市场客户，零售商通过做出这些维度的战略选择，也可以在市场中维持生存与发展。

表 6-1　零售商类型的分类

零售类型	主要关注利润/周转率	批量/拆分	空间便利性	等待与递送时间	种类（广度）	品类（深度）
百货商店（如梅西百货）	利润	是	中等	低等待时间	宽	中等/浅
专卖店（如 Gap）	利润	是	种类	低等待时间	窄	深
邮购（Land's End）	都关注	是	极其高	中/高等待时间	窄	中等
便利店（如 7–11）	周转率	是	非常高	低等待时间	宽	浅
类别杀手（如百思买）	周转率	是	中等	低等待时间	窄	深
折扣店（如沃尔玛）	周转率	是	低	中等待时间（可能缺货）	宽	浅
大型超市（如家乐福）	周转率	是	低	中等待时间	宽	中等
仓储俱乐部（如山姆会员店）	周转率	否	低	中等待时间（可能缺货）	宽	浅

6.3　零售图景

6.3.1　大玩家

《商店》（*Stores*）杂志每年公布美国最大的 100 家零售商和世界最大的 250 家零售商。快速浏览一下美国最大的 100 家零售商就会发现，只有 2 家零售商（亚马逊和 QVC）的大部分销售额是通过无店铺零售实现的。此外，食品零售是许多大型零售商的组成部分：排名前 10 的零售商中有 8 家至少销售一些食品［除了家得宝和劳氏（Lowe's）以外的所有零售商，甚至沃尔格林也有一些食品销售］。折扣店、仓储俱乐部、药店和超级市场都出现在了列表的前 10 名。[9]然而，我们不能忽视或低估沃尔玛在全球零售业的主导地位。沃尔玛的销售额是美国第二大零售商克罗格的 3 倍多。最大的服务零售商麦当劳排在第 12 名；最大的有限品类超市奥乐齐，位于第 19 名。

全球 250 强榜单再次突出了沃尔玛的主导地位，以及美国零售商的强势地位。美国零售商占据主导地位并不令人意外，美国仍然是世界上最大的零售市场。然而，一些欧洲（德国、法国、英国、瑞典、荷兰）和日本的零售商也排在前 10 名[10]，中国零售商已经开始在前 250 名中崭露头角。

6.3.2　新的变化和挑战

现代零售商面临的一些最主要的发展趋势包括进入了全渠道时代，以及大数据及其相关技术的爆炸式增长和影响的持续增强。

全渠道趋势。在全渠道零售时代，一个主要的挑战是网上零售和实体零售的区别变得模糊不清[11]，这是因为实体零售和网上零售具有不同的本质特征。零售商不能忽视任何一种零售形式，即使大部分增长来自线上零售，但大部分零售活动仍然发生在实体店。因此，消费者的消费偏好正在向多渠道和全渠道零售转变。[12]

正如我们已经注意到的，网上和实体店铺之前是分开经营的，但它们的整合增加了顾客的支付意愿、购买意愿和搜索意愿，以及对线上店铺服务质量的感知。[13]因此，零售商越来越多地追求这种整合，以确保它们在这两种形式中建立一流的顾客体验。虽然许多消费者可能会先选择像亚马逊这样的知名线上零售商，但他们在浏览网上渠道时，会优先选择熟悉的品牌，比如他们会先通过线上店铺搜索自己曾经光顾过的线下实体店。然而，随着网上购物经验的增加，他们可能会进行更多的比较购物。[14]

在多渠道背景下，一个关键的选择是在线上和线下是否提供相同的产品。线上零售的一个主要制约因素是重量–价值比。重量大的低价值物品（如混凝土、大米）不是最佳的网上产品，因为将它们运送到消费者手中要花费很高的成本。然而，线上零售商不受货架空间的限制，因此，它们可以提供更多的库存单位，并且提供它们可能不会在店铺中陈列的产品品类。

线上和线下商店面临的不同制约也带来了一些令人激动的可能性，即通过实体和线上店铺服务不同的受众。在英国，奥乐齐的线上店铺并没有提供太多的食品，而是专注于销售小家电、家庭用品和葡萄酒。[15]这些考虑也与定价透明度密切相关。在实体店和线上渠道之间制定一个标准化的定价方案可能是一个挑战，因为实体和线上模式的销售成本是不同的。例如，考虑到房租和销售人员的成本，实体店可能需要收取更高的费用。但更低的线上价格也可能导致其威胁实体店的销售额。然而制定更高的标准化的线上价格反而可能使零售商的吸引力低于只在线上销售的竞争对手。[16]

实体店应该要专注于服务。它们可以利用便捷的地理位置，允许顾客提取线上订购的商品。许多线上零售商开设了实体店，亚马逊甚至收购了全食超市（Whole Foods），证明了其对实体零售店的重视。这一发展反映了像 J. Crew 这样的目录零售商开设实体店的早期趋势。当目录零售商和线上零售商增加实体店时，它们针对现有顾客的销售额会增加，因为顾客会更频繁地购物（而不是更大的订单）。然而，实体店的开设通常会使目录销售受到负面影响，但线上销售往往不受影响。[17]

这种全渠道零售商的销售额经常会超过线上零售商，这与消费者的信任有关。许多购物者拒绝任何没有实体店的零售商，实体店的缺失会使顾客产生一种心理距离感，从而降低他们的信任水平。[18]然而，增加实体店也给线上零售商带来了一些风险。例如，展厅现象便是一个相关的挑战。消费者拜访店铺以了解可获得的商品选择，建立信任感，并从销售人员那里获得专业建议。但在收到这些昂贵的服务后，他们会到价格较低的线上渠道购买商品。这些挑战反映了消费者思维模式的显著变化，因为他们把实体店铺看作是考察商品而不是购买商品的地方。[19]

技术和数据趋势。对于大多数消费者来说，零售业提供了两种感受。一方面，商品和服务零售都需要与家务和平常事务联系在一起，比如光顾杂货店或干洗店。另一方面，零售可能被视为一种充实、有趣和娱乐的体验。当零售购物与家务等日常事项有关时，零售商可以依靠预测分析简化任务，例如，通过自动补货程序提供可替代的日常消费品。许多干洗店通过移动应用程序提供取货和送货服务，使消费者更容易购买它们提供的服务。除了最大限度地减少消费者的烦恼并节省他们的时间外，这些技术还创造了转换门槛，因为它们鼓励消费者与零售商建立持续、习惯性的关系。尤其是，整合移动技术的补充服务是非常有效的，它们增加了购买的频次和订单规模，导致了更多的习惯性购买。[20]

当购物变得有趣时，大数据为零售商提供了一系列不同的工具，以吸引寻求愉快体验的消费者。尤其是大数据的完整性、相互关联性和及时性使得零售商可以根据以往的购买记录、人口统计数据、社交活动、购买习惯和地理位置来定位个体消费者。[21]例如，一些以地理位置为基础的社交网站（如 Foursquare）会在顾客位置接近相关零售服务设施时，及时向他们的手机发送电子优惠券。尽管这类大数据应用前景广阔，但零售商对其的有效使用仍然有限，尤其是小型零售商。实证数据表明，在消费者分析程序中利用其丰富数据的零售商比其他行业的企业获得了更多明确的投资回报。因此，未能利用大数据的零售商是短视的和令人担忧的。[22]

有些技术进步虽然较少依赖大数据，但仍为零售商提供了极具吸引力的机会，尤其是在与顾客的价值共创方面。价值共创既包括简单的形式（例如，Build-a-Bear 顾客可以选择使用标准部件组合创造毛绒玩具），也包括比较复杂的形式（例如，顾客参与创新竞赛）。[23]宝洁和星巴克都成功地销售了与顾客共同创造的产品，顾客为改进店铺设计提供了创新的想法或建议。再如，韩国化妆品零售商谜尚（Missha）面对化妆品市场被高价竞争所主导的状况，与供应商密切合作，降低成本，共同创造了顾客负担得起的高品质化妆品。[24]

在可以增强对上述两类购物体验的新渠道应用中，零售商越来越多地使用聊天机器人与线上顾客交流，使用机器人在店铺中与顾客互动，或在配送中心完成订单。聊天机器人支持随时随地的顾客服务，它们也加深了顾客参与度。比如达美乐（Domino's）依赖聊天机器人让顾客知道比萨外卖的确切位置，梅西百货的 storehelp 机器人可以帮助顾客在店内找到商品。[25]

另一个最新的发展是社交购物（social shopping）的出现。社交购物利用社交媒体网络和技术帮助用户了解和购买商品。例如，在 Instagram 上，用户可以点击帖子中的标识，直接进入购物网站。不过，社交商务的发展在某种程度上受到消费者对其不熟悉的阻碍。[26]

案例 6-2

时尚社交网站 Poshmark 吸引了超过 250 万名用户[27]访问该网站上的 5000 个品牌和 2500 多万件商品[28]，但 Poshmark 不持有任何库存。相反，在这种虚拟购物平台上，卖家和买家直接互动，买家可以在网站上随时搜索，然后在销售完成后，卖家使用邮资支付的 Poshmark 包裹将物品运送给买家。该网站最近一年的商品交易总额为 5 亿美元，它从销售的所有商品中抽取 20%的佣金，其当年收入约为 1 亿美元。该网站最初只是一个向女性朋友们销售时尚品的论坛，但现在已经扩展到男性物品和儿童物品。该社交购物网站使卖家能够推荐适合其顾客风格的产品，卖家在性质上就像是一名虚拟设计师。卖家和网站的社交本质也给所有参与者一种社区感。因此，Poshmark 已经开始吸引小型精品店入驻其网站，并添加了亚马逊 Alexa 应用程序。因此，用户可以访问 Alexa，寻找各种主题或特定外观的商品。[29]

最后，增强现实技术将虚拟对象集成到现实环境中，以增强虚拟体验，这项技术似乎会对零售业产生重大影响。[30]瑞典家具制造商宜家（IKEA）依靠增强现实技术帮助顾客获得对新设计的虚拟体验，这样他们就可以了解如何与厨房布局互动，或者根据虚拟设计体验装修后的卧室中。[31]这些技术也为个性化的购物者提供了良好的体验。

案例 6-3

Boon + Gable 将先进的技术与个人、家庭购物顾问的吸引力相结合。时间紧迫的专业人士如果在选择服装时需要帮助，可以下载该公司的应用程序，该程序会咨询顾客的品牌偏好、风格、身材尺寸和预算等。随后，设计师安排上门的咨询服务，并带来购物者可能感兴趣的物品。顾客可以立即购买这些商品，并听取专家顾问关于如何将这些衣服与他们已有的衣服搭配的建议。Boon+ Gable 既与小型精品店合作，也与大型百货商店合作，平均一个订单是 700 美元，大约是传统电子商务订单平均销售额的 6 倍。[32]通过收集来自不同消费者及其偏好的信息，它还建立了一个推荐引擎。因此，Boon + Gable 将线上购物（无须出门，依靠技术预测用户偏好）与个性化服务结合在一起，帮助购物者对他们的购买具有信心。[33]

6.4　零售定位战略

零售业的竞争非常激烈，因此，零售商必须制定明确的定位战略来吸引顾客。当零售商选择其定位战略时，必须认识到这对其竞争力和绩效的重大潜在影响。在明确了这些影响之后，零售商可以进一步分析明确具体的成本和需求两方面的特征。例如，在成本方面，零售商可能会关注毛利和库存周转率目标。在需求方面，零售商需要明确向购物者提供哪些服务产出。我们依次讨论这些问题，然后通过详细描述这些选择如何帮助零售商形成其总体战略来总结我们的讨论。

6.4.1 成本方面的定位战略

在高服务型零售体系中，利润率较高，但周转率（即货架上的库存在特定时期内的周转次数，通常为一年）较低。在低价零售体系中，情况正好相反：低利润率、高存货周转率和低服务水平。虽然零售市场中这两种类型很普遍，但令人兴奋和值得注意的是低价零售体系的领先者（如沃尔玛、家得宝）实现了高效变革，它们不仅达到了低利润率和高周转率，而且提供了非常好的服务。它们能够提供如此昂贵的服务，很大程度上是由于它们通过使用复杂的信息系统不断改进资产管理，从而获得了很高的投资回报率。

一般来说，低利润率/高周转率的模式寻求高运营效率，因此，零售商可以将任何节省下来的成本转移给消费者。但从渠道的角度看，将节省的费用转移给消费者实际上还需要转移成本（例如，机会成本和努力成本）。在好市多、山姆会员店或家乐福购物的消费者可能会从较低的价格中获益，但需要自行承担部分渠道功能，如批量拆分、向不太方便的地点运输和更高水平的自助服务。这种零售商权衡其利润率和周转率的经营哲学反映了这样一种认知，即某些消费群体愿意为他们的购买行为承担部分成本。但是，如果消费者不愿意以牺牲一定服务（即自行承担更多的渠道功能）来换取更低的价格，零售商就需要避免这种低价格、低利润率的零售模式。

与此同时，降低运营成本并不总是需要降低所有服务产出的水平。像 Zara 这样的时尚前沿的服装零售商为终端用户提供最新的产品（优质的组合和种类），并快速交付最热门新款产品，但仍能保持低成本，因而也可以提供有竞争力的价格。零售商可以用不同方式，建立渠道体系如采用高度垂直一体化的路径或依赖外包。只要零售商能够降低成本，这些方法都是可行的。

补充资料 6-1

与所有组织一样，零售商必须实现财务目标。决定零售战略的关键是它们是否应该强调低利润率和高周转率，还是在低周转率的情况下寻求高利润率。管理人员通常使用战略利润模型（strategic profit model，SPM）对组织实现财务目标的机会做出最佳估计[34]，该模型指出零售商需要管理其利润率或资产（或两者都有）。该模型起源于净销售额（net sales）的概念，即总销售额减顾客退货和费用。SPM 重点强调了三个组成部分：

1. 利润率（margins），即利润与销售额的比率。每个零售商都应设法管理其利润率（净利润/净销售额）。

2. 资产周转率（asset turnover）（净销售额/总资产），它反映了零售商利用资产创造收入的效率。换句话说，它反映了为产生一定数量的收入所需要使用的资产数量。

3. 财务杠杆（financial leverage），以权益乘数（总资产/净值）衡量，表示零售商的杠杆程度。传统的目标是确保其净资产（净利润/净值）的目标回报。

因此，我们可以用以下等式表示 SPM：

$$\frac{净利润}{净销售额} \times \frac{净销售额}{总资产} = \frac{净利润}{总资产}$$

和

$$\frac{净利润}{总资产} \times \frac{总资产}{净值} = \frac{净利润}{净值}$$

因此，

$$\frac{净利润}{净销售额} \times \frac{净销售额}{总资产} \times \frac{总资产}{净值} = \frac{净利润}{净值}$$

如果因为竞争或经济条件而出现利润大幅下降的压力，管理者可以更积极地追求资产周转率，使用更合适的设计来提高每平方英尺的销售额（反映空间和位置生产率），每名员工的销售额（劳动生产率），或每笔交易的销售额（推销计划生产率）。

在零售环境中，有三个相互关联的绩效指标也为零售商提供了提高其盈利能力的方法（见附录 6-1）。首先，存货投资毛利报酬率（gross margin return on inventory investment，GMROI）等于毛利率百分比乘以销售额与库存成本之比。这种将利润管理与库存管理结合的方式可以在公司、市场、商店、部门、产品分类或库存单位等层面计算。GMROI 可以使零售商根据存货投资回报率评估其绩效。例如，食品杂货行业倡导的高效消费者响应（efficient consumer response，ECR）就是通过及时发货、制造商和零售商之间的电子数据交换（electronic data interchange，EDI）联系等方式维持销售额，以降低平均库存水平。这些行为在降低 GMROI 分母的同时没有改变分子。

然而，GMROI 也有一些明显的局限性。当毛利百分比存在很大差异时也是有利可图的，如表 6-2 所示。

表 6-2　GMROI 计算说明

	毛利率	×	销售额与库存成本比率	= GMROI
A	50%	×	3	= 150%
B	30%	×	5	= 150%
C	25%	×	6	= 150%

毛利只展示了销货成本，但没有说明销售不同种类商品时相关可变成本的差异。不过，包含更全面测量方法的其他方式往往更难推导出来。

其次，当涉及全职员工人均毛利（gross margin per full-time equivalent employee，GMROL）时，零售商的目标是使其最优化，而不是最大化。随着每平方英尺销售额的增加，一些固定成本（如租金、公共开支、广告）可能不会增加，甚至可能在销售额中的比例下降。例如，一家零售商在繁忙的假日购物季前补充库存，并在 12 月雇用了一些额外的销售人员，这使每名员工的平均销售额有所下降，但利润率仍在上升。这些额外的员工使得新的存货更快速地转移到销售大厅，并更好地利用了商店的其他固定资产（例如，打开了所有的收银台，确保收银台陈列干净整洁），从而促进了销售。当然，在常规销售期间，公司间的比较仍然可以表明一家公司比其他公司实现了更好的 GMROL。

再次，每平方英尺毛利（gross margin per square foot，GMROS）支持评估零售商如何很好地利用一种独特而强大的资产：它们同意分配给制造商产品的货架或空间面积。

零售商使用这种毛利衡量方法会给供应商带来压力，供应商需要找到一种确保零售商通过其品牌获得足够利润的方法。这些利润取决于其品牌带来的销售量，品牌占用的货架或空间，以及存储、处理和销售其品牌所产生的成本。

于是，上游渠道成员不断寻求加快存货补给的方式，因为更快的补给意味着零售商可以为经常补货的商品投入更少的货架空间，并减少库存持有成本。尽管相关的固定成本投资如库存管理系统，最终会降低边际成本，但它们可能很难被引入渠道，因为各个渠道伙伴必须预先承担大量成本。

例如，米歇尔斯（Michaels）工艺品商店是全球领先的工艺品零售商。它努力向供应商解释将条形码、普通存货号码、电脑标签和电子发票纳入渠道的好处。然而，一些当地的小型手工组织会抵制将这些技术纳入其相对非计算机化业务所需的初期成本。[35]这种抵制可能反映出两个关键问题。第一，渠道合作伙伴可能无法了解改进技术的直接固定成本投资可以节省边际成本。第二，如果渠道的各个成员不信任渠道领导者，它们可能会怀疑领导者产生投机行为，这样它们高昂的前期成本投入可能只会为渠道领导者带来收益。解决前一个问题需要渠道领导者使用专长权使渠道合作伙伴了解降低成本的好处，而解决后一个问题需要在减少冲突和建立信任方面进行更多的投入。

最后，我们需要考虑另一种主要成本的影响及其对零售战略选择的启示，即实体店向房东支付的租金。例如，在购物中心，最大的主力商店一般会为开发商带来超值收益，因为它们吸引的购物者也会光顾购物中心的其他商店。一项研究表明，作为回报，这些主力商店支付的租金明显较低。[36]尽管与专卖店和其他小型商店相比，主力商店每平方英尺的销售额普遍较低，但这种补贴仍然存在。在一些商场，主要的租户被多家（2～5家）中型商店所取代，如 Dick's Sporting Goods、T.J. Maxx 和 Container Store，房东可以向这些租户收取更高的每平方英尺租金。[37]因此，零售商店的经济效益决定了其战略位置的选择，这不仅取决于内部成本因素，还取决于商店所在零售环境的成本因素。

6.4.2 需求方面的定位战略

每个零售商都希望获得更高的利润率、更高的商品周转率和更低的零售成本。但这种理想的组合是不太可能实现的，零售商在经营中战略性地组合这些变量，以获得相似的财务结果。除了这些决策之外，零售商还必须考虑它将提供哪些服务产出，以最大限度地利用其零售要素组合，并有效地吸引所选择的目标市场。

1）分装

这一功能是零售中介的传统功能。制造商生产大批量的产品，而消费者只能消费一单位的产品。因此，传统以服务为导向的零售商进行大批量采购，并向消费者提供他们想要数量的产品。一些食品杂货零售商甚至承担了超越传统批量拆分的功能，它们首先将收到的鸡蛋托盘分开，然后分成一打单独的纸盒包装供顾客使用。但它们也可能允许顾客根据自己的需要，将这一打鸡蛋分成更小的部分。

仓储式商店（如山姆会员店、好市多）等其他类型的零售商为消费者提供了更低的价格，但要求他们购买更大的批量（即少拆箱）。那些运输、储存和融资成本相对较低的消费者，可能会选择以较低的单价购买一箱纸巾或 10 磅装的冷冻蔬菜（尽管他们必须提前支付更多的货币成本）。更多的传统杂货零售商经常通过特殊定价，如"买一送一"或捆绑定价（比如"一美元三件"），来鼓励（但不强制）大批量购买。

这一趋势的另一个极端是所谓的一元店，它们以非常低的价格提供非常少量的产品。因此，消费者可以购买一小瓶洗洁精或一包两到三块的饼干。这些商品的单价比其他零售商要高，但消费者享受到了批量拆分的好处。这种好处对不能或不愿意履行融资或持有库存功能的消费者很有价值。

2）空间便利性

产品可以分为便利品、选购品或特殊品，这种分类取决于消费者愿意进行的搜寻或购物活动的程度。为了确定其定位战略，零售商必须牢记便利品应该很容易获得，而人们高度关注的、相对稀缺的特殊品则可能需要他们付出相当大的购买努力。因此，零售选址以及空间便利的服务产出与零售商选择提供的商品类型是密不可分的。一般来说，零售店选址应该靠近目标市场。

此外，随着人口结构和生活方式的变化，搜寻/购物行为的平衡以及空间便利性的需求在不同的消费群体中也会发生变化。在一个家庭中，如果所有的成年人都工作，他们往往面临着更高的时间机会成本。例如，不断增加的搜寻和购物成本。因此，一位购物者可能很喜欢其所在地区的 SuperTarget 商店的服务产品，但是她对这家商店的印象还不足以克服其提供的空间便利性不足的问题，因为这家商店比当地的杂货店更远，她会说："它不会影响我每周去杂货店买东西。"[38]相反，沃尔格林的药店和连锁便利店特意在大型杂货店附近寻找方便消费者购物的地点。沃尔格林还增加了购物者在商店附近获得停车位的机会，以便将店内的平均交易时间减少到 14 分钟，这是空间便利的另一种体现形式。[39]

3）等待与送货时间

消费者在购物时对缺货的容忍意愿不同，即使是同一消费者在不同的购物场合也会表现出不同的意愿。对这一渠道功能的强烈需求意味着产品随时都应有库存，这反过来意味着零售商必须在它们的商店中持有额外的安全库存以承担更多昂贵的储存功能。每个零售商都必须评估缺货的后果以能够有效调整策略。大多数食品杂货零售商都会避免牛奶或面包等基本产品出现缺货的情况发生，但对卖光一种奇特的、易腐烂的、特殊的水果却并不担心。

对于家具零售商来说，店内的库存往往很低，消费者购买沙发时可能不希望把立刻带回家，而是愿意等待一段时间（如8～12周）再接受交付（这意味着他们用较长的等待时间来换取更好的交付服务产出）。

然而，并不是每一个等待和交付服务产出的组合都可以进行这种明确的权衡。一家英国家具制造商对其生产业务进行了调整，使其每周能够生产 1.1 万套软垫沙发和椅子，每一套都是定制的，并在消费者下单后的三周内交付给他们。这一速度大大降低了传统竞争对手所需的等待时间，但这家公司也并没有要求消费者放弃对该公司送货能力（或分类和种类）的要求，不过消费者如果从沃尔玛或其他替代来源购买现货沙发，他们就必须放弃这些条件。通过提高这两项服务产出，该英国公司的销售业绩非常可观。[40]这一服务的提供也表明了市场竞争规范的变化。当竞争对手提高了关键服务产出时，旧的规范就不足以保持消费者的忠诚，因此，零售商必须不断更新零售战略。例如，当劳氏和家得宝在展厅内承诺加快大型家电的送货速度时，西尔斯别无选择，只能努力跟上次日或当日送达的步伐。[41]

也有零售商有目的地偏离标准竞争规范，以在市场中明确地建立独特的零售地位。Zara 计划性的缺货政策（见补充资料 6-1）既降低了库存成本，又激发了消费者的兴奋感和购买的紧迫感。折扣俱乐部零售商不能保证持有商品的库存，因此，如果消费者在货架上发现他们喜欢的品牌洗衣剂，他们明白最好立即购买。否则，他们可能会被迫等待很长一段时间（更重要的是不知道要等多长时间）才能再次在商店中找到该产品。对品牌非常忠诚的消费者会难以忍受这种情况，但"寻宝者"喜欢在好市多的货架上找到一件以后再也不会出现的独一无二的商品。

4）产品种类

种类是指构成产品供应的不同品种的商品，是产品线的广度。品类指的是每个普通产品品类提供的品牌或型号的深度。塔吉特和沃尔玛等折扣店提供销售快速、低价的商品，品类有限，但覆盖广泛；而 Listenup 等专门或主要经营家用音像电子产品的专卖店则拥有种类较少的产品线，但提供了品类最齐全的型号、款式、尺码、价格等产品。

有时，零售商的种类和品类选择是故意缩小的，以吸引特定的利基市场（例如，孕妇在孕妇服装店购物）。不过，如果这样的零售理念在市场上达到了饱和，正如 Gymboree 所面临的那样，实现业务增长是具有挑战性的。Gymboree 主要在购物中心销售高档童装，它必须将业务拓展到不同理念的零售商店而不仅限于拓展自身特定的品类或种类。首先，它开设了 Janie and Jack 商店，用来销售特定种类的高档婴儿礼品。此外，它还试图推出了一系列相关但独特的零售理念，允许企业渠道增加其品类和种类，同时使这些元素在每家商店保持一致。[44]在这样做的同时，零售商还需要提防两个陷阱：避免蚕食核心的零售理念，一开始就利用对零售理念的了解使其获得成功。

种类和品类方面需要得到最高管理者仔细和战略性的关注，因为这些决策决定了整体企业的特征。然而，在基本战略确立之后，选择特定产品或品牌的任务通常落在了采购人员肩上。采购人员在零售业中扮演着核心角色，一些零售商甚至通过它们的采购人员谈判达成的贸易协议和补贴产生的利润比它们通过销售努力获得的利润还要多。因为采购是零售中非常重要的一个方面，了解商品和供应商选择的评估过程和程序是很重要的。本章的附录试图提供一个更好的知识总结：附录 6-1 是零售商常用的定价和采购方面的术语表，附录 6-2 简要描述了一些零售商商品计划和控制程序。

5）顾客服务

事实上，在过去的一个世纪里，所有主要的零售创新都或多或少地依赖于顾客服务。以店内销售服务为例，仓储式会员店里已经没有了可以帮助顾客定位和比较各种各样个人电脑的专业销售人员，定位—比较—选择的过程就成为消费者的责任。但在苹果商店里，常驻的"天才"销售员不仅提供详细、广泛的产品建议，还提供售后服务，在顾客等待的同时他们会把数据从顾客的旧电脑转移到新 Mac 电脑上。

零售业仍然是少数几个高度劳动密集型的行业之一。因此，零售商的销售费用、一般费用和管理费用（sales，general，and administrative，SG&A）都必须包含销售人员在现场帮助购物者的成本。SG&A 在专卖店（如 Ann Taylor 以及盖璞）和百货公司（如 Nordstrom）占净销售额的比例往往要比在办公用品或药店（如沃尔格林）高。SG&A 所占比例最低的零售商是日用商品零售商和大卖场（如好市多以及沃尔玛）。

表 6-3 总结了每种类型中几家商店的净销售额、SG&A 费用以及 SG&A 占净销售额的比例。这些数据显示，零售商若想提供更好的服务，需要付出高昂的成本。提供较低服务的零售商好市多会用较低的成本补偿消费者。另一方面，更高 SG&A 占比的 Ann Taylor 或 Chico's 则要求其销售人员提供很高水平的店内服务，并相应地收取更高的价格。然而，如杰西潘尼等某些采用低服务策略的零售商也具有较高的 SG&A 比例。

这些变化不仅反映了顾客服务的成本，也反映了明显的收益。零售商不断投入顾客服务，以获取大量的回报。例如，零售商提供购物车便是一个不起眼的例子。购物车在杂货店、大卖场或大型超市里都很常见。但服装零售商普遍抵制这种做法，因为这与它们的形象不符，尤其是像诺德斯特龙（Nordstrom）这样的高端产品。与此同时，大众市场零售店的购物者在使用购物车时平均购买 7.2 件商品，而没有购物车时仅购买 6.1 件商品。一位百货商店购物者的一个孩子坐在购物车里，另一个孩子抓着购物车的把手，篮子里还有好几个大盒子的童鞋，这会使她很感激零售商提供的这项服务！此外，这一相对较小的投资（每辆购物车的成本约为 100 美元）为广大购物者带来了大量的消费服务收益，[43]因为它消除了消费者执行渠道功能的成本。

表 6-3　零售商净销售额和 SG&A 费用

	净销售额/百万美元	SG&A 费用/百万美元	SG&A 占净销售额的百分比
百货，大卖场，品类杀手			
沃尔玛	481317	101853	21.16
好市多	126127	12950	10.26
家得宝	94595	17132	18.11
塔吉特	69495	13356	19.22
Lowe's	65017	15129	23.27
药品、家用电子产品			
沃尔格林	118214	23740	20.08
百思买	39403	7547	19.15
百货商店			
科尔士（Kohl's）	18686	4435	23.73
杰西潘尼	12547	3557	28.35
诺德斯特龙	14757	4315	29.24
Dillards	6418	1681	26.19
专卖店			
Gap	15516	4140	26.68
Ann Taylor	6649	2068	31.1
Chico's	2480	772	31.13

资料来源：各公司 2017 年年度报告。

在所有这些以需求为基础的零售战略中，我们的目标是识别消费者愿意（或不愿意）承担的渠道功能。有了这些信息，零售商就可以选择自己的定位，并计算承担额外服务产出功能的成本——时间、金钱、努力和便利，以此吸引更多的消费者。

6.5　零售渠道

消费者越来越习惯于通过多种渠道和各种类型的销售点购买，因此他们的购买行为不仅因细分市场而不同，还因购买场合而不同。[44]一些消费者喜欢逛实体书店，因为他们希望在浏览书籍的时候偶然发现一个惊喜，并享受一杯咖啡。另一部分消费者更喜欢通过亚马逊订购书籍，因为他们的品位非常独特，不太可能在普通商店找到自己喜欢的书籍。一些消费者已经将传统书籍完全从他们的阅读习惯中剔除，通过 Kindle 下载阅读内容。还有一些消费者在进行"混合购物"，使用网上、实体店和电子产品来完成他们的购物过程，他们可能会在回家的路上浏览书店，寻找一本新小说，在亚马逊上查看价格，然后选择对 Kindle 或简装书（两者中价格较低的一个）进行最终购买。

这种广泛的购物行为意味着设计一个零售战略需要仔细考虑消费者经历的整个过程，以最终达到销售的目的。但在达到这一目标之前，企业需要在更多的渠道地点开展业务。在本节中，我们将介绍零售渠道中的一些新地点，作为接触消费者的替代模式的直销，以及混合购物行为。

6.5.1　线上零售渠道

全球电子商务零售销售额已达到约 2.290 万亿美元。[45]推动大多数消费者进行电子商务交易的主要因素是便利性，即方便快捷地进行访问。从这个扩展的意义上看，越来越多的家庭购物技术（如目录、在线、电视、数字助手）的使用也证明了空间便利性的重要性。也就是说，大多数企业的关键考虑因素可能仍然是"位置"，而实体店的布局并不是什么大问题。

2012 年第一季度，美国电子商务零售销售额为 531 亿美元。到 2017 年第三季度，销售额增长了一倍多，达到 1153 亿美元，占 2017 年全球零售额的 10.2%。[46]图 6-1 总结了 1998 年至 2015 年的电子商务和总体零售额的变化情况，虽然线下销售仍占主导地位，但电子商务销售额每年都在持续增长。电子商务销售额不仅稳步增长，而且增长速度也超过了美国零售总额的增长速度，通过电子商务渠道完成零售总额的比例在不断提高。例如，对比 2016 年和 2017 年第三季度的零售额，电子商务显示出 15.1%的增长，相比之下，总零售额的增长只有 4.3%。[47]

在美国，每年有近三分之二的人在网上购物，中国的线上销售额占比更高，但只有约三分之一的顾客在线上购物。[48]大部分线上销售来自移动渠道，占线上销售额的 58.9%。移动商务的这种增长在很大程度上是由占全球电子商务三分之二的中国市场推动的。

线上零售商还以"信息库"的形式出现，包括产品的视频和详细文字描述、产品评论和推荐算法。[49]从这个意义上说，高质量的线上信息代表了消费者对线上渠道偏好的另一个驱动因素，在那里他们还可以找到更多的产品选择。在他们可以收集的信息中，线上渠道使消费者能够轻松地在零售商之间比较价格。

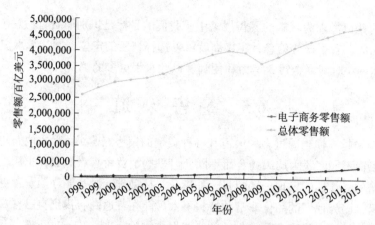

图 6-1　美国总体和电子商务零售额

资料来源：U.S. Census Bureau, released August 16, 2012, available at www.census.gov/retail/#ecommerce.

6.5.2　直销渠道

直销是指"远离固定零售地点，以面对面的方式销售产品或服务。"[50]直销组织（direct selling organizations，DSOs）使用这种技术来接触最终消费者，依靠个人销售作为其渠道结构和零售定位的关键。知名的直销组织包括安利（家庭清洁产品、个人护理产品、家用电器）、玫琳凯（Mary Kay）（化妆品）、康宝莱（Herbalife）（营养补充剂和维生素）、雅芳（Avon）（化妆品）、Pampered Chef（炊具和烘焙用具）、特百惠（家用存储容器），这些不同品牌几乎可以销售消费者能买到的所有类型的商品和服务。最受欢迎的商品是可重复购买的消费品，购买渠道通常是通过独立经销商建立的个人网络。直销是一种非常古老的分销方式，但由于消费者对人际互动的热情，加之建立和运行这些渠道的低成本，它仍然是可行的。

2016年，美国有近2050万人从事直销，其中74%是女性。[51]除了各种服务外，他们在健康、家庭护理和个人护理行业的直接销售创造了超过350亿美元的零售额。然而，这个行业的典型成员并不仅仅通过直销来谋生或养家糊口，她们往往是为直销组织兼职工作的已婚女性。有些人确实收入丰厚，但更普遍的情况是这些收入只是用于补贴家用。

直销人员报酬的差异源于直销组织独特的渠道结构。无论直销组织品牌是生产它所销售的产品，还是与其他公司签订生产合同，它都依赖于下游的中间人，这些中间人被称为"直销人员""顾问"或"销售人员"（我们在这里使用术语"直销人员"）。这些直销人员是独立的承包商，而不是公司的雇员，他们以较低的价格购买产品，然后以高价转售给下游终端用户。因此，他们占有产品实物，承担着所有权、风险、订购和支付流程成本，但他们最重要的功能是促销，因为标准的广告在直销组织中是罕见的。

在一个多层次直销组织中，直销人员通过三种方式获得报酬。第一，他们通过从直销组织处批发的产品赚取批零差价。第二，在每一笔交易中直销组织都会向他们支付佣金。第三，直销人员招募其他人员时，也会从这些直销人员的销售额中赚取佣金。多层次直销组织之间存在很大的差异，为了便于说明，我们举了如表6-4和图6-2所示的例子[52]：凯瑟琳是被珍妮特直接招募的。珍妮特是凯瑟琳的上线，而凯瑟琳、苏珊和肯特以及他们所有的成员共同构成珍妮特的下线。珍妮特在一个月内卖出了价值 200 美元的产品；凯瑟琳、苏珊和肯特每人销售 100 美元；凯瑟琳的三个新成员每人销售 50 美元的产品。因此，珍妮特的个人销量是 200 美元，但她的团队销量是 650 美元（她的销量以及团队成员销量之和）。珍妮特团队销量额的佣金比例是 7%，她整个团队的佣金是 45.5 美元，但她的净佣金是从这 45.5 美元中扣除下线的佣金。凯瑟琳、苏珊和肯特获得 5%的更低佣金比例，他们销售 450 美元的佣金是 22.5 美元（450×5%）。因此，珍妮特的净佣金是 23 美元（45.5 - 22.5）；她还通过个人销售赚取批零差价（加价幅度通常是 40%～50%）。

表 6-4　佣 金 安 排

销售额/美元	佣金比例
<100	3%
100～275	5%
>275	7%

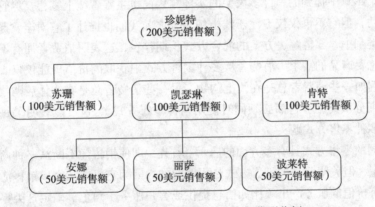

图 6-2　多层次直销组织：结构与薪酬范例

资料来源: Anne T. Coughlan and Kent Grayson (1998), "Network marketing organizations: Compensation plans, retail network growth, and profitability," International Journal of Research in Marketing, 15, 403.

　　多层次直销组织的薪酬体系结构为直销和建立直销网络提供了不同的激励因素，这需要直销组织进行巧妙的平衡。现有的直销人员在招募新人员时花费的时间越多，直销组织的网络就越大。但只招募新的直销人员，而没有用足够的时间销售产品，也不会给直销组织带来收入或利润。[53]这种平衡说明了合法的直销组织与非法的金字塔式骗局之间的明显区别。金字塔式骗局是一种要求新成员支付不可退还的费用成为直销人员的欺骗机制，而这些直销人员只有让新成员签约并付费时才能获得奖励。公司和直销人员都是在不销售产品或提供服务的情况下获取收入的，这意味着他们不提供任何价值或利益以换取顾客的货币支付。许多金字塔式骗局的受害者没有意识到这种内在不稳定性的风险，他们往往期望在这个体系崩溃之前得到一些利益。一些不是零售商的金融从业者们也曾利用金字塔骗局而出名，比如伯纳德·麦道夫（Bernard Madoff）曾说服投资者不断向他的投资计划中投入资金，却从未提供任何实际的服务。[54]

　　为了防止非法传销，合法的直销组织已经为它们的行业制定了一套道德准则。因此，合法直销组织的一些定位选择是预先确定的：它们提供较低的准入门槛或加入成本（例如合理的"入门装备"费用），接受未售出商品的近乎全额（如 90%）退款，主要根据产品销售而不是招募的下线网络成员数量提供奖励。然而，对于一般观察者来说，合法的直销组织与非法的传销之间的区别还不是很明显，这意味着合法的直销组织还有其他的定位选择。值得注意的是，由于签约成为直销人员相对容易，许多人没有经过认真考虑就兼职从事这个职业了。没有经商才能的新成员在职期间可能会犯代价高昂的错误，虽然没有任何一个直销组织可以防止直销人员做出一些错误的决定，但是他们每个人都有自己的既得利益，因而直销组织会努力选择和管理新成员，尽量减少此类问题。这样做可以避免欺骗性直销活动形象问题的持续困扰，确保直销组织拥有更好的声誉，从而获得更好的销售。

6.5.3　混合零售渠道

任何一种单一的零售业态都不足以覆盖一个市场或满足一个特定目标群体的服务产出需求。一些企业是纯粹的线上卖家，但大多数企业会将实体店与线上销售策略结合起来。正如我们在第 1 章中提到的，许多大型的实体零售商也主宰着线上零售。尽管亚马逊取得了巨大的成功，但它不再仅仅专注于线上销售，之前我们也描述了它对全食超市的收购。不同的产品类别中，零售解决方案的混合方式长期存在，这表明消费者拥有不止一种途径满足其获取想要产品的需求。消费者从多种零售方式中获取的价值可能仅仅表明了不同的细分市场（例如一些消费者总是在线上购物，另一些消费者总是在实体店购物，所以为了吸引这两个细分市场，零售商必须同时使用两种零售方式），也可能表明了每个消费者都经常会使用多种零售方式购买。

这些不同的零售方式具有多方面的启示。首先，即使销售额不断从一种商店类型转换到另一种类型，但关闭前一种零售方式是不明智的，因为它可能从完成销售活动角色转换成提供其他有价值的服务产出（比如信息提供或客户服务）角色。确定这类零售店真实的经济增加值可能并不容易，但很明显，它通过保留多种进入市场的零售渠道来提供一些经济价值。如果这些混合渠道不是垂直整合的，渠道管理者的任务就会变得更加困难，例如某一渠道成员赚取了所有的销售额，而另一信息提供者可能不会因为其昂贵的服务产出而得到足够的经济补偿。在这种情况下，搭便车成了混合零售渠道常见现象，渠道管理者必须决定如何维护公平。

其次，混合购物是涉及多个消费者，还是一个消费者使用多种渠道的问题也需要被重视。假定您是一家制造商的零售经理，该制造商同时与独立的实体店和网上零售店（这些网上零售店可能由实体店拥有，作为混合零售战略的一部分）签订合同。这两种零售店都可以向终端用户销售。然而，实体店也为那些喜欢亲自光顾，却在网上购买的消费者提供了信息记录，即我们之前提到过的展厅现象。在这种现象日益普遍的情况下，实际上有三种进入市场的渠道方式：①实体渠道（消费者忽略线上渠道）；②线上渠道（消费者忽略实体渠道）；③混合渠道（消费者在线上获得一些服务产出，在线下获得其他服务产出）。只有认识到这三种渠道结构，渠道管理者才能准确地衡量任何单一渠道的增量效用。如果再增加其他渠道，这种衡量将变得更加复杂。不同的渠道结构对渠道成员之间的谈判非常重要，成员会担心其市场被窃取或者其提供的服务没有得到公平的经济补偿。此外，消费者不只是在线上和线下渠道之间转换，他们遵循不同的购买途径，也经常在不同的线上设备之间切换。在图 6-3 中，我们重点介绍了消费者如何同时使用多个渠道搜索购买产品和服务。

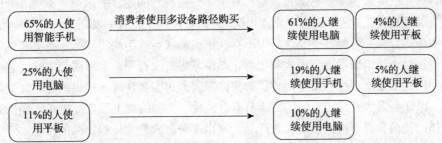

65%的人使用智能手机　　消费者使用多设备路径购买　　61%的人继续使用电脑　　4%的继续使用平板

25%的人使用电脑　　19%的人继续使用手机　　5%的人继续使用平板

11%的人使用平板　　10%的人继续使用电脑

全渠道增加了跨渠道的互动，因此，这种"循环"的体验会根据顾客的动机和习惯不断地跨渠道进行。顾客在全渠道体验下可以同时使用多个渠道（UXMagazine，2015）

图 6-3　全渠道界面和接触点

资料来源："Consumers Take a Multi-Device Path to Purchase," Forbes.com, 2012.

最后，制造商和零售商若要使用多种零售渠道进入市场，以扩大品牌知名度和市场覆盖面，需要找到方法来控制渠道冲突。对于实体零售商来说，目录渠道是扩大其销售范围的绝佳途径。总部位于得克萨斯州达拉斯市的高档零售商 Neiman Marcus 自 1926 年以来就出版了一份圣诞商品目录，每年向 1 亿多潜在消费者发出大约 90 种不同的商品目录，但这些消费者很难在附近找到店铺。[55]在这种情况下，进入市场的额外渠道并没有产生太多冲突，因为零售商同时拥有自己的实体店和目录销售等促销方式（以及线上渠道）。

对于直销商而言，混合渠道带来的挑战使其更具压力，尤其是受到现代人口结构的影响。由于越来越多的女性开始成为上班一族，支撑许多公司直销业务的"全职妈妈"模式受到了冲击。因此，雅芳跟随互联网浪潮，增加了线上销售渠道，结果却听到愤怒的"雅芳小姐"（其独立直销人员）说她们最新的竞争对手是雅芳的直销组织。雅芳最初的混合战略是直接在线上向终端用户销售产品，完全绕过"雅芳小姐"，不给她们任何线上销售的积分。但在经历了一段时间的混乱和许多直销人员的损失后，雅芳改变了模式，允许每个直销人员建立自己的网站，并在网站上获得其销售积分。在这种情况下，产生问题的根源不是线上渠道，而是如何在不增加渠道冲突和相互蚕食的成本的基础上获得利益。[56]

对制造商及其零售合作伙伴来说，虽然管理多种进入市场的零售渠道仍然是一个挑战，但混合购物行为已经渗透到了所有多渠道的组合中。成功应对挑战的方法不是结束一个"有问题的"渠道（例如一个销量较少或是被搭便车的渠道），因为该渠道可能提供了一些有价值的服务产出。具体的解决方案包括为所有有价值的渠道功能提供合理的绩效奖励，以确保所有渠道成员都有强烈的动机按照渠道设计执行渠道功能。有一些证据表明，线上和线下实体渠道既是相互替代也是相互补充的。当零售商在某一地区拥有强大的网络销售业务时，开设更多的实体店可能会减少线上销量；但如果零售商的网络销售额较低，新店的开设则可能会增加线上商店的销售额。[57]线下商店还具有营销沟通的功能：它们增加了零售商的知名度。消费者在线下会接触到海量的信息，从这个意义上说，营销人员也可以利用线上资源来帮助消费者处理和理解这些信息。[58]例如，商店可能允许消费者线上访问详细的产品描述、产品评论和产品比较工具，这样他们就可以在知情的情况下做出选择，而不会放弃购买并离开商店。

正如我们之前提到的，混合型零售商面临的一个持续挑战是为消费者提供无缝的跨渠道体验。是什么使这些体验不那么顺畅？对于多渠道经营的零售商来说，消费者可能在实体店获得的优惠券在线上不适用，或者相反。购物者在线上商店中发现了一个想要的商品，并来到实体店寻找，可能发现实体店中不存在该商品或者处于缺货状态。线上和线下渠道的不同价格也会让消费者感到沮丧和困惑。即使零售商没有明确采用混合战略，它们也必须认识到现代全渠道环境的需求。纯粹的实体零售商仍需要在线上提供信息，并提高其服务水平，以证明消费者拜访它们的商店具有合法性。纯粹的线上零售商也必须提供方便的提货选择，使消费者有机会亲自检查产品，并以某种方式帮助体验商品的搜索。[59]

6.6　零售商权力及其影响

宝洁、高露洁、卡夫和高乐氏（Clorox）等公司一度主宰着零售商，然而，如今零售商倾向于控制它们。哪些渠道的发展导致了这种转变？

第一，杂货店、药店和大型综合零售商正常销售的商品需求经常接近饱和，因此它们得不到快速增长。为了实现增长，零售商必须从竞争对手处抢占销售份额，而不是等待整体市场需求的扩大。市场份额的竞争给零售商施加了巨大的压力，大多数连锁店销售的产品往往很相似，因此它们的竞争主要基于价格。因为更好的价格（加上绝佳的地点、吸引人的商店和合理的服务）已经成为生存和成功的主要途径。连锁零售商别无选择，只能向供应商施压，要求它们在价格上让步。特别是在食品零售业中，仓储会员店、综合购物中心、特别折扣药店和大型综合零售商的增长速度比传统食品商店发展更快，这使得它们能够以牺牲超级市场为代价进行扩张，特别是在特定利基市场的消费者，他们更看重价格和一系列选定的服务。[60]因为超市的利润率（净利润与销售额的比率）已经很低了，只有大约 1%，任何流向替代业态的销售损失，尤其是来自大买家（如大家庭）的损失，都可能是灾难性的。尽管其权力受到了新进入者的限制，但这些传统零售商仍是许多消费品供应商的主要渠道，这意味着它们可以将价格压力转移给制造商。

第二，零售商不断寻求提高生产率，从而降低成本，同时保持其价格不变或略低于竞争对手。如果它们能够实现规模经济，便可以更好地以更大的商店业态为消费者提供一站式购物的便利条件。然而，这种方式提高了固定成本，迫使超市和大型综合零售商更加重视扩大销售额。例如，当克罗格收购 Fred Meyer 时，它的年销售额增加到 430 亿美元，这是美国雀巢销售额的 5 倍。这些统计数据表明，在食品杂货领域出现了一种新型的供应商-零售商谈判方式。[61]

第三，公司压力的增加意味着零售采购人员压力的增加。采购人员主要关注采购和存货维持之间的平衡。现在，采购中心也是利润中心，负责资金管理、服务水平、营业额、零售利润率和定价、质量控制、竞争力和商品种类、运营成本、货架空间及陈列位置，以及供应商信贷浮动和条款。为了帮助公司赚钱，采购人员向供应商寻求价格优惠和销售支持，而那些无法提供这些支持的供应商可能会发现自己销量也会锐减。

第四，零售商可以威胁大多数制造商不采购其产品，因为它们有很多其他的选择。美国市场上大约有 10 万种食品杂货，每年都有成千上万种杂货被引进（尽管大多数新产品没有取得成功，失败率大约在 25%到 80%之间[62]）。一个典型的超市大约有 4 万种杂货。因此，零售商可以选择对自己有利而不是对制造商有利的产品。当然，并不是所有的产品类别都像食品杂货一样。例如，服装市场的特点是每个季节都对新产品有强烈的偏好，所以总营业额在每个季节都很接近。然而，在实体零售环境中存在的根本问题是太多产品在竞争有限的货架空间。

第五，相对于零售商而言，供应商要为自身的弱势地位负一部分责任。它们不仅每年推出成千上万的新产品，而且长期以来，还通过产品、价格和促销优惠来"贿赂"零售商以取得其货架空间。这些活动对具有权力优势的买方显然更为有利。

补充资料 6-2

接受促销协议的买方会越来越期待并坚持将其作为交易的筹码。然而，制造商和零售商对此类促销的效率持截然不同的看法：制造商通常认为，它们从交易促销中获得的收益有限，与此同时，零售商大多声称它们获得的促销份额"不足"。[63]当被问及交易促销对品牌忠诚度的影响时，21%的零售商认为交易促销支出确实有助于提升品牌忠诚度，但却只有 12%的制造商同意这一说法。这些态度清晰地表明，即使制造商在促销上花更多的钱（强大的零售商所要求的），它们也认为促销的价值较低。在接下来的部分，我们将详细介绍制造商提供给零售商的几种交易类型的影响：超前购买（forward buying）协议、进场费（slotting allowances）、失败费用（failure fees）和自有品牌（private labels）的影响。

6.6.1　超前购买协议的影响

当包装消费品制造商大量开展交易促销活动时，零售商对其产品的需求会出现大幅波动。暂时性的批发价格下降使得零售商选择超前购买，即购买远远超过需求数量的产品，并将其储存起来，直到库存再次下降。过去，像金宝（Campbell Soup Co.）这样的公司，有时会在短短 6 周内将其年鸡汤产量的 40%出售给批发商和零售商，这是由于它们的交易惯例。这一战略增加了零售交易的数量，并要求零售商承担库存成本，但它也会严重影响制造商的成本和营销计划。如果制造商降价 10%，零售商可能会囤积 10～12 周的货物。但促销结束后，零售商以标价购买更少的产品，这使得制造商可能无法获得更好的利润。

在某种程度上，这些问题可以通过持续补货计划（continuous replenishment programs，CRP）等技术来缓解。制造商和零售商通过电子技术保持连接，当零售商的库存不足时通知制造商，从而触发再次订购。如果制造商和零售商通过这种方式进行合作，超前购买产生的问题就会减少，尽管制造商的定价行为仍可能再次引发这种问题。

与此相关的一个问题是易地销售。当制造商提供区域性促销活动时，比如在美国西海岸，一些零售商和批发商购买大批量产品，然后将其中一部分分销给没有折扣的中西部门店。这种行为妨碍了制造商根据地区或社区定制营销策略的努力，但与灰色营销不同的是，它是合法的行为，而灰色营销是指通过未经授权的海外渠道分销授权品牌产品的行为。

6.6.2 进场费的影响

进场费起源于 20 世纪 70 年代，是为了补偿食品杂货行业将新产品整合到其系统中的成本的一种方式，如在仓库中创建空间、修改计算机库存系统、重置货架以在商店中创造空间，以及储存和补充新产品。由于货架空间不足，进场费大幅增加。据报道，在 2001 年，进场费使制造商产生了高达 160 亿美元的成本，尽管花费的总金额尚不确定。[64]

1999 年，美国国会举行了关于进场费的听证会，小型制造商在听证会上表示，高额的进场费妨碍了它们合理地获取商店货架空间，而零售商则反驳说，制造商应该分担新产品失败的风险。到目前为止，联邦贸易委员会仍未发现任何违反反垄断法的行为，而制造商们持续不断的抱怨也表明，进场费作为零售权力的一种表现并没有消失。[65]有关进场费的研究仍在继续，但对于这些费用对零售绩效或价格的净影响，目前还没有明确的共识。

6.6.3 失败费的影响

从 1989 年开始，Super Valu 的批发部门将一款失败产品从其仓库中撤出时，开始向其制造商收取费用。如果一个新产品在 3 个月内没有达到最低的销售目标，批发部门就会将其撤回，并收取 2000 美元的费用。[66]与进场费一样，失败费成为 2000 年美国联邦贸易委员会会议上的一个焦点：一些人认为，失败费代表了制造商做出的可信承诺，即其产品足够好，可以销售。与进场费不同，失败费不是预先支付的，所以即使是在杂货店售卖的小型制造商也需要支付失败费。但收取失败费的合理性是值得怀疑的，因为一种产品的失败可能不是因为产品本身的劣势或缺乏吸引力，而是因为零售商的支持不力（这就产生了道德风险问题）。收取失败费也可能比预先收取进场费更难。[67]无论它会带来什么效果，失败费的持续使用是零售商控制权的另一个标志。

6.6.4 自有品牌的影响

自有品牌（或商店品牌）在欧洲一直很受欢迎，它们的销售额约占英国所有超市销售额的 40%～50%。[68]然而，当西尔斯、杰西潘尼、Montgomery Ward 和 A&P 等美国零售商致力于用自有品牌培养顾客的店铺（而不是对制造商品牌）忠诚度并赚取额外利润时，它们提供商品的普通包装和品类未能给消费者带来足够的价值。换句话说，它们是省钱的，但与全国性的、大量宣传的品牌相比，并没有吸引力。

相反，现代零售商越来越多地升级它们的自有品牌计划，以提供与制造商品牌产品更接近的替代品。零售商自有品牌一般包括五个基本类别：①店名品牌，即产品带有零售商的店名或标志（如 Ace、NAPA、Benetton）；②零售商拥有的品牌名称，此时品牌形象独立于店名，但产品只在该公司的店铺中出售［如 Kenmore（Sears）、True-Value 和 Tru-Test（Cotter & Co）］；③设计师专属品牌，以设计师的名义与零售商达成独家协议设计和销售的商品［如 Martha Stewart（Kmart）］；④独家授权品牌，通常是名人代言或签名系列，在与零售商的独家安排下开发（如 Michael Graves [Target]）；⑤没有品牌的一般商品［如 Yellow pack no name（Loblaws）、Cost Cutter（Kroger）］。[69]

因此，零售商必须决定是将它们的自有品牌与店铺明确地联系起来，还是采取互不干涉的策略，这样自有品牌就可以自成一体，而与店铺的关系则被淡化。对于高端自有品牌而言，如果商店遵循高–低定价策略并形成强大的品牌资产，那么商店品牌通常更为重要。[70]例如，加拿大食品连锁店 Lobalaws 率先将其"President's Choice"品牌作为一种高档产品推出，销售从巧克力饼干到橄榄油的所有商品。该品牌非常成功，以至于 Lobalaws 在美国的几家连锁店也销售它，并将其定位为全国性品牌的可靠选择。美国的克罗格和 Trader Joe's 等杂货零售商也开始采用欧洲的策略，扩大其自有品牌的产品。补充资料 6-3 重点介绍了克罗格的成功品牌 Simple Truth。

补充资料 6-3

超市和折扣店有明显的动机推动其自有品牌产品：自有品牌产品的价格通常比其他制造商品牌产品低 10%~30%，但它们的毛利率通常高出 50%左右。[71]自有品牌还通过赋予零售商更多的时尚指导、潮流引领、创新以及与消费者沟通等责任，增强了零售商的渠道权力。因此，制造商可能会将其营销战略重点放在重要的零售商身上，而不是产品的终端用户。美国超市 15%的销售额来自自有品牌，平均税前利润为 2%。欧洲杂货连锁店更加注重商店品牌，平均税前利润为 7%。当然，欧洲的食品杂货行业也更加集中，导致价格竞争低于美国（例如，2009 年美国四大连锁超市占据了 68%的食品杂货销售额，而英国四大连锁超市占据了 79%）。[72]

然而，自有品牌项目也可能会走得太远，零售商需要强大的全国性品牌，以使消费者注意到产品之间的价值差异。在 20 世纪 60 年代，当商店品牌在 A&P 的销售组合中所占比例飙升至 35%时，购物者认为在其店内缺乏选择而转向了其竞争对手。20 世纪 80 年代末，西尔斯增加了更多的名牌产品，以吸引更广泛的顾客群。来自有能力的、时尚的专业零售商的竞争也削弱了以前强大的自有品牌产品零售商的地位，比如 20 世纪 90 年代末的玛莎百货（Marks & Spencer）。[73]

总的来说，零售商可以利用自有品牌产品来锁定那些追求价值的消费者，以使他们在商店里消费。如果做得好，这些自有品牌将成为国内（或国际）品牌的强大竞争对手。然而，如果做得不好或者环境的变化使自有品牌过时时，零售商也可能会遭受损失。因此，品牌制造商面临的威胁不在于一般的自有品牌，而是其零售商管理得很好的高档自有品牌。

6.7 零售结构与战略

在世界各地，零售业是一个极其复杂和多样化的行业。作为与终端用户直接接触的关键渠道成员，零售商的行动对营销渠道的成功至关重要。零售商的定位由其运营的需求侧和成本侧特征决定。这些特征体现为给在零售商处购物的消费者提供的服务产出上。因为市场是由不同的消费者细分市场组成的，每一个细分市场都需要不同水平的服务产出，所以零售商可以成功地在需求和成本方面将自己与竞争对手区分开来，即使它们销售的是与竞争对手类似或相同的产品。如果在服务产出端没有提供独特的价值，或者没有明显的成本优势，一个竞争产品的零售商就有可能在市场上失败。不同类型的零售商可以根据它们提供的服务产出水平和成本状况进行分类。

在消费者方面，最重要的发展趋势主要体现在全渠道零售的重要性日益增加以及由于与大数据相关技术的应用和进步引发的零售管理的潜在转型。

权力和协调问题仍然影响着零售渠道管理。零售商利用它们的杠杆作用进行期货交易，并要求供应商提供优惠。食品杂货和服装行业的零售商也制定了强有力的自有品牌计划，对制造商提供的全国性品牌产品构成了竞争威胁。制造商通过建立和维护强大的品牌，并承担更多渠道流程的成本来应对。它们还试图改变定价的基础，并使用多渠道策略来限制对任何一家零售商的依赖。

本章提要

零售是指向终端用户出售商品和服务以供个人消费的一系列活动。

零售商可以按规模、所有权安排、商品组合的广度和深度以及服务水平进行分类。

附录 6-1

附录 6-2

零售定位战略包括成本和需求两方面的决策。在成本方面，零售商通常必须决定是更强调高利润率还是高商品周转率；两者在经济上都是有益的，但难以同时实现。在需求方面，零售商必须选择向目标消费群提供哪些服务产出。零售商所做的成本和需求方面的决策共同构成了其零售定位。

零售战略包括：第一，管理消费者日益注重的多渠道购物体验。互联网是一个完善的、不断增长的零售渠道，也是通过其他渠道购物的推动者。当密切的人际关系对建立和维持消费者关系至关重要时，直销提供了另一种进入市场的方式。在混合购物中，消费者使用多个零售商店来实现购物体验，这需要特殊的技能来避免渠道冲突。第二，制造商逐渐认可零售商在市场中的持续影响力。具有权力优势的零售商使用许多工具来增加它们的利益，包括超前购买协议、进场费、失败费和自有品牌。

注释

[1] See www.merriam-webster.com/dictionary/retailing.

[2] eMarketer (2015), "US retail sales to near $5 trillion in 2016," www.emarketer.com/Article/US-Retail-Sales-Near-5-Trillion-2016/1013368, December 21.

[3] Hu, Krystal (2018), "Amazon and Whole Foods disagree on products like Coca-Cola," Yahoo Finance, February 28.

[4] Leamy, Elisabeth (2011), "Save big: Limited-assortment grocery stores offer fewer choices, bigger savings," http://abcnews.go.com/Business/ConsumerNews/limited-assortment-grocery-stores-consumers-save-big/story?id=12808224.

[5] Mclinden, Steve (2016), "Top of the world," SCT, October, 30.

[6] Turner, Zeke (2017), "How grocery giant Aldi plans to conquer America: Limit choice," The Wall Street Journal, September 21.

[7] Sanicola, Laura (2017), "America's malls are rotting away," http://money.cnn.com/2017/12/12/

news/companies/mall-closing/index.html.

[8] Shaw, Gary (2016), "Get up to speed with the motion of missions today: What are the key requirements necessary to bring shoppers into stores, and how are they likely to change?" Convenience Store, March 25, 8,10.

[9] https://stores.org/stores-top-retailers-2017, date retrieved December 28, 2017.

[10] www.vendhq.com/us/2018-retail-trends-predictions, date retrieved December 28, 2017.

[11] Brynjolfsson, Erik, Yu Jeffrey Hu, and Mohammad S. Rahman (2013), "Competing in the age of omnichannel retailing," MIT Sloan Management Review, 54 (4), 23-29.

[12] Trenz, Manuel (2015), "The blurring line between electronic and physical channels: Reconceptualising multichannel commerce," Twenty-Third European Conference on Information Systems (ECIS), Munster, Germany, 2015.

[13] Herhausen, Dennis, Jochen Binder, Marcus Schoegel, and Andreas Herrrman (2015), "Integrating bricks with clicks: Retailer-level and channel-level outcomes of online-offline channel integration," Journal of Retailing, 91 (2), 309-325.

[14] Melis, Kristina, Katia Campo, Els Breguelmans, and Lien Lamey (2015), "The impact of the multi-channel retail mix on online store choice: Does online experience matter?" Journal of Retailing, 91(2), 272-288.

[15] Hobbs, Thomas (2015), "How Aldi's move into ecommerce shows it is becoming a more 'conventional' grocer," Money Marketing, September 28, 24.

[16] Trenz (2015), op. cit.

[17] Pauwels, Koen and Scott A. Neslin (2015), "Building with bricks and mortar: The revenue impact of opening physical stores in a multichannel environment," Journal of Retailing, 91 (2), 182-197.

[18] Darke, Peter R., Michael K. Brady, Ray L. Benedicktus, and Andrew E. Wilson (2016), "Feeling close from afar: The role of psychological distance in offsetting distrust in unfamiliar online retailers," Journal of Retailing, 92 (3), 287-299.

[19] Rapp, Adam, Thomas L. Baker, Daniel G. Bachrach, Jessica Ogilvie, and Lauren Skinner Beitelspacher (2015), "Perceived customer showrooming behavior and the effect on retail salesperson self-efficacy and performance," Journal of Retailing, 91 (2), 358-369.

[20] Wang, Rebecca Jen-Hui, Edward C. Malthouse, and Lakshman Krishnamurthi (2015), "On the go: How mobile shopping affects customer purchase behavior," Journal of Retailing, 91 (2), 217-234.

[21] Bradlow, Eric T., Manish Gangwar, Praveen Kopalle, and Sudhir Voleti (2017), "The role of big data and predictive analytics in retailing," Journal of Retailing, 93 (1), 79-95.

[22] Germann, Frank, Gary L. Lilien, Lars Fiedler, and Matthias Kraus (2014), "Do retailers benefit from deploying customer analytics?" Journal of Retailing, 90 (4), 587-593.

[23] Baird, Nikki (2017), "Co-creation: The future of retail stores?" Forbes, www.forbes.com/sites/nikkibaird/2017/01/31/co-creation-the-future-of-retail-stores/#eba02443f451, date retrieved February 21, 2018.

[24] Bughin, Jacques (2014), "Three ways companies can make co-creation pay off," www.mckinsey.com/industries/consumer-packaged-goods/our-insights/three-ways-companies-can-make-co-creation-pay-off, date retrieved February 20, 2018.

[25] Camps, Chris (2017), "How six retailers are using chatbots to boost customer engagement (and why you should too)," www.clickz.com/how-six-retailers-are-using-chatbots-to-boost-customer-engagement- and-why-you-should-too/111350, date retrieved February 20, 2018.

[26] Morrison, Kimberlee (2017), "How Instagram is growing its social shopping efforts," Adweek, April 7, www.adweek.com/digital/how-instagram-is-growing-its-social-shopping-efforts, date retrieved February 20, 2018.

[27] Roof, Katie (2017), "Poshmark cash flow positive, on track for $100 million revenue," https://techcrunch.com/2017/04/26/poshmark-cash-flow-positive-on-track-for-100-million-revenue, date retrieved February 21, 2018.

[28] https://poshmark.com/what_is_poshmark, date retrieved February 21, 2018.

[29] Konrad, Alex (2017), "Poshmark raises $87.5 million to take its social clothes marketplace global," Forbes, November 14, www.forbes.com/sites/alexkonrad/2017/11/14/poshmark-raises-87-million-for-its-social-clothes-marketplace/#4ec7078c3246.

[30] www.forbes.com/sites/quora/2018/02/02/the-difference-between-virtual-reality-augmented-reality-and-mixed-reality/#684aa6752d07, date retrieved February 3, 2018.

[31] Morris, Chris (2016), "Ikea embraces virtual reality with virtual kitchen," Fortune, April 16, 20.

[32] Groeber, Janet (2018), "Where online and personal shopping meet," Stores (January), 20-21.

[33] Perez, Sarah (2016), "Boon+Gable closes on $2.5 million for its in-home stylist and shopping service," https://techcrunch.com/2016/06/27/boon-gable-closes-on-2-5-million-for-its-in-home-stylist-and-shopping-service, date retrieved February 23, 2018.

[34] For a detailed discussion of financial strategies adopted by retailers, including the strategic profit model, see Levy, Michael and Barton A. Weitz (2012), Retailing Management, 8th edition, New York, NY: McGraw-Hill/Irwin.

[35] See Coughlan, Anne T. (2004), Michaels Craft Stores: Integrated Channel Management and Vendor Retailer Relations Case, Kellogg Case Clearing House Number 5-104-010.

[36] Pashigian, B. Peter and Eric D. Gould (1998), "Internalizing externalities: The pricing of space in shopping malls," Journal of Law and Economics, 41 (April), 115-142.

[37] Bloomberg News (2016), "Analysis: Mall owners won't miss anchor stores too much," September 14, www.digitalcommerce360.com/2016/09/14/analysis-mall-owners-wont-miss-anchor-stores-too-much, date retrieved September 28, 2018.

[38] Berner, Robert (2002), "Has Target's food foray missed the mark?" BusinessWeek, November 25, 76.

[39] Spurgeon, Devon (2000), "Walgreen takes aim at discount chains, supermarkets," The Wall Street Journal, June 29, B4.

[40] Morse, Dan (2002), "Tennessee producer tries new tactic in sofas: Speed," The Wall Street Journal, November 19, A1.

[41] Berner, Robert (2003), "Dark days in white goods for Sears," BusinessWeek, March 10, 78-79.

[42] See www.janieandjack.com.

[43] Cahill, Joseph B. (1999), "The secret weapon of big discounters: Lowly shopping cart," The Wall Street Journal, November 24, A1, A10.

[44] Ganesan, Shankar, Morris George, Sandy Jap, Robert W. Palmatier, and Bart Weitz (2009), "Supply chain management and retailer performance: Emerging trends, issues, and implications for research and practice," Journal of Retailing, 85 (March), 84-94.

[45] www.emarketer.com/Report/Worldwide-Retail-Ecommerce-Sales-eMarketers-Estimates-20162021/2002090, date retrieved March 1, 2018.

[46] www.emarketer.com/Report/Worldwide-Retail-Ecommerce-Sales-eMarketers-Updated-Forecast-New-Mcommerce-Estimates-20162021/2002182, date retrieved February 14, 2018.

[47] www.census.gov/retail/mrts/www/data/pdf/ec_current.pdf, date retrieved February 14, 2018.

[48] Wyner, Gordon (2016), "A turning point for e-commerce," Marketing News, March, 20-21.

[49] Verma, Varsha, Dheeraj Sharma, and Jagdish Sheth (2016), "Does relationship marketing matter in online retailing? A meta-analytic approach," Journal of the Academy of Marketing Science, 44, 206-217.

[50] This definition is taken from the Direct Selling Association's website, www.dsa.org. The Direct Selling Association (DSA) is a United States trade association of direct selling organizations, including such well-known, multi-level marketing organizations as Amway, Mary Kay, Tupperware, and Discovery Toys. The DSA serves as the Secretariat for the World Federation of Direct Selling Organizations (WFDSA, www.wfdsa.org), which is the super-organization of all national DSAs around the world. The WFDSA has more than 50 national DSAs as members.

[51] www.dsa.org/docs/default-source/research/growth-outlook/dsa_2016gandofactsheet.pdf?sfvrsn=6, date retrieved March 2, 2018.

[52] The example is drawn from Anne T. Coughlan and Kent Grayson (1998), "Network marketing organizations: Compensation plans, retail network growth, and profitability," International Journal of Research in Marketing, 15, 401-426.

[53] See Coughlan and Grayson (1998), op. cit., for a model showing these effects.

[54] Washington, Ruby (2012), "Bernard L. Madoff," The New York Times, December 17.

[55] Chandler, Susan (2002), "Retailers heed call of catalogs," Chicago Tribune, September 21, Section 2, 1-2.

[56] See Godes, David B. (2002), Avon.com Case, Harvard Case Clearing House, Case number N9-503-016. For another company's challenge in this realm, see Coughlan, Anne T. (2004), Mary Kay Corporation: Direct Selling and the Challenge of Online Channels Case, Kellogg Case Clearing House, Case number 5-104-009.

[57] Wang, Kitty and Avi Goldfarb (2017), "Can offline stores drive online sales?" Journal of Marketing Research, LIV (October), 706-719.

[58] Bhargave, Rajesh, Antonia Manonakis, and Katherine White (2016), "The cue-of-the cloud effect: When reminders of online information availability increase purchase intentions and choice," Journal of Marketing Research, LIII (October), 699-711.

[59] Brynjolfsson, Hu, and Rahman (2013), op. cit.

[60] See www.census.gov/retail for annual retail sales data.

[61] Aufreiter, Nora and Tim McGuire (1999), "Walking down the aisles," Ivey Business Journal, 63 (March/April), 49-54; Peltz, James F . (1998), "Food companies' fight spills into aisles," Los Angeles Times, October 28, Business Section, 1; "Loblaw's continues to strengthen position," MMR/Business and Industry, 16 (October 18, 1999), 20.

[62] "Slotting allowances in the supermarket industry" (2002), Food Marketing Institute Backgrounder, www.fmi.org.

[63] ACNielsen (2002), "Trade promotion practices study," Consumer Insight, available at www2. acnielsen.com/pubs/2003_q2_ci_tpp.shtml.

[64] Desiraju, Ramarao (2001), "New product introductions, slotting allowances, and retailer discretion," Journal of Retailing, 77 (3), 336.

[65] Toosi, Nahal (1999),"Congress looks at the selling of shelf space,"St. Louis Post-Dispatch, September 15, Business Section, C1; Superville, Darlene (1999), "Are'slotting fees'fair? Senate panel investigates; practice involves paying grocers for shelf space," The San Diego Union-Tribune, September 15, Business Section, C1.

[66] Zwiebach, Elliott, (1989), "Super value division imposes failure fee," Supermarket News, May 8, 1.

[67] Federal Trade Commission (2001), "Report on the Federal Trade Commission workshop on slotting allowances and other marketing practices in the grocery industry," February, available at www.ftc.gov.

[68] Vasquez-Nicholson, Julie (2011), "G.A.I.N. report: United Kingdom, Retail Foods, 2010,"U.S.D.A. Foreign Agricultural Service, February 3, 4.

[69] Sweeney, Daniel J. (1987), Product Development and Branding, Dublin, OH: Management Horizons.

[70] Keller, Kristopher O., Marnik Dekempe, and Inge Geyskens (2016), "Let your banner wave? Antecedents and performance implications of retailers' private-label branding strategies," Journal of Marketing, 80(July), 1-19.

[71] Allawadi, Kusum L. and Bari A. Harlam (2004), "An empirical analysis of the determinants of retail margins: The role of store brand shares," Journal of Marketing (January), 159.

[72] The Reinvestment Fund (2011), "Understanding the grocery industry," Community Development Financial Institutions Fund, September 30, 2; ACNielsen (2005), "The power of private label in Europe: An insight into consumer attitudes," The ACNielsen Global Online Consumer Opinion Survey, 2.

[73] Beck, Ernest (1999), "Britain's Marks & Spencer struggles to revive its old luster in retailing," The Wall Street Journal, November 8, A34.

批发结构与战略

学习本章以后，你将能够：

区分构成批发行业的各类机构；

定义独立的批发商如何增加价值并解释其在行业中的重要性，详述渠道成员加入能提供优质服务且同时降低成本的同盟或联盟的机制；

识别批发商自愿组织和经销商合作组织的主要区别，并将此区别与它们为其成员提供的价值联系起来；

解释合并在批发行业中常见的原因；

列出制造商面对批发商合并浪潮可能会做出的响应；

描述全渠道如何改变批发业；

基于制造商相关的重要因素，比较销售代理商与批发商，解释批发商未来前景较为乐观的原因。

7.1 导　　论

7.1.1　什么是批发商？

批发商是典型的中介机构。从历史来看，批发商作为中间商，可以将大规模生产商品的制造商与广泛分布且持有少量多种商品的小型零售商连接起来。尽管它们的作用已经发生变化，特别是在经济发达的社会，并且还在持续演化，但批发商仍然在营销渠道中发挥着中心作用。在美国，批发商在 2014 年的销售额超过 56 亿美元，是同年 46 亿美元零售额的 120%。[1]全国批发商协会报告显示，83%的批发商的年收入不足 1000 万美元，这表明批发行业既包括许多小型企业，也包括一些价值十亿美元以上的大企业。

案例 7-1

固安捷（Grainger）是一家财富 500 强企业，主营业务包括工业品供给、维护、修理、运营工具及材料等。[2]它主要是为大中型企业提供来自 4500 多家主要供应商的 150 多万种商品。固安捷并不从事任何制造活动，它是一家严格意义上的批发商。固安捷使用包括目录、网站、应用程序、电话和全国分支机构网站等多种渠道来满足客户需要。固安捷凭借其专业能力为影响客户组织发展的重要问题提供咨询和完整的解决方案，这些问题包括安全、合规、环境可持续性、应急能力等。固安捷也会与第三方服务供应商建立伙伴关系，为不同的客户提供库存管理和能源效率等服务。固安捷线上子公司佐罗（Zoro）也服务于类似领域的小型企业和个体工商户。

批发（wholesaling）是指不直接将商品销售给最终家庭用户或终端消费者的商业机构。相反，它们主要向其他企业销售产品：零售商、贸易商、承包商、工业用户、机构用户和商业用户。批发企业销售其他企业所需的实体投入品和产品。因此，批发与有形商品紧密联系，批发商所创造的价值源自它们在提供服务中所增加的价值，或者按照本书中使用的术语，批发商是在执行渠道流。尽管这种价值增值真实存在，但很少是有形的。从这个意义上讲，批发是服务业的缩影。在从制造商延伸到终端用户的营销渠道中，批发是一个中间环节。本章将讨论批发机构——将实体商品提供给其他企业的机构。我们不仅研究这些机构的性质，也将讨论它们采取的策略。[3]

7.1.2　如何区分批发商与分销商

在 B2B 营销渠道中，许多不同的机构都在执行着渠道流。批发商是其中最大且最重要的参与者，它们是独立所有和经营的企业，对拥有所有权的产品从事购买和销售活动。通常，它们至少拥有一个仓库来放置已采购的货物并登记库存，以便未来进行装运发货。这一行业在美国经济中发挥着举足轻重的作用。

然而，批发商（wholesalers）和分销商（distributors）之间是有区别的。两个术语有着不同的词源，曾用来代表不同的行业。传统上，"批发商"是指将产品转售给另一个中间商，如零售商；而"分销商"是指将产品转售给使用该产品的工业用户。例如，一家医药批发商将处方药转售给零售药店，而零售药店又将药品转售给家庭消费者。像固安捷这样的工业维修分销商则将切削工具卖给在生产过程中使用这些工具的工业企业。

但这一术语也因行业而异。例如，印刷纸的分销商被称为"贸易商"（merchants），而汽车售后产品市场的分销商则被称为"流转商"（jobbers）。这一术语甚至在同一行业内不同的市场也有所不同。由于我们讨论的关键点在于批发商拥有其转售商品的所有权，也就是说，它们有权定价，因而本书将不再关注这组术语的差别。①本章将重点介绍批发商的主要功能和特征，例如当批发商知道渠道中下游买家的身份时，它们是否会将这些信息与

---

① 译者注：本章我们将"wholesaler-distributor"统一翻译为"批发商"。

制造商进行共享，这主要由它们执行的渠道所有权功能来决定。[4]

7.2 批发商图景

批发商的重要性主要体现在两个方面：一是其本身的重要性，二是它并不经常出现在商业新闻中。主流报道似乎总是关注这一行业的厄运与消亡。因为批发行业通常是由积极的贸易联合会组织起来的，所以这种悲观主义的盛行是令人感到奇怪的。这些联合会定期发布报告，为其成员提出改善运营的方法并告诫它们不要自满。并且批发行业在调整、改善和提高效率上所付出的努力传递了一种渠道功能是健康的而不是消亡的信号。

这种悲观主义产生的一个更根本的原因可能是批发行业经历了数十年大规模的行业合并浪潮（本章接下来的内容会讨论）。例如，当一个行业中三分之二的公司消失时，就会营造出这种惊慌与恐惧的氛围。但是，这种担忧在批发业中并没有出现。处于合并浪潮中的大多数公司并不是因破产而关门大吉，是因收购而消失不见。收购方一般是大型的、发展良好的企业，它们在近几十年来促进了渠道中批发份额的稳步增长。合并减少了公司的数目但加强了批发商的实力，并剔除了产业中效率低下的部分。

合并主要是由 IT 引发的。也就是说，执行分销功能的成员会感受到在 IT 投入上的巨大压力。尤其是交易中，客户不断期望渠道成员具有互联网功能和复杂性。同时，IT 系统投资也使得批发商参与到供应链管理革命之中（供应链管理是指传统商业功能通过跨渠道系统实现战略协同，以提升渠道或供应链整体长期绩效目标）。这些新系统必须无缝衔接。这样的竞争需求推动批发商合并，以使它们能够实现规模经济，进而推动大规模的自动化投资。

尽管批发商呈现合并趋势，但与制造业相比，它们传统的行业集中度指标仍然较低。在某种程度上，这种较低的集中度反映了批发商的大多数竞争发生在了不同的区域市场上。一个批发商可能在全国的某一区域占据垄断优势，但在全国销售额方面却占比极低。因此，批发和分销渠道的这种表面上的细分并不能准确反映该区域行业集中度的真正本质。

这一讨论提出了我们之前提到的问题：权力是关系的产物，而不是某种交易的产物。一家大型且声誉良好的制造商，比如孟山都（Monsanto）或杜邦（DuPont），在一个既定的市场中，可能并不比某一个批发商更有影响力。如果顾客忠诚能够防止供应商越过下游渠道成员而直接接触目标市场的话，供应商甚至会处于权力劣势地位。杀虫剂、除草剂和农用设备的批发商经常与市场上的农民保持良好的关系，很多农民也不会与关系不好的批发商进行交易。

7.2.1 总批发商

如图 7-1 所示，人们经常发现自己对总批发商——即超级批发商的存在感到困惑。

以 RCI 为例，它是一家制冷电机的总批发商（在本章，我们并没有区分"批发商"和"分销商"，因而我们会交替使用这两个词）。终端客户（例如，空调承包商客户）会从 1250 家独立批发商（面向 B2B 客户的批发商）的 4000 家当地分支机构处采购。这些批发商并不与制造商打交道，而是会与仅向其他批发商分销产品的总批发商打交道。图 7-1 实际上描述了 1251 家批发商：1 家总批发商和它的 1250 家批发商，它们都向其他企业而非个人消费者销售产品。然而，对于制造商的产品而言，总批发商并不会为了承包商的生意而与其他批发商展开竞争。尽管从表面上看总批发商略显多余（所以会对它的存在产生困惑），但总批发商确实建立了一个适应各方的稳定且成功的体系。为了理解它的价值，我们不禁要问：如果总批发商消失了，哪些渠道功能会被转移给其他成员？

图 7-1　主要分销渠道代表

资料来源：Narayandas, Das and V. Kasturi Rangan (2004), "Building and sustaining buyer-seller relationships in mature industrial markets," Journal of Marketing, 68 (3), 63-77.

批发商依赖于制造商提供的许多服务，但总批发商也可以提供这些服务，因此当它们能够比制造商更有效果或有效率地提供这些服务时，它们就会快速发展。代表 B2B 渠道终端用户的承包商具有巨大的分类需求（比如为每个用户更换特定电机）和快速交货需求（比如冷冻的易变质商品）。因此，图 7-1 中的 1250 个批发商的 4000 个分支机构总是需要各种零部件，这使得在客户附近保持充足的库存几乎不可能。当批发商希望购买需要的商品，就会将总批发商视作它们的"隐形仓库"（总批发商在快递交付服务上花费大笔资金就不足为奇了！）。

总批发商会也会对所有制造商的订单进行整合，因此它们的客户可以避免被迫接受最低订单的要求。同时，通过总批发商，这些个体批发商可以从众多供应商那里购买各种产品，同时享受到总批发商的数量折扣和低价运输成本。

最后，总批发商有时也会与特许授权人的角色相似（见第 8 章）。它们会帮助其他批发商改进它们的业务流程，展示最佳的渠道运行方式，并承担一定的渠道功能，例如做广告等。

从本质上讲，总批发商会为下级批发商提供范围和规模经济，并帮助它们解决物流和支持问题。竞争压力使得批发商们发现了这一好处，也使得制造商意识到不用向所有的批发商提供个性化和直接的服务。尤其是在美国，总批发商已经赢得了一席之地，这通常是因为制造商采用平衡计分卡方法（balanced scorecard methods）来评价它们的绩效。[5]也就是说，制造商不再只看数量，而是越来越多地考虑其他绩效标准，例如营销支持、服务水平和次日交付能力。总批发商平衡计分卡得分表现良好，尤其是当制造商需要他们帮助拓展新渠道时。佐治亚太平洋公司（Georgia-Pacific）主要销售纸制品和配送系统，但大多数批发商将这些笨重、廉价的产品视为次要的市场。总批发商可以帮助批发商在无须为每立方米价值较低的产品设置储藏空间的前提下，满足客户需求，从而为其解决问题。

于是，许多制造商在为批发商定价时也会变得更加复杂，它们为承担以下功能的批发商提供折扣：

- 不设最小订单量；
- 愿意分销散货；

- 当天发货；
- 营销支持（例如，定制目录、传单、线上订货）；
- 持有库存；
- 负责物流。

这种精细化有利于总批发商，因为它可以通过更多的方式满足制造商的要求。为什么会出现这种新的灵活性？这与制造商越来越重视供应链管理以及增加与下游渠道成员的协同密切相关。

7.2.2　其他供应链参与者

供应链是很复杂的，涉及多个参与者、中间商和服务提供商，这些组织推动着商品和服务从生产端向消费端的转移。供应链管理主要关注采购、运营管理、物流和营销渠道的各种流程。[6]在供应链中，传统上由批发商执行的渠道功能和活动通常被其他供应链成员所取代。例如，由制造商所有和经营的销售分支机构会取代批发商的作用。许多制造商还设有销售办事处，以执行特定的销售和营销职能。不过，这些地点很少有实体库存，因此制造商可能会继续与独立的批发商合作。批发商的客户，特别是大型多门店零售企业，也执行批发分销功能，这主要体现制造商前向一体化或 B2B 终端客户后向一体化的渠道中。

代理商、经纪商和佣金代理人进行购买或销售产品是以赚取佣金或费用为目的的，它们并不拥有其销售产品的所有权。这些渠道在服务行业中至关重要，因为服务业没有库存，所有没有所有权。按照惯例，服务行业的代理人并不被看作是批发贸易的一部分，因为这些交易不涉及有形的产品。然而，如果忽略这些情况，会使我们在审视实践中的批发行业时带有局限性。

在 B2B 营销渠道中从事供应链活动的其他企业案例也非常多。运输和仓储业提供物流功能，越来越多的第三方物流供应商和增值仓储公司也在寻求履行某些职能。与批发商不同，第三方物流供应商并不拥有产品的所有权。相反，它们向客户收取基于活动的服务费用，以取代传统批发商确立的销售方成本加成定价方式。大型的复杂的点对点物流供应商的出现仍然是批发商面临的主要挑战，因为出色的第三方物流供应商可以提供批发商提供的许多服务，例如仓储、运输和库存管理等。近十年来，拥有分销中心的制造商数目大幅下降，部分原因是制造商将大量工作外包给了第三方物流供应商。[7]第三方物流供应商的出现不仅仅涉及物流供应商企业，其实际上承担了制造商整个供应链功能的责任。它们与制造商密切合作，使供应链尽可能具有成本效益和效率。

7.3　批　发　战　略

批发商通过执行九种一般渠道功能（第 1 章）来增加价值：实际占有货物、取得所有权、向潜在客户推销产品、交易谈判、为其运营融资、为资本风险投资（通常通过向供应商和客户提供信贷）、处理订单、处理付款和管理信息。一般来说，它们以两种方式管理信息流：面向供应商的上游渠道和面向其他渠道成员和潜在客户的下游渠道。通过这种方式，它们可以为上游和下游成员提供效用。如果批发商比制造商或客户更能有效地执行这些功能，它们就会获得生存和发展。

当然，这种概括因经济体而异。日本一直以其长渠道而闻名，在制造商和最终消费者之间，存在多个层级的批发商进行多次商品的传递。从历史上看，许多批发商获得的利润增长了，但价值几乎没有增加。因此，在 20 世纪 90 年代，日本的批发业开始逐步萎缩。这主要表现在渠道变短、二级和三级批发商被逐步削减。随着日本消费者的价格意识不断增强，零售商直接从制造商处进行采购，这导致了更短的渠道，并给批发商带来了更大的压力。[8]

7.3.1 历史视角下的批发战略

批发行业是一个很有趣的场景。虽然批发业至关重要且规模庞大，但是买家往往忽视了它的重要性，认为批发业承担的功能是理所应当的。制造商和客户都倾向于低估批发业面临的三大挑战：

- 正确地完成工作（没有错误）；
- 有效地完成工作（最大限度进行服务）；
- 高效地完成工作（低成本）。

美国医药批发业的历史提供了一个很好的范例[9]。药品批发贸易可以追溯到 18 世纪中期。那时，欧洲已经出现了零售药店，但是美洲殖民地还没有。同时，当时的医师既开处方又配药。为了满足从欧洲进口药品的需求，批发商应运而生。这些批发商既进行前向一体化（例如开设零售药店），也进行后向一体化（例如用本土植物生产药品）。

在 19 世纪，出现了独立于医师的新型药店。这些渠道成员与医院的发展同步增长，医院也不断需要药品批发商来支持其迅速增长的需求。在同一地区经营的药品批发商之间存在激烈的竞争。但是，这些批发商并没有进行前向或后向的一体化，而是仅仅从事批发业务。

20 世纪中期，医药行业进入了一个新阶段：大型批发商提供区域甚至全国范围的药品，同时也扩大了包括健康和美容辅助用品在内的产品线。两家大型国有企业在知名度方面占主导地位，但大多数批发商是较小的地区性企业，由创始家族在特定地区经营。

补充资料 7-1

从 1978 年到 1996 年，这个历史悠久的行业经历了一段激烈的合并期。通过企业收购，药品批发商从 147 家减少到 53 家。在这段时期结束时，前 6 家公司占据了全国市场 77% 的份额。在今天，如补充资料 7-1 显示，仅 3 家公司便占据了 90% 的市场份额。

为什么医药批发行业达到规模经济需要这么漫长的时间？答案是要准确、有效果和有效率地完成看似简单的药品批发工作其实是很困难的。药品批发（实际上大部分是一般意义的批发）的核心是从货架上挑选客户需要的产品并将它们组装好发货。药店通常会频繁订购，并要求提供不同剂量的许多不同药品。药品的单位种类繁多，因此需要大量的库存单位。因为涉及的是药品，所以准确地完成这些工作（即以正确的数量准确地挑选正确的药品）是至关重要的。几代人以来，这项工作是通过人工从仓库货架上挑选完成的。将数以百万计的商品从货盘移到仓库装卸码头，再移到存储货架，然后将这些药品放入瓶中供个人客户使用。这种情况是很难实现规模经济的。

从 20 世纪 50 年代开始，公司开始尝试不同的方法来更好、更快、更准确地进行挑选。但直到 IT 和自动化的运用完全重构了整个挑选过程时，上述情况才得以真正转变，且以不同的方式转变。由于并没有明确的标准来衡量如何进行以上工作，许多公司都在积极尝试 IT 和自动化，并且也在同时使用多种方法。一些使用了明显不合适策略的公司以及将所有资源都押在某种糟糕方法上的公司已经退出了市场。

胜出者几乎都在运营方面都做出了很多改变，才变得耳目一新。在运营方面，它们不仅改变了拣货技术，也改变了订单处理、账单、库存控制、配送路线安排以及通过新建的大型仓库进行库存跟踪。与供应商的电子联系已经取代了数百名职员。在需求方面，批发商使用直接输入数据的条形码、扫描和电子订单系统，取代了为每个药剂师手写订单的销售人员和将这些订单输入系统的职员。批发商还为它们的药店客户提供一系列系统，这些系统允许药店为自己的顾客提供应收账款和应付账款。如果没有批发商的资助，药店根本无法提供这类服务。此外，通过使用由这些系统获得的信息，批发商还可以提供有关如何保持库存、如何进行库存展示（货架图）和及时更新价格方面的详细建议。

总之，技术使快速更新一切成为可能。收购公司急于实现分摊巨额投资所需的规模，被收购的公司则试图避免进行此类投资。通过互惠互利的收购兼并活动，一些大企业应运而生，它们在组织变革上可以达到惊人的程度。胜出者使用这些技术准确地（更少的配货错误）、有效果地（为药房提供快速全方位的服务）、有效率地（更低的成本）做好自己的药品批发工作。这个故事讲述了一个行业如何需要 200 年的时间发展壮大，而后又需要 20 年的时间进行合并。

本章稍后会介绍合并之后形成的批发垄断。我们还为制造商应对下游（批发）渠道萎缩提出了策略建议。

7.3.2 批发增值战略

让我们做一个突击测验：尽快列出批发商执行的所有功能。[10] 你可以参考一般渠道功能。通常首先想到的可能是批发商能够收集、处理和使用有关买家、供应商和产品的信息以促进交易。尽管过去这一功能为它们赢得了丰厚的报酬，但除了可能需要大量隐性知识的复杂、特殊的交易外，现代通信方式可能会侵蚀它们的信息优势。

此外，批发商还通过创建有效的基础设施来利用范围经济（即跨品牌和产品类别经营）和规模经济（大批量）增加价值。这种与供应商（上游）和客户（下游）共享的优势可能反映了它们在渠道功能方面的专业化，并使得批发商能够与制造商在价格上相竞争。制造商经常低估批发商在提供市场覆盖方面的效率。其中一些优势还源于批发商提供时间和地点效用的能力，即在客户需要的时候将正确的产品运送到正确的地点。

许多客户还看重批发商风险吸收的能力，即要求批发商能够以某种形式为销售的所有产品提供担保。当批发商对提供的产品进行过滤、为每个客户提供适当的选择并减少客户的信息过载时，会使客户的风险进一步下降。因此，批发商的未来价值可能在于协同过滤（collaborative filtering）软件的使用，通过使用批发商收集的有关其所有客户的偏好和选择的信息，为具有特定特征或需求的潜在客户提出最佳解决方案。协同过滤可能是亚马逊成功的关键原因：其早期引入的、专有的协同过滤算法多年来一直在引导客户购买其他人考虑或购买的书籍和音乐。

对于 B2B 买家而言，批发商还执行许多传统上由制造商执行的功能，即它们会对销售的商品进行加工。一些批发商会接收零部件，并在出货时再组装（按订单组装）。通常，它们推迟最终制造步骤来支持定制，通过"配套"将各种组件组合成套装产品，并附有最终生产的说明书。它们还可能提供专卖的附件，例如硬件和软件。批发商甚至使用独特的组件组合设计新产品，或对半导体进行编程，或执行其他操作，以将各种元素视为对其渠道功能的输入。在这种情况下批发商会享有优势，因为它们可以将供应商基础知识与客户基础信息以及它们对客户需求的专业知识结合起来。

例如，Wesco 是电子设备和供应品的批发商。通过分销这些产品，Wesco 可以销售 B2B 客户需要的任何设备，因为它们的电器包含所有功能。Wesco 利用对电器的知识帮助其关键客户更好地管理设备。这种管理可以产生各种意想不到的效果。当飓风摧毁了客户的炼油厂时，Wesco 基于其对客户电流设备的了解，帮助客户在短短 6 个月内重建了炼油厂。[11]

在美国，人们普遍怀疑批发商是否真正增加了任何价值、承担了高额成本或进行了有效运营。我们将在本章后面讨论"批发商如何产生收入"这一主题。

7.3.3　批发商联盟战略

批发商一般能够保证客户经常需要的商品是可获得的。这种可获得性使批发商为客户自有存货提供支持并能提供更多的扩展功能。在紧急情况、计划外维修或维护情况下，批发商可以提供产品并最大限度地减少停机时间；总批发商是这一功能的重要提供者。批发业发展的另一种趋势是寻求其他的创新方法来应对紧急情况、降低成本。这一举措的关键似乎是批发商联盟。

联盟的目标是与其他渠道成员达成逐步的合作安排，联盟成员将就协作的性质、协作的程序以及适当的补偿等方面事先达成一致[12]。这样的安排可以大幅削减成本（通常为 15%～20%）、改善服务并开辟新的商机。联盟成员间的合作可以减少过剩的库存或服务运营程序。这些适应性的实践正在得到广泛发展，我们接下来描述了一些由批发商或制造商主导的联盟类型。

1）批发商主导的联盟

在依赖于联盟关系的新的适应性渠道中，批发商会集中资源创建一个新的独立组织以进行联合行动。[13]这些联盟几乎存在于每个行业，并且可以发展得相当大。例如，Affiliated Distributors 是北美最大的分销联盟之一，它们在大约 3000 个地点拥有 370 多家独立批发商，总销售额达 250 亿美元（www.indsupply.com/affiliated-distributors）。

另一个联盟是 Intercore 集团，它主要销售机床。组成这个联盟的四家批发商都面临着为大客户提供及时、高质量服务的困难，因为这些客户最有可能面临紧急情况并需要特殊服务。Intercore 主要是由联盟中各批发商派出的人员进行管理运营，当批发商遇到业务上的困难时可以向 Intercore 求助。Intercore 利用四家批发商（包括它们的库存、工程师和其他服务人员）的资源为每位客户提供服务，并要求其成员提供它所需的帮助。Intercore 以自己的名义开发票并收取费用，然后以股息的形式将利润分配给所有者（四家批发商）。

建立联盟的另一种方法是通过控股公司。Otra N.V.是一家荷兰公司，拥有 70 家电子产品批发商。其中一家公司 BLE 在服务和培训方面表现出色。因此，Otra N.V.依赖 BLE 为集团中的其他所有批发商建立培训计划和资料。于是，BLE 变得十分熟练，以至于它也会为该集团的供应商提供培训。由于专注于市场而非生产商，BLE 的程序通常也比供应商自己开发的程序更全面、存在更少偏差。

2）制造商主导的联盟

适应性渠道至少需要一方采取主动。批发商可能会创建前述的联盟、控股公司或分部。而倡导发起行动的制造商则汇聚各个批发商的能力来提高整个供应链的效率，这对制造商、中间商和终端用户都有利。[14]例如，在美国，沃尔沃卡车北美公司通过卡车批发商和自己的区域仓库来销售商用卡车和维修零件。批发商向沃尔沃反映，由于它们在合适的零件缺货时无法提供一致、及时的维修，导致本该获取丰厚利润的维修业务却产生了损失，但是该渠道在整体上却持有大量库存。沃尔沃通用汽车（Volvo GM）经过调查了解到，批发商难以预测紧急路边维修需求的性质，因此它们不知道该储备什么零部件。然而，卡车故障带来的损失如此巨大以至于卡车车主会从竞争对手的批发商处寻求替代零件，而不会等待沃尔沃通用汽车的批发商获取原厂零件。

为了解决这一问题，沃尔沃通用汽车承担了更多的库存功能、开发了送货服务，并向批发商收费。它没有保留三个中等规模的库房，而是在田纳西州孟菲斯市附近建造了一个巨大的新仓库来储存零部件。联想到孟菲斯市也是联邦快递（FedEx）的总部时，就会发现选择一个不起眼的机场其实没那么奇怪。因此，沃尔沃通用汽车为联邦快递投入了专有资产并承担了一些风险，这使得批发商可以在同一天通过联邦快递申请到它们所需的精确零件。批发商仍然需要为这项服务付费，但它们经常将其转嫁给客户，因为在面对路边紧急情况时客户对价格并不敏感。这种集中化解决方案可以为供应商及批发商带来更多业务，使得库存成本大幅下降，抵消了大幅上涨的快递费用。

相比之下，我们在日本机床制造商 Okuma 的仓库中发现了一种更分散式的解决方案。Okuma 拥有两个自己的仓库，通过电子系统与 46 家批发商保持联系。此外，它还将其批发商联系起来，鼓励它们共享库存。因此，Okuma 电子系统创造了 48 个可能的来源（2 家仓库和 46 家批发商）。

3）零售商主导的合作组织

零售商主导的合作组织看起来与批发商的自愿组织类似，却是由零售商发起的，而且在实践中存在很大差异。为了协调活动，零售商有义务创建一个如联盟一样的组织。当它们加入联盟时，会有一定数量的业务往来，并遵守一些程序，这种形式就像批发商自愿团体一样。但其成员还必须购买合作社的股份，这样它们既是所有者又是参与者。作为所有者，它们可以共享合作社产生的利润（股票红利）和年终购买回扣。因此，合作社的目标与其成员的利益密切相关。

与批发商自愿团体不同，零售商合作社具有更正式的结构，受到专门的、具有清晰岗位职责描述的职业经理人的管理。它们还能够更好地影响其所有者/成员的营销努力，即成员必须与合作社的广告、标识和品牌保持一致。总之，它们的营销协调性更强。补充资料 7-2 介绍了美国五金行业最大的零售合作社 Ace 五金。

尽管合作社是普遍存在的现象，但它不仅限于批发商，可以有多种类型。其原则是成员建立一个组织为它们服务，并拥有其中的股份。为应对营销渠道缩短的压力，合作社在日本变得很受欢迎。中小型批发商看到它们的角色被大型批发商或制造商取代时，便创建了自己的合作社以获得规模经济。例如，合作社 Yokohama 商业中心（Yokohama Merchandising Center, MDC）由 75 家批发商所有，这些批发商利用该合作社获取规模。批发商向 MDC 供货，MDC 又将库存集中在一个大型配送中心。通过从该中心获得服务，MDC 使分散的配送（及其成本）最小化。此外，MDC 的批发商有足够的规模服务于主要零售商。它们还建立了一个现代化的在线信息中心来管理订单。

在美国，另一种类型的合作社在分销中也发挥了重要作用：农业合作社（farm cooperative）。农业合作社出现和发展的故事可以写成一本教科书。像新奇士（Sunkist）、优鲜沛（Ocean Spray）和蓝多湖（Land O'Lakes）等组织都已成为代表其成员的极其强大的力量，它们通过组织农业设备供应市场以及农民出售农产品的市场使其成员受益。尽管一些农业合作社已经实现前向和后向的垂直一体化，但它们主要还是商品和服务的批发商，并且在农民的同意下管理着由农民所有的渠道。

案例 7-2

古吉拉特牛奶合作营销联盟（Gujarat Co-Operative Milk Marketing Federation），即众所周知的 Amul，它刚成立时规模很小：1946 年，印度西部古吉拉特州的两个乡村乳品合作社生产了 247 升（约 65 加仑）牛奶[15]。由于小农户缺乏冷藏和运输的资源，它们无法让其乳制品进入市场，这使得它们受到了中间商的剥削。这些中间商仅为小农户生产的牛奶支付很少的费用[16]。Amul 成功的合作模式促使印度成为世界上最大的牛奶生产国。如今，Amul 从隶属于 16794 个村庄乳品合作社的 320 万名农民那里采购产品，这些村庄乳品合作社收集牛奶并通过 17 个地区合作社进行加工。2017 年，Amul 的年收入达到了 2700 亿卢比（41 亿美元），并继续扩大到其他与乳制品相关的产品（例如冰淇淋、奶酪和巧克力）供应链。此外，Amul 在印度享有很高的品牌知名度。尽管通过专业管理，但合作社仍然由其 320 万名成员全资拥有。这种合作模式已在印度其他 21 个州成功复制，有近 1500 万生产者参与合作，涵盖了各种农产品。

最后，消费者合作社（consumer cooperatives）也对分销产生了影响。在美国，消费者合作社并不常见。它们往往在小型的、同质的、封闭的社区蓬勃发展，例如大学城或农村社区。但它们在其他地方做得更好。

消费者合作社的身份、特征以及成功（或失败）的原因尚不清楚。它们值得进一步研究，因为它具有改善消费者福利的巨大潜力。

美国消费者联合会成立于 1968 年，代表着 100 多个不同的消费者合作社。[17]

7.3.4　批发行业的合并战略

广为流传的小型批发商形象往往与现实形成鲜明对比，因为现实中批发商多是大型、复杂和资本密集型的企业。这种转变是通过合并实现的，合并已经席卷了许多行业，与之相伴的是 IT 的改进和批发商客户群的变化。在美国，批发仍然是一个活跃的并购领域，通常由私有资本提供资金。合并压力来自批发商下游的大客户，包括大型制造商、多个业务单元的零售商和大型采购集团。这些买家看重的是能够接触到分布在广阔地理区域的多个供应商，并可以通过单一的渠道来源满足需求的能力。这种偏好就创造了对大型批发商的需求。

然而，随着批发商通过收购进行合并，它们也可以利用新建立的规模与客户建立合作伙伴关系，这限制了制造商接触这些共同客户的能力。新成立的大型批发商经常削减它们的供应商数量，利用其谈判能力迫使其供应商做出让步。这反过来又引发了上游的合并浪潮。也就是说，大客户引发批发商合并，从而刺激制造商合并。合并的速度快得惊人：美国期刊和杂志批发商的数量在短短 9 年内从 180 多家减少到不到 50 家，5 家最大的批发商迅速控制了全国 65% 的市场。

面对批发合并浪潮，制造商能做些什么？它们有四个主要选择：第一，它们可以尝试预测哪些批发商会留下来，并与它们建立合作伙伴关系。这一举措在欧洲很常见，因为经济统一使得国界变得不那么重要。但是它们如何确定可能的赢家呢？它们找到四个基本类型：

- 通过快速收购引发合并浪潮的"催化剂公司"；
- 合并浪潮平息后才进入市场的批发商。这些公司在没找到可防御的利基市场前不会贸然进入市场；
- 绝对专家型公司。它们更能适应合并浪潮后可能出现的情况；
- 绝对通用型公司。与专家型公司相反，它们是大型的、全产品线的公司，可以很好地服务于多种环境，因此，一旦市场合并，它们的多样性会非常有价值。

第二，制造商面对批发商的合并可以分散投资。它们可以押注小型的、独立的公司，并与之合作，从而在合并浪潮中生存下来。与押注少数赢家相比，这是一种相反的策略。例如，制造商可能会寻找由较小的批发商组成的联盟，这些联盟的成员参与全国或跨地区的合同竞标，使其与大公司供应相同的地理范围。联盟还利用供应商的批量采购机会，在每个联盟成员都保留其运营自主权的情况下，继续为当地客户提供高水平的服务。制造商不仅可以寻求与这些联盟合作，还可以将联盟作为合并者的可靠替代方案。在南非，金融服务传统上是通过独立经纪人销售的。但面对不断变化的社会和经济状况，作为一个多元化的金融服务提供商，英国耆卫保险公司（Old Mutual）担心合并会将金融服务的分配转移到银行和垂直整合的竞争对手身上。为了保持其经纪人网络的活力和蓬勃发展，耆卫保险公司成立了 Masthead 经纪人协会，这是一个以非常优惠的条件向经纪人销售分销支持服务的部门。这个非常成功的项目为耆卫公司（及其竞争对手）提供了多种进入市场的途径，否则很难进入市场。

第三，面对批发商合并，制造商可以通过前向垂直一体化来构建不同市场的替代路径。

第四，制造商可以增加其对剩余渠道的吸引力，通常是通过提高自身提供利益的能力（比如强大的品牌名称）。这种对渠道成员更具吸引力的战略是贯穿本书的主题。

在批发商大规模合并后，渠道中的权力平衡也发生了变化。行业销售主要是通过少数大型的、公开交易的、专业管理的企业进行。进入壁垒很高，进入者必须寻求利基市场。大型批发商的毛利率一般低于行业中分散的、地方性的和私营批发商的毛利率，但它们也从事更多的综合业务，运营效率会更高，因此，尽管毛利率较低，但它们的净利润率仍是可观的。这些批发商给供应商施加了巨大压力，特别是在定价以及为客户提供更好的服务等方面。幸存的大型批发商还重新设计了供应链管理流程，这通常会彻底改变它们当前的运营方法。

因此，批发商合并是一个行业的巨变。一旦开始，它通常会迅速发展。制造商必须迅速做出反应，并准备好改变它们的营销渠道和方法，因为批发合并是一股不可忽视的力量。

7.4   批发业发展趋势

7.4.1   国际化扩张

许多批发商规模较小，往往在一个国家进行区域或国内经营。批发商的一个显著特征是：尽管其规模不断扩大，但它们很少走向全球化。这是家族企业时代的历史产物吗？在行业合并浪潮中幸存下来的大公司最终会向海外扩张吗？

许多国内批发商已经进行国际扩张，通常通过收购国外批发商来满足其客户和供应商的需求。全球制造商和客户要求分销合作伙伴在其所有主要的市场中都有业务。跨境运输成本的降低和贸易壁垒的下降也鼓励了扩张。出于同样的原因，国外批发商正在进军国内市场。这种跨境增长和收购趋势在欧洲尤为强烈。另一个推动批发商进入海外市场的有利因素是电子商务网站，例如阿里巴巴。[18]

然而，批发的本质意味着大多数批发商永远不会真正全球化。从根本上来说，批发需要满足当地市场的需求，而这些需求千差万别，这使得营销渠道的标准化非常困难。如果缺乏标准化，供应商、客户或批发商就很难实施真正的全球供应链战略。极少数成功的例子也出现在许多全球化行业的渠道参与者，例如电子元件或计算机行业。

7.4.2   全渠道

批发商的全渠道分销出现的时间要晚于零售商，主要体现在两个关键方面[19]：批发商向潜在客户提供的渠道数量，以及将资源分配给每个渠道以供买家使用的程度。我们在表 7-1 中概述了各种渠道及其可用性和所需的资源分配。

当批发商增加其经营渠道的数量时，往往会产生非常有利的库存收益。不过，仅在不增加渠道的情况下增加分销密度可能无法确保公司获得有利的估值[20]。尤其是关于增加电子商务的争论一直在持续。一种世界末日式的预言是，中间商会彻底消失，它们会被互联网搜索引擎的效率残酷地压垮。但消除批发商并不等于消除它们的功能，因为互联网也不能提供它们所履行的全部渠道功能。

表 7-1　渠道使用程度

分销渠道	渠道可达性	渠道可用性
公司销售团队	销售代表数量、门店数量	培训资源投入
电话	销售代表数量	通过电话直接联系销售人员
传真/电子邮件	销售代表数量	通过传真/电子邮件直接联系销售人员
仓库	仓库数量	产品可用比例
商品交易会	销售代表数量、商品交易会数量	产品可用比例、商品交易会可达性
电子商务	渠道可用性	产品可用比例
间接渠道	销售伙伴数量	产品可用比例
外包销售	销售代表数量	培训资源投入
外部门户网站	门户网站数量	产品可用比例

资料来源：Kauferle, Monika and Werner Reinartz (2015), "Distributing through multiple channels in industrial wholesaling: How many and how much?" Journal of the Academy of Marketing Science, 43(6), 746-767.

我们认为，更有可能的情况是电子商务将继续发生变化，但不会取代批发商。包括批发商在内的所有渠道中间商都需要获取对客户的了解，并将其与对生产商的了解相结合，以解决渠道两端的问题[21]。互联网引发了新的问题（比如增加了缺陷商品、欺诈性"商家"、信用卡被盗、私人信息泄露的风险）。它也创造了解决问题的新方法（比如协同筛选以帮助客户花费更少的时间做出更好的选择）。因此，互联网可能不会消除中间商，但它可能需要人们仔细地重新考虑它们创造价值的根本方式。

此外，早期的一些迹象表明，批发商正在从电子商务中获益。它们整合电子商务用于获得新业务和改善工作实践。许多批发商都在竞相寻找使用这些工具创造更多价值的新方法，包括使用人工智能来提供服务。自然地，批发商的人事和招聘速度也大幅下降。现有的销售人员需要提供更高水平的服务，包括销售咨询——但他们中的许多人还没有做好充分准备。[22]下面的案例清晰地介绍了电子商务面临的这些挑战。

案例 7-3

在美国，有 135000 多家牙科诊所。[23]除了少数牙科连锁店企业外，大多数供应商都是单一单位的，由一个或一小群牙医经营。他们很少配备专门的采购人员或设立复杂的采购部门，其采购往往是由牙医、助理或办公室工作人员完成的。这些服务提供者还需要数百种产品来维持他们的业务：牙科椅、融合器、植入物、牙冠、填充物、麻醉剂、牙线和X 射线配件等。潜在的低效率（比如订购过多或不足）、对快递订单的需求和需要种类繁多的产品意味着牙医经常寻求批发商的帮助。Burkhart 牙科供应商提供咨询性的实践解决方案和一站式购物选择，因此，牙医可以在这里订购从日常用品到最先进的软件解决方案、设备维修和维护服务的所有产品。Burkhart 甚至在办公室设计和楼层规划方面为牙医提供帮助。[24]同时，Burkhart 也使牙医能够优化他们的订单规模（根据利用率），并建议他们使用同样有效但价格较低的替代产品来降低成本，且为他们提供培训。然而，由于许多牙科产品也是有形商品，一些诊所不断转向电子商务渠道，这对 Burkhart 等牙科供应商造成了威胁。医疗市场的这种混乱似乎是不可避免的，据报道，34%的牙科和医疗服务供应商已经使用亚马逊购买用品。[25]

因此，寻求为客户创造全渠道体验的批发商面临的主要挑战是要使它们的线上渠道与个人销售和其他渠道进行整合，以便通过电子商务渠道提供与面对面、高接触渠道同样高的服务质量。只要质量具有比较优势，线上渠道就可以通过降低员工成本和提高订单准确性为批发商节省大量成本。[26]

电子商务发展的另一个意义是零售商的全渠道实践也对批发商产生了深远影响。对于大多数电子零售商来说，建立基础设施来存放滞销商品是不具成本效益的，因此它们依靠批发商将这些商品直接运送给客户。也就是说，电子零售商要求批发商承担更多的库存功能并直接完成客户订单。[27]传统上，批发商使用中央配送系统，这样它们可以从中央配送中心直接发货到完成订单的商店或区域配送中心。在全渠道时代，它们需要采用区域和本地配送的中心结构，因为在更近的地方更容易完成订单且更具成本效益。[28]

全渠道环境促使零售商支持顾客当日到店取货，这意味着批发商必须重新配置其运营，以帮助零售商实现这一服务。由于全渠道的发展，即使是企业客户也希望在更短的时间内交付产品。因此，批发商需要开发可以跨多个渠道跟踪大小订单的订单捕获系统，然后以快速且具有成本效益的方式完成这些订单。这种需求意味着批发商可能需要对 IT 和流程改进进行投资，以更好地整合批发和零售渠道。

最大化数据共享和最小化错误的需求也意味着对区块链技术的采用。该技术允许企业在没有任何中央控制的情况下进行数据连接，这样任何一方都无法在未经其他方同意的情况下进行修改或添加记录。企业还可以实时共享可验证的信息。在分销环境中，区块链技术可以在整个供应链中追踪产品，即使产品经历了多个制造步骤，也可以提高透明度和效率。[29]区块链技术还有助于防止假冒产品进入供应链，因为它具有全面的追踪功能。[30]图 7-2 展示了采用区块链的一些驱动因素。

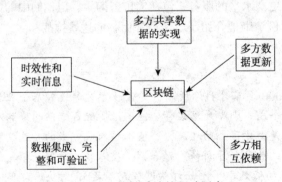

图 7-2　区块链采纳的驱动因素

7.4.3　B2B 在线交易

独立电子交易（independent electronic exchanges）在特定行业中相当于线上经纪商。这些交易在 20 世纪 90 年代后期兴起，当时企业在网上将供应目录汇总，使购买类似产品的买家能够在同一地点从多个供应商处采购。然而，令人惊讶的是，这些交易并没有像预期的那样对批发商造成毁灭性的影响，相反，它们大部分都失败了。独立在线交易进军的领域通常是已经商品化的行业，例如个人电脑。这是为什么呢？对批发商厄运的预测中忽略了批发商提供的基本价值增值。Arrow 电子是一家大型电子元件批发商。在 20 世纪 90 年代，有 50 多家互联网交易商成立，它们通过处理信息流并让生产商处理产品流来"剔除中间商"，这可能会挑战 Arrow 电子的商业模式。[31]Arrow 电子使用了以下 3 类业务来击败这些线上交易：

- 预订和运送货物：线上交易想要抢夺的市场 25%由商品和标准化产品构成，同时还要受到来自灰色市场的竞争。
- 增值订单：为了使供应链合理化并降低总订购成本，Arrow 提供诸如装配、编程、在客户网点管理库存以及保证库存缓冲等服务。因此，客户会从批发商对其需求的了解中受益。
- 设计取胜：向不确定其需求的客户进行复杂的销售意味着为客户提供了无法从供应商处获得的品牌中立建议。

因此，线上交易的失败是可以预料的。预订和运送业务的激烈竞争已经大幅降低了其利润率。线上交易希望削减的成本（收取 6%的费用）仅为购买价格的 4%！此外，线上交易商并不知名，而 Arrow 电子是已知且值得信赖的。在设计取胜和增值订单方面，批发商明显享有优势，而且由于客户喜欢一站式购物，批发商会同时提供预订和运送两种业务。

与 Arrow 电子类似的故事在各个领域不断重演。批发是竞争残酷的领域。新进入者往往难以取代现有的老牌企业，后者往往受益于其完善、运作良好的惯例和精益运营。[32]电子交易商也不能创造现有批发商无法提供的新价值，尤其是当批发商也已使用网络作为一种可行的工具时。

尽管如此，线上交易也不应完全取消。在那些商品可以与其他业务分离的行业中，线上交易的地位越来越高。其主要障碍似乎是对难以估计的参数（比如客户服务质量）进行编码。当客户发现它们需要无法预料的服务时，线上交易就会陷入困境，比如紧急或快速服务、设计等。此外，建立一个可靠的关系是成本很高的。专业知识、信誉和一般投标资格都必须被考虑在内，但这些都不是容易做到的。[33]

7.4.4　在线反向拍卖

对批发商来说，可能比在线交易更大的威胁是反向拍卖的在线竞价。[34]在这种实时价格竞争中，预审合格的供应商可以寻求赢得客户的业务。投标人（无论是批发商、生产商还是两者兼有）使用专门的软件提交逐步递减的投标，并且在时间截止之前，获胜者要提交最低投标。虽然仅占整体交易的一小部分，但是反向拍卖的地位越来越高。许多买家认为它们是一种快速、简单的方法，可以抛开"非理性"因素（比如人际关系、"软"或主观资格）直接获得低价。研究表明，反向拍卖将买家的成本降低了 5%～15%，但企业往往喜忧参半，有时成本节约并不显著，而且由于反向拍卖的交易性和价格导向的性质，它确实有可能破坏与供应商的长期关系。[35]

批发商往往也对反向拍卖持怀疑态度，因为它们似乎将采购决策简化为了价格，而不考虑能力——其中许多反映了批发商对供应商的专有投资。尤其是当投标是公开（向所有投标人公开）而不是封闭时（只知道中标的投标），批发商担心公开投标可能会使它们暴露自己的立场。买家还可以通过人为出价降低最终价格来操纵系统。

因此，反向拍卖存在风险：它们可能会破坏有潜力产生业绩突破和新想法的良好关系。批发商（和其他供应商）不愿针对进行反向拍卖的供应商进行投资。反向拍卖倾向于关注最低的产品价格，而不是产品生命周期内的最低采购成本或最低拥有成本。这些更广泛的成本概念涉及无形因素，但对保修、交付时间、转换成本和能力的考虑往往会在竞标战中被忽略。然而将这些因素纳入拍卖的努力并未成功，因为它们很难被具体化。

归根结底，反向拍卖的长期危险是供应商利用它们来获取过多让步，导致供应商（批发商和制造商）直接破产。这种强制的供应整合促使买家与少数大型批发商和生产商进行谈判。从长远来看，这种情况可能并不是买家获得可持续竞争优势的途径。

7.4.5　服务费用

对批发商来说，计算某一产品线或客户的真实盈利能力一直是个难题。产品线构成了一个产品组合，而客户仅需要一个分类品种。放弃无利可图的产品线可能会破坏组合产品的吸引力。放弃一个无利可图的客户与将成本分摊到一个庞大的客户群相矛盾。因此，拥有许多客户的批发商产生的成本往往高于其收益，通常是因为客户在购买产品的同时要求提供多种服务。传统上，批发商对产品收费并"免费"提供服务。这种捆绑是基于这样一种理念，即客户会花更多的钱购买那些给它们提供更多服务的批发商的产品。

但随着时间的推移，许多客户开始违背这个惯例，无情地在价格上压制批发商，同时要求批发商不要拒绝提供服务。为什么批发商会容忍这种产生亏本的客户？通常，这是因为它们无法对其进行识别。要将成本非任意地分配给客户并不是一件简单的事。一种可能的方法是基于活动的成本核算（ABC分析），它是根据支持每个客户所需活动的近似值来分配成本。ABC分析通常表明，批发商的客户组合遵循80/20规则，即80%的利润仅由20%的客户产生，其余80%的客户实际上是在消耗利润。[36]

这个问题的解决方案正在迅速普及，即按服务收费（fee-for-service）模式。[37]这一理念是为了打破定价模式（产品毛利率）和价值模式（提供比产品更有价值的优质服务，这也更难在其他地方找到）之间的传统联系。批发商通过收取产品价格，然后为客户使用的每项服务收费，以此将产品和服务分开，使其价值主张可视化。例如，TMI是一家切削工具批发商，它在与切削工具相关的检查、配套和保修服务等方面收取了费用。这些服务以一种明显的方式为顾客节省了时间和金钱，这就是为什么TMI可以对这些服务收取费用，而不是试图对其工具收取更多费用。

在极端情况下，批发商提供有偿服务，而不提供产品（产品来自其他地方）。按服务收费模式代表了批发业的一场革命，尽管与大多数革命一样，引入它并不容易，尤其是当客户习惯于将服务"包含"在毛利率中时。批发商需要证明它们的服务是有价值的。为此，它们可以接受更多的风险，并同意只有在客户达到特定目标（比如节省成本、节省劳动力、提高绩效）时才收取费用。

7.5　制造商进入批发业的垂直一体化

当制造商从事批发活动时，它们经营销售分支机构和办事处。在零售层面，巨大的"强势零售商"甚至可能绕过独立的批发商，设立自己的分支机构来履行渠道职能。这一趋势在欧洲（受欧盟推动）和日本（受消费者价格弹性上升以及对日本渠道长度和运营方法的质疑）正蓄势待发。在美国，这一趋势已经非常明显。

受到主导零售各个行业的强势零售商的影响[38]，批发商在美国许多传统（实体）零售渠道中仅占一小部分。强势零售商通常会在特定的产品类别（如玩具）中大量采购，并在其渠道中占据非常突出的地位。由于这样的购买量，强势零售商可以采用直接购买的方法。像沃尔玛等零售商通过创建内部分销系统来缩减渠道成本。在该渠道中，批发商只扮演了小角色。沃尔玛使用店内媒体和广告等策略进一步巩固自己的地位。例如，沃尔玛电视广告在 2650 多家商店的 10 万块屏幕上进行播放，每月吸引约 3.36 亿购物者。此外，包括卡夫食品、吉列和菲多利（Frito-Lay）在内的许多供应商开始在沃尔玛电视上做广告，这进一步加强了它们的联系。[39]

制造商必须对占主导地位的买家需求做出回应，而这往往是以牺牲批发商利益为代价的。此外，强势零售商引发了中小型零售商（即批发的传统客户）之间的行业合并。因此，在过去的 25 年中，批发商在零售渠道中的作用已经减弱或消失，只有很少的、更大的批发商成为幸存者。这一结果提供了电子商务不太可能对大多零售行业中存在的独立批发商产生破坏性影响的另一个原因，因为破坏已经发生过了。强势零售商几乎没有留下让批发商受到互联网的影响的余地。

与此同时，强势零售商使用的超高效零售分销系统并不适合在线购买和配送到家的"一体式"销售。因此，许多零售商都与批发商或第三方物流公司（如 Fingerhut）合作进入电子商务领域。有趣的是，互联网可能会被证明是一种将独立批发商带回零售渠道的方式。

本章提要

批发企业向其它企业、零售商、贸易商、承包商、工业用户、机构用户和商业用户销售实物投入品和产品。批发与有形商品密切相关。批发商还通过在渠道功能中提供服务来增加价值。

买家通常会低估批发的三个关键挑战的难度：
- 正确地完成工作；
- 有效果地完成工作（即最大限度地提供服务）；
- 有效率地完成工作（即低成本）。

批发的挑战促使企业在分销渠道上下游创造范围经济和规模经济。其目标是以较低成本提供卓越服务，这些批发形式包括：
- 总批发商，一种超级批发商；
- 批发商联盟，可由批发商自己或制造商领导；
- 批发商、零售商、消费者或生产者的自愿合作团体。

合并是批发业的普遍现象，部分原因在于通过 IT 获得的规模经济。然而，批发行业通常不如制造业集中。

当批发行业合并时，会出现四种类型的赢家：

- 催化剂公司（连续收购者）；
- 发现可防御利基市场的后来者；
- 适应合并后情况的专家；
- 以贸易深度换广度的通才。

制造商可以通过以下方式对批发合并做出反应：

- 与四种类型的赢家进行合作；
- 分散化投资（支持小型独立公司）；
- 垂直前向一体化；
- 投资于合并后更具吸引力的幸存者。

电子商务有望在许多方面改变批发行业，其中一些将有利于该行业。线上交易和反向拍卖是这些发展中的一部分。作为回应，批发商正在尝试新的方法来增加价值并获得公平的份额。

注释

[1]　www.naw.org/wp-content/uploads/2017/05/Wholesale-Distribution-Industry-Data-FINAL-AUG2016.pdf, date retrieved March 21, 2018.

[2]　www.grainger.com, date retrieved March 21, 2018.

[3]　Fein, Adam J.(2000), "Wholesaling," U.S. Industry and Trade Outlook 2000, New York: DRI/McGraw-Hill.

[4]　Lusch, Robert L.and Deborah Zizzo(1996), Foundations of Wholesaling: A Strategic and Financial Chart Book, Washington, DC: Distribution Research and Education Foundation.

[5]　Palmatier, Robert W., Fred C. Miao, and Eric Fang (2007), "Sales channel integration after mergers and acquisitions: A methodological approach for avoiding common pitfalls," Industrial Marketing Management, 36 (5) (July), 589-603.

[6]　Kozlenkova, Irina V., G. Tomas M. Hult, Donald J. Lund, Jeannette A. Mena, and Pinar Kekec (2015), "The role of marketing channels in supply chain management," Journal of Retailing, 91 (4), 586-609.

[7]　Scott, Colin, Henriette Lundgren, and Paul Thompson (2011), Guide to Supply Chain Management, Berlin: Springer.

[8]　Anonymous (1997), "Ever-shorter channels: Wholesale industry restructures," Focus Japan, 24 (July/ August), 3-4.

[9]　Fein, Adam J. (1998), "Understanding evolutionary processes in non-manufacturing industries: Empirical insights from the shakeout in pharmaceutical wholesaling," Journal of Evolutionary Economics, 8 (1), 231-270.

[10]　Anderson, Philip and Erin Anderson (2002), "The new e-commerce intermediaries," Sloan Management Review, 43 (Summer), 53-62. This source provides the primary basis for this section.

[11]　These services are described on the Wesco corporate website and in the Harvard Business School case #9-598-021, "Wesco Distribution."

[12]　Narus, James A. and James C. Anderson (1996), "Rethinking distribution," Harvard Business Review, 96 (July-August), 112-120. The section on adaptive contracts and the examples are drawn

from this article, which goes into much greater depth on the specifics of such arrangements.

[13]　Fein, Adam J. (1998), "The future of distributor alliances," Modern Distribution Management, September.

[14]　Granot, Daniel and Shuya Yin (2008), "Competition and cooperation in decentralized push and pull assembly systems," Management Science, 54 (April), 733-747.

[15]　www.amul.com/m/about-us, date retrieved March 21, 2018.

[16]　www.nytimes.com/2012/09/11/world/asia/verghese-kurien-90-who-led-indias-milk-cooperatives-dies.html, date retrieved March 21, 2018.

[17]　Based on 2012 website at www.consumerfed.org.

[18]　Deng, Ziliang and Zeyu Wang (2016), "Early-mover advantages at cross-border business-to-business e-commerce portals," Journal of Business Research, 69, 6002-6011.

[19]　Kauferle, Monika and Werner Reinhartz (2015), "Distributing through multiple channels in industrial wholesaling: How many and how much?" Journal of the Academy of Marketing Science, 43 (6), 746-767.

[20]　Homburg, Christian, Joseph Vollmayr, and Alexander Hahn (2014), "Firm value creation through major channel expansions: Evidence from an event study in the United States, Germany, and China," Journal of Marketing, 78 (May), 38-61.

[21]　Anderson and Anderson (2002), op. cit.

[22]　Pembroke Consulting and the National Association of Wholesaler-Distributors (2004), Facing the Forces of Change: The Road to Opportunity, http:www.nawpubs.org.

[23]　Kroh, Eric (2017), "Dental supply co. escapes price-fixing claims in NY," Law 360, www.law360.com/articles/966240/dental-supply-co-escapes-price-fixing-claims-in-ny, date retrieved March 28, 2018.

[24]　www.burkhartdental.com/what-we-do, date retrieved March 28, 2018.

[25]　www.beckersasc.com/asc-transactions-and-valuation-issues/34-of-physicians-use-amazon-to-purchase-medical-dental-supplies.html, date retrieved March 28, 2018.

[26]　Brescka, Carolynn Pitcher (2016), "The omni-channel approach is transforming your industrial supply model," www.linkedin.com/pulse/omni-channel-approach-transforming-your-industrial-supply-brescka, date retrieved March 30, 2018.

[27]　Graves, Jeffrey and George Swartz (2016), "Omni-channel fulfillment and the changing dynamics of wholesale distribution," www.inddist.com/article/2016/08/omni-channel-fulfillment-and-changing-dynamics-wholesale-distribution, date retrieved March 30, 2018.

[28]　Graves and Swartz (2016), op. cit.

[29]　www.naw.org/virtual-reality-and-blockchain-wholesale-distribution-trends-14,date retrieved March 30, 2018.

[30]　https://blogs.sap.com/2017/06/29/how-blockchain-will-intersect-with-the-wholesale-distribution industry, date retrieved March 30, 2018.

[31]　Narayandas, Das, Mary Caravella, and John Deighton (2002), "The impact of internet exchanges on business-to-business distribution," Journal of the Academy of Marketing Sciences, 30 (Fall), 500-505.

[32]　Day, George S., Adam J. Fein, and Gregg Ruppersberger (2003), "Shakeouts in digital markets: Lessons from B2B exchanges," California Management Review, 45 (Winter), 131-150.

[33]　Kleindorfer, Paul R. and D.J. Wu (2003), "Integrating long- and short-term contracting via business-to-business exchanges for capital-intensive products," Management Science, 49 (November), 1597-1615.

[34]　This discussion is based on NAW/DREF and Pembroke Consulting (2004), op. cit.; Jap, Sandy D.

(2003), "An exploratory study of the introduction of online reverse auctions," Journal of Marketing, 67 (3), 96.

[35] Sambhara, Chaitanya, Arun Rai, Mark Keil, and Vijay Kasi (2017), "Risks and controls in Internet enabled reverse auctions: Perspectives from buyers and suppliers," Journal of Management Information Systems, 34 (4), 1113-1142.

[36] Niraj, Rakesh, Mahendra Gupta, and Chakravarthi Narasimhan (2001), "Customer profitability in a supply chain," Journal of Marketing, 65 (3), 1.

[37] This discussion is based on NAW/DREF and Pembroke Consulting (2004), op. cit.

[38] Lusch, Robert F. and Deborah Zizzo (1995), Competing for Customers: How Wholesaler-Distributors Can Meet the Power Retailer Challenge, Washington, DC: Distribution Research and Education Foundation.

[39] Dukes, Anthony and Yunchuan Liu (2009), "In-store media and distribution channel coordination," Marketing Science, 29 (1), 94-107. 46 See www.fingerhut.com.

第**8**章

特许经营结构与战略

学习本章以后，你将能够：

明确特许经营的含义，并辨析特许经营的两种形式——产品和商标的特许经营和商业模式特许经营系统；

阐述为什么具有创业精神的人会选择成为受许方而不是创建新企业，以及什么原因可能导致创业者犹豫加入特许经营系统；

解释为什么具有商业模式的公司选择特许经营方式而不选择雇用管理人员设立自营门店的方式进行扩张；

详述不适用特许经营的商业特征；

阐述特许合同的基本构成要素和特许合同重要性的原因；

比较受许方门店和自营门店这两种门店组合使用的优点和缺点，并阐述为什么多数特许经营体系会演变为这种混合形式；

解释多单位特许经营的逻辑；

假定特许方公司已顺利度过初始阶段，评估特许公司能够有效运营面临的难题；

了解特许方实施全渠道策略面临的机遇和挑战。

8.1 导　　论

特许经营是一种营销渠道结构，旨在让终端用户相信他们是从纵向一体化的制造商处购买产品或服务，而实际上他们是从另一个独立运营的公司购买产品或服务。特许经营系统（franchise systems）的受许方经常被消费者误认为总部的下属子公司。实际上，二者是一种典型的双企业营销渠道结构，其中一方提供产品，另一方执行下游营销渠道功能。[1] 特许方（franchisors）[2]是产品或服务的上游制造商或提供商，例如汉堡王、万豪国际或赫兹。它们与受许方（franchisees）签订特许合同，受许方是指提供下游营销渠道功能的独立企业。而终端用户（受许方的客户）认为他们是在和特许方的下属子公司进行交易，因为受许方以特许方身份开展经营，表现得好像是特许方在运营。这种故意放弃独立身份的方式是特许经营的标志。

要想实现这种"伪装"，受许方需要给予特许方产品类别排他性销售的承诺（即受许方不销售竞争品牌的同类产品）。通常受许方也不销售其他类型的产品。因此，特许经营使制造商在单个产品类别的销售方面处于有利地位。

特许经营通常被认为是二战后的商业现象。但它其实源于更久远的时代，特许经营的实践可追溯至古代，相关法案则出现在中世纪。其词根反映了英语和法语的古老形式，来自两个术语：自由（freedom）和特权（privilege）。现今我们所知的特许经营可以追溯到 19 世纪末，在当时的美国，软饮料公司给予合作者灌装合同，零售业的特许经营在汽油、汽车和缝纫机的销售领域占据主导地位。

在 B2B 领域中，麦考密克收割机公司（McCormick Harvesting Machine Company）发展了特许经营这一概念，该公司绕过批发商直接向农民销售。当时汽车、缝纫机和收割机都代表了相对新颖、复杂、大规模生产的产品，需要大量销售才能实现生产制造的规模经济。大批量地销售大型机器需要专业化的营销服务，包括信贷延期、演示服务和售后维修，这在当时并不常见。由于上述行业的公司无法快速雇用和培训自己的批发商，它们转向受许方，使受许方采取近似下属子公司的方式进行运作，从而快速地实现了成长。在实现这一必要的业务增长后，企业往往将其特许经营业务转变为公司自营和管理的门店，这一趋势在历史上屡见不鲜。

为了进一步突出特许方的特征，受许方购买特许方品牌的使用权和营销权。特许方或销售者劝说受许方或分销商获得制造商的某些身份识别，并专注于一条产品线。从根本上说，专门的分销商会遵守某些指导规则储存并转售产品。指导规则包含一份详细的合同，该合同描述了必要的费用，并允许受许方使用特许方开发的行之有效的方法、商标、名称、产品、专有技术、生产技术和营销技术。实际上，特许方开发了一套完整的业务系统或商业模式，并授权受许方在指定的市场区域内使用。在一些情况下，该协议并未对整个商业模式进行授权。但总体而言，制造商的目标是销售其产品。制造商寻求对其品牌名称的展示保持控制，而受许方同意遵循特许方的方法。依据合同规定，受许方放弃了对特许方的大量合法权利。双方的合作旨在从产品销售中获得更多的利润。

然而，受许方仍然是一个独立的企业，拥有自己的资产负债表和损益表。从会计师或税务机关的角度来看，特许经营与其他经营活动并无差异。受许方投入自有资金，经营业务，自负盈亏。它们拥有公司的所有权，有权更改、出售或终止业务（即使这一基本产权也可以通过特许经营合同加以限制）。

8.2　特许经营的形式

欧盟对特许经营给出了一个很好的定义：特许经营是一揽子工业或知识产权，包括商品名称、商品标识、商店标志、实用新型（utility model）、设计、版权、专有知识或专利。它们可能被用来转售商品或向终端用户提供服务。欧盟的定义中使用了三个特征来界定特许经营[3]：

1. 使用一个共同的名称或标志，按照统一的标准布置其经营场所。
2. 特许方向受许方传授专有技术。
3. 特许方持续向受许方提供商业或技术帮助。

如此详细、仔细的定义至关重要，因为欧盟将特许经营从许多旨在鼓励国内和国际竞争的规制中排除。这种豁免认为特许经营系统必须具有共同的特征，又要有能限制竞争的合同。从消费者福利的角度来看，这种排除是合理的，因为根据欧洲委员会的说法，特许经营"结合了统一化网络和同质化网络的优势，确保了产品和服务的质量稳定，同时保证了商家具有高效率运营的动机。"[4]

8.2.1　产品和商标的特许经营

传统形式的特许经营，通常称为产品和商标的特许经营（product and trade name franchising）或授权特许经营系统（authorized franchise systems），受许商（也称为分销商、转销商或代理商）需要满足制造商对其参与不同营销功能建立的最低标准。因此，特许方授权受许商（批发商、零售商或两者兼之）在销售产品或产品线的同时使用其商号名称进行促销。零售层面的例子包括轮胎、汽车、电脑、大型家电、电视和家用家具的被授权分销商，这些分销商的供应商已经建立了强大的品牌，如固特异和丰田。此类授权也可在批发层面被授予，例如，软饮料瓶装商以及电气和电子设备制造商的分销商就属此类。这些制造商大部分的利润是通过向分销商销售而获得的，而不是来自手续费和特许权使用费，因而这些关系本质上是"供应商–分销商关系"[5]。虽然据估计有 68311 家企业以产品商标特许经营模式经营，但该模式主要包括以下三种业务：①汽车和卡车经销；②没有便利店的加油站；③饮料灌装厂。[6]

8.2.2　商业模式的特许经营

然而，在特许经营领域，商业模式远比产品和商标模式更为普遍，共有 732842 家企业采用该种模式。[7]当我们提到特许经营时，通常指的是商业模式的特许经营（business format franchising），即以品牌的名义授权用一套方法让受许商开展商业活动，如卓越理发（Great Clips）或麦当劳。

对于特许方来说，授权其经营方式的回报是不断向受许方收取费用。也就是说，建立授权特许经营系统有助于供应商增加渠道成员向终端用户提供适当类型和水平的服务输出的可能性，而无须承担财务所有权。授权特许经营系统的特许方可能会对渠道成员的运营方式进行规定或施加限制。

"授权"一词还意味着该系统有明确的界限，但这一假设并不总是成立。在某些领域，法律要求任何所谓的特许方都必须遵守披露和报告的规则（如表 8-1 所示），因此，它们必须支付大量的法律相关的费用。但在其他情况下，特许经营和其他渠道方式的区别就不那么明显了。除纵向一体化外，特许经营和其他分销形式之间存在着灰色地带。很难确定一个渠道是否真的是特许经营的，或者是技术上独立，但仍然由一个有影响力的上游渠道成员（合法地或非法地）领导。例如，零售商合作组织和批发商发起的自愿连锁团体都类似于特许经营，但监管机构有时会进行干预，以确定特许经营法是否适用于这些团体。1999
年，34 个被芭斯罗缤（Baskin-Robbins）撤销特许经营权的受许方联合起来，成立了一个
名为 KaleidoScoops 的合作组织。[8]它们拥有一个全国性的品牌，但管理决策是由会员自己
决定的，每个店主都可以根据自己的偏好开展商业活动。

表 8-1   特许经营披露文件的内容

序号	内容
1	特许经营的总数
2	过去一年内因终止或不续约而解散的特许经营关系的数量
3	开始和运营特许经营的成本
4	能证明受许方潜在收入或当前收入详情的证据，以及至少 10 名居住在考虑开设店铺区域的受许方的联系信息
5	经审计的特许方财务报表
6	签订特许经营协议后，特许方和受许方的责任和义务
7	特许方主要管理人员的信息，包括专业背景以及针对特许方和其他发起人采取的法律行动的信息
8	7 过去一年内特许方对其他受许方采取的法律行动的信息

资料来源：Federal Trade Commission, www.consumer.ftc.gov/articles/0067-buying-janitorial-service-franchise.

8.3   特许经营安排

特许经营是一种包含内生矛盾的营销渠道，但在许多情况下它的运营效果却出人意料
得好。特许经营是两个独立的企业联合起来，共同履行营销职能，实现互利共赢。但实际上，
它们试图说服终端用户相信它们是一家拥有和经营同一品牌的公司。为了让终端用户相信
渠道和品牌名称共同属于一个所有者，受许方牺牲了自己的独立性。受许方自愿让渡相当
大程度的权力给特许方——并向特许方支付费用以获得使用其品牌和运营模式的特权。

为什么下游企业会接受（事实上是寻求并支付）特许经营？当制造商的真正意图是对
渠道进行严格控制并不让终端用户知道其中的区别时，为什么制造商还会通过独立公司进
入市场？为什么不像顾客所设想的那样由自有或自营的门店提供产品或服务呢？

上述问题使得特许经营看起来似乎是一个有缺陷的概念。然
而，特许经营正在蓬勃发展。美国 2016 年共有 801543 家特许经营
机构，雇用员工 900 万人，产值为 8681 亿美元。[9]在欧洲，特许经
营一度被认为是一种反常的组织形式，但自 20 世纪 70 年代被引入
之后便蓬勃发展。此外，特许经营持续在零售行业占据主导地位，
但它也在 B2B 市场上扩张，特别是在向企业销售各种服务的行业，
如清洁和印刷服务企业。

补充资料 8-1

特许经营机构在全球范围内迅速建立，并已形成一个完整循环。由于美国在快餐等行
业的主导地位，那些率先从美国引进特许经营的国家已大量发展了自己的企业，并向其他
国家出口特许经营的商业模式，包括"返回"美国。特许经营机构是如此稳定和普遍，它

为北美洲、欧洲和亚洲的企业提供了一种最常见的经营方式。[10]补充资料 8-1 展示了最值得称道的特许方，其运营触及特许经营体系的方方面面。

8.4　特许经营的好处

8.4.1　对受许方的好处

假设你是一位私人企业家，因继承、遣散费、储蓄或先前企业的股权所得而拥有一定资本。你可以选择投资获取收益，但对创业更感兴趣。拥有自己的企业听起来很棒：

- 出于心理原因，你认为拥有自己的企业具有内在吸引力（例如，你对拥有所有权感到自豪）。
- 出于性别、种族或背景的原因，你在社会上没有其他机会。
- 你已厌倦为别人打工。
- 你愿意承担风险谋求独立。
- 比起将自身财务或人力资源投入到别人的公司，你相信如果将其投入到自己的公司能得到更好的长期回报。
- 如果拥有了自己的企业，你就可以为家庭成员或朋友提供就业机会（尽管证据表明家族式特许经营在绩效方面落后于非家族式特许经营）[11]。

上述所有的需求和好处都可以通过白手起家或是特许经营来实现。但是从头开始创业所涉及的风险意味着特许经营的其他好处：

- 新创企业的失败率很高。
- 创业需要几个月甚至几年的时间。特别是需要时间和资源来建立客户群。
- 面临成千上万个大大小小的决策，如企业应该设立在哪里；企业应该有主题吗；企业的规模多大；企业应该提供什么样的产品，应该如何经济且有效地准备产品；需要做出大量的法律、金融、营销、管理和运营方面的决策，任何企业家都可能不知所措；生意很容易失败，所有资金付诸东流。

细想这些问题，随之而来的焦虑会使许多人创业的抱负消失。你可能在就业市场上遇到过这样的人，他们在餐巾纸上勾勒伟大的创意，梦想着走进老板的办公室提出辞职。但对于那些仍然致力于经营自己的企业，同时想尽量减少一些风险的人来说，特许经营可能提供了完美的方案。实际上，受许方将部分自主性出售给特许方，作为回报，受许方能够获得企业的支持者、教练和问题解决者。特许方的支持人员会提供帮助，培训受许方并分享成功经验。这种商业模式为创业问题提供了预先准备好的解决方案，并为创业者可能面临的多数关键选择提供了成熟的决策。作为回报，受许方会购买在特定市场区域内经营和利用这种模式的许可。

8.4.2　启动阶段的一揽子帮助

当受许方购买了商业模式的许可时，同时就获得了品牌名称和一整套解释清晰、详尽的营销决策和业务决策。此外，受许方会接受培训和帮助以便执行已被确认的决策，这包括：

- 市场调研和店铺选址；
- 设施设计和布局（建筑和屋宇方面的服务）；
- 租赁谈判意见；
- 财务意见；
- 操作手册；
- 管理培训项目；
- 培训受许方的雇员。

这些初期的服务非常有用。特许方非常愿意与受许方分享显性知识和隐性知识，以确保运营的一致性和全系统的成功。[14]

店面的选址对零售业的运营非常重要，因为市场潜力是决定店铺营业额和生产力的重要因素。[15]特许方提供的店铺选址方面的帮助因业务和合同方面的差异而不同。例如，麦当劳通常会对所有的场地要素进行分析，以及对大部分的土地进行征用和开发。百捷租车（Budget Rent-A-Car）公司只划定某个区域，只要符合特许方的审查和意见，受许方就可以根据自己的喜好在该区域内的任何地方选址建设店铺。

另一个主要的好处是品牌名称本身，这一好处从成为受许方的那一刻就已经获得。受许方利用这一品牌名称的品牌资产能够快速建立起一个忠于该品牌的客户群。

这些初始服务还得益于规模经济，特许方可以从中获得并与受许方分享规模报酬。通过反复地提供相同的服务，特许方能够深入、详细地了解每项活动的细微差别。同时特许方把服务需求汇集起来，使其可以经济地指派特定人员完成初创期的任务（例如，统计专家进行选址分析，公司律师与区域政府部门交涉和起草文件，建筑师绘制建筑图纸并监督施工，技术人员负责培训、安装和测试设备）。利用特许方的规模效应，受许方能够在服务提供者（例如承包商和银行）那里获得优先顾客的地位。上述所提到的好处都意味着以更低的成本获得更好的结果。

8.4.3 持续经营的好处

如果故事就此结束，特许经营将只是一个创办企业的系统。但它主要是一个经营企业的系统。一旦开始，受许方可能期望其特许方继续提供什么服务呢？

- 企业运营现场监督，包括质量监督。
- 经营报告反馈。
- 推销规划和促销材料。
- 管理和员工再培训。
- 全国性广告。
- 集中性计划。
- 市场数据和指导。
- 审计和记录保存。
- 集团保险计划。

在这个列表中前两项最为突出，因为它们可能会造成冲突。几乎所有的特许方都拥有一个持续的现场监管程序，包括监督和纠正质量问题。现场代表会拜访受许方的店铺帮助其日常运营、检查产品和服务质量并监控其绩效。他们为受许方提供指导和咨询服务。但他们也是特许方的雇员，所以其首要任务是检查、评估和报告受许方的绩效。这些角色可能会与教练角色冲突，这需要通过社交手段和技巧来进行平衡。

许多受许方还必须定期提交关于其运营的关键内容的管理报告，如每周销售额、当地广告、员工离职和利润等。这些定期报告反映了特许经营近似子公司的特点。这在其他合同型渠道中是非同寻常。通过报告经营情况，受许方可以在整个特许经营系统中改进各种财务、经营和营销控制程序。这也使特许方提供反馈信息来帮助受许方。但这些机密信息构成了企业的核心。为了提供反馈信息，特许方可能要求受许方购买专门的电子发票或报告系统，并对其账簿进行持续的监督和审查。上述策略会引起不满，尤其是当受许方的初始目标是从特许方那里获得独立性的时候。

8.4.4　特许经营的竞争优势

考虑一下企业家可能利用其资本从其他人那里获得服务——建筑、法律咨询等，他们为什么要从特许方而不是独立顾问那里购买这些服务呢？

第一，特许方在这一特定渠道中扮演整合者角色。它们将所有必要的服务——不多不少——集中在一起并进行整合，实现规模经济（大小）和范围经济（协同）。第二，特许方专注于一条产品线（如快餐店和汽车修理店）。它们通过这种专业化获取专业知识和相关收益。第三，也许对特许方而言，最关键和最与众不同的利益是能够将所有东西进行整合并注入品牌观念。特许方所做的一切都是为了品牌的需要和概念的实施。甚至它的专业化收益也与品牌资产紧密相关，如果没有一定的规模，品牌资产就无法积累。因此，成为特许方的一个关键原因是出租其品牌资产并形成一个大型网络的一部分，而不仅仅是签订一份商业服务合同。

上述讨论给我们带来了一个关键但却经常被误解的问题，为什么企业家可能为特许经营付费：他们在雇用一个执法机构。特许方扮演警察、法官和陪审团的角色。商业模式是一个系统，特许方确保所有参与者（受许方）遵守其规则，不允许发生任何投机行为。受许方雇用特许方监督系统，以确保所有人执行这些规则。品牌资产是特许经营概念的基础，有一名警察保护这种品牌资产，符合每个受许者的利益。

这种作用通常被描述为防止搭便车。搭便车是指一方获得利益而另一方承担所有费用。唐恩都乐（Dunkin' Donuts）将自己定位于优质、新鲜烘焙食品的制造商。为了维持这种定位，受许方同意将几个小时后未售出的产品扔掉并用新生产的产品替换。遵守这个承诺代价高昂，诱使受许方将几个小时没卖出去的甜甜圈继续销售，并希望没有人会注意到它们有点不新鲜。出售过期甜甜圈的受许方因唐恩都乐的形象而受益，但这种做法损害了品牌形象，伤害了所有受许方。最终，特许方的驻场代表可能会发现这一现象，对违反承诺的受许方的惩罚可能是迅速和惨痛的。

如果受许方没有特许方的监督，它们可能会创造一个提供渠道监督功能的系统。品牌资产对特许经营至关重要。保护品牌资产是特许经营与各种服务生产联系在一起的关键原因。对于一些如文件处理、建筑业、商业辅助和服务、儿童护理、酒店、接待、旅游、体重控制，甚至尸体解剖等行业而言，确保结果的一致性是它们始终面临的挑战。通过打造服务企业的品牌，特许方保证了其自身和受许方的一致性，从而吸引顾客并提高品牌资产。

8.4.5 对特许方的好处

现在让我们把镜头转过来，改变一下视角：你掌管一家拥有经营理念和品牌的公司。你拥有一套商业模式。你希望严格控制经营理念的实施。你希望通过控制来维护品牌形象并确保你的产品得到适当的销售和服务。有了这种管理重点，合理的选择似乎是建立一个你可以拥有、运营和监督的门店网络，在职业经理的帮助下监管门店的员工。在雇用和培训经理及员工之后，门店仍有待建设。

所有这些努力都需要花费大量的时间、精力和金钱。你最终要为每个决定和每个员工的行为负责。此外，你必须时刻保持警惕，以避免代理冲突。也就是说，经理们可能有不同的动机和目标，所以你必须找到一种方法让他们按照你希望的方式运营门店。这两个主要的原因使你更倾向于通过特许经营系统而非自有网络来传播你的理念。

8.4.6 增长所需的金融和管理资本

许多有抱负的人都想实现快速增长，这不仅仅由企业家的自负和缺乏耐心所驱使。一个独特的想法需要尽可能快地被开发和运用，在其他人有机会复制它之前获得先发优势。如果一个想法很流行（例如东南亚的美式快餐），特许方必须在市场饱和之前促使其迅速传播。在一个竞争分散、没有强势品牌的商业市场中，一个快速传播的想法更有可能比别人先建立一个强大的品牌。相反，如果市场上有一个强大的竞争对手，特许方可能需要在竞争对手真正注意到或试图阻止自己之前迅速发展。此外，快速达到最低有效规模能够让公司在更大规模的运营中摊销成本。例如，为了证明美国的全国性广告是合理的，它需要覆盖几亿人口的全国市场。

如此快速地进入市场需要大量的金融资本，而这可能无法通过公开发行股票获得。早期对特许经营的解释认为，受许方能够成为一种更加廉价的资本来源。在这种模式下，受许方会愿意以比一个对该业务缺乏了解的被动投资者更低的回报率进行投资。虽然该观点颇具吸引力，但是一段时间以后就遭到了怀疑，因为它似乎与金融资产组合理论是背道而驰的。金融资产组合理论认为任何一个投资者都是低风险偏好的。因为在任何单一地方投资的风险要高于分散在整个连锁系统中的风险，所以具有眼力的受许方更愿意通过入股的方式参与连锁经营，而不是获得某一地区的经营权。但创业者通过特许经营来获得资本的观点又开始被接受，部分原因在于实践中的确有这样的例子。[14]或许是因为资本市场尚存瑕疵，抑或是因为受许方并不仅仅是一个理性的金融投资者的角色，对于受许方而言，拥有可自己独立经营的业务和拥有整个企业的一部分股份，并没有什么区别。[15]

如果你还记得，从前面的观点可知，受许者希望成为老板。他们将管理自己的店铺，这意味加盟的受许方对它们影响运营风险与回报比率的能力充满信心。通过购买它们所选区位的特许经营权，它们试图证明它们有能力以较低的风险赚取高额利润。与此相反，入股整个连锁经营的投资者对于日常运营事务的影响力极小，只能根据自己的投资份额赚取相应的回报。而受许方向特许方和供应商交付一部分费用后，可以获得该店铺的所有收益。因此，受许方很难不去关心获得特许经营权和成为特许方的一部分之间的差异，并且它们的投资意愿为特许经营系统快速成长提供了现成的途径并提供了充足的财务资源。

相比于从一个更大型组织的股份中获得等价的回报，企业家更看重通过自己的全局经营获得的回报，这意味着我们要跳出传统的利润衡量标准。除利润外，企业家还有其他的动机。例如，他们可能已经找到了他们认为完美的区位，只需要帮助它启动和运行即可。通常，创业者想要采用一些别样的技术创新，但他需要外部组织的支持。尽管他们可能不会像重视区位或创新那样重视整个连锁经营系统，但说服这些受许方进行投资还是相对容易的[18]。通过让受许方投资于特许经营系统，而不是其他的投资选择，特许方可以享受一种自己的诸多想法被检验的感觉（许多想要成为特许方的人从不会为了出售股份而寻找受许方或买家）。通过吸引受许方的投资，特许方获得了对其运营的认可。

可以看出，除了资金的投入，受许方还提供了另一种资源。换句话说，它可以解决人员短缺问题并满足特许方寻找优秀管理者的需要。即使拥有大量的资本，特许方也必须花费大量的时间来解决管理资源稀缺的问题。[17]需要注意的是，虽然有很多问题需要占用创始人的精力，但是初创企业的首要目标仍然是快速发展业务。特许方花时间看简历、面试管理候选人和寻找推荐人的方式都是低效而困难的，甚至通常是无效的。与此不同的是，特许经营提供了一种"预备"的方式，即通过招募受许方的方式筛选管理者。无动力、无兴趣或无能力的管理者不太可能支付加盟费、拿出初始投资、承受持续的特许经营费或接受长期处于入不敷出的风险。而那些对自己的能力有信心和拥有创业精神的管理者，反而会以此为契机表现自己并证明自己的能力。

以上论述为通过特许经营进行创业提供了合理的解释，然而现实却并非如此合理。许多特许经营组织的创始人都有一个潜在的目标，即在企业的成长过程中保持掌控力。他们认为影响（或管辖）每个受许方（以及整个经营系统）比影响董事会更容易。在这种情形下，创始人开展特许经营的出发点是担心出售股份而失去了控制权，而不是为了筹集金融资本或解决人力资本短缺。具有讽刺意味的是，这些创始人往往发现他们低估了受许方的独立精神。[18]不管怎样，创始人会失去控制权，因为随着公司的不断发展，他们必须把权力交给职业经理人。

8.4.7　发挥创业精神

一个高效持久的特许经营系统应该意识到受许方提供了系统所有的收益和所得，这些收益和所得是大量的企业家努力的结果，这些企业家是这个时代成功的经济体的驱动力。思考一个组织行为学文献中的一般理论：企业可以通过两种方式激励为其工作的员工。企业可以选择控制或监督员工，在控制或监督下，企业会想办法监视员工，然后根据规定选择制裁或奖励他们。企业也可以选择激励员工，通过让员工成为公司利润的剩余索取者，使员工利益与公司的利益保持一致。作为利润剩余索取者的员工不需要太多的监督，因为他/她会为了获得更多的利润而努力让公司变得更好。从这种角度来看，特许经营通过将管理者变成所有者和利润剩余索取者，以此激励管理者的工作并降低了监管成本。

此外，受许方不仅获得了经济回报，更有可能从自主经营的企业中获得大量的"精神报酬"。它们会对自己所在的特许经营系统感到自豪并产生忠诚感。它们可能会感激特许经营带来的诸多益处，比如它们可以为那些需要工作的亲戚和朋友提供一份工作。也许最重要的是，特许经营为受许方提供了一种途径，使它们可以将自己投入到企业中的知识和关系产生最大化的收益。这种人力资本是非常有特点的，它往往仅出现在一些特殊的商业活动中（这种将特殊的人力资本收益最大化的观点将在本章后续对多单位受许方的讨论中呈现）。

补充资料 8-2

受许方更本质的（或内在的）动机在于通过自己的努力，让自己的门店和整个特许经营系统受益，这也许能够解释为什么特许经营在零售业中的表现如此突出，因为这种努力是特许经营系统成功的关键。但是，如果利润太低，无法给管理者带来丰厚的报酬，也无法确保所有员工都努力工作，那么基础性的监督系统就会失灵。这种担忧在服务行业尤其严重，因为在这个行业，生产和销售是同时进行的，所有者不可能在客户看到之前检查所有的产出。表 8-2 是一份财务报表的样本，一些精明的受许方可能会要求特许方分享这些报表。

表 8-2　财务绩效表现和预测

根据联邦贸易委员会（Federal Trade Commission，FTC）的特许经营规定，特许方需要提供特许经营门店和/或自营门店的实际或潜在的财务绩效的信息。但是，此类信息应该被纳入公开文件中，并且每一条信息都应该有相应的事实依据	
表现：在中等规模的城市中，有 60% 的净洁发廊（Clean Clips Haalon）的受许方年销售额不少于 30 万美元。并不是所有门店的年销售额都能达到这个数字。没有人能保证你能够达到这个数字，因此必须要清楚你也面临着达不到这个数字的风险	预测：我们预计在你经营的最初的 12 个月，你的收入将达到 60000 美元。但是，我们并不能保证你能顺利地达到该目标，你也必须接受达不到该目标的风险
事实依据：这些预估的销售额是基于 2015 年和 2016 年在 5 个中等城市——辛辛那提、丹佛、西雅图、波特兰和圣路易斯的净洁发廊受许人的实际销售业绩而得出的。在净洁发廊的特许经营系统中，共有 400 家受许方，其中 250 家位于上述的 5 座城市。而这 250 家中至少有 150 家的年销售额达到至少 30 万美元	事实依据：这些收入预测的数据来自 55 家净洁发廊受许方以往的真实绩效。净洁发廊一共有 400 家受许方，其中 55 家在 2015 年或 2016 年是它们第一年运营
假设条件：我们对那些位于中等城市的净洁发廊的受许方进行了调查。处于不同地区（例如人口或人口规模不同）的商店，经营绩效也不同。此外，所有被纳入研究的受许方都至少有 3 年的从业经验。这些店铺在第一年的销售额往往就占了 3 年甚至更长时间销售额的一半左右	假设条件：在我们的研究中，有 45 家受许方位于中等城市。处于不同地区（例如人口或人口规模不同）的商店，经营绩效也不同 以上估计没有考虑到经济衰退对理发频率的影响，也没有考虑全国范围内的美发行业的竞争。有关我们分析的更多细节可根据要求提供

资料来源：www.ftc.gov/system/files/documents/plain-language/bus70-franchise-rule-compliance-guide.pdf.

我们还区分了缺乏努力和错误的努力。特许经营合同是解决缺乏努力的好方法，但在解决错误的努力时往往显得力不从心。具有创业精神的受许方可能会为了将一件事做好而与特许方发生冲突。一个好的特许方会认真对待受许方的想法，如同把受许方当作顾问一样，而不是立即拒绝相左的意见，尽管这样做很困难。一位特许商对面临的难题做出了精辟的总结："你看，管理者听你的但却不努力，而受许方很努力但却不听你的……"[19]

受许方就像是一个顾问，帮你解决特许经营系统中的一些执行性的问题，并提供了很多的创意，尤其是在当地市场的层面。从某种程度上来说，特许经营系统确立了一个总愿景，要想扩大规模，甚至是在全球范围内实现这一愿景，就必须适应当地的环境和市场的长期变化。特许方缺乏进入当地市场和接触终端用户的机会，而受许方则能提供这些机会。

以东南亚为例，美式快餐在那里变得十分风靡。威廉·海内克（William Heinecke）是在泰国长大的美国人，他找到必胜客，表明自己想在曼谷开一家特许经营店，但必胜客担心亚洲人吃不惯奶酪。尽管公司对此心存顾虑，但海内克还是支付了必要的费用，并签署了一份合同。双方对于该交易可谓是皆大欢喜，因为现在必胜客在泰国拥有了大量业务，而海内克也拥有了数十家自己的门店。

因此，在许多情况下，特许方可能并不是对行业最了解的，精明的受许方可以解决那些连特许方在当地办事处都没有注意到的问题。不过，即使在这种看似颠倒的渠道中，特许方仍然是关键的参与方。公司的中心办公室收集所有受许方提供的各种不同的想法，排除那些无法实行的，将这些想法进行调整以适合于应用在整个连锁经营中，然后将它们推广给其他的受许方。现在，麦当劳店中出现的一些著名的形象和产品的创意都源自受许方，但这些形象和产品都是通过特许方进行推广的。[20]你喜欢麦香鱼汉堡吗？如果喜欢的话，那你就要感谢一家位于天主教聚居区的受许方的发明，该发明是为了在星期五还能吸引顾客光顾，因为星期五那天它们的顾客不吃肉食。在赛百味里，广受欢迎的 5 美元长三明治是由佛罗里达的一家受许方发明的。

需要继续讨论的一个关键点是对特许经营系统发展过程的理解。特许方为商业模式提供了原始愿景。然而，随着时间的推移，受许方共同推动了愿景的发展。一般来说，单一的受许方是无法推动商业模式更好的发展的，只有特许方才能持续不断地向各个受许方搜集、调整和推广最佳的创意。

在特许经营系统的发展过程中，很多最具创意的贡献者往往来自于那些曾经担任过企业管理者的受许方。一个积极、有能力的管理者可以通过自身的付出获得相应的回报，特许方也会通过向他/她提供一份特许经营合同的方式鼓励该管理者继续留在公司。在法国，许多大型零售商在本地市场面临增长缓慢的局面，这迫使它们考虑在二线城市（比如一些无法支撑大型自营商店的小城镇）开店，这反而给了它们的员工一个机会，让这些员工从企业雇员转变为自主经营的受许方。这些雇员可以拥有自主经营的事业，而特许方可以在享受更低的风险和投资的同时保持在新区域的扩张。这种情况下，员工往往缺乏必要的资本，这就要求特许经营权授权方提供额外的支持，并在它们的前员工身上"下注"，以保持他们的忠诚度并提供专业的操作知识。法国特许方还经常为这些前员工提供额外的财务支持，协助他们过渡，并提供高级培训。只要这种额外的援助不至于扼杀他们的创业精神，可谓是皆大欢喜。[21]

从某种意义上说，这一发展让我又回到了起点。一开始，我们将特许经营描述成一种快速找到优秀的管理者的方法（且无须雇用他们）。而这些管理者也愿意向特许方提供一定的资本。现在我们发现特许经营通过给予现有经理人必要的帮助和资本，以保证他们处于公司的掌控中。因此，这一部分反映了特许经营不断演变的角色。快速零售（Fast Retailing）这家日本公司旗下拥有一家叫优衣库的休闲服装零售企业，优衣库将那些拥有至少 10 年工作经验且具有上进精神的员工转变为受许方，通过这种方式该公司开设了数百家优衣库门店。这一方式也体现了优衣库创始人的经营理念，即店铺管理者必须独立经营，而特许经营提供了这样的一种双赢关系。[22]

补充资料 8-3

简而言之，特许经营不只是快速增长、获取资金或避免监管费用的途径。特许经营为营销渠道提供了一种灵活、通用的管理激励体制。人们常常会低估特许经营的价值，也常常会高估掌控公司运营的价值。

8.5　不实行特许经营的原因

并非所有人都同意上述乐观的观点。无论如何，星巴克都是一家非常成功的连锁店。[23] 快速增长和几乎遍及每个城市角落的大规模市场覆盖的特征使许多人认为它是一家特许经营连锁。相反，星巴克的每一家门店都是由星巴克员工管理的直营门店。星巴克创始人霍华德·舒尔茨（Howard Schultz）仍然对特许经营持有严厉的批判态度并认为特许经营导致公司快速扩张而无法及时解决出现的问题。一些错误（例如雇用错误的员工、失去对运营的控制、在质量上妥协、选址错误）会在系统中蔓延并最终形成惯例。星巴克在运营和产品输出、设法雇用和保持热情和忠于门店管理的管理人员方面都保持着传奇般的一致性，这主要是通过向所有全职员工提供股票期权来实现（这项福利一直以来都让星巴克被列为最佳工作场所）。整体业务的股权似乎让星巴克复制了受许方给它们的业务带来的热情和所有权感知。

不管特许经营系统被认为有什么优势，星巴克不断地证明特许经营并非是运行渠道的唯一可行方式。此外，如第 1 章所述，星巴克在某些国际市场上依赖特许经营，在机场和大型超市中的星巴克是在特许经营安排下运营的，尽管其技术不受特许经营规定和义务的限制，但具有特许经营的一些特征，这显然不属于自营门店。

8.6　特许经营战略

8.6.1　特许经营合同策略

特许经营由内容详尽、正式的合同严格控制，这些合同长达数页并充满了复杂的法律术语。特许方和受许方很容易将合同丢给律师，并简单地认为这样就可以一劳永逸地处理好双方的关系。这是非常危险的错误。特许经营中合同至关重要。具体而言，特许经营合同的三个部分决定了合同影响的对象和特许经营的运行方式。[24] 这三个部分是：

1. 支付体系，特别是进入特许经营系统的一次性费用、特许权使用费和初始投资。这些费用如何计算以及在合同期限内如何调整至关重要。

2. 房产权，包括谁持有租约以及如何转让房产权。尽管这个细节似乎涉及财务问题，但实际上它是独特和重要的。

3. 终止。特许经营合同会考虑到关系终止的情况，并阐明如何处理该问题。

在美国，特许经营有着悠久的历史，监管机构和法院也同样关注其社会效益，因为它们担心（通常被认为是大型、强势的和富有经验的）特许方可能会剥削（通常被认为是小型、弱势的和缺乏经验的）受许方。这种担忧的一个关键原因是特许经营合同通常包含一些从表面上看对特许方非常有利的（可能是因为特许方有更好的律师和更强大的议价能力）条款。

但这些合同真的不公平吗？

为了解释特许经营合同并非不公平的原因，我们可以类比国际政治事件中双方为履行承诺而进行的人质交换。有可能食言的一方向对方提供人质。如果一方食言，另一方就可以扣留人质。如果双方都可能违背承诺，就会交换人质。

特许经营合同相当于双方互派"人质"，以确保对方信守承诺。[25]特许方和受许方都有违背承诺的可能，但受许方更容易违背承诺，因此受许方需要提供更多的"人质"——即受许方需要接受向特许方让渡更多权力的合同。

1）支付体系

受许方加入特许经营系统通常需要支付固定费用或一次性费用。如果特许经营合同此时终止，特许方会"携款潜逃"而不顾受许方权益。这笔费用就是受许方派遣的"人质"。受许方需要进行初始投资，以准备存货、获取与更改设施、购买工具与设备，并宣传门店开业。如果门店关闭得太快，受许方将损失大量投资，特别是其购买那些专门为符合特许方的运营和装潢要求（例如特定的颜色、图案、装饰标志和标语）的固定设施和特殊设备的投资。受许方永远无法收回的初始投资成本被称为沉没成本。因此，预付费用和沉没成本都是受许方派遣的"人质"。如果受许方未按照特许经营系统运作，那么一旦生意失败就会失去"人质"。

当然，特许方也要派遣"人质"。此时，最佳的"人质"是基于销售的特许权使用费（可变费用）。如果因特许方拒绝帮助受许方而造成销售损失，那么特许方也会因此收取较少的特许权使用费而蒙受损失。因此，特许权使用费激励特许方去帮助受许方。[26]基于此，我们需要解释特许权使用费要依据销售额而不是利润来计算的原因。也就是说，特许方职责是帮助受许方赚钱。此时，利润似乎是最好的衡量标准。但大多数情况下，销售额是易于查看和核实的，相反，利润很容易被操作而很难核查。

案例 8-1

卓越理发成立于 1982 年，是一家步入式的（无须预约）的为男士、女士和儿童提供发廊，它有 4000 家特许经营门店，这些门店通常坐落于公路两侧商业街中。[27]该企业向受许方收取 2000 美金的注册费用和 6% 的销售额作为特许经营费，[28]通常规定首次期限为 10 年。受许方还必须额外贡献出其总销售额的 5% 给一个共享的广告基金。此外，卓越理发每年向受许方收取软件、信用卡和礼品卡等费用，这些费用高达数千美元。[29]因此，开一家发廊需要的初始资金为 137000～258000 美元，具体金额主要取决于发廊开设的地点。

卓越理发还要求潜在受许方出具至少拥有 30 万美元的净资产和 5 万美元的流动性资产的证明。尽管获得特许方授权的发廊 9～12 个月就可以开业和运营，但最主要的困难是找到一个合适的地点。该企业建立了一个门店保护区（即在该范围内不会有其他的卓越理发开业），范围大小从十分之一英里到四分之三英里不等，主要取决于当地人口的密度。[30]不同于那些要求受许方全职经营的特许方（如麦当劳），卓越理发的受许方可以将该经营门店作为一种兼职式的投资，一边继续从事日常的工作，同时一边监督和管理门店。卓越理发通过提供开店建议、长期培训和鼓励受许方开设多家门店的方式（在熟知该特许经营系统后，受许方平均可以拥有 5 家门店）以支持受许方进行兼职经营。

因此，特许方通过固定费用和以销售额为基础的特许权使用费两种途径赚钱，而问题的关键在于：最赚钱的途径是哪个？换句话说，特许方是愿意收取更高比例的固定费用还是可变销售特许权使用费呢？一种观点认为固定费用和可变费用二者负相关。[31]原因是收取高额固定费用的特许方发出两个信号：第一个信号是积极的——我的特许经营是有价值的；第二个信号是消极的——我尽可能从你身上榨取预付费用，方便以后剥削你（即"拿了钱就跑"）。为了强调积极信号同时消除消极信号，特许方会降低预付费用（有时是零预付费用，一些知名的特许经营也是如此[32]），之后会寻求更高的特许权使用费以实现获利。这一举措也造就了一个新的"人质"，因为特许方要与受许方一起承担更大的风险。

特许方面临的危险在于它们是否正在承担太多风险。特许方放弃收取预付费用而选择未来收取特许权使用费致使特许方承担了帮助受许方开店的风险，然后试图重新协商合同以对自己有利。而受许方有各种各样的投机性拖欠行为，如受许方向特许方协商延迟付费或降低特许权使用费、索要更多的帮助、要求租金减免等。为避免因帮助受许方开店而造成的沉没成本，特许方可能同意重新协商。因此，特许方对投机性拖欠行为的担忧会致使其要求受许方支付更多的预付固定费用而不是特许权使用费。

然而实际上我们最终发现固定费用和特许权使用费没有必然联系。[33]就高额的固定费用而言，特许方可能会做出让步并收取比自己预期更少的固定费用；受许方也可能会在合同的其他方面做出让步，我们将在后面讨论这一点。此外，受许方同意加大初始投资——包括用于特许经营的装潢和难以返还或转售的设备与商品等沉没成本——这可能远远高于支付给特许方的固定费用。通过负担这项投资，受许方提供了有价值的"人质"，同时向特许方保证尽最大努力维持经营，而不是利用机会来要挟特许方重新协商特许经营合同。

此外，特许方可能希望减少受许方预付固定费用以扩大受许方的队伍。正如我们之前讨论过的那样，特许方通过一种可行的方式来识别某类企业家的特征（即个性、背景、管理能力和当地市场知识），以此找到合适的受许方。如果将拥有大量个人财富作为一项指标纳入其中，那么合适的受许方数量将大幅减少。

但特许方不仅只是降低了对预付费用的要求。实际情况是它们向受许方收取的特许权使用费也会比自己预期的更低。据报道，麦当劳每次向受许方收取特许经营费时都会在桌子上留下几十万美元（即留在受许方的银行账户中）。[34]此时肯定有人要问：原因何在?!

主要是因为特许方要通过这种慷慨大方的行为，提高每个受许方的开店价值，麦当劳确信受许方会对特许方大为改观——尤其受许方一改那种认为特许方都是"视特许经营权使用费如命"的态度。此外，受许方更愿意履行自己的承诺，这为有效开展特许经营提供了基础。

参照上文的分析思路，我们思考一下捆绑销售的问题。一些特许合同包括一项条款：要求受许方从特定供应商处购买投入品（制成品或供应品）。如在英国，安飞士巴吉公司（Avis Budget）要求受许方从本国特许方处购买用于租赁的汽车。这种捆绑销售似乎是反竞争的，因为如果受许方能够在其他地方以更低的价格买到相同的汽车，那么它就应该被允许这样做。监管人员也提出了相似的理由质疑是否这种捆绑销售实际上就是一种变相收取更多费用的手段。此外，如果受许方通过一些欺诈手段来弥补因这些不正规的费用而产生的损失，那么特许方在供应商问题上向受许方收取过高的费用就可能会引发受许方的报复。例如，一家餐馆被迫从特许方处购买价格过高的食材，可能会致使受许方偷工减料或重复使用食材。

然而，对于特许方来说，捆绑销售的风险是值得的，因为它是确保质量的一种手段。安飞士巴吉公司知道被租赁的汽车应该设备齐全（如配有空调和收音机），就像它向终端用户承诺的那样。当投入品的质量难以持续衡量时，特许方更有可能使用捆绑销售条款。但特许方也会公平定价以免遭受许方的怨恨和对特许方暴利的指控。此外，如果任何供应品都可以作为投入品，特许方很少会将其写入捆绑销售条款。或者，如果特许方对供应品有限制性要求，那么特许方可能会要求受许方即使不从特许方处购买，也要从指定的来源处购买供应品。

2）租约

在收取租金方面，一些特许方（如麦当劳）会尽力确保自己是房东，或至少拥有将房产租赁给受许方的权利。也就是说，特许方与房东达成租约，然后再转租给受许方。这些租约通常以牺牲受许方的利益为代价来保护特许方的权利。然而，拥有地产是一种资本密集型的做法，租赁谈判引起特许方管理层的关注的同时也带来了频繁的纠纷。

然而，对于特许方来说这些投资可能是值得的，因为零售取决于地理位置，而好的地理位置很难获得。黄金商业地段的产权所有者可能更愿意与特许方而不是与某个受许方进行交易。特许方可能会比规模较小的受许方更容易在谈判中获得优势。

为什么特许方执意要持有所有门店的租约（即使是很小的一部分租约）而不是仅将关注点放在与受许方签订的合同上呢？一个较为明确的解释是对租赁的控制可以让特许方对受许方的合同终止威胁是可信的。[35]再不听话的受许方也是一个"房客"，很容易被特许方赶出特许经营系统：特许方可以很容易地终止租赁合同，顺便把受许方赶走。作为"房客"的受许方同意接受有利于"房东"的租赁合同实际上为特许方提供了另一种"人质"。如果特许方对门店进行改造升级，这时该"人质"就特别有价值，因为这种改造升级通常会被房东所有。

最后，担任房东的特许方以减少收费要求的方式为受许人提供帮助。也就是说，特许方可能会延期征收遇到困难的受许方的租金。但即使有这种弹性机制，作为房东的特许方仍然拥有终止合同能力，即赶走受许方的同时依然持有门店经营权并交给新的受许方用于经营。

3）合同终止

失去受许方是一件非常麻烦且代价高昂的事情。特许方替换受许方（在没有租赁条款的情况下，可能需要更换地点）时，需要投入时间培训新的受许方并承受失去业务的机会成本。因此，受许方面临着这样的机会：在谈判交易时为了让自己处于有利地位会以退出特许经营为借口威胁特许方。在某种意义上，特许方可能会在谈判中做出让步以避免替换受许方。

与此同时，特许方也使得受许方的退出是一件非常麻烦且代价很高的事情。如前文所述，特许方为受许方带来利润丰厚的商业订单（更低的特许权使用费，即便是优秀的业务），并要求其尽早完成适用于特许经营的投资（如装潢）。此外，特许方签订的某些合同使受许方退出变得异常困难。在英国，许多合同规定受许方要找到它们的替代者。受许方不仅要迅速找到一个候选人，而且必须被特许方接受和认可。如果无法找到替代者，特许方会收取转让费以支付自行寻找替代者的费用。

特许方还引入优先决定权条款，如果找到合适的（也许是来自竞争对手的）受许方，便有权与其签订合同。尽管这些条款使得特许方免遭受许方将其出售给不合适买家的侵害，但也为特许方剥夺受许方以公允价值清算业务的权利创造了可乘之机。美国许多州都规定废除此项条款以防止不公平。虽然有一些有章可循的规定，但是特许经营投资通常在受许方财务投资组合中占比很大，现有的法规对特许方出售特许经营权进行的限制有限。[36]因此，权力最终掌握在特许方手中。

4）合同一致性

虽然情况复杂多变，但特许经营合同之间的差异却非常小。尽管每个受许方面临着不同的情景，但特许方却通常对所有的受许方采用相同的合同（可能会有细微的变化）和价格，受许方要么接受要么不接受。

合同并不会随时间变化而调整。偶尔会在价格方面进行调整，比如特许经营使用费和固定费用会随着特许方地位的稳固而提高（只有麦当劳是个例外）。但惊人的是合同仍然很稳定。[37]合约期通常需要较长的时间，比如 15 年。此外，合同内容过于详尽可能会导致高额的法律费用，特别是在信息披露要求较高的司法管辖区。最后，特许方希望自己在受许方眼中是一视同仁的，正如它们平等地对待所有受许方。通过提供相同的合同，特许方有效地避免了可能出现任何歧视——其威胁性似乎比可能失去灵活性或是出现专制更为严重。

5）合同执行

除了合同，还可以通过声誉的影响来维持特许经营关系。那些以长远眼光看待生意的特许方，肯定会担心将自己形象塑造为一个残酷、专横、贪婪的恶霸。这种坏形象会使它们面临着失去现有受许方、合作效果不佳及无法吸引新受许方的困境。进一步而言，任何特许方都不希望自己被认为是唯利是图的——一味地通过收费和有利可图的捆绑销售来快速赚钱，然后抛弃受许方。因此，那些正直的特许方会努力善待受许方。它们明白相比于通过强迫签订苛刻合同以"完胜"与受许方的纠纷来获得短期收益，声誉更为重要。

当然，特许方并不强迫受许方签订精心修订的合同。相反，它们会在惩罚违规行为时权衡利弊，并尽可能地容忍违规行为。特许方尤其需要注意特许经营合同中强制性条款和依从性条款的共同作

补充资料 8-4

用，以及它们在监督和执行过程中需要付出的实际代价。[38]受许方使用其特许经营合同中的条款作为线索来预测监督效果。此外，看似顺从的受许方也可能不太重视合同条款，因为它们认为只是签署了一份几乎没有影响力的合同。此时，它们可能不会真正理解遵守合同的必要性。如果受许方与特许方关系融洽，它们反而会全心全意地而非最小限度地遵守合同。[39]

　　6）自我执行协议

　　由于特许双方都有欺诈的动机，所以合同应创造一种自我执行的机制。此时，无论有多少监督或威胁，任何一方都不愿意违反合同，因为合同会改变双方的动机，以确保欺诈并不是最佳的利益选择。然而，每一条阻止一方欺诈的条款都为另一方的欺诈提供了新的机会。也就是说，每一次制衡权力的努力都会带来新的失衡。

　　以上观点适用于大多数的商业合同。但如果特许方和受许方仅想要通过完备的合同以解决欺诈问题，那么它们会面临更大的风险。特许双方都希望长期同舟共济。特许方提供了机密和商标，受许方牺牲了自主权。它们会将合同弄得面面俱到并考虑长远，这也导致合同很快会变得非常复杂。表 8-3 列出了特许经营合同涵盖的部分内容。但是，任何一份合同都不能完全列举出所有的意外事件，并为未来的所有问题制定适当的解决方案。

表 8-3　特许经营合同

《国际特许经营指南》（*international franchise guide*）（来源于《国际先驱论坛》*international herald tribune*）建议特许经营合同应该包含以下内容：	
各项条款的含义	组织机构
初始的协议条款	更新的协议条款
终止协议或不续约的原因	市场区域排他性
知识产权保护	职责分配
开办次级特许经营的能力	有关预计现金流的共同协议
发展进度与相关的处罚	费用：开始费用、结束费用和持续性费用
货币与汇款限制	争议的补救措施

　　资料来源：Moulton, Susan L. (ed.) (1996), International Franchise Guide, Oakland, CA: Source Books Publications.

8.6.2　自营门店战略

　　特许门店和自营门店往往被认为是水火不容的，即在某些条件下只能采用其中的一种模式。但实际上，许多特许方既管理特许门店又运营自营门店。[40]在美国的特许经营企业中，平均有 30%的门店是企业的自营门店。[41]近年来，随着越来越多的特许经营企业上市，它们发现增加有形资产（即增加自营门店的数量）可以带来诸多好处。[42]但是，这样做可能会导致企业可用于投资品牌建设的资源减少。这样看来，自营门店的占比越高，意味着企业从特许经营中获得的股息就越少。[43]既然如此的话，那么为什么特许方要设法拥有自营门店呢？接下来，我们阐述几个原因。

　　1）市场的差异

　　市场是有差异的。自营门店和特许门店服务的市场类型可能不同。例如，一些市场需要特许方进行监管，因为受许方的"一锤子买卖"较多。例如，有些市场需要特许方进行监管，因为每个受许方的回头生意都很少。[44]一家位于高速公路旁的快餐店会非常依赖于那些只路过一次的消费者构成的市场。这些受许方可能会为了获利而弄虚作假（如通过提供不新鲜的食物以削减成本），因为它不会因食物劣质而受到责罚。旅客是冲着特许方的品牌来的，但他们糟糕购买经历会让特许方的品牌资产受到折损。但是，这些旅客这个地方，所以不会给受许方造成一般情况下的不良后果（即预期销售额的流失）。为了保护品牌资产，特许方可能更愿意自营这家门店（而且其他的受许方应该会欣然接受这一决定）。

2）临时的特许门店和企业自营门店

有些门店是临时的。在某时某刻，某种环境可能会创造对某种类型的门店的需求。特许方往往会先设立一个或几个自营门店，它们利用这些门店探索商业模式并打造自己的品牌。如果它们跳过了这一步，直接采取特许经营的模式，可能无法吸引受许方的加入，因为它们无法为受许方提供什么（如品牌资产和成熟的商业模式）。因此，特许方往往从自营门店开始发展。一旦它们达到了某个水准，它们就可以（通常是以很快的速度）招募受许方了。

但是，当特许方的经营活动步入正轨后，为什么还要增加更多的自营门店呢？这里存在一些偶然因素。例如，受许方的经营出了问题，特许方为了保证系统的正常运转，接管了该区域的门店（在美国的特许方也可能是为了逃避法律诉讼），或是因为经营那些利润可观门店的受许方要退出（如管理者的身体原因）。在这些情况下，企业自营只是暂时的，特许方希望尽快地找到新的受许方并将该门店转让给它。

我们在意大利发现了这种情况的不同表现形式。在意大利，在某个行业（如食品业）开设一家零售门店需要当地官方机构开具的从业许可证。这些从业许可证的数量有限，因此价值不菲，这给在意大利从事特许经营的企业造成了困难。如果特许方需要快速扩张就不得不接受一家不合意的受许方，只因为该受许方持有该行业的从业许可证。特许方可能会与从业许可证的持有者在合作上产生不愉快，因此特许方需要采取自营而非特许经营的方式获得属于自己的从业许可证。它们可能需要自己运营一段时间该门店。因此，意大利的特许经营模式中，我们可以看该地区的特许经营系统扩张主要是通过让渡企业资产的方式进行。特许方经营自营门店并从中获取经验，然后转售给合适的受许方。这种让渡几乎不会给特许方带来高昂的成本，因为受许方与特许方合作经营该门店，经营效果往往会更好。

然而，临时特许门店或自营门店的思路无法最终解释为什么随着特许方的成长，会继续以低于特许门店的速度扩增新的自营门店数量。[45]实现成为增速最快的系统这一目标取决于偏好特许门店而不是自营门店。（而且这些复合系统的失败率较低。[46]）因此，必须永久保留这两种门店类型，这种模式被称为复合形式。

3）复合形式及其相互协作

同时有意地保留自营门店和特许门店以发挥相同的功能，构成了一种复合模式战略。[47]一些观点认为，特许方利用一种模式的优势弥补另一种模式的劣势，从而保持组织的（垂直整合和外包的）双元属性。特别是，复合模式能够让特许方建立一套控制系统，该系统可以让两种模式产生功能性的竞争。这是一种有效竞争，因为它可以让特许方通过以下方式更好地监管自己的门店：

1. 精心设计的管理信息系统，该系统可以生成关于所有门店各方面运营情况的详细的日报。

2. 频繁的、详细的、突击性的现场审计，该审计涵盖数百项内容且需要数小时才能完成。

3. 神秘购物者，或者招募一些假扮成顾客的专业审计员。

企业经理需要忍受这种繁重而具有冒犯性的监管机制，因为他们几乎没有选择：他们拿着特许方的薪水就要遵守特许方的规定。特许方的高管告诉他们去做什么，他们就得去做，他们不需要考虑收益的问题。

受许方却可以拒绝这种冒犯性的、繁重而严密的监管方式。特许方不会命令受许方要做什么，而是尽力去说服它们要做什么。两种模式的名称似乎就在告诉我们：受许方与特许经营顾问协商（而非汇报）工作，而自营门店的经理要向地区经理汇报工作。但是，从自营门店的严格监管机制中获取的信息和经验有助于特许方了解其自认为已掌控的业务的日常运营情况。

在复合模式系统中的这两种模式也可以互为标杆。通过比较自营门店和特许门店的绩效，特许方可以促使它们运营得更好。自营门店和特许门店实际上扮演着相同的角色（就像我们之前说的，它们看起来大同小异），所以可以将它们直接进行比较。而该特许经营系统中的竞争可能会骤然增加。

但这两种模式并不仅仅是相互对立的。在复合模式中，一种模式可以推动另一种模式的发展，进而产生一种相互促进的策略。也就是说，自营门店和特许门店都会尝试一些想法，然后试图说服对方采取自己的想法。在这个过程中，一些策略会在双方激烈的争辩中产生。复合模式创造了更多的选项，这些选项会得到比单一模式更直接和更彻底的审视。因此，这些想法可以被很好地凝练，并且双方都会更加坚定地支持最后形成的新方案。

复合模式的另一个优势是特许方可以为员工创造更多的职业发展路径，员工可以选择在受许方或特许方之间转换。这种自由不仅能满足员工个人发展的需要，也有助于特许经营"家族"双方成员间的交流。有些人可能更喜欢企业内部的职业发展路径，他（她）可以先成为一家门店的经理，然后成为主管，最后升为企业高层。而另一些人可能更喜欢用特许经营方式实现自己的职业规划，他可以先成立一家门店，然后增加新的门店，最后逐步形成一个具备一定规模的"小集团"。但是，还有一些特许经营家族的成员可能在两种模式之间来回转换，对于这些人来说，存在以下三种职业发展的路径：

1. 企业员工成为受许方。这种职业路径较为常见。很多企业员工都喜欢选择这条路径，因为他们可以逐步成为企业家，而且相比于在外面单干，这种职业路径无须更多的资金。特许方也喜欢这种路径，因为他们可以在受许方的圈子里安插自己了解和信任的人。

2. 自营门店的经理转为受许方的顾问。他的工作从经营企业的自营门店（拿工资、守规则）转变为协助受许方的工作以说服其服从特许方的安排。该工作不同于以往的工作（有点像从工厂主管转变为外交官），因此这种转变可能会很困难。但是，这些前企业自营门店的经理很有可能会受到受许方的尊敬，因为他们以前拥有实际的管理经验。

3. 企业自营门店的经理转变为受许方门店的经理。在这个过程中，经理会从一个组织转到另一个组织，从管理企业中的某一部门转为管理一个多门店的特许经营系统。这种方式为"小集团"模仿特许方组织提供了一种重要的途径。

这三种跨越式的职业发展路径将特许方和受许方紧密联系在一起，同时也为定期的和大规模的人员间交流提供了机会。

除了交流想法和交换人才，企业自营门店还提供了一种独特的资源：它们是很好的试验田，企业可以在其中实验各种新想法，同时从失败中吸取教训。唐恩都乐经常把自营门店作为试验新产品和新工艺的测试市场。在这种情况下，企业可以更好地保证测试操作的合理性及其接收反馈的可信性。当一个新产品或新工艺完善后，唐恩都乐就可以向受许方推广在自营门店中获得成功的新产品或新工艺，让它们采用。

当然，由于企业自营门店的经理往往墨守成规，他们不太可能产生那些用于试验的新想法。而那些新想法经常来自于特许方的数据中心或是有富有活力的企业家的主动参与，特别是那些对当地环境（包括竞争程度、劳动力市场和顾客）了如指掌的企业家。印度食品在伦敦的风靡使麦当劳在英国的商品中添加了咖喱和香料。[48]像这样的想法可以在企业自营门店进行试验，但这些想法可能最早源于那些为了应对当地竞争并迎合当地口味的受许方。

简言之，只要拥有良好的管理方式，复合模式可以通过多种途径实现各种模式间的互补，（只要采取合适的、积极的管理方式）从而让整个特许经营系统变得更加强大并让特许方和受许方均受裨益。如果特许经营的每个成员都能做到这一点并意识到特许经营系统的"双重属性"带来的优势，那么同时拥有自营门店和特许门店就是大有裨益的。

4）利用自营门店剥削受许方

但是，就像双重人格一样，复合模式也可能有不好的一面，复合模式的阴暗面引起了许多监管人员和学者的关注。[49]特许方更有可能偏爱经营自营门店，并将营销渠道中所产生的所有利润据为己有（假设企业自营门店与特许门店具有相同的利润，这是一个大胆的假设，望读者理解）。在这个前提下，特许经营可能只是品牌方为了建立自己的企业采取的一种手段。当企业建成后，特许方将利用从特许经营中获得的利润收购受许方。如果受许方拒绝出售门店，特许方可能会想尽办法吞并受许方的资产（如编造一个理由触发终止条款以结束租约）。

在这种险恶的诡计下，特许方会增加企业自营门店的比例，尤其是盈利最多的地区（例如城市商业区）。也就是说，根据这种所有权转变的推演，特许方利用受许方建立了一套商业系统，最后将其占为己有。虽然一些人认为这种情况很少发生，但是从一些新闻报道和法庭案例中可以看到这种情况的确存在。

例如，占据法国大部分儿童服装市场的服装零售商赛霓儿（Zannier）使用了 13 个不同的品牌名称并开拓了不同类型的市场渠道（例如大卖场、品牌专卖店、品牌精品店、企业自营门店和受许方门店）。赛霓儿试图通过覆盖所有可能的渠道以锁定市场。为此，它采取特许经营的方式实现快速扩张。后来，一些受许方指控赛霓儿，一旦它发展壮大并取得成功，就利用定价策略和限制合同条款将受许方排挤出去，转而支持其他渠道（包括企业自营门店），200 多家受许方遭受牵连。[50]而赛霓儿只是简单地赔偿了这些受许方的损失以平息这些法律诉讼。

8.7　应对特许经营中的挑战

特许方的失败率非常高。许多评估表明，在美国的特许方中，有四分之三存活的时间不到 10 年。2012 年，小企业管理局的报告称，25 个表现最差的特许经营品牌的违约率在 37%至 71%之间。[51]对于每一个家喻户晓的特许方（如麦当劳和它的那些赚得盆满钵满的受许方）而言，有许多经营模式和品牌都曾（全部或部分的）失败了。在这个过程中，受许方的财产也付之东流。一些品牌本来保持着稳固的增长，但却骤然陨落。例如，当卡卡圈坊（Krispy Kreme）从一家地方小吃店变为一时风靡全国的网红店，但由于其多家受许方经营不善，导致市场萎缩，最终功亏一篑。有些特许方尽管付出了巨大的努力，却无法进一步扩张；还有些特许方还会敲诈它们的受许方，就像它们敲诈任意一家投资者那样。出于担心本国民众被那些居心叵测的特许方敲诈，马来西亚和泰国政府甚至设立了相关部门来帮助民众成为受许方。[52]在表 8-4 中，我们展示了一些失败率较低和较高的特许经营者。

表 8-4　成功率较高和较低的特许经营者

成功率	特许经营者名称	简介	总门店数/家	5 年间的持续运营率/%	5 年间的增长率/%	平均初始投资额/美元
投资水平：500000 美元以上						
第一名	里士满的黄油汉堡和冻蛋羹	主营业务为黄油、冻蛋羹和沙拉	558	100	5	2517651
第二名	热潜艇	由几位消防员创立。主营业务为热三明治	944	95	18	769830
倒数第一名	直买网	成员支付进场费就可以直接从制造商处购买商品	38	41	−12	500500
倒数第二名	21 世纪不动产	房地产中介	2204	63	−7	552869
投资水平：150000～500000 美元						
第一名	吉米约翰	主营业务为三明治	2407	99	17	433500
第二名	马可披萨	主营业务为披萨	674	94	24	384092
倒数第一名	设计饼干	主营业务为饼干礼品篮	69	52	−12	162250
倒数第二名	得意点	主营业务为以冰淇淋为主的冷饮	120	53	−10	244577
投资水平：低于 150000 美元						
第一名	居家之权	主营业务是为老年人和残疾人提供家庭护理	433	90	13	104900
第二名	杂草人	主营业务为提供草坪维护服务	177	94	9	76983
倒数第一名	帮你出售	有偿房地产中介	91	22	−25	90250
倒数第二名	可尔丝	主营业务是为女性提供力量训练和减肥服务	1262	33	−20	61201

资料来源：www.forbes.com/forbes/welcome/?toURL=https://www.forbes.com/sites/amyfeldman/2016/06/22/ranking-americas-best-and-worst-franchises-which-are-the-best-investments/&refURL=&referrer=#7feef0075d1b.

8.7.1　生存趋势

大多数证据表明：成功者会越来越成功。[53]特许经营系统存续时间越长、门店越多，其继续存活的可能性就越大。对于那些跃跃欲试的受许方而言，老牌特许方的加盟费可能更贵，但也能降低整个特许经营系统倒闭的风险。经营时间大于四年时间是一个不错的评判标准：相比那些经营时间少于四年的特许经营系统而言，经营时间大于四年的特许经营系统失败率更低一些。[54]

如果特许方能从第三方机构处获得好评，其存活的可能性也就越大。例如，美国的《企业家》（*Entrepreneur*）杂志对特许方进行调查，并核实其收集的许多信息，然后再加入一些主观评判对数百家特许方进行专业评级。该评级是一个很好的对特许方存活率的预测指标。但它实际上或多或少带有一些偏见，因为该评级会成为自我应验的预言。第三方机构的成功率评估证明有助于特许方在其经营环境中树立合法参与者的形象。有了这个荣誉证明，特许方就更易于获得存活所需的资源。

然而，许多企业家仍然对认证置若罔闻，令人费解地拒绝与认证机构合作。如果系统中的许多受许方倒闭，特许方破产的概率会大大增加。因此，关注每个受许方的经济状况对特许方而言至关重要。[55]此外，许多私募股权企业正在对一些特许经营者进行收购，包括阿比汉堡店（Arby's）、狂野鸡翅（Buffalo Wild Wings）、星球健身俱乐部（Planet Fitness）。私募基金公司很乐于买入一种成熟的商业模式，这种模式具有清晰的财务报告和强劲的增长潜力。[56]

8.7.2　保持合作氛围

为了获得成功和生存，特许方还必须确保受许方认识到开设新店的好处，令受许方相信自己能持续收获价值，以作为自己支付的特许权使用费的回报。该信念往往需要一种合作意识，但在很多特许经营系统中，反而产生了很多冲突。一方面，受许方希望自己当老板，承担相应的风险；另一方面，特许方希望受许方像一个组织下属的子单位一样运作。一位受许方总结了与这种态度相关的典型矛盾心理[57]：

"（某特许方）什么也没有带给我们，如果非要说它带来些什么的话，我想，它可能只是让人们感到更放心。但现在，我觉得这是我自己的事——包括我门前的牌子，因为把它换成一串数字也没有什么不同。"

但是当受许方与特许方建立了牢固的关系时，受许方就更倾向于合作。一些情况有助于商业伙伴之间建立承诺感，并感到更高层次的信任和公平[58]，例如当每个伙伴都认为：

1. 它的合作伙伴支持其创新；
2. 它们之间存在团队精神；
3. 它们相互认可对方的卓越表现；
4. 对方公平公正；
5. 它们之间拥有开放的对话机制；
6. 它的合作伙伴拥有可靠的执行力和行动力。

尽管在受许方高度依赖特许方的情况下，特许经营实质上是非均衡的，但受许方中依然会有创业者和想当老板的创业需要。[59]因此，特许经营顾问需要在不威胁任何受许方自主权的前提下，找到施加影响的方法——这是一个困难的权衡行为，需要一定的周旋和游说的技巧。此外，特许方必须通过寻求综合、双赢的解决方案以化解冲突，作为一种它与受许方双方都能接受的解决方案。特许方可以通过以下方式激励合作伙伴并扩大自己的系统规模：逐年降低受许方的特许权使用费；承诺只收取较低的前期特许经营使用费，后续只会随着加入时长的增加而增加；减少自营门店的数量并只拥有一小部分；保证受许方的初始投资维持在较低的水平；以及帮助受许方融资。[60]

8.7.3　内部目标冲突管理

由于受许方和特许方各自对特许经营系统做出的贡献及其带来的结果存在差异，双方存在目标冲突，因此，结构性冲突便成为每个特许经营系统的典型特征。对于特许方而言，销售额越高越好，因为更高的销售额可以带来更高的变动费用以及更多的收入。有了更高的收入，它们可以在品牌推广和品牌资产打造方面投入更多，这反过来又可以让它们收取更多的（固定的或变动的）费用，从而吸引更多的门店经理和受许方加入。对于在特定交易区域活动的受许方而言，更多的销售额（在一定程度上）也可以为其带来更多的利润[61]。

简言之，特许方追求销售额最大化，而受许方追求利润最大化。随着整个产业链的扩张，这种目标的不一致会变得愈发明显。为了实现整个特许经营系统的销售额最大化，特许方通过授权开设大量的新门店来不断扩张以实现市场区域的饱和，以至于新开设的门店可能会影响已有门店的生意并蚕食其他受许方的市场份额。比如，连麦当劳都算错了最佳的增长率。在巴西，由于吸引了数百家受许方的加入而被视为典范企业的麦当劳，曾一度是最大的（间接的）私营雇用企业。但很快，受许方们就开始怨声载道，甚至起诉麦当劳，因为麦当劳开设了太多的门店，使这些受许方无法获利[62]。一般来说，当同一品牌下受许方的门店距离较近时，它们就会面临品牌内部的竞争。虽然新加入的受许方可以因靠近有经验的受许方而向其学习经验，从而通过销售额提升而获益，但是当一个有经验的门店开在其他有经验的门店附近时，那就毫无益处了，它们非但不会学到新东西，还会面临激烈的市场竞争[63]。

尽管授权新的门店带来的财务收益会诱使特许方在一定程度上侵害受许方的利益，但门店的过度拥挤和盲目扩张也会降低特许方在受许方心中的名望。即使企业自营门店设立得太近，也会损害整个特许经营系统的长期收益（如星巴克）。一些证据表明，很少有特许经营系统能抵住这种诱惑：随着系统的扩张，它们会将新的门店设立在离现有门店非常近的地方，这可能会减少单店的收入，但新店的开设仍足以增加总特许经营使用费从而增加收入。相比之下，纵向一体化的企业会小心翼翼地为自营门店开辟一块"自留地"以避免现有的收入来源被蚕食，因为它们的关注点不仅是销售额，还有利润额[64]。

对于想要进一步扩张，甚至是侵害了已有受许方利益的特许方而言，现在的问题就变成了：如何在不让受许方背离自己的前提下，尽可能密集地覆盖整个市场？一个解决办法是向现有的受许方提供新的门店，或者给予它们在新地点的优先选择权。如果能通过经营多个门店实现规模经济，受许方可能会从中获得收益。这种想法导致了多门店受许方的悖论。

8.7.4　多门店特许经营

对于某个门店而言，特许方更喜欢企业雇用的经理还是一个独立受许方的个体企业家？出人意料的是，答案可能为"皆不是"。[65]与那些负责某个地区的诸多单个受许方打交道的特许方不同的是，有些特许方要与那些通过多门店特许经营、在多个地区运营的单一受许方打交道。虽然我们可以看到多种不同的表现形式，但可以找到一个基本规律：一个门店的经理并不是这个门店的所有者，而是被该门店所有者雇用的员工，该所有者拥有多于1家的门店且必须雇用大量的员工对各地的门店进行运营。这种安排很普遍，而且将会越来越多。

从表面上看，这种特许经营系统很难解释。如果特许经营的目的是用干劲十足的独立经理来取代乏善可陈的雇员经理，那么多门店特许经营应该难以成功，因为它只是在特许方和个体运营门店中间增加了一个受许方的管理层级。一个富有经验的受许方只会想着去监管其门店的管理人员（即门店经理），而不会去自己控制整个局面。原因何在？老实说，我们无法给出明确的答案。一些证据显示，特许方利用多门店特许经营实现快速扩张并应对自己不熟悉的市场。例如，美国特许方需要在非洲和中东开设业务时，非常青睐多门店运营。[66]但是，这样做只是回避了问题，因为相比于坚持受许方自己拥有和管理其门店的特许方而言，那些使用多门店特许经营的特许方更容易失败。对前者的需要可能会减缓扩张的速度，但有利于整个系统更健康地发展。

麦当劳更喜欢（但不要求）单一门店特许经营。也许正因如此，它在非洲还没有一家门店。相比之下，汉堡王在其发展的早期就采用了多门店特许经营，并实现了快速扩张。最终，其连锁店不得不面对其市场战略和运营中的根本性缺陷，这些缺陷一直被其快速扩张所掩盖。特许方也陷入了与强大的多门店受许方的斗争中，使冲突螺旋上升，最终演变成痛苦、持久的低质量关系。最终，汉堡王遭受了严重的损失，继续屈居麦当劳之后。

但是，在我们打算将多门店特许经营弃之一边之前，我们应该积极审视其积极的一面。一个多门店受许方可以模仿特许方创造自己的组织架构并对特许方的实践进行模仿。这些"小集团"极大减轻了特许方的负担，让特许方能跟一个组织（即多门店受许方）打交道。由于多门店运营方已经参照了特许方的管理实践和政策，它们将管理数百种关系的复杂工作简化为更易处理的管理问题。例如，肯德基在美国拥有3500多家餐厅，其中的一半以上仅由17家受许方拥有。如果肯德基能让这些最大的受许方相信一个想法的好处，它就几乎影响了全国一半以上的餐厅！

当然，如果要让这些小集团辅助特许方，就需要它们之间的实质性的合作。如此一来，这些小集团就能借鉴特许方的特许经营系统。许多大型连锁餐厅已经领会了这种方式的精髓，如果通过对潜在的受许方进行仔细筛选，给它们一个试用期并进行考察，多门店特许经营或许是一个可行而有价值的策略。如果某个受许方无法满足特许方的要求，那么很显然，它不会被允许开设更多的门店。

多门店特许经营的另一个好处是其知识留存的能力。还是以快餐店为例，我们可以看到很多小细节（如折比萨盒最快的方法）最终会在激烈竞争的商业环境中产生很大的影响。这样的诀窍需要经验的积累，并通过案例进行传播。但是，该行业的员工流动性非常高。员工在进入学习曲线后期时常常离职，同时也带走了他们积累的知识。一个新开的特许经营门店开始没有这样的知识，但其一旦获取了该知识，拥有该知识的人员很有可能会离开。多门店受许方通过召开会议、打电话以及其他的沟通方式，保证这些知识在自己旗下的门店中留存和传播。由此产生的跨门店的人员之间的关系也有助于知识的传播。换言之，多门店特许经营可以加强门店间的沟通和知识传播，推进学习曲线。[67]

当某个隐性、特定的知识与某个地区的情况密切相关时，多门店受许商就很有可能传播这些知识。即使在标准化的企业中（如披萨店），与当地市场相关的经验也非常重要，这可以降低特许经营的失败率。那些与本地不相关的经验，无论是对特许方还是多门店受许方而言，都不如与本地相关的经验有帮助。[68]因此，当特许方使用多门店特许经营时，它们通常会将在新地点开设门店的资格授予离该地点最近的某个受许方而非多个不同的受许方，该受许方需要具备进一步挖掘该地区市场价值的能力。如果新开设的门店不仅靠近多门店受许方经营的地区，而且该地区的消费者特征还与该受许方其他门店所服务的消费者相近，那么这种策略会非常有效。这些特许方允许受许方建立庞大的门店网络，其在地图上显示为一个密不可分的整体，且不受其他受许方或企业自营门店的影响。[69]拥有一系列门店可以让受许方更易于监管它们的管理人员（门店经理），并且还可以分摊一个地区的人力成本。最后，由于同一个受许方旗下的多家门店为当地顾客提供服务，搭便车行为也会减少。

对于受许方而言，多门店特许经营的主要吸引力包括能够充分利用绩效高的门店并分担绩效不佳的门店的成本。此外，受许方门店的饱和可以进一步推动受许方边际利润的提升。为了获得更可观的回报（即赚更多的钱），许多受许方认为它们必须经营多个门店，多门店受许方也会有更宽裕的时间筹集所需的资金以满足它们扩张和增长的需要。[70]

8.8　特许经营与全渠道

特许经营行业积极拥抱数字化和电子商务，迅速进入全渠道时代——尽管在转型初期阶段存在一些困难。网络交易在以下两个主要方面困扰特许方和受许方：首先，它们担心渠道冲突，如果受许方必须与特许方的电子商务网站竞争，这可能会影响它们的销售额。实际上，特许方确实可以侵犯受许方的领地，颠覆特许经营权合同通常规定给受许方的领地排他性。这种电子商务网站看起来就像是受许方"后院"的虚拟商店[71]。

补充资料 8-5

案例 8-2

好事达公司是美国最大的公共财产和意外伤害保险公司[72]，主要通过特许代理销售其产品，而特许代理的作用是建立公司和消费者之间的关系。它的口号是："好事达是您的好帮手"，承诺任何意外降临投保客户，代理人都将会亲临现场。然而，近年来好事达公司面临着竞争威胁，一些公司开发了一种新颖而直接的模式，如前进保险（Progressive Insurance），通过网络或电话直接与客户打交道。客户很喜欢这种模式，这使得他们很容易比较报价，获得报价，接受客户服务或执行自助服务（例如，打印汽车保险证明），并归档和监控索赔。[73]因此，许多公司建立了各种渠道来满足客户的信息需求，迎合他们的喜好。即使保险公司保留了一些销售人员，多渠道的保险公司也通过数字渠道获得了大部分客户。因此，即使好事达公司扩大其电子商务战略，也需要设计一种特许代理的报酬模型，以激励他们与好事达合作。最终好事达收购了一家线上保险公司，以迎合那些只喜欢在线与保险公司交易的消费者。

其次，随着电子商务的普及，受许方开始担忧：不仅是特许方，其他受许方也在蚕食自己的领地（无论是真实的还是虚拟的受许方）。也就是说，电子商务使消费者能够从更远的受许方那里获得服务。因此，汽车的购买者可能会在附近的经销商处试驾某款汽车，但随后会在网上联系其他经销商以获得最优的价格或配置，即使这些经销商远在数百英里之外。由于线上渠道较少受到地域的影响，致使现实中销售区域的划分更难实现。此外，一些特许合同允许特许方通过亚马逊和易贝等第三方网站销售产品，进一步打破了地域界限。

当然，全渠道特许经营为特许方和受许方也带来了机遇。它创建了另一个论坛来获取客户反馈（投诉、点赞、推荐、在线评论）或推广产品。由于全渠道订购的普及，受许方需要更新运营，接受现金和信用卡以外的支付方式，如感应支付（tap-and go payment）或预装二维码支付（QR code payment）[74]。将优惠券和抽奖等促销整合到应用软件中，可以提高客户参与度。在许多领域，特许方投入大量资源发展电子商务或全渠道基础设施。例如，快餐全渠道特许方开发或购买网上订餐系统，让消费者看到订单进度或方便交付。虽然这些好处可能会吸引客户，使特许经营协议双方受益并收回投资成本，但特许方可能会向受许方提出增加服务费用的要求，并可能会提高协调成本。最后，在一些特许经营行业（如辅导、备考服务）中在线交付的可能性很大。因此，投资全渠道系统能产生积极的财务收益，是获取客户和品牌建设的一个重要的来源[75]。

受许方也可以开设电子商务网站，但特许方必须确保网站呈现出专业、统一的品牌形象和所有消费者的私人或个人信息安全。一些特许方甚至提供受许方的网页链接。例如，汽车经销商快速响应电子商务契机，但由于线上和线下销售人员的激励措施不同，这种体验在本质上更像是多渠道而不是全渠道。

案例 8-3

以往，新车的购买者必须先去拜访经销商，让销售人员带着他们四处看看，并在库存中挑选一辆车供其试驾，然后才会开始谈判。谈判的价格起点从显示在每辆汽车窗户上的制造商建议零售价开始。但互联网提供了另一个渠道，消费者可以点击像埃德蒙兹（Edmunds.com）这样的第三方网站来研究汽车的特点和定价，使用对比工具更好地了解汽车，并阅读汽车评论。埃德蒙兹网站甚至可以帮助消费者与其合作的经销商谈判汽车价格。即使没有第三方网站，顾客也可以访问经销商的网站或联系经销商的网络销售团队，了解库存情况、预约试驾或谈判交易条款。然而，因为经销商的销售人员经常因为大额销售而得到奖励，线上销售代表可能会立即报低价，甚至比顾客在经销商处讨价还价得到的价格要低得多[76]。更有发展前景的是，汽车经销商利用在线工具设置预约和提醒服务，进而提升消费者的全渠道体验。

最后，特许方可能会采用全渠道的方法来吸引和招徕受许方，而传统的招商往往仅依赖参加贸易展会。特许方也会遇到消息灵通的潜在受许方，它们在参加特许方的展览之前已经做了功课（可能是在网上），这就要求特许方的招商活动更加丰富、细致和实用[77]。

本章提要

特许经营是一种营销渠道结构，目的是让终端客户相信它们是从垂直整合的制造商处购买产品或服务，而实际上它们可能是从一家独立的公司进行购买的。

特许经营是一种商业模式，建立品牌资产的同时可以实现快速增长。

- 对于特许方而言，该系统提供了快速获取资金和管理资源的途径。它还使特许方利用企业家的动机和能力。对于"程序化"的业务（即很容易被标准化和复制的业务），特许经营是解决管理人员管控难题的绝佳方案。
- 对于受许方而言，该系统有助于降低风险。通过支付费用，企业家可以成为公司的赞助人，获得培训、问题解决方案和品牌执行。
- 这一商业模式需要制定一份复杂的合同，明确双方的权利和义务并鼓励双方遵守。
- 合同可能会将特许经营的价格定得低于市场水平，来增加申请人数并为受许方提供维持经营的利润动机。
- 合同通常通过将财产控制权交给特许方和/或限制受许方终止业务的条款来约束受许方。
- 合同是特许方处置违规行为的工具，这既保护了品牌权益又强化了受许方对特许方的依赖。
- 特许方不能投机地利用受许方的依赖，因此它们很少在受许方违反合同时采取强制措施。相反，它们会权衡利弊，选择处罚违约的受许方。

特许经营系统通常是自营门店和特许门店的组合。这为特许方提供了实验室和教室，用来培训人员、试验新想法和完善业务模式。

特许方的失败率非常高，但可以通过成长、成熟和第三方认证来降低失败率。

冲突是不可避免的，部分原因是因为内在的目标冲突。

多门店特许经营非常普遍，但难以对其运营进行彻底了解。

特许方必须投入大量资金来改善全渠道体验，这可能会增加受许方的协调成本。

注释

[1]　We thank Rupinder Jindal and Rozenn Perrigot for helpful discussions during the preparation of this chapter.

[2] Spelling note: "franchisor" is U.S. English, whereas "franchiser" is British English. This textbook adopts the U.S. convention, but many documents, particularly in Europe, use "franchiser."

[3] www.eff-franchise.com/101/franchising-definition-description.html, date retrieved October 11, 2018.

[4] European Commission (1997), Green Paper on Vertical Restraints in EU Competition Policy, Brussels, Directorate General for Competition, 44. Available at http://europa.eu.int/en/comm/dg04/dg04home.htm.

[5] PWC (2016), "The economic impact of franchised businesses, Vol. IV ," January 3, E1.

[6] PWC (2016), op. cit.

[7] PWC (2016), op. cit.

[8] www.kalscoops.com/about-us, date retrieved October 11, 2018.

[9] PWC (2016), op. cit.

[10] The Economist (2000), "The tiger and the tech," February 5, 70-72.

[11] Patel, Pankaj C., Kyoung Yong Kim, Srikant Devaraj, and Mingxiang Li (2017), "Family ties that b(l)ind: Do family-owned franchises have lower financial performance than nonfamily-owned franchises," Journal of Retailing, https://doi.org/10.1016/j.jretai.2017.12.001.

[12] Jeon, Hyo Jin, Rajiv P . Dant, and Brent L. Baker (2016), "A knowledge-based explanation of franchise system resources and performance," Journal of Marketing Channels, 23, 97-113.

[13] Reinartz, Werner J. and V . Kumar (1999), "Store-, market-, and consumer-characteristics: The drivers of store performance," Marketing Letters, 10 (1), 5-22.

[14] Combs, James G. and David J. Ketchen (1999), "Can capital scarcity help agency theory explain franchising? Revisiting the capital scarcity hypothesis," Academy of Management Journal, 42 (2), 198-207.

[15] Norton, Seth W. (1988), "An empirical look at franchising as an organizational form," Journal of Business, 61 (2), 197-218.

[16] BarNir, Anat (2012), "Starting technologically innovative ventures: Reasons, human capitol and gender," Management Decisions, 50 (3), 399-419.

[17] Shane, Scott A. (1996), "Hybrid organizational arrangements and their implications for firm growth and survival: A study of new franchisors," Academy of Management Journal, 39 (1), 216-234.

[18] Dant, Rajiv P . (1995), "Motivation for franchising: Rhetoric versus reality," International Small Business Journal, 14 (Winter), 10-32.

[19] Birkeland, Peter M. (2002), Franchising Dreams, Chicago, IL: The University of Chicago Press, pp. 157.

[20] Minkler, Alanson P. (1992), "Why firms franchise: A search cost theory," Journal of Institutional and Theoretical Economics, 148 (1), 240-249.

[21] Aoulou, Yves and Olivia Bassi (1999), "Une Opportunité de Cassière à Saisir," LSA, 42-47.

[22] Reported with comment in the February 27, 2004, weekly newsletter of IF Consulting (www.i-f.com) and 2012 website content (www.uniqlo.com).

[23] See 2013 website (www.starbucks.com).

[24] Dnes, Anthony W. (1993), "A case-study analysis of franchise contracts," Journal of Legal Studies, 22 (June), 367-393. This source is the basis for much of this section and the comparative statements about franchising in the United Kingdom.

[25] Klein, Benjamin (1995), "The economics of franchise contracts," Journal of Corporate Finance, 2 (1), 9-37.

[26] Agrawal, Deepak and Rajiv Lal (1995), "Contractual arrangements in franchising: An empirical investigation," Journal of Marketing Research, 32 (May), 213-221.

[27] www.entrepreneur.com/franchises/greatclips/282392, date retrieved April 5, 2018.

[28]　www.greatclipsfranchise.com/territories-and-investment, date retrieved April 5, 2018.

[29]　www.franchisedirect.com/healthbeautyfranchises/great-clips-franchise-07056/ufoc, date retrieved April 5, 2018.

[30]　www.franchisedirect.com/healthbeautyfranchises/great-clips-franchise-07056/ufoc, date retrieved April 5, 2018.

[31]　Lal, Rajiv (1990), "Improving channel coordination through franchising," Marketing Science, 9 (4), 299-318.

[32]　The Economist Intelligence Unit (1995), "Retail franchising in France," EIU Marketing in Europe (December), 86-104.

[33]　Lafontaine, Francine (1992), "Agency theory and franchising: Some empirical results," Rand Journal of Economics, 23 (2), 263-283.

[34]　Kaufmann and Lafontaine (1994), op. cit.

[35]　Klein, Benjamin (1980), "Transaction cost determinants of 'unfair' contractual arrangements," Borderlines of Law and Economic Theory, 70 (2), 356-362.

[36]　Grunhagen, Marko, Xu (Vivian) Zheng, and Jeff Jianfeng Wang (2017), "When the music stops playing: Post-litigation relationship dissolution in franchising," Journal of Retailing, 93 (2), 138-153.

[37]　Lafontaine, Francine (1992), "Agency theory and franchising: Some empirical results," Rand Journal of Economics, 23 (2), 263-283.

[38]　Kashyap, Vishal and Brian R. Murtha (2017), "The joint effects of ex ante contractual completeness and ex post governance on compliance in franchised marketing channels," Journal of Marketing, 81 (3), 130-153.

[39]　Ibid.

[40]　Lafontaine and Shaw (1998), op. cit.

[41]　Carney, Mick and Eric Gedajlovic (1991), "Vertical integration in franchise systems: Agency theory and resource explanations," Strategic Management Journal, 12 (1), 607-629.

[42]　Hsu, Liwu, Patrick Kaufmann, and Shuba Srinivasan (2017), "How do franchise ownership structure and strategic investment emphasis influence stock returns and risks?" Journal of Retailing, 93 (3), 350-368.

[43]　Ibid

[44]　Brickley, James A. and Frederick H. Dark (1987), "The choice of organizational form: The case of franchising," Journal of Financial Economics, 18, 401-420.

[45]　Lafontaine, Francine and Patrick J. Kaufman (1994), "The evolution of ownership patterns in franchise systems," Journal of Retailing, 70 (2), 97-113.

[46]　Shane (1996), op. cit.

[47]　Bradach, Jeffrey L. (1997), "Using the plural form in the management of restaurant chains," Administrative Science Quarterly, 42 (June), 276-303. This source is the basis for this section and is an excellent guide to the working operations of large chain franchisors.

[48]　See 2013 website (www.mcdonalds.co.uk).

[49]　Dant, Rajiv P., Audehesh K. Paswan, and Patrick J. Kaufman (1996), "What we know about ownership redirection in franchising: A meta-analysis," Journal of Retailing, 72 (4), 429-444.

[50]　Bouillin, Arnaud (2001), "Comment Zannier Verrouille Son Marche," Management (June), 28-30.

[51]　Small Business Administration. SBA 504 and 7(a) disbursed loans from 2001 to 2011 as reported at www.bluemaumau.org/story/2012/06/15/worst-25-franchises-buy-highest-failure-rates-2012.

[52]　Reported with comment in the April 2, 2004 weekly newsletter of IF Consulting (www.i-f.com).

[53]　Shane, Scott and Maw-Der Foo (1999), "New firm survival: Institutional explanations for new franchisor mortality," Management Science, 45 (February), 142-159.

[54]　Shane (1996), op. cit.

[55] Antia, Kersi D., Sudha Mani, and Kenneth H. Wathne (2017), "Franchisor-Franchisee bankruptcy and the efficacy of franchisee governance," *Journal of Marketing Research*, LIV (December), 952-967.

[56] Galleher, Patrick (2017), "Private equity power boost: Why private equity-owned franchises thrive," *Forbes*, December 28, www.forbes.com/sites/forbesfinancecouncil/2017/12/28/private-equity-power-boost-why-private-equity-owned-franchises-thrive/#29043a74507e, date retrieved April 13, 2018.

[57] Birkeland (2002), op. cit. pp. 21.

[58] Samaha, Stephen, Robert W. Palmatier, and Rajiv P. Dant (2011), "Poisoning relationships: Perceived unfairness in channels of distribution," Journal of Marketing, 75 (May), 99-117; and Palmatier, Robert W., Rajiv P . Dant, Dhruv Grewal, and Kenneth R. Evans (2006), "Factors influencing the effectiveness of relationship marketing: A meta-analysis," Journal of Marketing, 70 (October), 136-153.

[59] Dant, Rajiv P. and Gregory T. Gundlach (1998), "The challenge of autonomy and dependence in franchised channels of distribution," *Journal of Business Venturing*, 14 (1), 35-67.

[60] Shane, Scott, Venkatesh Shankar, and Ashwin Aravindakshan (2006), "The effects of new franchisor partnering strategies on franchise system size," *Management Science*, 52 (May), 773-787.

[61] Carmen, James M. and Thomas A. Klein (1986), "Power, property, and performance in franchising," *Research in Marketing*, 8, 71-130.

[62] Jordan, Miriam and Shirley Leung (2003), "McDonald's faces foreign franchisees' revolt," *Dow Jones Business News* (October 21), 6.

[63] Butt, Moeeen Naseer, Kersi D. Antia, Brian R. Murtha, and Vishal Kashyap (2018), "Clustering, knowledge sharing, and intrabrand competition: A multiyear analysis of an evolving franchise system," *Journal of Marketing*, 82 (1), 74-92.

[64] Kalnins, Arturs (2004), "An empirical analysis of territorial encroachment within franchised and company-owned branded chains," *Marketing Science*, 23 (4), 476-489.

[65] Kaufmann, Patrick J. and Rajiv Dant (1996), "Multi-unit franchising: Growth and management issues," *Journal of Business Venturing*, 11 (1), 343-358.

[66] Dant, Rajiv P. and Nada I. Nasr (1998), "Control techniques and upward flow of information in franchising in distant markets: Conceptualization and preliminary evidence," *Journal of Business Venturing*, 13 (1), 3-28.

[67] Darr, Eric D., Linda Argote, and Dennis Epple (1995), "The acquisition, transfer, and depreciation of knowledge in service organizations: Productivity in franchises," *Management Science*, 41 (11), 1750-1762.

[68] Kalnins, Arturs and Kyle J. Mayer (2004), "Franchising, ownership, and experience: A study of pizza restaurant survival," *Management Science*, 50 (12), 1716-1728.

[69] Kalnins, Artur and Francine Lafontaine (2004), "Multi-unit ownership in franchising: Evidence from the fast-food industry in Texas," *Rand Journal of Economics*, 35 (4), 749-763.

[70] Lawrence, Benjamin, Cyril Pietrafesa, and Patrick J. Kaufmann (2017), "Exploring the growth of multi-unit franchising," in Frank Hoy, Rozenn Perrigot, and Andrew Terry (eds.), *Handbook of Research on Franchising*, Northampton, MA: Edward Elgar Publishing, pp. 94-115.

[71] Cliquet, Gerard and Ekaterina Voropanova (2016), "E-commerce and encroachment: Evidence from French franchise networks," Journal of Marketing Channels, 23, 114-128.

[72] www.allstate.com/about/about.aspx, date retrieved April 9, 2018.

[73] www.the-digital-insurer.com/wp-content/uploads/2015/01/Ninety-Consulting_white-paper_The Omnichannel-Insurer_Part1of2.pdf, date retrieved April 9, 2018.

[74] Poelma, Chris (2018), "The financial frontier: Frictionless orders and digital money payments,"

Franchising World (January), 42-45.

[75]　De Franco, Agnes L., Cristian Morosan, and Nan Hua (2017), "Moderating the impact of e-commerce expenses on financial performance in US upper upscale hotels: The role of property size," Tourism Economics, 23 (2), 429-447.

[76]　www.edmunds.com/car-buying/part-one-internet-vs-traditional-car-buying.html, date retrieved April 11, 2018.

[77]　Erich, John (2017), "Franchise businesses must prepare for trade shows in the age of the Internet," Franchising World (August), 41-42.

第9章

渠道与国际市场

学习目标

学习本章以后，你将能够：

描述全球范围内零售结构的类型；

了解国际市场上的专业中间商；

识别海外市场特许经营模式的变体，如合资特许经营和主特许经营；

阐明分销在新兴市场所面临的挑战；

说明对处于金字塔底部消费者进行市场营销所面临的挑战；

描述可用于向金字塔底部消费者进行分销的渠道结构。

9.1 导　　论

美国人口不足世界人口的 5%，剩下的 95%人口对于消费品和工业品来说已经成为一个快速增长且极具吸引力的市场。几十年前，全球大部分的经济活动和贸易集中在管理学大师大前研一（Kenichi Ohmae）所说的世界的"三极"[1]：北美（美国和加拿大）、西欧和日本。除少数人口稀少的国家、石油富国等之外，世界上的其他国家是鲜有人关注的市场。

从历史上看，这种观点是有根据的。在第二次世界大战后，世界上许多地区正摆脱殖民政策的束缚。由此，后殖民国家中的发展中国家领导人对外来的商业利益保持警惕，避免这些利益成为殖民企业在本国的代理人。许多国家奉行共产主义或社会主义经济政策，其特点是采取向内看的方式，优先考虑自给自足、厌恶贸易以及对代表帝国主义代理人的跨国公司表示怀疑。由此产生的贸易壁垒，加上低收入和落后的基础设施（例如，港口、机场、高速公路、电信等组成高效分销系统的硬件），使得世界上的大部分地区对传统卖家来说缺乏吸引力。

另一个挑战来自货币的不可兑换性，货币的不可兑换性指的是货币不能够轻松地进行交易。这种不可兑换性阻碍了原本就不高的消费需求，因为不同国家的消费者和企业无法轻松地使用外币与其他国家的供应商进行交易，而用本国货币支付或至少可以将当地货币兑换成本国货币是大家更愿意接受的做法。

然而，这些障碍逐渐被瓦解。不少国家开始更广泛地接受以市场为导向的经济政策，更加开放地进行贸易。它们在经济上取得了巨大的成功，重视出口驱动型经济增长，这也帮助政策制定者真正认识到完全内向型经济政策的局限性。这样的见解鼓励了许多发展中国家更大程度的市场开放。另外，由于发达国家的生育率持续下降，人口平衡继续发生变化，因此，"非三极"市场会因其贸易的更大开放度、经济的快速增长和庞大的年轻人口而更加具有吸引力。

特别值得一提的是中国，以名义国内生产总值（GDP）衡量，中国目前是世界第二大经济体，以购买力平价（PPP）[2,3]衡量，中国是世界最大的经济体。每个国家都用本国货币计算其经济活动的总价值（GDP），但为了方便比较，会使用现行汇率将其转换成一些标准货币，比如美元，这可能就无法反映一种货币的真实购买力。因此，购买力平价（PPP）是一种货币相对于另一种货币的真实购买力的衡量标准。[4]以购买力平价衡量，印度是世界第三大经济体。[5]其他大型新兴市场包括巴西、俄罗斯、南非和印度尼西亚。这些国家在不同程度上都采用了现代营销和零售策略，但大多数消费者仍然依赖传统的"夫妻店"零售店购物。此外，随着富裕消费者群体和中产阶级的迅速增长，这些国家还拥有大量处于金字塔底部的消费者，也就是那些生活在贫困线以下，靠每天 1~2 美元为生的人。如何让这部分群体能够接触到商品始终是一个巨大的分销挑战。

最后，国际市场的特点是它有国内分销渠道所没有的专业中间商。因此，接下来我们将首先重点介绍这类中间商，我们将关注它们在海外市场的市场进入战略中所发挥的重要作用。

9.2 国际市场中的关键中间商

在前几章中，我们重点介绍了各种类型的中间商，包括批发商、特许分销商和零售商。在国际市场上还有一些其他类型的中间商。这些专业的中间商帮助公司在海外市场分销产品和服务。它们提供一系列专业知识，包括确定目标国家、在该国寻找客户、确保满足本国和客户所在国家的各种法规和要求，以及处理各种物流和相关文书工作。对国际市场中间商的选择很大程度上取决于公司此前对国际营销的熟悉程度和相关专业知识，以及它对花费时间和资源来获取这类专业知识的投入程度。幸运的是，对于那些内部专业知识和资源很少的公司来说，它们仍然可以找到合适的合作伙伴，将产品的国际分销任务外包给它们。

进入海外市场最简单的方法是将国内生产的产品出口到海外市场。除了出口之外，进入国外市场的其他方法还包括在当地设置门店，以及在当地寻找或建立分销基础设施。成本更高的方式是研究当地的分销系统，然后确定批发商和零售商合作伙伴。但是，即便是最简单的进入模式，也就是出口，也需要找到客户，建立将产品送达这些客户的渠道，遵循双方市场的规定，并在交易完成后安全收到付款。公司可以通过聘请具有丰富出口背景和经验的管理人员来获得必要的内部专业知识，前提是公司愿意投入大量资源建立出口能力，或者它们可以找到专门的中介机构来协助它们完成这些工作。

9.2.1　出口管理公司

出口管理公司（export management company，EMC）专门从事出口销售并代表卖方行事，在一定程度上，客户可能认为它们是在与公司本身而不是外部中间商打交道。它为寻求进入海外市场但经验不足的公司提供了一个有吸引力的选择，因为它可以负责处理所有和出口有关的必要事务，包括市场调研、商务拓展、促销、物流、信贷和付款处理、客服、在贸易展会上进行产品推广、确保监管合规、培训销售队伍。[6]

对于出口管理公司的选择通常涉及基于经验的考察：在特定目标国家的经验（因为不同国家的规则、法规和条件各不相同）以及处理特定出口产品的经验。通过雇用经验丰富的出口管理公司，公司可将各种任务转移给该渠道合作伙伴，腾出资源投资培训或人员以获得新的专业知识。雇用出口管理公司还可以减少建立强大出口市场所需的时间。

但是，出口管理公司不太可能为了一家公司斥巨资建立庞大的渠道网络。大多数出口管理公司对其销售收取佣金（通常为 10%~15%），但也有一些对其销售的商品拥有所有权。[7]它们通常是需要立即获得回报的小企业，在佣金模式下严重依赖销量。因此，雇用出口管理公司时必须要保证它们在以恰当的方式传递品牌形象，以及它们在客户开发上保持一定的投入，以防止它们仅仅完成可以轻松实现的任务。

9.2.2　出口贸易公司

出口贸易公司（export trading companies）通常在全球范围内运营，收购从原材料到成品（工业和消费品）的各种产品，然后将其分销并转售给世界其他地区的客户。日本有着悠久的贸易公司传统，称为"综合商社"（sogo shosha），包括三菱（Mitsubishi）、三井（Mitsui）、住友（Sumitomo）、伊藤忠（Itochu）、丸红（Marubeni）、丰田通商（Toyota Tsusho）、双日（Sojitz）等知名商社。[8]有兴趣将其产品出口到日本的生产商可以与这些贸易公司建立供应关系。许多贸易公司是垂直一体化的，因此它们还拥有广泛的加工、制造和运输业务，而且在许多情况下，它们专门经营金属等商品。然而，正如下面案例所介绍的，贸易公司在很多行业中都具有很高价值。

案例 9-1[9]

拥有近两个世纪的丰富历史的双日及其 400 家子公司业务涵盖了与购买和销售商品和服务相关的大部分需求。它从事项目融资；在矿产、汽车、化工、食品、能源和工业园区等不同领域开展制造业务。[10]例如，双日作为波音公司在日本的销售代理已有 60 多年的历史，基本上满足了日本航空公司可能提出的所有与飞机相关的需求。它也是印度最大的铁路车辆供应商之一，[11]全世界最大的船东之一，领先的汽车出口商，以及用于炼钢的煤炭和铁矿石的主要贸易商。除了这些传统行业，双日还在印度尼西亚建设一个拥有 25 万居民的城市（Deltamas，德尔塔玛斯），在缅甸和泰国积极参与食品配送，在土耳其经营医院，以及在日本开展家庭供水业务。通过在印度经营的盐田，它将盐运至世界各地。作为食品加工业的主要参与者，它拥有农场和化肥厂，并进出口各种食品，包括进口到印度尼西亚的小麦产品和从其金枪鱼养殖场进出口的金枪鱼。在能源领域，双日还在德国、秘鲁和墨西哥运营太阳能发电场。

9.2.3　附带式出口

附带式出口（piggybacking）依赖于合作伙伴公司已经发展起来的业务分销网络。通过这种方法，刚刚进行国际化的公司可以参与到现成的分销网络，在货币投资和在海外市场从头开始建立网络方面节省了可观的成本。拥有分销网络的出口公司赚取佣金或服务费，并且还可能从为其客户提供扩展或改进的产品线中受益。为了使附带式出口有效，拥有海外分销网络的公司最好不要与附带出口公司在同一产品市场上竞争，这样它们可以最大限度地减少利益冲突。良好的分销网络环境意味着两家公司都针对相似的客户，产品通常可以在相似的零售店买到。例如，糖果制造商现有的分销网络可能非常适合希望进军海外市场的饼干生产商。金佰利（Kimberly-Clark）凭借其合作伙伴联合利华完善的渠道，在印度为好奇品牌产品的分销网络增加了 200000 家零售店。[12]

9.2.4　跨国零售企业

生产商可以通过使它们的产品进入国际零售商运营的各类商店来获得全球影响力。这个选择很有吸引力，因为对于许多零售商来说，本土市场增长缓慢，而发展海外市场具有巨大吸引力，由此全球扩张代表了一种战略必要性。例如，新兴市场 2015 年的零售额相比 2000 年增长了两倍，增长率是发达市场的两倍。[13]

成功扩展到本地之外市场的零售商也受益于一种良性循环：随着它们的成长，它们在采购和寻找货源，以及广告、市场调查、融资和 IT 管理方面实现了更大的规模经济。在一个市场上流行的产品可以出口到另一个市场。此外，成功的扩张可以极大地提高品牌的全球资产。因此，想要不断扩大的动力强烈地推动了零售企业的全球扩张，这是目前许多零售业的特点。

然而，要获得这些优势并不容易，向国际市场扩张的零售商面临着巨大的挑战。1996年，顶级零售商在海外市场的销售额约占 12%。到 2016 年，这一数字增长了一倍多，尤其是对于知名品牌和领先零售商（例如，海外销售额占总销售额的比例，沃尔玛占 24%、好市多占 27%，沃尔格林占 28%）。[14]然而，即便是这些较高的海外销售额的比重也落后于其他行业公司的平均海外销售额，这主要是因为扩大跨国零售业务有以下独特的要求：

- 为门店寻找高质量的选址。
- 考虑目标国家的基础设施结构，建立与母国类似的物流业务，以采购和分销产品。
- 在新市场中发展平行供应商关系，或者说服本国供应商也进军新市场。
- 在运营选择中考虑到分区、定价、税收、运营时间、劳动力和雇用方面的差异，以符合每个市场的独特法规规定。
- 开发具有本地吸引力的产品，包装和定位要符合当地文化。
- 克服对外资所有权的限制和其他进入壁垒。

由于这些障碍，即便是玛莎百货、蒂芙尼和好市多等知名零售商也未能在最初的国际化探索中获得成功。由于业绩不佳，家得宝关闭了中国业务。[15,16]

那么，怎样才能成功进入外国零售市场呢？一个关键因素是，零售商要在输出本土市场取得成功的独特能力和根据当地市场偏好进行适应调整之间找到一个合理的平衡。沃尔玛最初进军阿根廷市场的失败就提供了一个反面例子。它试图在没有根据当地情况调整的情况下展示其美国零售风格，其商品组合包括连接 110 伏电压的电器（阿根廷使用 220 伏电压）和美国的切块牛肉，以及很快就看起来褪色、肮脏的狭窄过道和地毯。只有在彻底改变其本地战略以更符合当地规范之后，沃尔玛才开始有了起色。[17]因此，零售商需要准备好寻找能够提供不同包装尺寸、口味和其他选择来吸引当地客户的生产商。[18]国际零售商的另一个考虑是找到一种与当地零售商进行有效竞争的方法。在许多情况下，这些本地零售商提供优质的服务、拥有更具本地吸引力的产品和良好的选址。因此，当家乐福和沃尔玛来到巴西时，当地零售商 Pao de Azucar 重点强化了其便利的地理位置和提供消费信贷等策略，这是全球新进入者没有提供的、受欢迎的本地服务。

反过来，在许多新兴市场，现代、专业化管理的自助零售连锁店与提供全方位服务的业主经营的本地夫妻店共存并相互竞争。即使外资连锁店取得了进展，但大部分销售额仍然通过传统零售商实现，并且这些传统零售商仍然在努力增长。与顾客熟识并保持长期关系的店主会对顾客的购买产生更大的影响，在自助商店中，这些影响则主要依靠商品陈列。[19]

案例 9-2[20]

家乐福集团于 1959 年在法国成立，目前在 30 个国家和地区拥有 12300 家门店，此外还拥有先进的电子商务和移动商务业务。它的年收入超过 880 亿欧元，跻身全球最大零售商之列。其标志性的大卖场结合了杂货店和折扣店的特点，提供种类繁多的商品。家乐福也经营其他零售业态，例如，传统超市、便利店和以小企业为目标客户的现购自运商店（cash-and-carry stores）。为了在拉丁美洲、亚洲和欧洲取得长足的发展，家乐福必须根据当地文化定制产品。例如，在中国，家乐福卖活鱼，但在法国，鱼是死的和冰的，但它是整条的而不是切成鱼片，以便消费者可以检查它的质量。[21]因此，家乐福最初可能以大卖场零售而闻名，但它持续调整其战略以在全渠道时代更好地参与竞争，包括大力投资以提高食品质量和加强交付业务，同时还缩小其大卖场的平均规模。[22]

最后，从上述基于零售全球化的描述中可以得出一个重要见解，国际竞争是一种常态。即使对本地零售商来说，这种趋势也不仅仅是可以旁观的新奇事物。当跨国零售商进入世界各地的许多市场，而不仅仅是发达国家市场时，所有渠道成员都必须考虑国际零售竞争对它们的影响，以及如何保护它们的业务以在与这些进入者的竞争中蓬勃发展。

9.2.5　国际特许经营

正如我们在第 8 章中所讨论的，国际特许经营被广泛使用并且发展迅速，尤其是在发展中国家市场。例如，超过 9000 家特许经营店在俄罗斯经营。[23]巴西蓬勃发展的特许经营行业在 2015 年创造了约 380 亿美元的收入，这些特许经营商表现了它们寻求增加销售、更大的品牌认知度和更好的规模经济的深层动机。[24]

特许经营的原则在世界任何地方都保持不变，但在不同国家有一些值得注意的差异，特别是在法律影响和要求方面。[25]所有的特许经营合同都需要强制执行，以保护特许经营商和被特许人，但因为特许经营在一些国家仍然是一种为当地所不太熟悉的商业模式，各国现有的法律和监管框架可能不包括对特许经营协议及其可能造成的独特冲突的考虑。因此，在使用特许经营作为进入国外市场的一种方式之前，公司应该回答以下问题（如表 9-1 所示）。

表 9-1　国际特许经营前要考虑的问题

国际特许经营前要考虑的问题
1. 劳动法、工作天数和时间的法律限制以及其他操作规则是否存在差异？
2. 法律体系是否可靠，知识产权是否受到保护？
3. 利润是否可以轻松汇回国内或是否有相关限制？
4. 对加盟商收取各种加盟费和利息有限制吗？
5. 竞业禁止条款可以执行吗？
6. 该国家/地区如何监管特许经营权的销售、终止或不续签？
7. 哪些合同条款和财务披露是允许的，哪些不允许？
8. 是否有一个强大而活跃的全国特许经营协会可以帮助外国特许人？
9. 是否有任何需要注意的语言、性别角色和商标？

资料来源：Zwisler, Carl E., www.franchise.org/sites/default/fifi les/ek-pdfs/html_page/Ten-Questions-U.S.-Franchisors Need-to-Have-Answered_0.pdf.

此外，企业还需要明确其国际特许经营战略。[26]第一，它们可能会采用类似于国内市场的直接特许经营方式，这样它们就可以自己审查和签约个人特许经营商。第二，它们可以使用"区域开发"特许经营权，让受许方获得一个较大的地理区域（例如城市、州、国家）的权利和责任，它必须在特定的时间范围内运营多个特许门店。[27]获得区域开发特许经营权的加盟商通常必须经营该区域内的所有门店，从而使其本质上成为该地理区域内的多门店加盟商。第三，另一种受欢迎的方法是主特许经营（master franchising）。在这种情况下，被授予在特定地理区域经营权的加盟商可以成为其他加盟者的主要和次级特许经营单位。因此，这个主加盟商成为地方层面的特许人，同时仍然是国际层面的加盟商。第四，一些公司采用特许经营合资企业的方式。

补充资料 9-1

案例 9-3

达美乐是世界领先的外卖比萨公司。[28]美国是其最大的市场：5000 家门店主要由 799 家加盟商经营，但它也拥有 392 家公司自营门店。此外，它在全球 85 个国家和地区[29]开展业务，其中 34 个国家和地区的业务是在 1983 年首次进入加拿大之后开始的。在美国以外的 8000 多家餐厅中，印度（1106 家门店）所占份额最大，其次是英国（947 家门店）和墨西哥（655 家门店）。在公司根据其增长潜力和规模确定的大多数市场中，达美乐依赖于主特许经营模式。主加盟商必须进行大量投资，还需要展示运营专业知识和当地市场知识。它负责在那个国家建立运营，有权建立门店、分店，并设计分销系统，以更好地支持当地商店的运营。作为回报，主加盟商必须达到增长目标，符合达美乐的标准，并支付特许权使用费。这些特许权使用费平均约为销售额的 3%，这是除一次性总加盟费和每开一家新店的加盟费以外的费用。[30]一些主特许经营商甚至在它们国家的证券交易所上市（例如，墨西哥的 ALSEA、英国的 DOM），这可以看出达美乐在选择主特许经营合作伙伴之前，为确保合作伙伴的财务实力和投资能力所做的精心努力。

9.3　国际分销的挑战

9.3.1　批发商的角色

客户往往认为批发商提供的服务是理所当然的，而对它们所承担的成本却一无所知。在新兴市场，低水平的制度信任对商业贸易产生了负面影响，这使批发商缺乏信任和信誉，而信任和信誉是它们促进商业交易的主要方式。[31]有效和高效的批发是几乎所有行业运行的重要先决条件，发展中经济体对有效分销的需求尤为迫切，但却得不到满足。[32]

以尼日尔为例，它是西非一个极度贫穷的国家。[35]其恶劣的自然气候使除了洋葱之外的大多数农产品都无法在那里很好地生长。一种优质的洋葱品种，紫加尔米（Violet de Galmi），成为有足够吸引力的可出口作物。自 20 世纪 60 年代以来，洋葱种植开始在尼日尔兴起。然而，基于良好的农业形势和市场需求，即农民愿意生产洋葱，而消费者也需要它们，洋葱销售并没有像预想的那样成功。那么是什么阻碍了销售渠道呢？根据援助机构分析师团队的说法，这是因为缺乏批发商。

在农业中，批发行业通常由经纪人和批发商组成。经纪人将农作物从田间转移到批发商处，这涉及大量的分类、装袋和搬运等操作。批发商随后将洋葱转移给转运商，后者再出售给零售商（在尼日尔，可以是街头商人或固定商店）。洋葱零售价的 50%~75% 都归批发商所有（即使在农民合作社反补贴政策已经使这一比率降低之后）。据农民、零售商和政府官员说，从表面上看，批发商的利润似乎是一种剥削。因此，批发商受到分销渠道其他成员的谩骂，包括终端用户，它们认为自己支付的价格太高。但所有这些成员都忽略了批发商所承担的成本。这些洋葱批发商也没有变得富有。正如有人所说："这很像玩国家彩票。"消耗洋葱最终市场价值的成本主要包括以下几个方面：

（1）在许多地方对来自不同农民的产品进行定位、组装和分类。分拣特别重要，因为它提供了批量拆分功能。许多消费者只能买得起一个洋葱。洋葱的大量破碎损毁意味着消费者可能只能购买较小的洋葱。

（2）承担渠道中所有参与者的信用风险，包括农民和零售商。这些参与者经常延迟付款，或者想要使用另一种货币，或者询问它们是否可以提供商品来交换或未来的补偿。

（3）零售商可能做出的投机行为，这些零售商在收货后做出虚假投诉，声称一定比例的商品到货时变质了，如果有批发商质疑这些声明就直接被替换掉。

（4）建造和维护昂贵的存储设施。

（5）承担定价不当的风险，这种风险是相当可观的。由于尼日尔国家基础设施薄弱，因此很难及时获得有关价格、供应和需求的信息。

（6）承担传统和非法的运输成本。尽管尼日尔的道路不畅，增加了运输成本，但运输成本中最高的费用不是卡车，而是政府官员（例如海关、警察）的非法寻租行为，他们甚至在尼日尔境内设立了多个不必要的检查站，勒索行贿，并发放虚假交通罚单。抗议的批发商会发现它们的卡车一直被拖着，直到洋葱变质。向政府投诉的批发商可能会发现它们的整个卡车车队在夜间都会遭到破坏。

（7）承担作物损失的风险——不仅是洋葱作物，还有可能拿去代替现金的任何商品。

（8）遵守正式法规和各种非正式规定所需的费用。

这些成本很难估计。当分析人员尝试进行成本估计时，他们对其规模之大感到惊讶。迄今为止，最大的代价是非法寻租。除了直接成本外，也有间接影响。例如，洋葱生产受季节性波动的影响很大，这可以通过将洋葱存放在存储设施中来应对。但批发商不愿建造这些仓储设施，因为它们就像卡车一样，很容易被看到和破坏。破坏者很可能是心怀不满的政府雇员，他们觉得自己有权获得更多的贿赂。

官员为何如此行事？为什么公众压力没有阻止他们？最主要的原因是批发商在尼日尔各地的声誉都很差。它们被视为贪婪的寄生虫，剥削无助的农民和没有增值的消费者。公众认为批发商通过投机性囤积、寡头垄断或串通行为而致富。因此，敲诈它们并破坏它们的财产似乎是公平或合理的。官员们甚至提出了积极的看法，认为贿赂可以为纳税人带来更高的公务员工资。

因此，洋葱批发的风险无处不在，考虑到尼日尔薄弱的制度基础设施，建立合同无法解决问题。批发商倾向于与亲戚、朋友和其他组内成员合作，作为相互协调并在短时间内调动无担保信贷的一种方式（在任何经济体，包括高度发达的经济体，依靠非正式关系是对冲高风险的标准方法[34]）。此外，尼日尔的妇女就业在许多部门受到限制，但却在批发业蓬勃发展，尽管低识字率要求企业需要雇用识字的人为她们解决读和写的问题。从表面上看，雇用文盲的女性亲戚看起来更像是裙带关系和偏袒主义的有力证据，而不是基于绩效的考虑（尤其在那些从一开始就没有看到批发商成本的人看来）。消费者只是认为这些批发商创造的时间和地点效用是理所当然的，并认为它们正在赚取超额利润。

相比之下，批发商的风险没有得到很好的补偿。援助机构的分析师得出的结论是，它们在困难的条件下做得相当不错，但它们可以做得更多，特别是如果它们愿意投资的话。尼日尔洋葱将是尼日尔雀巢工厂生产干洋葱的完美原材料。但该工厂不在本地采购洋葱，因为这家跨国公司要求其洋葱必须经过认证才能符合严格的标准，而认证需要批发商投资。

最终，分析师得出结论，帮助尼日尔农民的最佳方式是帮助尼日尔批发商[35]。他们推荐了一项公共教育计划，以改变公众态度并创造社会压力来阻止非法寻租。但无独有偶：回想一下我们在第 1 章（补充材料 1-1）中关于茶叶中间商的讨论。公众的负面态度（同样是基于剥削性的批发商没有增加价值的错误印象）促使日本当时在中国台湾支持农民合作社而非与批发商进行沟通。然而，即使合作社有税收补贴，在提供大多数消费者认为理所当然的服务方面，合作社的效率也比不上批发商[36]。

当然，这些讨论都不应该被视为批发商永远不会剥削的保证。与任何其他渠道成员一样，除非受到反对力量的制约，它们将不择手段地追求自己利益的最大化。在尼日尔，反对力量包括农民合作社和批发商的其他替代者。在中国台湾，许多批发商之间也展开了激烈的竞争。

这些例子并不意味着问题只存在于新兴经济体。在美国，人们对批发商普遍持怀疑态度，怀疑它们是否增加了任何真正的价值，是否承担了大量的成本，或是否有效地运营。

9.3.2　向低收入群体营销

国际渠道可以让消费者的日常生活变得更好，让他们以成本效益更高的方式获得必需品。[37] C.K.普拉哈拉德（C.K. Prahalad）等人认为，从道德上讲，跨国公司可以把世界上最贫穷的人群作为目标，从而从中获利，因为获得急需的商品和服务将改善这些消费者的生活。[38]每个个体消费者的购买力可能有限，但金字塔底部的消费者群体总体上代表了世界人口的大多数，他们的人数可能超过 40 亿。[39]

（1）定义市场

对于这个细分市场有不同的定义标准，一个被广为接受的标准是，低收入群体的人每天的生活费不到 1 美元或 2 美元。另一个定义标准是年收入低于 1500 美元。[40]不管使用的标准是什么，这些消费者大多生活在新兴市场，通常在偏远的农村地区，这使得向这一群体分销产品和服务成为一个严峻的挑战。金字塔底部的一些成员是生活在贫民窟和棚户区的城市居民。虽然大多数关于国际收支平衡的讨论都涉及新兴市场，但每个发达国家都存在一个低收入群体构成的细分市场。

不同国家、不同地区或同一国家的城市和农村地区的低收入群体市场显然存在差异，但也存在一些共性。典型的金字塔底层消费者收入极低，通常是季节性的，且缺乏储蓄或信贷。这些消费者往往识字率低，地理流动性低。他们往往对改变表现出强烈的抗拒。他们的大部分可支配收入都用于购买生活必需品。[41]因此，寻求向这类消费者销售产品的公司必须获得他们的信任，并花费相当大的努力来教育消费者了解它们产品的好处。

（2）金字塔底层营销的伦理考量

主流营销人员未能满足这一细分市场的需求，给"不可靠"的运营商留下了空间。这些不道德的经营者使用不道德的方法来利用最贫穷的人口。例如，发薪日贷款机构填补了主流银行部门未能迎合贫困客户需求的空白，收取高利贷利率。一些先租后买的企业通过利用贫困消费者的利益来赚取巨额利润。[42]

对于有道德的供应商而言，想要成功地为低收入群体细分市场服务需要新的商业模式和节俭的创新努力，应开发该群体负担得起的产品。公司还必须设法调整消费者的行为，这通常涉及创建新的分销方式或调整产品。消费者常常因为误解而拒绝尝试新产品。住友化学发现让撒哈拉以南非洲的消费者使用蚊帐具有挑战性，虽然蚊帐可以保护他们免受蚊虫叮咬，从而防止感染疟疾，但是这些消费者认为每天都安装蚊帐很麻烦，或者他们不知道疟疾的病因。[43]

通过新颖的分销方法，公司至少可以确保产品进入消费者手中。当 SC Johnson 想在肯尼亚农村销售其清洁产品时，它们培训青年团体去清理垃圾，让他们在工作期间使用其产品并帮助清洁消费者的家。尽管有很多可能的好处——提高肯尼亚农村的卫生和健康标准可以大大减少传染病的传播——但该计划还是失败了，因为消费者拒绝让陌生人进入他们的家中打扫卫生，他们认为这项工作没有必要。[44]在加纳，SC Johnson 公司因为采用了直销模式，在昆虫防治产品方面取得了更大的成功。销售人员接受了教育消费者的培训，为了降低成本，该公司还开发了可再填充的容器。[45]

从本质上讲，在向低收入群体进行营销时，渠道成员必须在更大程度上承担信息和教育功能，即使是针对普通消费品也是如此。在印度，百家安联保险公司（Bajaj Allianz）与一家小额信贷银行合作，向小额信贷的女性客户的丈夫出售人寿保险产品，并能够签署 180 万份人寿保险单，这些保单在 10 个月内作为储蓄工具翻了一番。[46]迎合这个市场并为消费者提供安全保障意味着要对消费者进行人寿保险的基本知识教育，因为该群体中的许多人不知道或不了解对这些产品的需求。

即使是在低收入群体市场上被普遍引用的成功案例，也揭示了为低收入群体提供服务相关的持续挑战。在墨西哥，西麦斯（Cemex）的 Patrimonio Hoy 项目模式是派代表挨家挨户为客户提供建筑材料和培训，帮助他们建造更坚固的房屋结构或增加房屋稳固性。客户可以获得培训、信贷和建筑材料，西麦斯希望通过迎合这个服务不足的细分市场来产生额外的销售额。但为了达到足够的规模，使其运营可持续，西麦斯最终不得不改变策略，将中产阶级房主也纳入其服务对象。[47]

（3）向低收入群体市场分销

从分销的角度来看，公司必须克服基础设施挑战，才能将产品运送到不同的偏远地区，而且往往无法享受完善的基础设施带来的好处。低收入群体的许多消费者都有不可预测的收入流，因此公司可能还需要设计创造性的方式来为他们的采购提供资金。从每个消费者那里赚取的利润可能是有限的，需要有足够的总量才能使企业盈利。消费者也倾向于小批量购买（例如，购买一次用量的洗发水而不是整瓶洗发水），许多迎合他们的零售商缺乏充足的存储设施，因此需要经常小批量交付商品。

基础设施（比如道路、高速公路、通信和电力）的不足增加了配送的成本和挑战。这些问题还可能由于大众传播媒介的渗透有限而变得更复杂，因为要在没有现代广告和销售渠道的情况下向低收入人群消费者提供信息和教育。在这种情况下，可能需要举办一些特殊的活动以及采用创新的促销方法，比如利用巡回电影屏幕和移动电影放映系统向农村消费者宣传各种消费品。当消费者身处位置偏远或气候恶劣的地区时，几乎不可能在分销活动中产生规模经济，因此分销方面的挑战变得尤为严峻。[48]

补充资料 9-2

向农村低收入消费者进行配送还意味着要建设足够的运输和仓储基础设施，以削减运输货物所需的成本和时间。例如，如果没有足够的冷藏卡车和储存设施，或者零售商的商店缺乏足够的冷藏设施，冰淇淋分销是不可能实现的。

表 9-2 列出了与各种产品类别相关的一些分销基础设施需求。对所有的产品来说，实物处理和配送都是很重要的，尽管对于服务来说，实物配送的需求没有那么迫切。促销对消费品来说比农产品更重要，信用和售后服务在耐用品渠道中发挥着更大的作用。渠道合

作伙伴还需要在所有情况下（农业部门除外）充当跨渠道信息的传递通道。制造商依靠渠道合作伙伴告知它们关于贫困消费者的需求，消费者可以从渠道合作伙伴那里了解到各种产品和服务的好处，后者则可以确定合适的目标市场并说服它们购买。渠道合作伙伴提供的另一种价值涉及批量购买。在低收入群体市场，产品可能已经被包装成较小的容量，但渠道成员仍然愿意销售。当消费者缺乏运输大型产品（如电器）的能力或没有足够的文化阅读说明书时，零售商可能不得不安排送货和安装服务，然后教消费者如何使用该产品。最后，渠道成员必须承担部分库存未售出的风险或由于损耗而产生的成本。

表 9-2　按产品类型划分的分销要求

产品分类	大众消费品	耐用消费品	服务	农业生产资料（一次性投入品）	农业生产资料（耐用品）
举例	肥皂、化妆品	电视机	银行、电信业	种子、肥料	拖拉机、发电机
分销能力要求					
所有权	高	高	低	高	高
推广	高	高	高	低	中低
融资	低	高	中低	中低	高
售后服务	低	高	中低	低	高
市场调研	高	高	高	低	低
寻找买家	高	高	高	高	高
订购和付款	低	中高	中高	低	高
谈判	低	中高	低	低	高
风险承担	低	中高	低	低	低

资料来源：Shukla, S. and S. Bairiganjan (2011), http: //web. mit. edu/ idi/ idi/ India-%20 The % 20 Base % 20 of % 20 Pyramid % 20 distribution %20Challenge-IFMR.pdf.

　　低收入群体市场的常见渠道结构依赖于直接渠道，例如公司运营自己的零售商店或与农村推销员签订合同，充当销售队伍。农村推销员，从最严格的意义上说，是从制造商那里购买商品，然后再将其转售给消费者的小商户，通常是通过挨家挨户销售的方式。这些渠道主体解决了向渠道不发达的偏远地区营销的"最后一公里"问题。也就是说，当国际公司需要把产品从分销中心以成本较小的方式送到偏远地区的个人家庭或小型零售商时，它们通常可以通过分销渠道有效地将它们的产品移动最后几英里。联合利华非常依赖农村推销员，即印度当地的妇女，她们购买联合利华的肥皂和洗发水，然后再转售给邻居。[49]这种模式削减了联合利华的风险，因为它对农村推销员的销售是现收现付的，但这也不会给这些推销员带来太大的风险，即使在享受联合利华广泛的促销活动和强大的品牌知名度所带来的好处的同时，她们只需要提供足够的营运资金来购买商品。[50]然而，如果农村推销员必须进行大量资本投资，或者对所销售的产品不太熟悉或商品过于昂贵，这种模式往往会失败。[51]在这种情况下，最好聘请专业人员作为雇员或委托代理人。[52]

　　图 9-1 描述了公司可能用来接触低收入群体消费者的各种渠道配置。有时在金融中介的帮助下，公司可以直接向最终消费者推销，如提供信贷或支持分期付款的银行。公司还可以依靠小额信贷组织、非政府组织（NGO）或合作社（如第 7 章中的古吉拉特牛奶合作

营销联盟）将产品送到最终消费者手中。非政府组织等中介机构通常具有社会性目的，其目标是改善低收入群体的健康和福祉，并确保消费者获得可以改善他们生活的产品，比如教育。公司还可以接触农村零售商或依赖具有农村地区分销能力的经销商。许多农村零售商规模很小，因此它们可能需要接受培训或获得激励才能销售和推广公司的产品。

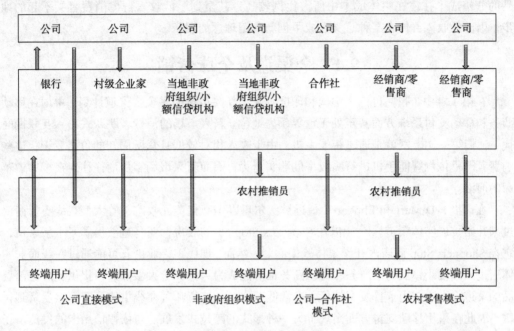

图 9-1 分销模式的选择

资料来源：Shukla, S. and S. Bairiganjan (2011), http://web.mit.edu/idi/idi/India-%20 The %20 Base %20 of %20 Pyramid %20 distribution %20 Challenge IFMR. pdf .

案例 9-4

在印度分销卫生巾

印度人口众多且年轻，平均年龄为 28 岁，其中显然包括许多经期女性。[53]然而，一项调查显示，只有 12% 的印度女性使用过卫生巾。[54]原因各不相同：近三分之二的印度人生活在农村地区，这造成了产品可用性和消费者负担能力的问题。文化上的污名也阻碍了人们对月经的讨论，许多女性不好意思从村里的男性零售商那里购买卫生用品。使用卫生巾导致失明的普遍谣言也是原因之一。印度例如女性大多使用碎布，并很少清洗，甚至羞于在阳光下晒干。[55]这些因素共同构成了对女性健康的挑战。一位名叫穆鲁古南图Murugunanthum 的独立发明家试图通过开发一种低成本机器来解决这个问题，女性可以用它来制造自己的卫生巾，然后将其出售给社区中的其他女性。结果，印度卫生巾的使用量呈指数增长。穆鲁古南图走访了许多村庄，包括印度一些最贫穷的邦，以获得男性的许可，与他们的妻子或女儿谈论使用卫生巾的好处，向这些女性提供教育课程，使其接受这项业务，参与购买机器的模型，并最终将机器本身交付给印度各地的女性[56]。

正如这个案例所强调的，最后一公里问题的另一个解决方案是在超本地化（hyper-local）生产，并通过用户进行分销。购买卫生巾生产机器的女性承担了仓储和配送的功能，随着时间的推移，她们也开始提供信息（即向其他女性宣传卫生巾的好处和使用方法）、促销和信用（如接受通过食品互易的方式付款而不是现金）功能。由于低价产品的分销成本往往在整体成本中所占比例较高，甚至到了低收入群体消费者买不起的地步，因而低收入群体在某种意义上成了创新分销理念的温床。

9.4　全渠道及全球营销

在第 1 章中，我们讨论了中国和印度等大型新兴市场的多项全渠道计划。中国在移动商务和移动支付系统方面甚至处于世界领先地位。新兴市场的消费者跳跃式跨入互联网时代，他们第一次上网就是通过智能手机。由于收入相对较低且众所周知的价格意识，这些消费者严重依赖智能手机进行高效率的购买行为，因而新兴市场零售商往往走在全渠道革命的前沿。

在印度，D'Mart 和 Flipkart（最近被沃尔玛以 160 亿美元收购）等大型在线零售商反过来开始扩展实体渠道。[57]凭借在 Shoppers Stop 5%的股份，亚马逊获得了一个新渠道，它在 Shoppers Stop 商店内开设了体验中心。[58]然而，现代零售业更有可能通过在线而非实体店进入印度小镇。电子商务和移动商务很可能成为为世界上大多数人口提供更广泛消费品的渠道。由于信用卡普及率较低（通常低于 5%），这意味着在线供应商需要接受货到付款，因此在采用移动支付方面出现了另一种形式的跨越式发展。与依赖信用卡的发达市场消费者相比，许多新兴市场消费者依靠移动支付系统直接进入无现金时代。

尽管新兴市场在现代零售领域拥有尖端的全渠道运营，但其大部分人口仍然继续光顾传统的夫妻零售店。虽然这个庞大的新兴市场仍在现代全渠道零售领域之外运行，但仍有许多理由对全渠道的未来持乐观态度。第一，智能手机的迅速普及正在将数百万人迅速带入互联网时代。这些新兴市场的人口往往比成熟的西方市场的人口年轻得多，这意味着采用新的现代购物模式的可能性更高。第二，移动支付系统的跨越式发展和增长意味着更多的消费者正在获得能够参与电子商务交易的手段。第三，沃尔玛和亚马逊等知名零售商积极寻求进入新兴市场，带来了迄今为止成功的前沿技术和成熟的零售运营知识。它们的存在也迫使新兴市场国内零售商适应和接受新的商业模式。第四，特别是在城市中心，糟糕的交通状况使通勤者在交通上花费很长时间，或者在可能的情况下依赖公共交通。在任何一种情况下，人们都经常长途通勤上班，这对全渠道购物来说是一个福音。消费者可以在堵车的情况下购物，并将物品配送到家中而不必再次外出，这样他们就可以避开交通堵塞以及拥挤的商店或餐馆。

第五，拥有年轻人口的国家往往有大量未充分就业或失业的青年，他们构成了快递业务的现成劳动力市场。据报道，中国在线外卖市场目前价值 370 亿美元，近 3.5 亿名中国城市消费者通过移动应用程序获得的在线外卖服务，骑自行车或小型摩托车的骑手从当地餐馆取餐后为用户提供外卖服务。[59]

与这些充满希望的发展趋势相伴的，是新兴市场的全渠道发展必须解决的一些困难。

新兴市场的特点是容易买到仿冒品，而且知识产权执法相对薄弱。在线市场也存在大量的假冒产品。[60]总之，这些渠道中普遍存在的仿冒品和假冒商品令人担忧。

此外，电子商务时代并不能保证世界偏远角落的小商家会在其他地方找到买家。据报道，有 27000 名印度商家在亚马逊上签约，向美国消费者销售产品，[61]这些商家包括从塔塔集团这样的巨头到小型精品店。例如，Rajlinen 已向美国消费者出售了 10000 多套休闲车用床具。[62]在亚马逊的战略中，印度为其网站上销售的产品提供了一个低成本的来源，从沃尔玛等同样瞄准这一消费者群体的竞争对手那里夺取了大量市场份额。[63]

有证据表明，新兴市场已经成熟，可以进行全渠道尝试。它们还为尝试渠道创新提供了具有吸引力的机会。但重要的是要认识到，新兴市场的大量人口还游离在全渠道领域之外，他们仍然受到无法获得先进技术产品和基本基础设施支持的限制。

本章提要

世界上只有不到 5%的人口居住在美国，因此了解在国际市场营销产品时面临的分销挑战至关重要。由于新兴市场的巨大经济增长率及其庞大而年轻的人口，了解国际市场渠道需求的必要性大大增加。

购买力平价（PPP）是衡量两种货币之间交换的另一种衡量标准，它反映了两种货币的购买力等价性。

国际市场的特点是包含国内营销渠道中没有的专业中间商。

出口管理公司（EMC）代表卖方寻找客户并为卖方管理所有与出口相关的物流，以至于买方甚至可能不知道它们正在与第三方打交道。

出口贸易公司在全球范围内经营，可以在世界的一个地方生产或采购产品，并在其他国家分销和转售。

日本有丰富的出口贸易公司的传统，这些公司被称为综合商社。

附带式出口是一种分销技巧，一家公司依附于另一家公司的分销网络。拥有渠道网络的公司的动机是希望拥有更完整的产品体系来分销，并可能会将其作为额外的收入来源。

在国际市场上扩张的零售商面临着许多挑战：寻找合适的地点，建立物流运营设施，以及平行供应商关系。零售商必须意识到不同国家在分区、劳动力和运营实践方面的差异。

主特许经营在海外市场非常受欢迎。主特许经营商被赋予在整个地理区域内经营的权利，并可转而向其他加盟商提供子特许经营权。

批发商在新兴市场中发挥着重要作用，但消费者并未充分认识到它们的作用。

低收入群体消费者包括世界上最贫穷的消费者，由于数量众多，他们共同构成了一个大市场。但向这一群体进行营销涉及分销方面的重大挑战，并引发了道德伦理方面的问题。公司必须制定新的策略来接触这个消费群体，努力解决"最后一公里"问题，并进行广泛的消费者教育。

注释

[1]　Ohmae, Kenichi (2002), Triad Power: The Coming Shape of Global Competition, New York, NY: Free Press.

[2]　World Bank (2018), http://databank.worldbank.org/data/download/GDP.pdf, date retrieved October 19, 2018.

[3]　www.cia.gov/library/publications/the-world-factbook/rankorder/2001rank. html, date retrieved October 19, 2018.

[4]　https://data.oecd.org/conversion/purchasing-power-parities-ppp.htm.

[5]　www.cia.gov/library/publications/the-world-factbook/rankorder/2001rank.html, date retrieved October 19, 2018.

[6]　www.powerlinx.com/blog/export-management-companies, date retrieved April 27, 2018.

[7]　Joyner, Nelson T., "How to find and use an export management company," http://fita.org/aotm/0499.html, date retrieved April 27, 2018.

[8]　www.japantimes.co.jp/news/2017/05/10/business/corporate-business/seven-top-japanese-tradingfir ms-enjoy-strong-earnings/#.WuTkIIjwbD4, date retrieved April 28, 2018.

[9]　http://sp.sojitz.com/switch/en.html, date retrieved April 28, 2018.

[10]　www.sojitz.com/en/corporate/profile, date retrieved April 28, 2018.

[11]　http://sp.sojitz.com/switch/en.html, date retrieved April 28, 2018.

[12]　Anonymous (2013), "Kirana stores will sell Huggies diapers piggybacking HUL's network," FRPT Retail Snapshot, p. 9.

[13]　www.atkearney.com/documents/10192/8355530/Emerging+Market+Retailing+in+2030.pdf/54cb66 fc-8aee-445f-bf55-b3aed2e0227b, date retrieved May 2, 2018.

[14]　Silverblatt, Howard (2017), https://us.spindices.com/indexology/djia-and-sp-500/sp-500-global-sales, date retrieved April 30, 2018.

[15]　Connor, Neil (2017), "Marks and Spencer pulls out of China's high street: The world's biggest retail market,"TheTelegraph, www.telegraph.co.uk/business/2017/03/14/marks-spencer-pulls-chinas-high-street-worlds-biggest-retail, date retrieved October 19, 2018.

[16]　Bhasin, Kim (2012), "Why IKEA took China by storm, while Home Depot failed miserably," www.businessinsider.com/ikea-home-depot-china-failed-2012-9, date retrieved October 19, 2018.

[17]　Krauss, Clifford (1999), "Selling to Argentina (as translated from the French)," The New York Times, December 5, Business World Section.

[18]　Ibid.

[19]　Venkatesan, Rajkumar, Paul Farris, Leandro A. Guissoni, and Marcos Fava Neves (2015), "Consumer brand marketing through full-and self-service channels in an emerging economy," Journal of Retailing, 91 (4), 644-659.

[20]　www.carrefour.com/content/group, date retrieved May 3, 2018.

[21]　Child, Peter N. (2006), "Lessons from a global retailer: An interview with the president of Carrefour China," McKinsey Quarterly, pp. 71-81.

[22]　Michelson, Marcel (2018), "French retailer Carrefour set to start fresh consumer revolution using bricks, clicks, and blockchain," Forbes, January 23, www.forbes.com/sites/marcelmichelson/2018/01/23/french-retailer-carrefour-set-to-start-fresh-consumer-revolution-using-bricks-clicks and-blockchain/#170637ed6186, date retrieved May 3, 2018.

[23]　Hoffman, Richard C., Sharon Watson, and John F. Preble (2016), "International expansion of

United States franchisors: A status report and propositions for future research," Journal of Marketing Channels, 23, 180-195.

[24] Camargo, Maria Adriana A.P., Thelma Valeria Rocha, and Susana Costa e Silva (2016), "Marketing strategies in the internationalization processes of Brazilian franchises," Review of Business Management, 18 (Oct/Dec), 570-592.

[25] Rosado-Serrano, Alexander, Justin Paul, and Desislava Dikova (2018), "International franchising: A literature review and research agenda," Journal of Business Research, 85, 238-257.

[26] Ibid.

[27] Jell-Ojobor, Maria and Josef Windsperger (2014), "The choice of governance modes of international franchise firms: Development of an integrative model," Journal of International Management, 20, 153-187

[28] https://biz.dominos.com/web/public/about, date retrieved May 7, 2018.

[29] http://phx.corporate-ir.net/phoenix.zhtml?c=135383&p=irol-reportsannual, date retrieved May 7, 2018.

[30] Ibid.

[31] Zhang, Ran and Zabihollah Rezaee (2009), "Do credible firms perform better in emerging markets? Evidence from China," Journal of Business Ethics, 90 (2), 221-237.

[32] Prahalad, C.K. and Allen Hammond (2002), "Serving the world's poor profitably," Harvard Business Review, 9, 49-57.

[33] Arnould, Eric J. (2001), "Ethnography, export marketing policy, and economic development in Niger," Journal of Public Policy & Marketing, 20 (Fall), 151-169.

[34] Palmatier, Robert W. (2008), Relationship Marketing, Cambridge, MA: Marketing Science Institute.

[35] Bardy, Roland, Stephen Drew, and Tumenta F. Kennedy (2012), "Foreign investment and ethics: How to contribute to social responsibility by doing business in less-developed countries," Journal of Business Ethics, 106 (3), 267-282.

[36] Koo, Hui-wen and Pei-yu Lo (2004), "Sorting: The function of tea middlemen in Taiwan during the Japanese colonial era," Journal of Institutional and Theoretical Economics, 160 (December), 607-626.

[37] Hoppner, Jessica and David A. Griffith (2015), "Looking back to move forward: A review of the evolution of research in international marketing channels," Journal of Retailing, 91 (4), 610-626.

[38] Agnihotri, Arpita (2013), "Doing good and doing business at the bottom of the pyramid," Business Horizons, 56, 591-599.

[39] Kolk, Ans, Miguel Rivera-Santos, and Carols Rufin (2014), "Reviewing a decade of research on the 'base bottom of the pyramid' (BOP) concept," Business and Society, 53 (3), 338-377.

[40] Simanis, Erik and Duncan Duke (2014), "Profits at the bottom of the pyramid," Harvard Business Review, October, 86-93.

[41] Shukla, Sachin and Sreyasma Bairiganjan (2011), The Base of the Pyramid Distribution Challenge: Evaluating Alternate Distribution Models of Energy Products for Rural Base of the Pyramid in India, http://web.mit.edu/idi/idi/India-%20The%20Base%20of%20Pyramid%20distribution%20Challenge-IFMR.pdf, date retrieved May 16, 2018.

[42] https://mic.com/articles/185592/is-rent-to-own-a-ripoff-rent-a-center-has-been-overcharging-customers-study-finds#.XfgN4KmK4, date retrieved October 19, 2018.

[43] Ibid.

[44] Ibid.

[45] Ibid.

[46] Palomarres-Aguirre, Itzel, Michael Barnett, Francisco Layrisse, and Bryan W. Husted (2018), "Built to scale? How sustainable business models can better serve the base of the pyramid," Journal of Cleaner Production, 172, 4506-4513.

[47] Ibid.

[48] www.portal.euromonitor.com.offcampus.lib.washington.edu/portal/analysis/tab, date retrieved May 14, 2018.

[49] Ibid.

[50] Ibid.

[51] Ibid.

[52] www.cia.gov/library/publications/the-world-factbook/geos/in.html, date retrieved May 23, 2018.

[53] Venema, Vibeke (2014), "The Indian sanitary pad revolution," www.bbc.com/news/magazine-26260978, date retrieved May 23, 2018.

[54] Ibid.

[55] Ibid.

[56] Goel, Vindu (2018), "Walmart takes control of India's Flipkart in e-commerce gamble," New York Times, May 9.

[57] www.businesstoday.in/current/economy-politics/retail-30-the-emergence-of-the-omni-channel-in-2017/story/267055.html, date retrieved May 16, 2018.

[58] www.scmp.com/business/companies/article/2111163/dinner-your-door-inside-chinas-us37-billion-online-food-delivery, date retrieved May 25, 2018.

[59] www.forbes.com/sites/ywang/2017/08/14/alibabas-struggle-for-e-commerce-legitimacy-is-undermined-by-fake-gucci-and-refugee-boats/#5def654f52d0, date retrieved May 25, 2018.

[60] Goel, Vindu (2017), "Amazon in hunt for lower prices, recruits Indian merchants," New York Times, November 26.

[61] Ibid.

[62] Ibid.

[63] Ibid.

终端用户分析：市场细分和目标市场选择

学习本章以后，你将能够：

了解终端用户及其需求，以决定营销渠道的设计；

定义服务产出并了解如何识别和分析它们；

区分渠道和市场细分，并了解如何将市场划分为渠道细分市场以进行营销渠道的设计或调整；

描述如何选定渠道细分目标市场以优化销售和利润；

评估何时以及是否在特定市场短期内尝试满足所有服务产出需求；

理解服务产出需求和整体渠道设计问题解决方案之间的关系。

10.1 导论：了解渠道细分的重要性

正如你在本书中了解到的，任何渠道战略的重点都应该是了解人们如何购买，然后设计方法，让他们使用喜欢的模式轻松、方便、高效和经济地进行购买。与许多其他营销活动类似，制定营销渠道战略必须从终端用户开始——即使是不直接向这些终端用户销售产品的制造商。例如，通过中间商销售的制造商在合作伙伴采购时会产生销售额，但中间商持续不断的采购需求只来源于终端用户的需求模式。因此，渠道经理需要了解终端用户需求的本质以设计有效的渠道来满足这些需求或提供更高水平的服务。渠道设计最有价值的洞察与终端用户想要消费什么无关，而与他们想要如何购买和使用他们正在购买的产品或服务有关。在本章中，我们假设市场上存在切实可行的产品，因此，我们可以更具体地关注如何销售该产品，而不是决定销售什么。

本章关注终端用户或营销渠道的需求方（即下游），并描述终端用户的行为。在每个市场中，终端用户对可以为它们提供利益的服务产出会表达不同的偏好和需求，例如减少搜索工作、等待时间、存储或其他成本。通过服务产出需求（而非对有形产品属性的偏好）

对终端用户进行分组可以帮助我们定义潜在的目标细分市场，然后设计可以吸引它们的特定的营销渠道解决方案。

补充资料 10-1

终端用户（无论是企业买家还是个人消费者）购买各种产品和服务。然而在大多数情况下，它们考虑的不仅仅是产品本身。它们可以通过多种方式购买特定的产品或服务。产品可能保持不变，但是购买和销售它的方式及与其相关的服务各不相同。例如，在企业技术采购中，规模较小的企业可能会直接从制造商处购买台式电脑、笔记本电脑和平板电脑等电子设备，或者依赖 CDW 等企业供应商。它们的选择可能取决于 CDW 提供的专门针对这类买家量身定制的客户服务。因此 CDW 利用渠道提供的服务产出创建了一个小型企业客户特别看中的产品 + 服务包。

在全渠道时代，这样的例子很普遍。例如，承包商以多种方式使用电子商务平台。有些承包商从始至终都依赖电子商务并在线订购商品；还有些承包商则利用电商平台来研究技术规格，然后通过电话或当面向它们偏好的经销商进行订购。[1]

即使产品可以在全球市场上实现标准化，用户在如何购买产品方面的偏好可能因国家而异。研究人员认为，在四个标准的营销组合变量（产品、促销、价格、渠道）中，用来定义渠道战略的渠道是最不适合全球标准化的。[2]即使标准化的方法可能足以进行促销或产品设计，寻求设计能够渗透全球市场的渠道战略的渠道经理也需要根据终端用户的需求对它们进行细分。

案例 10-1

在 2007 年的中国，所售食品的 80%都是经过传统的"农贸市场"实现的，这些市场由无数个小摊位组成，每个摊位都售卖很少品种的产品，例如新鲜的水果或鱼。所售食品的另外 20%在 1500 家大型超市和 20000 家小型超市之间平均分配。[3]大型超市主要开在大城市。也就是说，当时大城市的富裕消费者和西方消费者一样在现代、先进的超市中购物，但大量的中低收入消费者，尤其是那些住在较小城市、城镇和农村地区的消费者，在看起来很像发展中国家渠道中的菜市场购物。然而，大规模的扩张增加了大卖场和超市的数量。到 2015 年，中国拥有超过 33000 家超市和 8500 家大卖场。[4]沃尔玛、麦德龙、家乐福等国际企业与永辉等国内领先的连锁企业竞争。这些超市和大卖场推动了复杂的店内促销和复杂、无缝的全渠道体验。这些商店通常与菜市场和便利店共存于同一个地理区域，后者的目标用户可能更喜欢每天通过现金从附近熟悉的零售商处进行少量的购买，这些消费者感觉超市时髦的购物环境太令人生畏且没有人情味。

这些例子都强调了确定终端用户如何购买以及希望购买什么的必要性。不同的终端用户有不同的需求，理解并回应他们的需求可以为制造商创造新的商业机会（不去理解和回应则可能会缩小这类机会）。接下来，我们通过服务产出的概念去分析可根据哪些重要的用户偏好去细分终端用户市场。

10.2 终端用户细分标准：服务产出

现有理论框架将终端用户想要购买特定产品的方式进行了整理和归纳，将其作为确定渠道结构的基础。[5]我们使用这个框架来讨论服务于渠道设计目的的市场细分方法。根据这个框架，渠道系统存在并随着时间的推移保持其有用性，是因为它们执行的功能可以减少终端用户的搜索成本、等待时间成本、存储成本或其他成本。终端用户获得的这些好处代表了渠道的服务产出。在其他条件相同的情况下（例如，价格和有形产品属性），终端用户偏好提供更多服务产出的营销渠道。这些服务产出可以分为六大类——分装、空间便利、等待或交付时间、产品种类、客户服务、信息共享，如图 10-1 所示。

1. 分装；
2. 空间便利；
3. 等待或交付时间；
4. 产品种类；
5. 客户服务；
6. 信息共享。

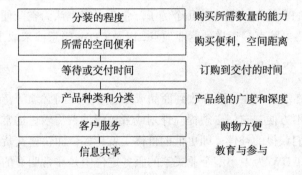

图 10-1 营销渠道中服务产出的驱动因素

这些通用的渠道服务产出类别可以根据企业不同的应用目的进行定制化的调整，但是这六个服务产出涵盖了终端用户对上游渠道的主要需求。

10.2.1 分装

分装是指使终端用户购买所需数量单位（可能很少）的能力。即使产品或服务最初是被大规模批量生产的，当渠道系统允许终端用户小批量购买时，就可以更容易地支撑消费，减少终端用户持有的不必要的库存。然而，如果终端用户必须进行更大批量的购买（即从分装中获益很少），购买和消费模式之间就会出现一些差异，从而给终端用户增加产品处理和存储的成本负担。渠道的分装服务做得越多，终端用户可以购买的批量就越小，渠道的服务产出水平就越高，这可能使得终端用户愿意付出更高的价格，从而涵盖提供小批量购买服务的渠道成本。

在需要经常购买的包装消费品类别中，对较大包装尺寸的商品收取较低的单价就是这种现象的一个常见的例子。思考一下，一个家庭在家而不是在租住的度假屋时会如何购买洗衣液。在家里，家人可能会在超市或大卖场购买大瓶经济型洗衣液，因为它很容易存放在家里，家人最终会用完那一大瓶洗衣液。这是因为大瓶的单价相对便宜。但是，当在度假时，尽管单价要高很多，这家人可能更喜欢小瓶洗衣液，因为他们不想在离开时有大量剩余的洗衣液。大部分度假者对于在度假时要支付更高的价格去购买和使用更小瓶的洗衣液是愿意的。事实上，这些产品在度假小镇超市的单价比主要为定居居民服务的超市或大卖场高得多的情况也是非常普遍的。[6]

在这些例子中，我们假设终端用户消费得越多，他/她获得的效用就越多。然而，不是所有的商品都是消费越多越好。消费者评估他们购买每件商品的利弊，如果是饼干或汽水等"不健康"产品，他们可能想尽可能少买以保持健康。因此，当一般消费者认为小容量的产品更容易接受时，公司可以从销售更小的包装中获得更多利润。[7]在新兴经济体的低消费人群市场中，一些商店以更高的单位成本单根地销售香烟，不一定因为它们是不健康产品，而是因为消费者买不起一整包香烟，但愿意支付更高的成本来获得尼古丁的慰藉。

10.2.2　空间便利

批发和/或零售店的市场分散化提供的空间便利通过减少运输要求和搜索成本提高了消费者满意度。社区购物中心、社区超市、便利店、自助售货机和加油站只是为满足消费者对空间便利需求的多种渠道形式的几个例子。企业买家也认为空间便利有价值：企业电脑买家感谢 CDW 将电脑直接运送到营业地点，以及 CDW 愿意前来取走需要维修的电脑。

10.2.3　等待或交付时间

等待时间[8]是终端用户在订购和收到商品或售后服务之间必须等待的时间。等待时间越长，终端用户越不方便，它们必须提前计划或者预测消费需求。通常，终端用户愿意等待的时间越长，它们获得的补偿（即更低的价格）就越多，而快速交货往往伴随着更高的价格。这种权衡在 CDW 为中小型企业买家的服务定位中是非常明显的，与昔日的竞争对手戴尔相比，它长期以来更关注确保更快速交付。然而，在一些情况下，更长的等待时间并不会给客户带来好处。

案例 10-2

快餐店和休闲快餐店总是人满为患，并且在某些时间段，如午餐时间，可能会变得非常拥挤。许多老主顾在墨西哥玉米煎饼连锁店（Chipotle）排队等待点餐，点餐之后他们可以看着他们的食物烹饪好。但像许多连锁餐厅一样，墨西哥玉米煎饼连锁店也提供一款应用程序可以让消费者提前点餐。通过使用这些应用程序，用户只需到餐厅取餐即可。从这种意义上说，他们无须排队，直接越过那些耐心等待轮到他们点餐的顾客。[9]这个应用程序将用户清晰地分成了两种不同的类型：一种是喜欢去餐厅点餐并看到他们的食物新鲜出炉的有仪式感的用户，另一种是只想要快速获取食物的用户。该应用程序迎合了那些想要减少等待时间的人的需求，不过，它是否也会最终疏远那些耐心排队等候的人？无须预约的美发沙龙连锁店，例如快剪（Great Clips），同样使用在线登记应用程序来帮助顾客减少等待时间。[10]当顾客在线注册时，会被告知预估的等待时间，然后他们可以在线登记并在最佳预估的服务时间内到达美发店。

购买原始设备与购买售后服务的快速交付需求强度各不相同，前者通常较低，后者则通常非常高。如果一家医院购买一台昂贵的超声波机器，它可以为采购做好计划，不太可能愿意为机器的快速交付而支付更高的价格。然而，一旦超声波机器出现故障，医院对快速维修服务的需求强度就非常高，并且可能愿意为承诺快速服务的服务合同支付额外费用。在这种情况下，老练的渠道经理会对产品和售后服务进行差异化的定价，以反映这些服务产出需求的不同关联和强度。同样，飞机票价格随着出发日期的临近而改变，是因为航空公司考虑了剩余座位数量和需要到达特定目的地且不想等待的商务旅客较低的价格敏感性。[11]

另一个例子结合了分装、空间便利和交付时间的需求。在墨西哥的啤酒市场，了解市场需求需要了解市场和消费者的环境特征和制约因素。基础设施发展有限的市场通常具有消费者对服务产出有高要求的特征，例如空间便利（即消费者无法轻松前往偏远的零售地点）、最短的货物等待时间和小批量购买（消费者缺乏足够的可支配收入，能在零售缺货的情况下在家中保留商品的"备用库存"）。在墨西哥市场，主要的啤酒制造商通过杂货店、酒类商店、大卖场和餐厅进行销售。不过，还有一个额外的渠道，就是通过非常小的当地分销商销售啤酒——公寓居民购买一小桶啤酒，然后按瓶转售给买不起 6 瓶装啤酒的社区居民。终端用户通常也提供自己的（洗过、用过的）啤酒瓶，让"当地"分销商灌装啤酒。制造商看重这个渠道，因为其他标准的零售渠道都无法满足这些消费者强烈的服务产出需求。

10.2.4 产品种类和品类

当终端用户可获得的产品种类的广度和品类的深度越大时，营销渠道系统的产出就越大，但是整体分销成本也就越高，因为提供更多的产品种类和品类意味着持有更大的库存。种类一般描述构成产品供应的不同类别的货品，称为产品线的广度。相反，品类是指在每个产品类别中包含的产品品牌或型号的深度。例如科尔士或沃尔玛的折扣百货商店，提供品类有限的低价快消品，包括各种家居用品、成衣、化妆品、体育用品、电器、汽车配件等。一家主要经营家用视听电子产品的专卖店则会提供种类繁多的接收器、扬声器和高保真设备，有着最丰富的型号、款式、尺寸、价格等。

不仅产品组合的范围很重要，而且向每个目标消费者提供的商品组合以及商品在商店中的陈列位置也很重要。美国中档百货商店杰西潘尼曾争取将其形象从相对低档的"你祖母的商店"，转变为时尚精品店。杰西潘尼与 Bisou Bisou 服装系列设计师迈克尔·波伯特（Michele Bohbot）签订了独家经销协议，该品牌此前仅在精品店和高档百货商店销售。杰西潘尼还聘请了潮流专家大卫·哈克（David Hacker），他寻找新兴的时尚趋势以吸引号称"零售圣杯（Holy Grail）"的 25~35 岁女性，这部分群体每年贡献了 150 亿美元的服装消费额。相比于杰西潘尼传统的 46 岁女性市场，这一目标市场是更加年轻、时尚的购物群体。事实上，在纽约布朗克斯（Bronx）的 Bisou Bisou 时装秀上，杰西潘尼吸引了近 100 名年轻女性，其中一位提着购物袋的女士注意到了不同之处："我想我现在必须得去杰西潘尼了。哇哦！"[12]

然而，该策略却失败了。因为杰西潘尼的核心客户群体是由平均收入略高于全国平均收入 63412 美元的住在城郊的女性组成的，她们寻求实用的服装分类，并喜欢在购物时使用优惠券，感觉她们像在"薅羊毛"。[13]杰西潘尼还必须解决导致"黑色星期五"期间大量缺货的严重的库存管理问题。随着试验的继续，杰西潘尼意识到它也犯了一些商品陈列的错误，当男鞋放在男装旁边而不是女鞋旁边时，男鞋的销量会上升；同样，选择在丽诗卡邦（Liz Claiborne）品牌附近开店的时尚首饰提高了销售额，因为在这两种情况下，女性购物者会看到鞋子和配饰与她们购买的服装的搭配效果。[14]

然而，将正确的分类和快速交付结合起来是热点（Hot Topic）连锁店的一项成功的服务产出。这家拥有 600 多家门店的连锁店面向十几岁的女孩，它的首席执行官和经理们经常去音乐会寻找可以转化为新品的流行趋势。[15]热点可以在短短 8 周内推出新系列（如带有流行乐队标志的 T 恤），而其竞争对手 Gap 通常需要 9 个月的时间才能将新产品上架。当正确的品类受到时尚的推动时，这种速度至关重要，因为时尚会迅速兴起并消退。

10.2.5　客户服务

客户服务是指在终端用户与商业供应商（企业间购买）或零售商（企业与消费者间购买）的互动过程中简化购物和采购过程的所有方面。

出色的客户服务可以直接转化为销售额和利润。在美国，长期受到客户服务较差困扰的行业是有线电视和其他付费电视服务。在美国客户满意度指数（American Customer Satisfaction Index，ACSI）调查中，有线电视运营商的客户满意度得分通常是所有公司或行业中最低的。[16]这些企业的客户服务通常被外包给第三方供应商（另一个渠道合作伙伴），它们为其雇员提供的工资很低，并且培训也很糟糕。相比之下，DirecTV 的客户满意度在行业中名列前茅，并且从客户那里获得的平均月收入很高，并且流失率也非常低（即购买其服务的终端用户的流失率）——尽管它使用与一些竞争对手相同的外包客户服务公司。它是如何做到这一点的呢？它在每个外包呼叫中心派驻一名员工，以获得更多的控制权；它向呼叫中心支付更高的客户服务费用，从而将其转化为更好的服务；它通过全面改进的信息系统向客户服务代表发布更好的信息；它为客户服务代表提供各种非货币形式的补偿，如免费卫星电视服务。[17]

企业所提供的客户服务类型对目标终端用户而言也要有针对性。坎贝拉（Cabela's）是一家服务户外活动群体的小型连锁店，它意识到其以男性为主的主要目标市场有一个关键的特征：这些男性消费者讨厌购物。为了吸引他们，坎贝拉将自然场景、瀑布和毛绒玩具陈列在商店中，然后为每个部门配备训练有素的销售人员，这些销售人员必须通过测试证明他们对产品的了解。在其乡村商店外面，企业提供犬舍（供狗使用）和马厩（供马使用），以满足在狩猎旅行中逛店的客户。坎贝拉通过精心挑选的产品组合增强了这种有针对性的客户服务。它在大多数产品类别中的品类深度是沃尔玛等竞争对手的 6~10 倍，并且它提供高端商品，而不仅仅是低价、低质量的货品。为了吸引家庭中的其他成员，它还提供了吸引女性和儿童的更为广泛的产品类别。坎贝拉比沃尔玛更了解乡村购物者的需求，能提供更多这些购物者关心的服务、时尚和环境，而不仅仅关心价格。通过上述策略，坎贝拉能吸引购物者花费数小时到达其商店（即这些购物者愿意以空间便利换取优质的客户服务和产品类别服务）[18]。

10.2.6　信息共享

信息共享是指向终端用户提供关于产品属性或使用性能的信息，以及购前和购后服务信息。企业电脑买家重视关于购买哪些产品，以及与之配套的外围设备和服务组合相关的售前服务信息，以及零部件或系统出现故障时的售后服务信息。

对于一些制造商和零售商来说，这种信息共享被定义为零售解决方案，这对于从终端用户处产生新的和升级的销售都至关重要。家得宝在各种家装领域提供自助课程，惠普和微软等计算机和软件公司纷纷效仿，在零售店设立"体验中心"，以提高消费者可能不太了解其好处的复杂产品的销售，如媒体中心电脑、可以在计算机上打印照片的数码相机、个人数字助理等。微软和惠普合作，在各个零售商门店提供了一系列的培训课程，旨在提升惠普媒体中心电脑的销售。课程的一个部分被称为"创造"，向消费者展示如何将媒体中心电脑与微软软件结合从而变成数字摄影中心。其他课程还展示了如何将电脑用作家庭办公设备、作为家庭办公网络的一部分以及作为一个音乐中心。这些迷你课程由为零售店柜台配备员工的第三方公司运营。对惠普而言，消费者看到这些产品演示后的购买意愿增加了 15%，进一步的证据表明，这些课程也强化了产品的品牌形象和品牌资产。尽管这种信息传播计划成本很高，但成本由微软和惠普承担，而不由零售商承担。零售商还认为这些策略在短期内虽然很重要，但从长远看却是多余的，因为相关信息最终会扩散到更广泛的消费者群体中。[19]这种趋势随着微软通过增加零售商以提供其与终端用户间的双向沟通而一直持续着。

需要注意的是，价格并未被列为一种服务产出。价格是客户为消费产品和服务而支付的费用，它并不是被消费的服务本身。然而，当终端用户在服务产出、产品属性和价格之间进行权衡，权衡哪种产品/服务包（以特定的价格）提供最大的整体效用或满意度时，从某种意义上来说价格是非常重要的。由于这种权衡，营销人员经常在对服务产出和有形产品属性统计分析（如联合分析、聚类分析）中分析价格的重要性，这与我们将价格视为与服务产出不同的要素的观点相一致，就像产品属性不是一种服务产出，但仍会影响终端用户的整体效用一样。

我们在这里讨论的六种服务产出范围广泛，但可能并未详尽。也就是说，对服务产出采用僵化的定义是有风险的，因为不同产品和地域市场可能需要不同的服务产出。[20]

10.3　通过服务产出细分终端用户市场

不同营销渠道提供的服务产出是存在差别的，各种类型营销渠道的存在与成功运行表明不同类别的终端用户对服务产出的重视程度不同。因此，我们必须考虑如何根据终端用户的服务产出需求对它们进行分类，将市场细分成不同的终端用户组，这些用户的不同之处不是它们购买哪些产品，而是它们的购买方式。

例如，在任何市场中都存在一个非常看重服务的细分市场（通常很小），它们对服务非常敏感，而对价格非常不敏感，因而可以通过一个专业化渠道服务于这个有利可图的群体。我们来看一下男装市场。艾伯特·卡罗尔（Albert Karoll）是芝加哥地区的一位定制裁缝师，通过拜访他的客户销售高品质的定制男装，而不是像大多数高级服装商那样让客户来拜访自己。他带着面料、纽扣和所有制作服装的材料到客户处，帮助客户选择他们想要的、合身的服装，然后再亲自裁剪，交付成品并提供给客户任何想要的修改服务。他的目标客户群体显然对空间便利有很高的要求，就像他一位忠实的郊区客户所说："对我来说，去市中心是非常困难的。我更希望他来这里。这节省了我的时间和费用，并且我得到的服务质量与我去市中心他的商店是一样的。"目标客户同样很重视定制服装的款式和类别。卡罗尔在售前和售后提供快速的服务和交付。他曾经在客户收到服装并发现他们需要做些调整的两天内，从芝加哥飞到亚拉巴马州的伯明翰，对客户的服装做出调整。总之，卡罗尔的目标客户最稀缺的资产是时间，他们有极高的服务产出需求，而对价格不敏感。卡罗尔并不寻求服务每个想要购买西装的人，相反，他精心打造了一个以服务交付为中心，而不仅仅是高端商务服装销售的业务，并且他了解谁是他的目标顾客。从这个意义上说，当细分决策应用于渠道设计时，意味着选择不去服务某个顾客群体，就像选择服务某个细分市场一样[21]。

案例 10-3[22]

　　印度估计有一到两千万家吉拉纳（Kirana）商店，这些社区商店占杂货销售额的 96%[23]，而现代的带有空调的超市由于多种原因在印度未能获得发展。吉拉纳商店对它们的客户非常了解，并且根据客户家庭的偏好进货，这些商品有时只有一两个家庭会定期购买。它们愿意通过电话接收订单，然后立即免费为客户送货。对于常客，它们经常提供信贷服务。[24]吉拉纳商店经常与许多提供不同商品的商店聚集在一起，因此它们共同创建了一个方便购物的地点，即使它不是官方的一站式购物。购物者就不必再像去更远的超市那样在印度糟糕的坑坑注注、拥挤的道路上开车了。此外，许多消费者更喜欢每天或每几天买一次农产品和乳制品。超市的发展还受到支持小型吉拉纳商店的印度法律的限制，高昂的房地产租金和空调成本使得高效地运营大型超市变得极有挑战性。[25]相比之下，吉拉纳商店利用批发商的仓储服务，寻求快速交付所有的商品。连锁超市还不能改变印度购买者的偏好，电子商务也被证明是困难的。最后，如果没有措施要求制造商提供更好的合约，印度的连锁超市很难将大量商品传递给终端用户，而这通常是其他国家超市具有吸引力的基础。

　　从过程的角度来看，按服务产出细分终端用户市场一般有三个步骤。第一，为所提供的产品生成每个终端用户需要的所有潜在服务产出的综合性清单是有必要的。这份清单可以来自定性焦点小组访谈或探测性访谈，旨在生成适用于特定产品和市场的所有服务产出的总结。[26]这类研究结果提供了某些或所有终端用户需要的一套服务产出清单。

　　第二，使用这份合理的服务产出的清单，实际的细分可以通过多种方式进行。市场可能被划分为先验的细分市场（如那些经常被使用在产品或广告决策中的细分市场），然后通过分析以确定这些细分市场是否具有共同的购买偏好，也可以设计并实施研究计划来定义能描述终端用户服务产出需求和购买模式的渠道细分市场。后一种路径更可取，因为终端用户偏好的购买习惯很少与它们对产品属性、媒体习惯、生活方式或管理及广告机构经常在细分策略里采用的其他特征的偏好相关。一般而言，渠道细分的设计应该产生具有以下特征的买家群体：①在群体内具有最大程度的相似性；②在不同群体之间则具有最大程度的差异性；③在那些对建立分销系统非常重要的维度上是存在差异的。传统的营销研究方法，如聚类分析和恒和度量法（constan-sum scales）可以识别拥有类似服务产出需求的终端用户群体。然而，询问被访者关于他们对多种服务产出的偏好是不够的。有了完全自由的选择，大多数人自然喜欢更多的服务产出。为了获得最终对设计可以满足目标市场关键需求的营销渠道的有用信息，要求被访者在不同的渠道产出之间做出选择以了解其在市场中的实际行为是非常重要的（如位置便利或低价、广泛的产品种类或专业的销售协助）。

第三，当整个市场被细分为类似的终端用户群时，根据它们偏好的渠道服务产出，价格敏感度或其他产品相关的因素，渠道经理应该对每个细分市场进行命名以体现其特征。为每个细分市场命名有助于内部沟通和组织合作，有助于执行有效的渠道战略。

表 10-1 展示了如何使用恒和度量法来细分一个高新技术产品的企业终端用户。服务产出（推荐和证书、财务稳定性和持久性、产品演示和测试）和价格敏感性被列在左侧；纵列代表根据被访者的偏好产生的细分市场（最低总成本、响应式支持、全方位服务、推荐和证书）。对细分市场的命名来源于它们对特定服务产出偏好的强度。例如，在最低总成本细分市场中，被访者针对服务产出的"最低价格"变量赋值 32 分（满分 100 分），而对"售后响应式问题解决"变量只打了 8 分；针对响应式支持细分市场中的分数分配则相反（售后响应式问题解决打了 29 分，而给最低价格只打了 8 分）。最后，在每列的最后一行显示了每个细分市场的被访者占比，大多数被访者（假设样本具有代表性的话，就是整个客户群体）都属于全方位服务的细分市场。这项研究支持了价格和服务产出之间权衡的

表 10-1　高新技术产品的 B2B 渠道细分

服务产出优先选项	最低总成本/售前信息细分市场	响应式支持/售后细分市场	全方位服务关系细分市场	推荐和证书细分市场
推荐和证书	5	4	6	25
财务稳定性和持久性	4	4	5	16
产品演示和测试	11	10	8	20
主动建议和咨询	10	9	8	10
决策过程中的响应式协助	14	9	10	6
一站式解决方案	4	1	18	3
最低价格	32	8	8	6
设施和培训支持	10	15	12	10
售后响应式问题解决	8	29	10	3
与供应商的持续关系	2	11	15	1
总计	100	100	100	100
被访者占比	16%	13%	61%	10%

被访者根据其对公司的重要程度在上述供应商提供的服务产出之间分配 100 分：

	= 最大区分属性
	= 附加重要的属性

来源：经芝加哥战略协会里克·威尔森（Rick Wilson）的许可转载，2000。

观点，揭示了细分市场对服务产出的需求真正反映了其支付意愿，并且强调了在此类分析中包含价格敏感度的必要性。

从表 10-1 可以得到一些有趣的洞察。首先，服务于任何特定细分市场的营销渠道需要传递比其他渠道更多的服务产出。因此，任何单一渠道战略不可能满足所有细分市场的需求。例如，最低价格只在一个细分市场（即最低总成本细分市场，仅占被访者的 16%）受到高度重视。市场中大多数企业根本不是受价格因素驱动的。这个信息对于设计响应客户服务产出需求的渠道战略是非常宝贵的，即使这样做意味着相较于提供简单的解决方案定价更高在所难免。相反，所有细分市场都比较重视设施和培训支持，因此，这种支持能力必须被设计进每个渠道解决方案中。表 10-1 的各行显示了类似的结论，它揭示了细分市场在其他特定服务产出需求方面的对比。在图 10-2 中，我们展示了开发服务产出细分模板所涉及的步骤。

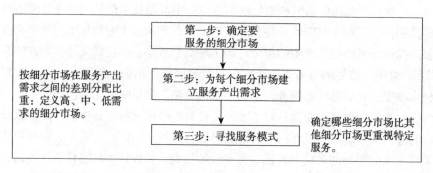

图 10-2　确定服务产出细分市场

本章末的附录 10-1 更详细地阐述了图 10-2 所示的过程，并为完成一份服务产出细分模板提供了典型示例。该模板是一种用于细分终端用户市场的工具，以协助特定的渠道结构确定目标市场。附录 10-1 中的表 10-2 是一份空白的服务产出细分模板，可以帮助渠道经理进行终端用户细分分析。

10.4　确定终端用户目标市场

在对市场进行细分并确定每个终端用户细分市场的不同服务产出需求后，渠道经理可以将这些洞察整合到整体营销渠道设计和管理计划中。具体而言，这些信息应该用于以下几个方面的分析：

- 评估细分市场的吸引力；
- 确定目标市场；
- 针对每个目标市场定制渠道系统解决方案。

选择渠道目标市场意味着选择专注该细分市场，目标是通过向该细分市场销售实现可观的销售额和利润，就像定制西装卖家艾伯特·卡罗尔做的那样。他意识到他的目标终端用户"是企业高管，他们是时间紧迫、使用脑力工作的人"。[27]注意，此描述不适用于大多数买家以及商务西装的大部分买家。此外，卡罗尔的细分定义不取决于所购买的产品而是取决于产品附带的服务。因此，卡罗尔的优质服务（和高价）产品并不能满足大多数西装买家的需求，但是非常适合卡罗尔确定的目标买家。

更一般地说，如果渠道细分过程进行得当，针对多个渠道细分市场进行渠道系统设计意味着需要为每个细分市场建立不同的营销渠道。由于这样做可能是一项成本高昂且难以管理的活动，渠道经理有可能会选择所有确定的细分市场中的一个"有吸引力的"部分作为目标市场。因此我们提出目标市场概念的一个推论：确定目标市场意味着选择不把哪些细分市场作为目标市场。这些选择对渠道管理团队来说是艰巨的挑战，因为所有细分市场似乎都具有获得收益的潜力（尽管不总是利润）。细分的服务产出需求信息可以帮助渠道经理选择那些能提供最大的相对增长和利润机会的细分市场作为目标市场。虽然其他的细分市场也会提供一些潜力，但只有最好的细分市场会被选择为目标市场。对不同的公司来说"最好"有不同的含义，但它应该涉及目标市场的规模和销售潜力，服务目标市场的成本，与公司销售能力的契合度，以及目标市场竞争的强度等因素。

之后，目标市场的信息可以用来设计新的营销渠道以满足需求，或者调整现有营销渠道以更好地响应服务产出的需求。服务产出需求分析可以识别新的市场机会，从而使企业可以开发出向特定目标市场销售的全新方式。例如，fandango.com 是由美国十大电影放映商中的七家组成的公司，主要业务是在线（或通过电话）销售电影票。[28] fandango.com 允许电影观众上网提前购买特定电影院放映的某部特定电影的电影票，每张票只收取一小部分手续费，这样晚上想去电影院看电影的人就不必去电影院排队买票，最后也许发现那部电影票已经售罄了。电影票可以在家打印或者到影院的便利售票亭取，这为消费者节省了时间并且减少了不确定性。这种购买渠道缩短了消费者的等待/交付时间（因为无须在影院里等待），为消费者提供了更高的空间便利（因为他们可以在网上搜索并购买电影票），并且提供了非常广泛的电影可供选择（fandango.com 向美国支持远程票务服务的近 70%家影院销售电影票）。显然，fandango.com 并不适合每位电影观众，尤其是它每张影票都要收取额外的费用。但是 fandango.com 允许入驻其网站的影院与那些没有入驻的影院在时间受限的电影观众这一目标市场中进行有效竞争。由于 fandango.com 提供了更大的便利，它还可能扩大影院内观影的总体市场规模。

理想情况下，对终端用户的服务产出需求分析支持市场细分，选择合适的目标市场和定位（渠道设计）。在没有这些信息的情况下执行渠道战略是有风险的，因为在不清楚市场对其营销渠道的需求的情况下，就不可能确定它是否得到了正确的执行。考虑到建立或调整营销渠道的费用，在进行上游渠道决策之前进行终端用户分析必须慎重，这对任何成功的渠道战略都是至关重要的。如果执行得当，对目标市场服务产出需求的分析可以成为获得更高利润的基础，因为这有助于实现对高度忠诚的终端用户的高利润销售。

10.5　全渠道与终端用户市场细分

全渠道为消费者提供了多种多样的与公司互动的方式。然而，与线上对消费者互动进行跟踪相比，企业在追踪线下交互方面面临更大的挑战。[29]此外，多渠道和全渠道的激增意味着终端用户细分市场的数量大幅增加，每个细分市场在不同程度上偏重和整合在线或可替代的购买与互动方式。例如，对于客户服务来说，一些终端用户更喜欢给公司打电话，另一些则更喜欢采用邮件或聊天的方式。同样，一些客户更喜欢先浏览纸质版商品目录，再给销售代表打电话进行订购，但许多客户通过线上完成全部购买过程。即使他们采取相似的行为，一些终端用户可能是网购偏好者，另一些可能是实体商店购物偏好者，所以渠道战略需要兼顾这两个群体。

可获取的渠道越来越多，加上公司注重将这些渠道整合到无缝体验中，似乎也增加了消费者参与"研究购物"的倾向：在一个渠道中对要购买的产品进行研究分析，然后在另一个渠道中进行购买。这类行为进一步创造了不同的终端用户细分市场，每个细分市场对线上和线下渠道的了解和使用程度各不相同。[30]每个渠道的独特特征都使其对特定的终端用户细分市场具有明显的吸引力。因此，渠道整合的关键挑战就是找到确保吸引特定终端用户群体（如细心的销售人员和社交互动）的独特渠道功能不会减弱的方法（如公司在门店部署自助服务技术以促进线上和线下渠道整合）。[31]虚拟现实、增强现实、人工智能等技术快速且显著地改变着分销和零售实践。[32]这些被零售商和终端用户采用的技术表明，它们具有进一步改变现有终端用户渠道细分市场的潜力，因为技术工具可以很容易地改变消费者的渠道偏好。

在本章的开头，我们阐明了基于产品偏好的渠道细分和客户细分的区别。我们还提示，这两种形式可能相互联系，因为渠道偏好可以影响品牌选择。[33]例如，喜欢在线购物的终端用户可能只会购买通过该渠道可以获得的那些商品，因此没有出现在线上的品牌甚至根本不会进入用户的考虑范围。此外，非常喜欢特定品牌且愿意光顾其门店的终端用户仍然会通过多种渠道搜寻以获得该品牌的信息。例如，如果当地门店缺货，购物者很可能去线上进行购买。

本章提要

终端用户决定从何处或从谁那购买产品（或服务）不仅仅取决于终端用户购买什么，还取决于终端用户购买的方式。

描述消费者如何购买产品或服务的要素称为服务产出。服务产出是营销渠道的生产性输出，终端用户通过需求和偏好对其施加影响。

针对具体的市场情境可定制化调整组合的服务产出包括以下几种：

- 分装；
- 空间便利；
- 等待时间（或快速交付）；
- 产品种类和品类；
- 客户服务；
- 信息共享。

终端用户在不同卖家提供的产品属性、价格和服务产出的不同组合之间进行权衡，以做出最终购买决策。

按服务产出需求细分市场是渠道设计的有用工具，因为能满足相应终端用户需求的渠道是相似的（在每个终端用户群体内）。

基于服务产出的终端用户分析和设计的最终目的是识别和评估终端用户细分市场，确定目标市场，并针对每个目标市场设计定制化的营销渠道系统解决方案。

全渠道战略和新技术影响和塑造终端用户细分市场。

附录 10-1

[1]　Lucy, Jim (2018), "31 flavors," Electrical Wholesaling , March, 4.

[2]　Boryana, Dimitrova and Bert Rosenbloom (2010), "Standardization versus adaption in global markets: Is channel strategy different?" Journal of Marketing Channels ,17 (2), 157-176.

[3]　Diamond, David (2007), "Wall of values," Progressive Grocer ,86 (15), November 1.

[4]　USDA Gain Report, Report Number: CH0001, 1/26/2017.

[5]　Bucklin, Louis P. (1966), A Theory of Distribution Channel Structure , Berkeley, CA: IBER Special Publications; Bucklin, Louis P. (1972), Competition and Evolution in the Distributive Trades , Englewood Cliffs, NJ: Prentice Hall; Bucklin, Louis P. (1978), Productivity in Marketing , Chicago, IL: American Marketing Association; see pp. 90-94.

[6]　Sailor, Matt, "10 things you should buy in bulk," HowStuffWorks, www.money.howstuffworks.com.

[7]　Jain, Sanjay (2012), "Marketing of vice goods: A strategic analysis of the package size decision," Marketing Science ,January, 36-51.

[8]　Ibid.

[9]　https://venturebeat.com/2017/02/26/mobile-ordering-lets-customers-cut-in-line-and-thats-a-problem, date retrieved June 20, 2018.

[10]　www.greatclips.com, date retrieved June 20, 2018.

[11]　"Price of elasticity of demand," Convention Center Task Force, San Diego County Tax Payer Association, July 31, 2009, www.conventioncentertaskforce.org.

[12]　Daniels, Cora (2003), "J.C. Penney dresses up," Fortune, 147 (11, June 9), 127-130.

[13]　Wahba, Phil (2016), "The man who's re-[re-re] inventing JC Penney," Fortune, March 1, 77-86.

[14]　Ibid.

[15]　"Hot Topic, Inc. reports 1st quarter financial results," Hot Topic Inc., May 18, 2011, www.investor relations.hottopic.com.

[16]　www.theacsi.org/index.php?option=com_content&view=article&id=147&catid=&Itemid=212&i=S ubscription+Television+Service, date retrieved June 20, 2018.

[17]　Moran, Francis (2012), "Don't wait until your customers say goodbye to tell . . ." Francis Moran and Associates, September 20. http://bx.businessweek.com.

[18]　Helliker, Kevin (2002), "Retailer scores by luring men who hate to shop," The Wall Street Journal Online, December 17.

[19]　Saranow, Jennifer (2004), "Show, don't tell," The Wall Street Journal Online, March 22.

[20]　Kasturi Rangan, V., Melvyn A.J. Menezes, and E.P. Maier (1992), "Channel selection for new industrial products: A framework, method, and application," Journal of Marketing, 56, 72-73. These authors define five service outputs in their study of industrial goods: product information, product customization, product quality assurance, after-sales service, and logistics. Some outputs are specific examples of the generic service outputs defined by Bucklin (e.g., logistics refers to spatial convenience and waiting/delivery time), yet their work also highlights the value of being aware of the specific application.

[21] Stanek, Steve (2003), "Custom tailor finds house calls often worth the trip," Chicago Tribune Online Edition, July 13.

[22] Mediratta, Arvind (2018), "The Kirana store will remain evergreen," Hindu Business Line, www.the hindubusinessline.com/opinion/columns/the-kirana-store-will-remain-evergreen/article24016592. ece, date retrieved June 19, 2018.

[23] Ibid.

[24] Anonymous (2014), "A long way from the supermarket," Economist, October 18.

[25] Ibid.

[26] Such data sometimes already exist. For example, in the computer industry, data on service outputs valued by end-users are collected by firms like IntelliQuest, Inc. and International Data Group.

[27] Stanek (2003), op. cit.

[28] See www.fandango.com for more details.

[29] Ailawadi, Kusum L. and Paul W. Farris (2017), "Managing multi-and omni-channel distribution: Metrics and research directions," Journal of Retailing, 93 (1), 120-135.

[30] Herhausen, Dennis, Jochen Binder, Marcus Schoegel, and Andreas Herrmann (2015), "Integrating bricks with clicks: Retailer-level and channel-level outcomes of online-offline channel integration," Journal of Retailing, 91 (2), 309-325.

[31] Cao, Lanlan and Li Li (2015), "The impact of cross-channel integration on retailers' sales growth," Journal of Retailing, 91 (2), 198-216.

[32] Grewal, Dhruv, Anne Roggeveen, and Jens Nordfalt (2017), "The future of retailing," Journal of Retailing, 93 (1), 1-6.

[33] Neslin, Scott A., Kinshuk Jerath, Anand Bodapati, Eric T. Bradlow, John Deighton, Sonja Gesler, Leonard Lee, Elisa Montaguti, Rahul Telang, Raj Venkatesan, Peter C. Verhoef, and Z. John Zhang (2014), "The interrelationships between brand and channel choice," Marketing Letters, 25, 319-330.

全渠道战略

学习本章以后，你将能够：

了解制定成功的全渠道战略所面临的挑战；

对成功的全渠道战略所依赖的四大支柱进行定义；

认识到技术在成功的全渠道战略中的作用；

概述评估全渠道绩效所涉及的任务；

描述在全渠道环境下对无缝衔接的需求。

11.1 导　　论

正如我们在本书中概述的，不仅仅是制造商，所有的渠道成员都需要一个全渠道战略作为其品牌和渠道战略的关键构成部分，从而能够与消费者保持紧密联系。在全渠道时代，消费者在信息搜索、产品评估、购买或与售后环节，都可以避免遵从企业指定或规定的决策过程。[1]我们将全渠道定义为通过在线、实体、移动、社交和沟通渠道的无缝衔接的客户体验将客户搜寻、购买、沟通、参与和消费能力整合在一起（第 1 章），此外，我们还强调了制造商、零售商与其他销售商在全渠道时代面临的挑战，尤其在跨渠道协调、合作和关系管理方面。

案例 11-1[2]

尼尔是一名 19 岁的大学生，正在买一块价格适中，看起来像运动腕表，但很考究的手表。在亚马逊金牌会员日（Amazon Prime Day），他搜索了一下网站，发现了一块不错的宝路华（Bulova）手表，价格令人难以置信，他很快就订购了。但当尼尔收到手表时，发现手表太重了，所以他把它退回去了。这一经历让他决定先在线下试一下，再在线上买一块手表，所以他去了当地的一家好市多商店，但店里有限的产品没有一件吸引他。他回忆起家人一直以来都是梅西百货的忠实顾客，于是去了那里并找到了自己喜欢的精工手表。还在店里的时候，他就在智能手机上打开了亚马逊的应用程序，找到了同款手表，比店里便宜了 120 美元。他转向梅西百货的销售人员，问他们是否会提供相同的价格，但柜台工作人员表示不会，并建议他从亚马逊购买手表。他采纳了这一建议。

即使制造商和零售商都认识到通过多种渠道进行分销可以增加其价值主张并提升其触达客户的能力，但它们经常以各个渠道间脱节的方式增加渠道，而没有考虑去创造无缝的客户体验。[3]以 T-Mobile 为例，通过其网站、公司自有商店和第三方零售商提供手机和服务计划。在 T-Mobile 公司的门店，顾客购买手机必须支付 20 美元的服务费，而访问 T-Mobile 网站的顾客则不用支付这笔费用。[4]这样的多渠道鼓励每个渠道专注于优化自己的效率，而不是渠道整体的效率，这会导致渠道间的数据、定价和库存都无法匹配。[5]

服装制造商 Levi-Strauss 三分之一的销售额来自其自有网站和公司自有零售商店，但三分之二的销售额来自与梅西百货、杰西潘尼百货和科尔士等主要百货商店的合作。因此，Levi-Strauss 必须管理其与渠道合作伙伴的关系，毕竟这占了它大部分的销售额，但与此同时，它也必须让消费者能够方便地直接从 Levi-Strauss 自有的门店购买其产品。为了管理这些双重需求，Levi-Strauss 的战略重点是在客户可能选择的任何渠道中创造一致的全渠道体验。当然，每个客户体验包括许多阶段（例如，信息获取、研究、购买、付款、送货或取货、退货），[6]Levi-Strauss 可以在自己的网站和公司拥有的零售店对客户体验施加更多的控制。但它也寻求与零售合作伙伴建立强有力的合作关系，鼓励它们支持并帮助它创造一致的全渠道体验。它通过投资复杂的信息系统来实现这一点，这些系统可以跟踪客户的购买流程、库存和退货，并使其能够与零售商密切合作，预测店内需求，利用线下和在线数据为它们提供客户的综合需求。[7]

一个成功的全渠道体验还意味着企业持续收集深入、丰富的数据来了解消费者的需求，提供与消费者进行有价值的互动模式，开发有效和高效的零售和电子商务能力，并与渠道合作伙伴保持成功的合作关系。最终，一个成功的全渠道战略意味着消费者可以轻松地以他们喜欢的方式购买所需的产品。

案例 11-2[8]

星巴克将中国视为其仅次于美国的第二大市场，在中国大约 140 个城市中分布着 3400 多家门店。2017 年，全球最大的星巴克在上海开业。与几近饱和的美国市场不同，中国有着巨大的增长空间，因此星巴克计划将门店数量增加一倍。不过，这一努力并非没有障碍，星巴克面临着来自中国初创公司瑞幸咖啡（Luckin Coffee）的激烈竞争。瑞幸 2017 年在中国开设 660 家门店。星巴克花了将近 12 年的时间才开设了这么多分店。[9]许多瑞幸门店只提供送货服务，而且只接受移动支付。[10]但是，瑞幸的应用程序允许顾客观看现场制作饮品的过程。此外，它的饮料价格大约是星巴克的一半[11]。由于缺乏完善的配送系统，星巴克不得不与零售巨头阿里巴巴合作向中国消费者配送饮料，不过这种合作也创造了一个新的潜在渠道，比如阿里巴巴旗下的盒马鲜生超市，可能很快就会开设星巴克的配送站。

11.2　全渠道战略的关键挑战

不同类型的卖家在为客户提供无缝全渠道体验时，会面临不同的挑战。例如，对于在线商店来说，获取客户的成本仍然相当高。它们必须努力符合客户认知、获得客户关注和钱包份额。[12]作为回应，一些网络零售商开设了实体的线下商店，它们必须将其整合到全渠道战略中。奢侈品寄售网站 Real Real 的实体店主要是作为网上订单的配送中心。当顾客在实体店试穿一件商品时，网站会自动将其暂停销售，以确保同一商品不会同时卖给两个人。配送中心还为通过寄售方式销售的商品提供维修和估价服务，工作人员帮助客户了解他们正在考虑购买的商品的潜在转售价值。[13]

实体店面临一个特殊的问题，即顾客倾向于将其仅仅视为实体店，而忽视它们的电子商务网站或提供的商品。这种情况限制了实体商店电子商务的运作，无法使其发挥全部潜力，[14]包括它们帮助消费者实现在任何地方和任何时间进行有效、无缝的购买的能力。

案例 11-3

沃尔玛在其门店和网上销售了超过 6700 万件商品。[15]然而，与亚马逊的 3.65 亿件商品相比，沃尔玛提供的约 1900 万件的线上商品相形见绌。[16]尽管同店销售额（same-store sales）增长乏力，但沃尔玛通过几项引人注目的举措，在电子商务销售方面取得了显著的增长，[17]这让该零售巨头得以拥抱它全渠道的未来，并与亚马逊展开更激烈的竞争。它收购了亚马逊的竞争对手 Jet.com。[18]该公司推出了一款扫描就走的应用程序，消费者可以在将商品放入实体购物车时扫描商品，提供移动支付，然后在离开商店时简单地出示收据。[19]为了增强实体店和网上购物之间的协同效应，沃尔玛要求其供应商只与一个买家打交道，负责为这个买家通过电子商务还是实体店进行商品购买做出决策。预计未来几十年，沃尔玛的整个购物环境将发生巨大变化，它的目标是让其移动网站发展成为一个个人购物助手，无论消费者身在何处，都能帮助消费者做出明智的选择。[20]实体店可以作为人们所需要的场所出现，通过提供引人注目的体验商品来吸引购物者，比如医疗服务、演示、样品等。在全渠道方面，沃尔玛试图将消费者融入供应链，鼓励他们创造原创内容，并成为有益的影响者。因此，沃尔玛的全渠道战略强调需要进行更好的消费者分析，特别是那些可以通过特定渠道购买的分析。

对于这两种类型的零售商来说，一个关键问题是，是否应该针对相同的线上和线下客户群。当实体零售商转移到线上销售时，它们可以克服货架空间和商圈（即商店只能吸引大部分近距离顾客）的限制。因此，它们可以在线上提供更广泛的产品种类，并迎合更广泛的客户群，包括与其基于实体店的核心客户群体有很大区别的其他客户。扩大客户群对零售商来说具有明显的吸引力，但不同的商品分类，迎合不同的客户，也可能创建一个完全不同类型的线上商店，其形象可能与零售商传统的线下形象不匹配。

拓展后的商品品类也可能增加零售商面临的竞争水平。例如，如果知名零售商沃尔玛、好市多和百思买都在其网站上出售电视，它们就会成为线上的直接竞争对手。如果消费者在网上看到他们想要的电视在沃尔玛线上商城价格很低，可能会愿意购买，即使消费者很少去实体沃尔玛商店。与此同时，沃尔玛可以在其网上商店中储备更多、更高端的电视机，这可能会吸引远比其典型客户群体更加富裕的客户群体。这会使沃尔玛入侵百思买的销售领域并成为其直接竞争对手。为了有效地与亚马逊竞争，沃尔玛在电子商务领域投入了大量资金，同时还通过收购 Jet.com 来吸引更富裕的客户[21]。

另一类面临着创建全渠道战略挑战的是制造商，它们必须找到在保持和管理良好的合作伙伴关系的同时，拓展直接面向消费者的销售方法。这样做需要获得必要的零售专业知识，特别是当它们建立自己的零售商店时。例如，为了建立品牌意识并提供独特的客户体验，零售商可能会设计专门的商店，或者它们可能会在现有的零售地点设立专门的店中店。在全渠道时代，制造商越来越需要理解和提高消费者的购物体验。消费者可以很容易地访问制造商的网站，甚至在他们去商店与产品互动或获得销售人员的推荐之前就能找到详细的产品信息。对于制造商来说，一个关键目标是管理渠道冲突，在确保它们不会削弱零售合作伙伴价格优势的同时，仍然确保能设计良好的渠道战略，以满足客户的需求。

11.3　全渠道战略的四大支柱

在强调有效的全渠道战略的好处和吸引力的同时，我们也必须认识到，不是所有的企业都打算采用全渠道战略，也不是所有的消费者都想成为全渠道消费者。不使用智能手机的消费者永远不会在移动渠道进行消费，喜欢使用现金的人可能偶尔在网上购物，但并不是真正的全渠道消费者。尽管现代卖家可能无法避免增加渠道，但如果它们希望继续做生意，可能会采用多渠道而不是真正的全渠道战略。例如，汽车制造商高度强调线下渠道与客户互动，开展线上运营主要是基于品牌影响力或获得信息的目的。[22]而那些被数字化趋势彻底改变的行业（如音乐行业）已经将它们的大部分注意力转移到线上渠道，而将较少的注意力和资源投入到"传统"线下渠道。[23]

但对于那些了解其好处并积极追求无缝全渠道互动的企业和消费者来说，有必要整合零售、社交、移动和大众传播渠道，以优化所有渠道的客户体验和最大化品牌总销售额为目标。[24]我们认为，这一战略就像一个由四根支柱支撑的屋顶，如图 11-1 所示，这四根支柱分别是利用客户知识，利用技术，管理渠道关系，评估渠道绩效。

11.3.1　利用客户知识

第一个支柱是深层次的、由数据驱动的对客户的理解和尊重。全渠道环境具有丰富的数据，因此企业有手段和机会深入了解消费者的需求、偏好和行为。全渠道营销人员应该利用多个来源的数据，包括店内访问、客户服务电话、忠诚计划数据、网络和移动访问、社交媒体等，通过这些数据设计出最佳、最高效、个性化的客户体验。反过来，客户可以根据产品、服务和渠道的具体特点，以及自己的偏好和目标，在不同的渠道之间进行选择。[25]例如，Nordstrom 甚至在其 Instagram 页面上列出了"可购物"的帖子，消费者无须离开社交媒体网站就可以获取产品详细信息并进行购买。[26]

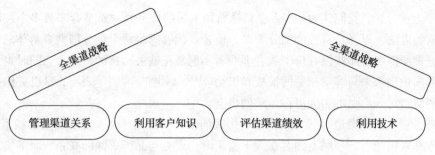

图 11-1 全渠道战略的支柱

因为全渠道购物者通过跨渠道的方式进行购买，所以关键需要了解驱使消费者在每个特定阶段选择特定渠道的原因，例如消费者如何获得购买信息或希望完成实际购买的方式。[27]消费者对每个渠道的重视程度取决于他们所处的购买阶段和购买情况。[28]倾向于使用更多渠道的消费者往往更频繁地购物，提供更大的终身价值，并比只光顾单一渠道的消费者更有利于增加企业收入。[29]我们之前讨论过（见第 1 章）反展厅现象（线上搜索并在实体店购买）和展厅现象（在实体店搜索并在线上购买）的实践，在这些购买方式中，全渠道消费者根据他们的信息和购买需求使用不同的渠道。因此，全渠道整合不仅包括跨渠道类型的整合，还包括跨购买阶段的整合。[30]例如，鼓励线上购物者访问线下实体店增加利润，但鼓励实体购物者去网上购买则可能减少利润。[31]这主要是因为消费者倾向于在店内进行冲动购物，那里的体验产品，如服装，可以吸引他们的购买。这种情况也意味着他们在实体店时比在网上购物时更不容易进行价格比较。[32]因此，通过支持店内提货或发送只能在店内兑换的优惠券等策略，可以鼓励距离商店"合理"距离内的线上购物者前去实体店。

此外，每个顾客在购买过程中可能采取不同的途径，所以营销人员需要识别、理解并最小化在这个过程中任何潜在或感知到的障碍。[33]根据最近的一项研究，要做到这一点，营销人员必须解决一个突出的和长期的挑战即识别和获得多个渠道和设备的客户信息，[34]在现实中，由于客户和各种渠道间交互的碎片化，企业可能获得的有关消费者的数据比现实中要少。然而，如果没有全面的洞察力，企业就无法以最优的方式吸引客户，也无法让他们了解其全方位渠道的能力。对于客户与品牌（制造商品牌或自有品牌）的互动而言，传播渠道（传统媒体、线上渠道、销售人员）和营销渠道具有很大的多样性。[35]

因为不是所有的顾客都想要同样的东西，所以顾客细分的异质性或同质性的程度就变得非常重要。即使营销人员知道消费者既依赖实体店也依赖线上商店，但他们访问每一个渠道的程度是不同的。例如，银行在信息技术方面进行了大量投资，超过四分之一的银行客户只使用线上渠道。但是，即使因为他们没有使用更昂贵的亲自上门的分行服务而使得为这些客户进行服务的成本较低，这些客户似乎也不太满意使用线下服务，并且与银行的联系变得更弱。[36]营销者需要管理与每个细分客户的关系，但即使他们服务同一细分客户群，不同的消费者在类似的渠道模式中所看重的属性也或多或少不同。一些消费者要求次日送达，一些消费者则更注重获得最低的价格而愿意等待更长的时间来收到产品。

基于上述分析，我们认为，当今全渠道营销人员的任务是找到整合来自多个接触点的客户数据的方法，以确定有效的细分策略，使企业能够满足每个细分消费者群体的需求，而不要把资源浪费在那些没有价值或者消费者不愿意花钱去购买的产品上，同时也要通过挖掘数据来识别未来与客户相关的挑战和机会。[37]瑞幸咖啡的例子表明，星巴克错过了满足中国消费者对外卖咖啡店的潜在需求的机会。

此外，强大的全渠道运营（就像任何形式的销售和营销一样）需要有效的线下零售、电子商务和营销能力。[38]网上顾客在线下购买时会建立与品牌更深的联系，而零售销售人员可以通过与顾客面对面的互动来更好地了解他们的需求。[39]然而，在未来，商店的规模可能会继续缩小，越来越多地发挥陈列和体验中心，而不是配送中心的作用。[40]随着这些变化的发展，如果没有对运营要素的清晰掌握和跟上每个渠道格局变化的强大能力，跨渠道的整合将非常困难。

11.3.2　利用技术

需要特别指出的是，促使全渠道时代到来的是支撑全渠道战略的第二个支柱——技术。因此，通过技术去进行渠道整合显然是必要的。现有的工具使企业能够执行具有成本效益的库存管理，同步更新不同渠道的库存，并建立店内提货或交货机制，以最短、最具成本效益的方式将产品送到消费者手中。企业还可以利用技术让顾客做出更好、更明智的选择，或提升他们的购物体验。最后，作为一种沟通工具，技术是无价的，它允许为客户提供详细的产品信息、产品比较工具或定制化服务。

随着智能手机在全球范围内的普及，全渠道营销人员尤其必须确保他们的网站能够支持移动设备，他们的品牌可以通过移动搜索找到。[41]为了保持竞争力，品牌必须支持移动支付，在网络安全方面进行投资，并保证能够保护消费者隐私和安全交易。[42]移动渠道还可以帮助客户更新促销信息，向他们发送实时的有针对性的促销信息，并让他们了解交付过程的每个阶段的信息。为了做到这些，企业应该制定社交媒体策略，并通过社交媒体实现交互式消费者体验，允许消费者与公司接触，了解最新产品，各种产品的特点、功能、安装和故障排除。与此同时，企业可能会开发应用程序或将游戏纳入它们的全渠道战略。

以医疗保健行业作为一个有趣的例子。它提供的服务是非常碎片化的，接受在线体验的速度相对较慢。[43]但是这种状况正在改变，因为消费者越来越多地通过评论来寻找最好的医生，或者排队与医疗专业人士视频聊天，以获得易治疗疾病的诊断。他们可以通过电子方式访问自己的医疗记录，通过移动应用程序订购处方，并将处方药品送到家门口。随着可穿戴技术设备变得越来越先进并得到广泛应用，这些技术还可以帮助监控患者的健康状况，为医生提供详细的、实时的健康状况信息。这个例子表明，利用技术优势可以极大地扩展全渠道的可能性。[44]

技术的使用应涵盖采购过程的所有阶段和行为发生的所有地点。[45]例如，零售商可能会开发消费者在实体店使用的应用程序以接受移动支付，使购物者避免在结账时排队，或者为他们提供能够在实体店使用的电子优惠券。另外，技术工具可以促进跨渠道的无缝衔接，例如线上下单、线下提货，线下体验、线上下单，在店内订购送货上门的大型产品等。还有些技术与消费者做出决策相关，包括我们在本书前面提到的例子，如试衣间的虚拟镜子、在线比较工具、通过扫描二维码获取价格信息、产品评论等自助服务[46-47]。通过利用技术来了解顾客的购买过程，卖方可以使顾客更方便地购买产品，使其甚至不会去比较其他卖方的产品价格。[48]顾客旅程的概念是指消费者和品牌之间的互动及其进程的结合，就像人们常常会选择不同的路径一样。对于营销人员来说，他们的目标是通过预测和消除沿途的障碍，使这个旅程变得高效和简单。[49]雄心勃勃的企业甚至可能会主动尝试重新设计消费者旅程，通过改变组织结构来配合旅程的阶段，而不是简单地调整产品、品牌或其他常用元素。正如补充资料 11-1 提供的例子，欧莱雅创建了一个名为"千妆魔镜"的应用程序，说明了技术如何帮助消费者购买合适的化妆品。

技术赋能的数据分析也支持高级的个性化、价格优化和产品交付。[50]数据分析可能激发独特的产品或产品组合。数据分析带来的见解也可能促使卖家根据消费者的实际购买路径和搜索习惯，更有效地设计产品线。[51]例如，老式的集中式配送中心将大量物品运送到商店不再是最佳选择，因为这种模式难以有效地将单个物品运送到居民家中。数据分析还可以指定全渠道卖家应该限制哪些商品在特定的渠道销售，而不是让它们的线上渠道无限制地销售几乎所有

补充资料 11-1

的商品。零售商在店内销售的一些商品，比如那些重量–价值比高的商品，包括水泥袋或大包装大米，可能不值运费，应该只指定通过实体店或线上购物，线下提货的方式售卖。

如上所述，一个好的全渠道卖家会整合不同渠道的库存和价格信息，避免跨渠道竞争，给消费者带来困惑。企业可能会指定并明确标明某些商品只能在网上买到，如果它们在不同渠道收取不同的价格，应该提供清晰的说明并解释原因。沃尔玛收购了 Jet.com 以后，它同时获得了 Jet.com 的智能车技术专利，可以使用实时动态定价机制，根据物品的订单数量、产品供应链所在地以及客户是否愿意放弃退货权来对客户电子购物车中的商品价格进行调整。[52]

关于卖家的库存管理，好的解决方案需要匹配卖家更宽泛的战略目标。对于店面较少的零售商而言，使用集中库存管理系统可能会更好，但是这样的设计是有风险的。例如如果处于中心地理位置的店面遭遇恶劣天气或其他意外情况，它就不能以足够快的速度对其他位置的需求变化做出反应。[53]因此，较大的业务往往采用中心辐射式模式，以大型商店作为中心，将订单发送给较小的商店和网上订购的顾客。[54]在这种战略中，卖家需要一个复杂的订单管理系统来在集线器、辐条和配送中心之间同步库存，以找到最便宜的方式将产品快速送到消费者手中，同时也避免供应链中的任何一环出现库存短缺的情况。从本质上说，技术可以满足顾客以他们愿意支付的价格，在他们选择的时间和地点，为他们提供他们想要的产品。零售商越来越依赖人工智能（AI）来实现这一目标。

当然，技术的使用并不局限于产品。它还可以促使消费者注册订阅服务和自动补货服务。通过使用先进的技术，服务提供商可以通过几个等级来"启动"服务，例如，在消费者的产品用完之前，对各种服务应该启用的时间进行预测分析。这种技术的使用可以创造出与企业或零售商紧密相连的忠诚顾客。例如，维他命商店（Vitamin Shoppe 的 Spark Autodelivery）服务与该零售商的忠诚计划整合在一起，顾客注册后，可以在该连锁店的775 家门店、网店和移动应用程序中消费。[55]

11.3.3　管理渠道关系

有效全渠道战略的第三个支柱是管理与渠道合作伙伴（批发商、零售商或特许经营合作伙伴）的关系，打破组织之间的界限，让不同的部门为了相同的目标一起工作（即提供尽可能好的客户体验）。我们在前几章中详细地讨论了这一支柱，并始终强调重点在于整体而不是各个部分的简单组合。团队努力和以团队为导向的方法是至关重要的。一个零售商，在组织层面，必须识别和鼓励克服组织间界限和优化整个系统的行动。这样做还意味着仔细管理供应链中每一个成员和要素，无论是商店经理还是电子商务运营的设计，以确保它们彼此之间或与组织整体目标不冲突。

正如我们在第 2 章中详细阐述的，零售商和制造商应该对每个渠道的贡献、激励体系以及如何为每个渠道计算绩效进行细致的审核。除了这些审核，它们还需要一定的培训计划来对员工进行培训，让员工了解每个渠道在培育客户或提高销售额、提高客户满意度和忠诚度以及帮助其他渠道方面所发挥的作用。当电子商务还是一个全新的领域时，店铺经理经常抱怨他们的店铺销售额可能会被挤压，从而产生一种新的渠道冲突。处理这一新问题最好的办法就是企业对管理人员进行培训，让他们了解与电子商务渠道合作的潜在好处。但企业也可以将在实体商店区域内发生的线上交易归功于实体商店，以保护这些管理者的利益。一旦管理者对线上交易充分了解，他们就能更容易地认识到不同渠道之间协同效应的好处，比如线上购物，线下提货服务有助于吸引更多消费者进入商店，取走他们已经订购的商品，同时也有可能购买商店向他们推广的其他商品。举例来说，零售商可能为顾客准备好了一份预购的晚餐，让他们在回家的路上取走，还可以给他们寄一张特殊烘焙食品的优惠券，鼓励他们在取餐时也买一些甜点。

补充资料 11-2

在上游，管理全渠道关系涉及的另一个要素是渠道合作伙伴，如特许方，它们需要向特许经营权授权方提供有效迎合客户需求的工具和"专家力量"。特许方可能需要建立一个整体的 IT 基础设施和实时数据库，以便特许方能够提高运营效率，获取充分的客户知识。与此同时，这些系统使特许方能够监控受许方的表现并提供反馈。然而，签约经营"自己的"业务的受许方可能会对过度和令人窒息的监督感到不满，进而可能会成为冲突的来源。特许方可以通过向受许方提供额外利润和销售额等好处来减少此类冲突。

全渠道战略成功的关键在于数字体验必须与店内体验相结合。从本质上讲，当消费者在线上和线下世界之间"旅行"时不应出现障碍。例如，如果一个消费者订购了商品，然后打电话给商店询问一些问题，而商店不知道或无法提取客户的订单，就会产生这种障碍。我们发现了这样一个问题，消费者通过线上应用订餐时，可以在餐厅取餐时"插队"，而那些没有使用线上应用的人发现队伍比他们预期的还要长，因为餐厅正在准备"看不见的"线上订餐。

我们很清楚地看到，全渠道战略的性质因行业而异。因为一些产品更容易进行数字化消费（例如，电影、音乐、计算机软件和电子书），所以在线购买率因产品类别而不同（例如机票、杂货和汽车之间形成了鲜明对比）。

11.3.4 评估渠道绩效

在第 2 章中，我们概述了各种全渠道指标。在图 11-2 中，我们提供了全渠道绩效评估的框架，作为支撑全渠道的第四根支柱。我们提出三个主要的评估方法。第一种针对顾客使用的接触点，无论是商店、网站、电话、移动应用程序还是社交媒体。卖家需要一种有效的机制来评估每个渠道或接触点的相对利用率和交叉利用率，以及这些渠道之间的流量（如先浏览社交媒体，再访问商店的用户比例）。通过这些分析，还可以确定公司全渠道存在的广度和深度。

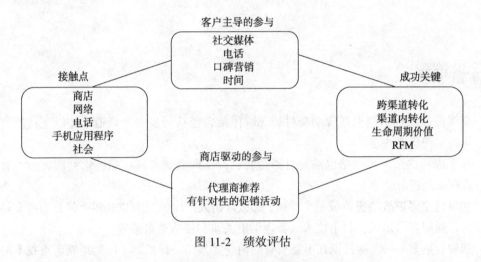

图 11-2　绩效评估

下一个办法，参与[56]（engagement），包括商店驱动和客户主导的两种形式。首先，商店驱动的顾客参与是指代理商根据顾客购买和行为算法做出的推荐。例如，在全渠道环境下的店内销售人员应该能够根据顾客之前的购买习惯和偏好，向顾客提供个性化的建议。所以卖方必须衡量销售人员能够在多大程度上轻松访问这些数据。其次，营销人员需要利用和分析能够反映顾客参与的数据，包括顾客在社交媒体上的活动、口碑推荐、产品或商店评论，以及花在公司网站或应用程序上的时间。大多数试图使用这种方法的公司都面临着信息难以完全捕捉导致的信息缺失和不完整的挑战。

最后，评估绩效需要量化转化率（购买者与访问者的百分比），包括内部（例如，访问网站和从网站购买）和跨渠道（例如，访问网站但从商店购买）。与此同时，公司应该根据顾客的生命周期价值和 RFM 分析（rencency-frequency-monetary，即顾客最近的购买情况、购买频率和购买金额）来衡量顾客对商店的光顾程度。

作为全渠道战略的四个支柱的反映，我们以令人印象深刻的家得宝全渠道举措的一个例子来结束。

案例 11-4

家得宝已经开始了一项雄心勃勃的全渠道战略，投资超过 50 亿美元[57-58]。值得注意的是，它计划利用 1.7 万亿个数据点，将它们与天气和消费者的位置数据相结合，让消费者在任何时间都能够找到与其最相关且接近其所在位置的产品，通过这种方式提高企业获取目标消费者的能力。[59]通过在商店外安装储物柜，它希望提高线上购物、线下提货顾客的能力。家得宝还计划通过新的展厅和配送中心重新配置其送货服务。根据数据显示，45%的线上订单在实体店提货，85%的线上订单退货在实体店处理。[60]家得宝还设计了交互方式，要求顾客在门店注册，它由此可以为消费者提供更多的指导并可能增加他们的满意度，同时也获得了交叉销售的机会。对于那些很少在网上购买的产品，比如割草机，家得宝已经把它们放在了商店的入口处，所以即使是线上购物者也可以在他们来取货的时候注意到它们[61]。

本章提要

全渠道战略包括跨渠道成功交付的无缝体验，包括同步每个渠道优势以支持所有渠道，从而实现优势共享。

一个成功的全渠道战略也需要对消费者旅程，即消费者从信息搜索到购买的所有路径，进行深刻理解。

如果将全渠道战略想象成一个屋顶，那么营销人员应该努力建立四个强有力的支柱来支撑它：利用客户知识、利用技术、管理渠道关系和评估渠道绩效。

消费者洞察——包括认识到不是所有的消费者都是一样的，不同的消费者重视不同的东西——必须与对零售运营的深刻理解和掌握，以及新技术的先进应用相结合。

全渠道战略需要重新调整单个渠道的激励机制，使各渠道为整体利益而工作。

公司需要设计能够体现全渠道体验的整体性和跨渠道性质的评估指标。

注释

[1] Hosseini, Sabiolla, Marieluise Merz, Maximilian Roglinger, and Annette Wenninger (2018), "Mindfully going omni-channel: An economic decision model for evaluating omni-channel strategies," Decision Support Systems, 109, 74-88.

[2] Author personal experience, July-August 3, 2018.

[3] Saghiri, Soorosh, Richard Wilding, Carlos Mena, and Michael Bourlakis (2017), "Toward a threedimensional framework for omni-channel," Journal of Business Research, 77, 53-67.

[4] Author personal experience, July 22, 2018.

[5] Saghiri, Wilding, Mena, and Bourlakis (2017), op. cit.

[6] Saghiri, Wilding, Mena, and Bourlakis (2017), op. cit.

[7] Thomas, Winston (2018), "Levi Strauss stitches omnichannel with DX," CDO Trends, www.cdotrends.com/story/13843/levi-strauss-stitches-omnichannel-dx?refresh=auto, date retrieved October 23, 2018.

[8] Anonymous (2018), "As competition mounts, Starbucks tie-up with Alibaba," The New Indian Express, August 3.

[9] Pei, Li and Adam Jordan (2018), "China's caffeine war: Fast-growing Luckin brews up a threat to Starbucks" www.reuters.com/article/us-china-coffee-focus/chinas-caffeine-war-fast-growingluckin-brews-up-a-threat-to-starbucks-idUSKBN1KE1C2, date retrieved July 24, 2018.

[10] Horowitz, Josh (2018), "A startup challenging Starbucks in China is now worth $1 billion," July 11, https://qz.com/1325403/luckin-coffee-startup-challenging-starbucks-in-china-worth-1-billion, date retrieved August 9, 2018.

[11] Ibid.

[12] TEDx (2017), "Omnichannel retail (r)evolution, Killian Wagner, TEDxHSG," www.youtube.com/watch?v=5SAtdSM0Trk.

[13] Edelson, Sharon (2018), "The Real Real's Rati Levesque talks omnichannel and brick-and-mortar," Women's Wear Daily, June 27, p. 19.

[14] Whosay (2018), "What are omnichannel customers and why Walmart thinks they are the future," January 24, www.youtube.com/watch?v=AeUKqWME1CQ.

[15] Ibid.

[16] "Walmart refocuses on Omnichannel," Business Insider, February 16, 2017, www.businessinsider.com/walmart-refocuses-on-omnichannel-2017-2, date retrieved July 18, 2018.

[17] Ibid.

[18] Samuely, Alex (2018), "Will Walmart become the world's largest omnichannel retailer with Jet.com deal?" www.retaildive.com/ex/mobilecommercedaily/walmart-could-become-worlds-largestomnichannel-retailer-with-jet-com-deal, date retrieved July 18, 2018.

[19] "Walmart refocuses on Omnichannel," Business Insider, February 16, 2017, www.businessinsider.com/walmart-refocuses-on-omnichannel-2017-2, date retrieved July 18, 2018.

[20] Whosay (2018), op. cit.

[21] Jones, Charisse (2018), "Now who's on top? Walmart gains on Amazon as more shoppers click and buy online," USA Today, May 17, www.usatoday.com/story/money/2018/05/17/walmart-gainsamazon-more-people-shop-online/599488002, date retrieved October 23, 2018.

[22] Kim, Jae-Cheol and Se-Hak Chun (2018), "Cannibalization and competition effects on a manufacturer's retail channels strategies: Implications on an omni-channel business model," Decision Support Systems, 109 (May), 5-18.

[23] Ibid.

[24] Verhoef, Peter C., P.K. Kannan, and J. Jeffrey Inman (2015), "From multi-channel retailing to omnichannel retailing: Introduction to the Special Issue on multi-channel retailing," Journal of Retailing, 91 (2), 174-181.

[25] Sousa, Rui and Chris Voss (2012), "The impacts of e-service quality on customer behaviour in multichannel e-services," Total Quality Management and Business Excellence, 23 (7-8), 789-806

[26] Barker, Shane (2018), "How to create your omnichannel retail strategy," Forbes, www.forbes.com/sites/forbescoachescouncil/2018/08/03/how-to-create-your-omnichannel-retail-strategy/#4ac109526561, date retrieved August 31, 2018.

[27] Nakano, Satoshi and Fumiyo N. Kondo (2018), "Customer segmentation with purchase channels and media touchpoints using single source panel data," Journal of Retailing and Consumer Services, 41, 142-152.

[28] Saghiri, Wilding, Mena, and Bourlakis (2017), op. cit.

[29] Kumar, V. and R. Venkatesan (2005), "Who are the multichannel shoppers and how do they perform? Correlates of multichannel shopping behavior," Journa.

[30] Emrich, Oliver, Michael Paul, and Thomas Rudolph (2015), "Shopping benefits of multi-channel assortment integration and the moderating role of retailer type," Journal of Retailing, 91 (2),

326-342.

[31]   Zeng, Fue, Xiaomeng Liu, and Yuchi Zhang (2016), "How to make the most of omnichannel retailing," Harvard Business Review, July/August, 22.

[32]   Ibid

[33]   Bianchi, Raffaela, Michal Cermak, and Ondrej Dusek (2016), "More than digital plus traditional: A truly omnichannel customer experience," McKinsey Quarterly, July, www.mckinsey.com/ business-functions/operations/our-insights/more-than-digital-plus-traditional-a-truly-omnichannelc ustomer#0, date retrieved August 22, 2018.

[34]   www.targetmarketingmag.com/article/new-research-omnichannel-marketing-the-key-customerexpe rience/all, date retrieved August 22, 2018.

[35]   Payne, Liz Manser, Victor Barger, and James Peltier (2017), "Omni-channel marketing, integrated marketing communications, and consumer engagement: A research agenda," Journal of Research in Interactive Marketing, 11 (2), 185-197.

[36]   Rodriguez, Bernardo (2018), "Putting customer experience at the center of digital transformation," MIT Sloan Management Review, July 3.

[37]   Kumar, Raj, Tim Lange, and Patrik Silen (2017), "Building omnichannel excellence," McKinsey Quarterly, April.

[38]   Columbia Business School (2015), "The future of omni-channel retail: Emily Culp of Rebecca Minkoff," May 15, www.youtube.com/watch?v=IR6wGM_WAvk.

[39]   Bell, David R., Santiago Gallino, and Antonio Moreno (2018), "The store is dead: Long live the store," MIT Sloan Management Review, 59 (3), 59-66.

[40]   Ibid.

[41]   www.mytotalretail.com/article/must-have-strategies-and-technologies-for-omnichannel-retailers, date retrieved August 23, 2018.

[42]   Ibid.

[43]   www.beckershospitalreview.com/healthcare-information-technology/how-to-provide-anomnichann el-patient-experience.html, date retrieved August 31, 2018.

[44]   Ibid.

[45]   Piotrowicz, Wojciech and Richard Cuthbertson (2014), "Introduction to the Special Issue: Information technology in retail: Toward omnichannel retailing," International Journal of Electronic Commerce, 18 (4), 5-16.

[46]   Ibid.

[47]   Brynjolfsson, Erik, Yu Jeffrey Hu, and Mohammad S. Rahman (2013), "Competing in the age of omnichannel retailing," MIT Sloan Management Review, 54 (4), 23-29.

[48]   Edelman, David C. and Marc Singer (2015), "Competing on customer journeys," Harvard Business Review, 93 (11), 88-100.

[49]   Ibid.

[50]   Piotrowicz and Cuthbertson (2014), op. cit.

[51]   Brynjolfsson, Hu, and Rahman (2013), op. cit.

[52]   Harpaz, Joe (2015), "Will Jet.com's 'smart cart' disrupt ecommerce?" Forbes, www.forbes. com/sites/joeharpaz/2015/08/05/will-jet-coms-smart-cart-disrupt-ecommerce/#4134eb8c34d0, date retrieved August 29, 2018.

[53]   Sheehan, Alexandra (2018), "How to centralize your inventory and 3 benefits for making the switch," www.shopify.com/retail/how-to-centralize-your-inventory, date retrieved August 24, 2018.

[54]   Ibid.

[55]   https://risnews.com/vitamin-shoppe-adds-omnichannel-subscription-services, date retrieved August

29, 2018.

[56]　www.magestore.com/omnichannel-kpis, date retrieved September 4, 2018.

[57]　ww.digitalcommerce360.com/2017/12/08/home-depot-spend-5-4-billion-sharpen-omnichannelstrat egy, date retrieved September 4, 2018.

[58]　www.businessinsider.com/home-depot-ups-omnichannel-strategy-2017-12, date retrieved September 4, 2018.

[59]　Ibid.

[60]　Ibid.

[61]　https://channelsignal.com/blog/home-depot-took-omni-channel-retailing-straight-to-thebank-in-2016, date retrieved September 4, 2018.